中华现代学术名著丛书

社会主义经济论稿

孙冶方 著

商務印書館
创于1897 The Commercial Press

2015年·北京

图书在版编目(CIP)数据

社会主义经济论稿/孙冶方著.—北京:商务印书馆,2015
(中华现代学术名著丛书)
ISBN 978-7-100-11763-0

Ⅰ.①社… Ⅱ.①孙… Ⅲ.①社会主义经济—研究—中国 Ⅳ.①F120.2

中国版本图书馆CIP数据核字(2015)第275014号

本书根据中国大百科全书出版社2009年版排印
由中国大百科全书出版社授权出版

中华现代学术名著丛书
社会主义经济论稿
孙冶方 著

商务印书馆出版
(北京王府井大街36号 邮政编码100710)
商务印书馆发行
北京冠中印刷厂印刷
ISBN 978-7-100-11763-0

2015年12月第1版 开本880×1240 1/32
2015年12月北京第1次印刷 印张15¼ 插页1
定价:46.00元

孙 冶 方

(1908—1983)

（本照片由孙冶方经济科学基金会提供）

出版说明

百年前,张之洞尝劝学曰:“世运之明晦,人才之盛衰,其表在政,其里在学。”是时,国势颓危,列强环伺,传统频遭质疑,西学新知亟亟而入。一时间,中西学并立,文史哲分家,经济、政治、社会等新学科勃兴,令国人乱花迷眼。然而,淆乱之中,自有元气淋漓之象。中华现代学术之转型正是完成于这一混沌时期,于切磋琢磨、交锋碰撞中不断前行,涌现了一大批学术名家与经典之作。而学术与思想之新变,亦带动了社会各领域的全面转型,为中华复兴奠定了坚实基础。

时至今日,中华现代学术已走过百余年,其间百家林立、论辩蜂起,沉浮消长瞬息万变,情势之复杂自不待言。温故而知新,述往事而思来者。“中华现代学术名著丛书”之编纂,其意正在于此,冀辨章学术,考镜源流,收纳各学科学派名家名作,以展现中华传统文化之新变,探求中华现代学术之根基。

“中华现代学术名著丛书”收录上自晚清下至20世纪80年代末中国大陆及港澳台地区、海外华人学者的原创学术名著(包括外文著作),以人文社会科学为主体兼及其他,涵盖文学、历史、哲学、政治、经济、法律和社会学等众多学科。

出版“中华现代学术名著丛书”，为本馆一大夙愿。自1897年始创起，本馆以“昌明教育，开启民智”为己任，有幸首刊了中华现代学术史上诸多开山之著、扛鼎之作；于中华现代学术之建立与变迁而言，既为参与者，也是见证者。作为对前人出版成绩与文化理念的承续，本馆倾力谋划，经学界通人擘画，并得国家出版基金支持，终以此丛书呈现于读者面前。唯望无论多少年，皆能傲立于书架，并希冀其能与“汉译世界学术名著丛书”共相辉映。如此宏愿，难免汲深绠短之忧，诚盼专家学者和广大读者共襄助之。

商务印书馆编辑部

2010年12月

凡　　例

一、“中华现代学术名著丛书”收录晚清以迄20世纪80年代末,为中华学人所著,成就斐然、泽被学林之学术著作。入选著作以名著为主,酌量选录名篇合集。

二、入选著作内容、编次一仍其旧,唯各书卷首冠以作者照片、手迹等。卷末附作者学术年表和题解文章,诚邀专家学者撰写而成,意在介绍作者学术成就,著作成书背景、学术价值及版本流变等情况。

三、入选著作率以原刊或作者修订、校阅本为底本,参校他本,正其讹误。前人引书,时有省略更改,倘不失原意,则不以原书文字改动引文;如确需校改,则出脚注说明版本依据,以“编者注”或“校者注”形式说明。

四、作者自有其文字风格,各时代均有其语言习惯,故不按现行用法、写法及表现手法改动原文;原书专名(人名、地名、术语)及译名与今不统一者,亦不作改动。如确系作者笔误、排印舛误、数据计算与外文拼写错误等,则予径改。

五、原书为直(横)排繁体者,除个别特殊情况,均改作横排简体。其中原书无标点或仅有简单断句者,一律改为新式标点，专名号从略。

六、除特殊情况外，原书篇后注移作脚注，双行夹注改为单行夹注。文献著录则从其原貌，稍加统一。

七、原书因年代久远而字迹模糊或纸页残缺者，据所缺字数用“□”表示；字数难以确定者，则用“（下缺）”表示。

编 者 说 明

这本书稿，是遵照孙冶方同志临终前的嘱托编辑的。本书包括六篇文稿。他要求并指定经济研究所几位同志根据他口授的意见，对这几篇文稿（除《社会主义经济论》导言大纲已由他亲自定稿外）进行修改整理、文字加工和材料核实工作。我们在编辑本书过程中，尽力遵照冶方同志的遗言办事，比较完整、准确地反映他长期从事马克思主义政治经济学社会主义部分的研究所形成的概念、范畴和体系，以便让他的理论观点能按照他自己的叙述留传下来。有几篇我们写了一个简短的说明，附在各篇的标题下面。

“社会主义经济论”是孙冶方同志从50年代起的主要研究和写作课题。可以说，他为此而付出了毕生的心血。但是，由于他治学的严谨态度和政治上的坎坷，前几年又患了肝癌绝症，使得他未能完成这部科学巨著就离开了我们。但是，他在几十年的经济研究工作中，写了大量手稿，作了许多学术报告，给我们留下了一笔相当可观的科学遗产。这本未完成的书稿，可以说是他留给我们的科学遗产中最重要的部分。我们相信，历史将会给冶方同志这部对社会主义政治经济学体系的建立和完善有重大贡献的著作，作出正确的评价。

刘国光、张卓元、林青松、冒天启、旷建伟

1983年4月

目　　录

社会主义经济论

《社会主义经济论》初稿的讨论意见和二稿的初步设想

(1961年6月)

编者说明:这篇文稿,是1961年上半年在孙冶方同志主持下,经过《社会主义经济论》初稿各篇写作负责人两个多月的集体讨论,由一部分同志根据他的意见和观点分头起草,并经他亲自修改审定的。自始至终参加讨论的除孙冶方本人外,还有:刘国光、江冬、孙尚清、杨坚白、何建章、赵效民、骆耕漠、桂世镛、董辅礽。另外还有一些同志参加了有关问题的讨论。审稿过程中,张闻天同志曾多次参加讨论会,这篇文稿也吸收了他的一些观点。本文各部分各篇起草人为:第一部分孙尚清同志;第二部分导言和第一、二篇何建章、桂世镛同志,第三篇赵效民同志,第四、五篇刘国光、董辅礽同志,第六篇何建章同志,第七篇李琮同志,第八篇田光同志;第三部分分别由各有关篇负责人提出,由孙尚清、桂世镛同志汇总。

第一部分　对初稿的总的意见

前　　言

今年(指1961年)3月1日至5月12日,《社会主义经济论》中心编写小组举行扩大会议,审阅并讨论了去年10月至今年1月底集体写出的书稿。

我所集体写书是从1959年11月开始的,到1960年2月写出约40万字,当时直接参加写书的有29人,由于这一稿质量不高,不像政治经济学,而像政策论文集,大家都不满意,决定全部重写。1960年5、6月间,所内近百人参加社会主义政治经济学学习并讨论写书提纲,7月集中一部分人开始写作,旋因开展整风运动而暂停。10月到今年1月底再度集中37人着手编写,写出约150万字的初稿,经过各篇编写小组分头审阅讨论,删去篇内各章重复的部分和局部的改写,全稿篇幅压缩到110万字左右,这就是此次讨论的初稿。

这次中心编写小组扩大会议对于书稿进行仔细的审阅和讨论后,认为取得很大的成绩,通过写书和集体讨论,对于社会主义政治经济学中一系列重要理论问题作了初步的研究和探索,也摸到了一些问题的症结,明确了不少问题,收集了一部分资料,锻炼了干部,特别是把干部的政策水平和理论水平提高了一步;同时认为,初稿在论点、资料、方法、结构以至文字等方面也存在许多缺点,离社会主义政治经济学系统理论著作的要求还很远。初稿在各方面存在的缺点,有许多是由于中心编写小组事先对于若干问题的看法不明确,结构设计不周,某些篇、章的范围不明,内容不清,对各章作者具体帮助不够所造成的;同时也与写作队伍的状况有直接关系,即绝大多数同志对所担负的写作题目没有长期的资料积累和研究,甚至有一部分同志是临时上马。因此尽管同志们在三个月的写作过程中,积极努力,收集并研究资料,苦心焦思,总难免在初稿中存在种种缺点。至于某些论点的前后不一致,某些内容的重复等问题,更是集体编写的初稿中免不了的。这都需要通过进一步的研究讨论和中心编写小组的进一步指导,逐步加以解决。

以下,根据中心编写小组扩大会议对于初稿的讨论,提出若干一般性的问题和看法,并且提出对各篇初稿的意见,和今后写第二稿的初步设想,以及各篇章基本内容的初步建议,请同志们讨论。

一、关于贯穿全书的红线问题

在初稿写作前,中心编写小组曾经提出写这本书的若干指导思想:比如:要在马列主义、毛泽东思想的指导下,研究我国社会主义革命和社会主义建设的丰富经验,研究其他社会主义国家的经验,阐述社会主义经济发展的规律性;既要有革命性又要有科学性;从理论上说明党的纲领和政策的经济科学基础;等等,所有这些当然都是正确的。当时也曾提出应以生产力与生产关系、经济基础与上层建筑的矛盾和以最少的劳动消耗取得最大有用效果的原则为贯穿全书的红线。但是红线究竟是什么,以及全书必须贯彻的许多思想与红线的关系如何，这些问题当时还未能明确起来。

经过这次讨论，大家比较一致的看法是，社会主义政治经济学著作的红线应当是，以最少的社会劳动消耗，有计划地生产最多的满足社会需要的产品。在这里体现了社会主义社会生产的目的，也体现了马克思所说的："时间的节约，以及劳动时间在不同的生产部门之间有计划的分配，在共同生产的基础上自然是首要的经济规律。"①毛泽东思想在我们的社会主义政治经济学中必须贯彻和体现，但是，政治经济学与政治学、哲学是不同的，它应当通过对社会经济运动的分析，通过对经济问题的分析，来加以贯彻。好比马克思《资本论》的红线是剩余价值，而马克思通过对剩余价值的生产、流通和分配的分析，把他的阶级斗争、无产阶级革命和无产阶级专政的思想作了极其深刻的体现和阐明。

初稿在这方面做得不能令人完全满意，未能把政治同经济很好地结合起来，有时把政治和经济割裂开来，不是在政治思想指导下，通过经济分析来体现政治，而是孤立地分析政治或者孤立地分析经济。政治是经济的集中表现，我们历来反对政治经济学不讲政治，不讲上层建筑对经济基础的重大作用，我们坚持政治对经济占首位的原理。但是，我们不应当把政治经济学写成政治学或哲学，尤其不应当把政治孤立起来加以强调，而忽视对复杂的经济因素的分析，实际上，这是从另一个方面取消政治占首位的原则。政治经济学是党性最强的科学之一，它有鲜明的政治目的性，但它必须通过经济规律的分析来达到政治目的。无产阶级的政治同社会

① 《马克思恩格斯全集》第46卷上册，第120页。

主义经济运动规律是统一的，它归根到底，是为了发展生产力，促进社会主义向共产主义发展。我们必须联系生产力和上层建筑来分析生产关系。

二、关于区别特殊经验和普遍规律问题

在初稿写作前我们就提出，必须注意区别中国或其他国家的特殊经验和普遍规律。我们编写的社会主义政治经济学主要是给中国人读的，当然要从中国革命和建设的实际出发，要尽可能多引用中国的实际资料，讲中国的经验，同时也应当研究其他社会主义国家的经验。

中国革命和建设的经验，有许多是带有普遍意义的，我们在书中应当加以分析和论证，而不应当只是简单地下结论式地说明一下。同时，对于普遍意义也要提得适当。例如先合作化，后机械化，对于在农业中资本集中程度和机械化程度很高的资本主义国家，社会主义革命胜利后，就不存在这个问题。尤其不应当把一些具体的经验当作普遍规律来介绍。例如，无产阶级夺取政权后，对大资本实行剥夺，对中小资本实行改造，这对无产阶级有利，也具有普遍意义，但是把改造的具体步骤和方法上的细节也当作普遍规律就不妥当，这样反而降低了普遍规律的深刻意义。

还有些中国特殊经验，对于社会历史条件同中国相同或相近的国家，也有普遍意义。对于这些经验，应当分析和说明它们是在何种具体社会历史条件下出现的。

三、关于克服理论观点的片面性问题

在写初稿时,我们反复学习了中共中央关于农村人民公社十二条紧急指示,结合这次学习,我们注意了检查自己某些理论观点的片面性,并且要求写书时要认真贯彻十二条指示的精神,克服片面性,但是在初稿中还存在各种不同程度的片面的理论观点。

过分强调不断革命论,忽视革命发展阶段论的倾向,就是初稿中的一种片面倾向。有些章强调社会主义的生产关系要不断地变革,而对社会主义生产关系基本上适合生产力和它的相对稳定性,则论述得不够。事实上,社会主义生产关系基本上是适合生产力性质的,这表现在它为生产力的发展开辟了广阔的道路,这也是社会主义制度在根本上优越于资本主义制度之所在。生产力和生产关系的矛盾是经常存在的,是绝对的,但不应由此推论出社会主义社会中生产关系对生产力总是不相适应,而适应也并未取消二者之间的矛盾。初稿在分析所有制和分配关系时,也有某些急于过渡的倾向,从而对社会主义生产关系的相对稳定性和社会主义社会的相对稳定性,就有一定程度的忽视。

初稿对于工农、城乡、脑力劳动体力劳动三大差别和资产阶级法权残余,即按劳分配下的人们生活上的不平等,同政治上和思想上的封建、资本主义残余,在认识上有些混淆。在社会主义现阶段,由于生产力发展水平不够高,三大差别和人们生活上的某些不平等的存在是必然的,也是必要的,我们不应该用对待封建思想和资本主义思想的态度来对待它们。为了克服它们,首先要大大发展生产力，根据生产力的发展水平和其他条件的具备，逐步地加以克服。

初稿对等价交换、劳动生产率、经济核算、综合平衡等有重要实践意义的重大经济理论问题的探讨和分析，也存在若干片面性。

看来，正确理解经济同政治的关系，生产力同生产关系的关系，以及革命发展阶段论同不断革命论的关系，将是克服初稿某些论点的片面倾向的基本问题。

四、关于百家争鸣和对反马克思主义经济“理论”的批判问题

百花齐放、百家争鸣方针是发展艺术、繁荣科学的英明方针。我们编写的政治经济学必须坚决贯彻党的百家争鸣的方针，这一点大家在思想上是一致认识到了的，也是在初稿写作前和写作过程中，中心编写小组所一再强调的。初稿有些章写得比较好，介绍了有关的不同学术论点，与自己不同意的学术论点进行了商榷。但是也有许多章，作者对经济学界长期存在争论的一些理论问题，只是提出自己的论点，而不介绍不同的论点，对于一本学术理论著作来说，这是一个很重大的缺点。出现这种情况可能有两种原因：一是对不同的学术论点研究不够，一是在思想上认为自己不同意的论点“不值一驳”或者不值得介绍，而这都不是科学的态度。

学术论点上的是非，须经长期争辩才能分晓。固然有完全错误的论点，但也有许多“对中有错”或者“错中有对”的论点。因此在学术研究中，应当善于取长补短，经常吸收正确的东西，也应当有勇气经常修正或放弃自己曾经坚持过的不完全正确或完全错误

的论点。不同的学术论点固然会有世界观问题和立场问题,但是在马克思主义经济学者中间的不同论点,基本上是由掌握材料的不同、分析和考察的角度不同、看问题的深度和侧重面不同等原因造成的。因此不应轻易地断定自己不同意的论点就是错误的,而应当对它们进行虚心的、仔细的研究,尤其不可任意地将尚无定论的一些学术论点,加上反马克思主义的帽子。

在我们写的书中,必须对各种反马克思主义的经济"理论",进行彻底的批判。初稿在这方面基本上是做得好的,但是还很不够。主要问题是批判时说理分析少,因而不够有说服力。其所以如此,基本原因是对批判对象(论点)研究不够,甚至不太了解,未能做到"知己知彼"的地步,在这方面我们还需要多下功夫。

五、关于研究方法与表述方法的区别问题

在着手编写初稿时,我们就强调研究经济问题必须从实际出发,从社会主义经济的客观运动过程出发,在占有大量资料的基础上,加以分析、研究和概括;同时我们强调要认真学习理论和党的政策,它们可以帮助我们认识客观经济规律。毛泽东同志早就告诉我们,研究客观规律性,作为我们行动的向导,"就须不凭主观想象,不凭一时的热情,不凭死的书本,而凭客观存在的事实,详细地占有材料,在马克思列宁主义一般原理的指导下,从这些材料中引出正确的结论。这种结论,不是甲乙丙丁的现象罗列,也不是夸夸其谈的滥调文章,而是科学的结论。这种态度,有实事求是之意,无哗众取宠之心。这种态度,就是党性的表现,就是理论和实际统

一的马克思列宁主义的作风。”[①]我们始终反对研究不从实际过程出发而从原则、概念和规律出发的错误方法，因为人们的思想必须符合客观实际，一切原则、原理必须在研究客观存在的事实之后才能得到，恩格斯说得好：“原则不是研究的出发点，而是它的最终结果。”[②]

人们在对客观事物进行反复的考察和研究中，认识它内在的本质，摒弃它的某些外在的、偶然的现象，确立科学的概念，把握它的运动规律，就可以运用已获得的科学概念和规律性的认识，对于客观过程作出科学的说明。

但是研究的成果如何进行表述呢？研究方法与表述方法的区别何在呢？这个问题在初稿写作之前是解决得不明确、不彻底的。那时我们强调“过程法”，即不是从原则定义和什么体系出发，而是从客观过程出发进行分析的方法，又强调逻辑和历史统一的方法，这些都是对的。但是未明确把研究方法与表述方法（或称说明方法）在形式上的差别划分清楚，因而许多章的表述法不符合科学的要求，大大妨碍了范畴、规律和科学概念的正确表达和分析（原稿许多章节往往是对解放后的经济史过程作一段最概括的描述，最后加上一段分析说明。这样的表述法作为历史教科书则嫌史料不足，作为政治经济学则没有把客观经济过程中最本质的东西分析清楚）。尽管研究方法与表述方法都是以唯物辩证法为根本方法，但是又正像马克思所指出的：“在形式上，叙述方法必须与研究方法不同。”[③]明确这种形式上的不同，对于编写政治经济学著作是非常重要的。

---

① 《毛泽东选集》第1—4卷合订本，第759页。

② 《马克思恩格斯选集》第3卷，第74页。

③ 《马克思恩格斯全集》第23卷，第23页。

对社会经济运动的研究,必须从具体入手,因为认识的出发点是实际,是具体,经过抽象分析,达到同纷乱的经济现象相比是单纯的概念和简单的规定,即列宁所说的,"从生动的直观到抽象的思维"[①]的过程,科学抽象是以具体的整体的存在为前提,而不是脱离实际。由于具体是许多规定的总结,因而是多种多样事物的统一物,即由许多方面和属性所组成的复杂的统一体,所以不能一下子被认识清楚。为了要研究这个整体,必须把分解为各个组成方面和组成部分,单独进行考察,最后再把各个方面和部分结合起来进行综合的考察。

而对研究成果进行说明或表述时,则必须在形式上从研究结果所形成的相对单纯的概念和相对简单的规定开始,"行程从那里倒过头来"逐步具体化,回到整体。可见,这回它"已不是一个混沌的关于整体的表象,而是一个具有许多规定和关系的丰富的总体了"[②],因此,这里体现了马克思所说的,具体的整体在认识中既是出发点又是结果的原则。

马克思说他的整个研究方法是分析方法,但是在叙述中则以从抽象上升到具体、简单到复杂、局部到整体的形式表现出来。恩格斯说,这种方法是"逻辑方法"[③],当然,在这里逻辑和历史是统一的,逻辑方式"无非是历史的研究方式,不过摆脱了历史的形式以及起扰乱作用的偶然性而已"。[④] 这种方法不应看作是与马克思主义辩证方法并列的某种独立的方法,它是辩证方法在对客观经济运动进行研究和表述的一种具体表现。

① 《列宁全集》第38卷,第181页。
② 《马克思恩格斯选集》第2卷,第103页。
③ 同上书,第121页。
④ 同上书,第122页。

明确了研究方法与表述方法的区别，对于我们第二稿的写作固然很重要，但是根本的问题是要加强对经济问题的深入研究，这也是提高第二稿质量的首要问题。

六、关于书的结构问题

欲写书，必对书的结构在事先有所考虑和安排，像我们写的这本内容较复杂的书，又是集体分工写作，尤其要求对书的结构在事先有较周到的设想，否则就要浪费劳动。但是，正如中心编写小组所一再说明的，也如全体参加编写同志们所了解的，现有的结构设想还存在许多问题需要不断改善，虽然它已经过一年多的酝酿和多次群众性的讨论，并且经过了第一稿写作的实践，也还是非常不成熟的。今后随着我们对社会主义经济运动研究和认识的深化，随着我们对结构认识的改变，甚至可能把现在新设想的结构完全推翻而另考虑新的结构。因此，我们进行的设计结构的工作，尚未完结，也更谈不到什么创立科学体系。

初稿的结构，是根据社会主义经济产生的特点（即无产阶级夺取政权后自觉地建立的），和社会主义经济是计划经济，人们对经济运动过程由处于“必然王国”已开始进入“自由王国”的特点，以及社会主义经济是高度社会化经济而绝不是自然经济的特点，安排为社会主义经济的产生、生产过程、流通过程、再生产总过程和共产主义必将在全世界胜利等五篇和一个附录。经过对初稿的审阅和讨论，我们认为这个结构在具体化以后虽然有种种缺点和不完善之处，但方向是正确的，它比较适合对社会主义经济运动过程进行较细致的解剖和分析。至于初稿中有些章的内容写得不合要求，需要根本改写或者重新写，那是另一个问题。当然也有些章需要重写是由于全书结构安排的缺点所造成的，如在初稿结构的设计中，有的篇基本内容尚不明确，有的篇把不是同一序列的问题合于一篇之内等，这种缺点在今后是可以逐步克服的。

经过讨论，根据大家现有的认识，拟将书的结构加以适当调整，使它更符合对社会主义经济运动进行科学分析的要求，并且使说明的方法符合由抽象到具体，由简单的范畴上升到复杂的范畴，由局部分析逐步达到整体上的综合的要求。建议初稿的五篇改变成七篇，即：第一篇以社会主义生产关系的建立过程为基本内容，第二篇以社会主义经济的直接生产过程为基本内容，第三篇以生产企业资金循环和周转以及独立核算企业间合理组织供销关系问题为基本内容，第四篇以社会再生产中两大部类之间、各部门各地区之间的相互关系为基本内容，第五篇以社会总产品和国民收入的分配、再分配和使用为基本内容，第六篇以社会主义向共产主义过渡为基本内容，第七篇以社会主义国家对外经济关系为基本内容。初稿的附录改为第八篇，以社会主义政治经济学思想史、对近代资产阶级庸俗经济学和其他各种反马克思主义经济学的批判，以及社会主义政治经济学的对象、方法问题为基本内容。各篇内部的结构，也相应地进行了必要的调整和改变（后详）。

七、关于学习马克思《资本论》的方法的问题

马克思《资本论》的方法是我们研究社会主义经济和编写社会

主义政治经济学的一个指南。《资本论》分析的是资本主义经济运动规律，而资本主义经济是社会化的经济，马克思在运用唯物辩证方法对社会化的资本主义经济进行解剖的过程中，同时也创立了一套分析复杂的社会化经济的一般方法，这些方法是应用唯物辩证法分析社会经济运动的具体表现，是我们分析社会化的社会主义经济所必须认真学习的。例如，逻辑与历史统一的方法，从具体到抽象和从抽象回到具体的方法，社会化经济过程的两重性的分析方法，等等。《资本论》的科学结构是既符合解剖资本主义生产关系的要求，又体现分析社会化经济的方法的一般要求的。因此对《资本论》的结构也应当加以认真的研究和学习，作为考虑社会主义政治经济学结构的参考。我们主张"学而不套"，为了做到这一点，就必须学透，但是在初学的过程中，由于学得不透也有可能出现某些"套"的情况，这是我们要努力避免的，但是也不应当因噎废食，怕学不好、怕产生"套"而不去学习和参考《资本论》的方法和结构。

《资本论》中的经济范畴，也有几种不同的性质，要加以仔细研究，而不应当只从《资本论》是研究资本主义经济的这种认识出发，不加区别地认为在社会主义政治经济学中一概不能采用。当然，《资本论》中许多范畴是体现资本主义剥削关系的，是资本主义社会所特有的，如资本、剩余价值、经济危机等；但是也有体现人类社会一般经济关系的范畴，因而是任何社会形态中都存在的，如劳动、生产关系等；也还有体现社会化的经济关系的范畴，其中又有两种情况，一是与商品货币关系相联系的范畴，一是并不与商品货币关系相联系的体现社会化经济关系的范畴，如社会分工、劳动协作、具体劳动、抽象劳动等，这些范畴凡是社会化的经济，就都是存在的，在社会主义经济中也存在着。

另一方面也必须看到，社会主义经济是建立在公有制基础上的新型经济，与资本主义经济有根本性质的区别，因此对于分析社会主义经济关系来说，只采用《资本论》中可用的范畴是远远不够的，而必须创立体现社会主义经济关系的新的范畴，这也是研究社会主义政治经济学的一个重要课题。但是，即使在创立新范畴的过程中，也应当注意《资本论》中有许多范畴的实体或基础是社会化大生产的客观规定，当把资本主义关系给它们加上的外衣脱去以后，它们作为一种客观规定，也存在于社会主义经济之中，例如c、v、m，又如根据生产中投放的劳动量转移入新产品的形态的不同，而划为固定部分和流动部分，在资本主义经济关系下是固定资本和流动资本的范畴，在社会主义经济关系下固定部分和流动部分都存在，却显然不再是固定资本和流动资本；等等。这就是说，我们创立新范畴时，有许多也不是完全“另起炉灶”，甚至在字面上仍沿用原来的术语，如工资、利润等，但它们所反映的生产关系已经完全不同于资本主义的了。当然，此外也还有必须“另起炉灶”的范畴，如全民所有制、集体所有制、按劳分配等。

总之，把马克思《资本论》的方法真正学到手，把《资本论》的丰富科学遗产加以继承并且发扬光大，需要我们不断地努力学习。

八、关于固定写书队伍问题

根据半年多集体写书的实践，我们感到，像《社会主义经济论》这样内容很多、涉及问题很广的著作，组织较多人的集体力量进行编写是一个好办法，否则，靠一个人或少数几个人，在若干年内要对各方面的问题进行全面的资料积累和研究是有困难的。当然，集体写书中也有一些复杂的问题，尚待我们通过实践，逐步总结这方面的经验。

我们建议，今后一方面要把少数（10—15 人）编写人员分工固定下来，他们自己固然要亲自研究一两个社会主义经济的重大问题，并且经常研究编写工作方法问题，但是这些编写人员更重要的是担任编辑工作；就是说他们的主要任务是要汇集所内外，以至国内外马克思主义经济学者的研究成果，编写成书。另一方面，根据这次初稿讨论中提出的研究题目，也固定较多的人（约 30—40 人）对社会主义政治经济学中的专题进行长期专门研究，要求题目清楚，落实到人，避免经常上马下马，他们的研究工作应受各研究组组长和编写小组的双重领导。这本书的质量主要依靠这些同志的研究成果。我们认为，为了使全书结构和文笔一致，直接执笔人员不宜过多；但专题研究是写书的基础，进行专题研究的人应该尽可能多些。

由于我们写的是社会主义政治经济学，是各经济学科的基础理论，从长远来看，完成写书任务与各专业研究组的学科建设，以及与研究干部的培养是不矛盾的，是相得益彰的。但是写书任务与某些研究组当前的具体研究题目和某些研究人员当前的具体任务，又可能是矛盾的。因此，我们建议在全所任务的安排上，统筹兼顾，留有余地，适当调整，并相应地将全所三年研究计划进行必要的调整。

根据前一段编写的经验，我们建议今后一年修改一次，以便参加写书的同志有较充裕的时间进行研究，避免忙于赶着修改和写作而挤掉许多研究时间的现象。我们希望在1962年2月以前完成第二稿，写第二稿的要求是在半年多调查研究和学习的基础上，只写出每章的较详细的提纲（以3000—5000字为宜），经过进一步讨论、修改和调整后，到1963年春写出完整的第三稿，再经过相当时间的努力，争取完成第四稿，并且付印。

九、关于加强调查研究和学习问题

初稿最基本的缺陷，就在于对许多问题研究不够，对这些问题平时没有进行过系统的调查研究，没有较长期的专门的资料积累。今后无论是为了提高写书的质量，也无论是为了提高研究队伍的水平，当务之急是认真加强调查研究。对于我们来说，既要深入工厂、商店、农村人民公社进行实际经济过程的深入调查，又要充分利用有关的调查资料或调查报告，既要有典型资料的积累，又要有全面资料的积累和全面的统计资料，包括其他社会主义国家有关资料的积累和研究。

同时，我们也必须加强理论学习，因为我们的理论水平也很低，首先要加强对毛泽东同志著作的学习，也要加强对马、恩、列、斯的有关著作的学习。对于国内外经济学界的各种论点也应当进行仔细的研究。

在这里特别要提出的是加强对党的经济政策，特别是建国以来的经济政策的学习和研究。应当学习和研究每一项重大经济政策提出的社会政治经济形势和根据，是为了解决什么问题，执行情况如何，解决了所要解决的问题以后又发生一些什么新的问题，等等。进行这样的研究，能够不断提高我们的政策水平和理论水平，帮助我们加深对社会主义经济规律的认识，因为党的经济政策体现党中央和毛泽东同志对客观经济规律的更深刻、更正确的认识，学习和研究党的经济政策，是研究社会主义经济的最好的途径之一。

就写书工作来说，我们需要在"写—学（包括调查研究、学习政策和理论、积累资料，等等）—写"的循环中，不断提高。

我们要总结前一时期进行调查研究的经验，很好地研究和组织今后的调查工作。同时，也要很好地组织和领导政策学习和理论学习，还应当组织一些必要的学术讨论会，交流大家的研究心得，互相启发，共同提高。

第二部分　对各篇初稿的意见及二稿的初步建议

导　言

导言原名"我们的时代"，目的是要阐明在我们这个时代，社会主义政治经济学所肩负的历史使命。但初稿的内容只一般论述时代的特征，没有写政治经济学在这个时代的历史使命，这同原来的要求是不符的。在讨论过程中，同志们对导言的内容和写法提出了几种不同的意见，一种意见认为导言应写政治经济学的对象和方法，这种写法无疑有其一定的优点，但在全书之首写对象和方法问题，也必然会受许多局限。如果只进行抽象的论述，问题很不容易说清楚，内容流于一般；如果结合全书的内容作具体的分析，则势必把许多有待在书中分析和论证的命题，在一开始就当作结论摆给读者，这同我们全书的方法是不符的。另一种意见把导言改为前言，只对本书的结构、体例作一个简介，这种写法是可以考虑的。但是不管写什么内容和怎么写法，导言都是同全书内容有关的，只有在全书写好以后才能写导言，所以我们建议导言可暂时不写，关于导言的内容和写法还可以从长计议。

第一篇　社会主义生产关系的建立和发展过程

本篇任务主要不是分析社会主义生产关系本身，而是阐明社会主义生产关系建立的前提和过程，为以后各篇的分析提供必要的根据。按照原来的设计全篇共为六章。第一章“无产阶级专政是社会主义经济产生和发展的前提”，目的是要说明社会主义生产关系产生的特点，说明社会主义公有制经济不可能产生于资产阶级专政下的私有制社会中，说明无产阶级必须先制造舆论、夺取政权，然后才能变革生产关系的道理。接着从第二章到第五章是分别论述农业、手工业、资本主义工商业以及小商小贩的社会主义改造，说明社会主义的生产关系具体是通过什么途径确立起来的。最后，第六章“生产力和生产关系之间的矛盾，经济基础和上层建筑之间的矛盾是社会主义社会发展的基本动力”是本篇的一个归结，它担负承上启下的作用，一方面以社会主义革命和社会主义改造的实践来说明生产力与生产关系之间、经济基础与上层建筑之间的矛盾，以及这些矛盾的解决；同时也要说明，生产关系和生产力的矛盾、上层建筑和经济基础的矛盾，不仅在这一时期中存在，是社会发展的基本动力,而且在社会主义生产关系基本确立以后,在社会主义建设时期以至未来共产主义时期也仍然存在着,仍然是社会发展的基本动力,从而成为以后各篇分析和研究社会主义生产关系的序曲。

从本篇各章的初稿来看,原来的这些设想未能得到完全的反映。第一章没有从社会主义生产关系产生的特点这个角度来阐明无产阶级专政是建立社会主义生产关系的前提,而是一般地论述了无产阶级专政问题,因此不像政治经济学中的一章,而像是政治读本或《国家与革命》中的一章。第六章也没有能够完成承上启下的作用,而像是一篇论述基本矛盾的哲学论文。论述社会主义改造的各章,虽然搜集了不少资料,进行了一定的研究,但理论概括不高,没有能够把社会主义改造中的各种规律性提到必要的理论高度,通过政治经济学的范畴来加以说明,因而有些像社会主义改造史。

初稿中这些不足之处,除了因为我们对问题的研究还不够深入之外,也同中心编写小组对本篇的原设计中某些思想不够明确有关。如前面所说过的那样,当时虽然强调了历史和逻辑的一致,但也曾经认为其他各篇应以逻辑法为主,而第一篇关于无产阶级专政和社会主义改造各章则应以历史法为主,即应依照中国革命和社会主义改造的客观历史顺序来写;当时强调了研究工作要从客观过程分析出发(这当然是对的),但没有同时指出研究方法与叙述方法之间的区别。经过这次讨论,这些问题得到了进一步的明确。第一篇同全书的其他各篇一样,也应该贯彻历史和逻辑一致的原则,使逻辑与历史更好地结合起来,同时研究的方法与叙述的方法应该有所区别,在研究中应该搜集更多、更有典型性的资料,注意对客观经济过程的分析,而在表述的时候,哪怕是关于社会主义改造的各章,也应该从最基本的、抽象的范畴入手,然后,循序渐进，分析随着社会主义改造客观过程的发展而依次出现的各个范畴。至于各章的排列顺序，则应该先讲资本主义所有制的改造，后讲个体私有制的改造。根据这种认识，原来的结构就有必要作某些调整和修改。

第一章的题目将改为“无产阶级专政是社会主义生产关系产生的前提”。内容主要在说明无产阶级专政对改变生产关系和建设社会主义计划经济的必要性及其关系，不是一般地谈无产阶级专政，要把这一章写成是政治经济学中的一章。

“生产力与生产关系之间的矛盾、经济基础与上层建筑之间的矛盾”仍然放在本篇的末尾。或者独立一章，或者不独立一章而作为一个小结，可暂时不定，但其内容仍然是承上启下，并概括地指出这个矛盾不仅在改造时期有，在社会主义建设时期以及社会主义、共产主义今后发展的各个阶段上也有。

在社会主义改造的各章中，应该首先分析和研究无产阶级取得政权后所面临着的各种不同的所有制，以及这些不同所有制的代表者——各种不同的阶级、阶层；由此才可以说明这些所有制如何必须加以改造，以及这些阶级、阶层对改造的不同态度和无产阶级对它们的不同政策。各章的排列顺序也应该作必要的调整。原来的顺序先是个体农业的改造，接着是个体手工业改造，然后是资本主义工商业的改造，小商小贩的改造在最后。这种安排一则没有把对个体经济的改造同资本主义经济的改造在章序上严格区分开，而相互交叉，二则把个体农业和个体手工业的改造放在资本主义经济改造之前也是不妥当的。虽然在我国具体条件下，小农经济在国民经济中占很大的比重，对小农经济的社会主义改造也无疑有极重要的意义；但是社会主义经济不是在小生产的基础上产生的，而是对资本主义经济形态否定的结果，资本主义是社会主义革命的直接对象。社会主义革命首先要把资本主义变革为社会主义，剥夺大资本，改造中小资本。从逻辑上来看，似应先讲资本主义所有制的改造，然后讲个体经济所有制的改造。在资本主义所有制的改造中应该分别谈对大资本（官僚资本）的剥夺和对中小资本的“和平”改造。初稿中对大资本的剥夺是在“无产阶级专政”一章中谈的，没有独立设章，看来这个问题极为重要并且内容也很多，应专设一章为好。在对个体经济所有制的改造中又应该分个体农民、个体手工业者和小商小贩等。个体农民是个体经济中数量最大和具有代表性的部分，对个体农民社会主义改造的分析，同时也就论述了对个体经济社会主义改造中的一般规律和党的基本方针政策，因此在谈个体手工业和小商小贩的社会主义改造时，重点是分析由于它们具有的同农民不同的特点而带来的社会主义改造中的特殊形式，以及与此相适应的党的政策。

关于本篇的具体内容初步设想如下：

第一章　无产阶级专政是社会主义生产关系产生的前提

本章的中心内容是说明社会主义生产关系产生的特点，说明无产阶级专政对建立社会主义经济的必要性和关系；说明无产阶级专政在建立社会主义生产关系中的作用。

1. 社会主义公有制的生产关系不可能在私有制社会中产生，无产阶级专政是其产生的前提。

2. 资本主义生产关系和生产力的矛盾，无产阶级革命的必然性，旧中国生产力与生产关系的矛盾。由民主革命向社会主义革命的转变。

3. 无产阶级夺取政权后所面临的经济成分和阶级，以及无产阶级的任务。

4. 说明制造舆论，夺取政权，然后才能改变生产关系，发展生产力的道理。

5. 论述无产阶级专政的职能，说明有哪些职能，有没有经济职能，以及这些职能在建立社会主义生产关系中的作用。

6. 说明无产阶级的政党对社会主义改造的方针和政策，概述党在改造时期的总路线。（这里对工业化与技术革命的问题只提一下，留到第二篇去展开。）

第二章　资本主义经济变革为社会主义经济的过程（一）——对大资本（官僚垄断资本）的剥夺

剥夺大资本是变革资本主义所有制为社会主义公有制有决定意义的步骤；同时也是对中小资本进行“和平”改造的必要条件。本章的任务在于说明大资本的特点，说明对大资本实行剥夺的客观必要性和剥夺形式。

1. 分析大资本的一般特点以及在各种不同类型的国家、特别在我国的实际情况下的具体特点。

2. 说明剥夺大资本的客观必要性，以及为什么对大资本的剥夺是无产阶级社会主义革命的一般规律。

3. 阐明剥夺后对企业进行改造的必要性，以及如何把它们改造成为社会主义的国营企业。

4. 说明在剥夺和改造企业过程中阶级斗争的性质，无产阶级在这种斗争中所采取的策略和手段，根据他们对社会主义革命的不同的态度，采取灵活对策和不同的剥夺形式。

5. 研究我国对帝国主义在华资本的政策及其意义。

第三章　资本主义经济变革为社会主义经济的过程（二）——对中小资本的社会主义改造

本章的中心在于说明，在无产阶级专政和剥夺大资本的条件下，对中小资本实行“和平”改造的可能性，“和平”改造的意义和把“和平”改造的可能性变为现实的条件，“和平”改造的形式以及其中的阶级斗争。

1. 分析中小资本的一般特点，以及在各种不同类型的国家，特别在我国的情况下又有哪些具体特点。

2. 论证为什么在无产阶级专政和剥夺大资本的条件下有可能对中小资本实行“和平”改造，实行中小资本的“和平”改造对无产阶级有利；把“和平”改造的可能性变成现实的条件：党的正确政策，资本家的态度；党的利用、限制和改造政策的正确性。

3. 说明为什么国家资本主义是对中小资本实行“和平”改造的基本形式，说明国家资本主义从低级到高级的各种形式的性质和作用，以及它们向更高一级形式发展的必要性和条件；对批零差价、工缴费和定息等范畴的分析。

4. 在改造企业的同时，对资产阶级分子改造的必要性、方法和意义。

5. 说明对中小资本的“和平”改造是阶级斗争在新形势下的继续，无产阶级在这个斗争中采取的方针和政策。

第四章　个体经济变革为社会主义经济的过程(一)
——对个体农民经济的社会主义改造

本章的任务是阐明个体农民经济改造成为社会主义经济的必要性、可能性、道路以及党在这个过程中的方针和政策。

1. 分析个体农民经济的一般特点,以及在不同类型的国家,特别在我国的具体特点。

2. 阐明为什么对小农不能剥夺,合作化是必由之路的原理。

3. 合作化和机械化的关系,为什么在没有实现农业机械化的国家要先合作化后机械化。

4. 合作化的具体形式,分析从低级到高级各种形式的性质、作用,以及它们向更高一级的形式发展的必然性和条件;合作社的规模。

5. 农村各阶级、阶层对合作化的态度,以及党的阶级政策;富农的经济和政治地位,对富农的政策和消灭富农的途径。

第五章　个体经济变革为社会主义经济的过程(二)
——集体所有制的发展,我国农村人民公社的三级所有制

前面一章只谈到合作化的实现,即由个体农民经济转变为社会主义合作社为止,集体所有制在社会主义发展的时期内是同生产力相适应的,因而应该相对地稳定下来,但是,随着生产力发展的各个不同的阶段,集体所有制也还要逐步的提高和发

展。本章的任务是说明集体所有制进一步发展,说明人民公社中的三级所有制、自留地和家庭副业是适合现阶段生产力水平的,应该长时期地稳定下来以促进生产力的发展。

1. 集体所有制发展的必然性。

2. 农村人民公社三级所有制的内容,为什么它是适合现阶段生产力水平的。

3. 自留地与家庭副业的性质,它的客观必然性和对社会主义经济的作用。

4. 稳定三级所有制的必要性与意义,今后所有制进一步发展的条件和趋势。

第六章 个体经济变革为社会主义经济的过程(三)
——个体手工业和小商小贩的社会主义改造

个体手工业和小商小贩都是个体经济,在这一点上同个体农民经济是相同的,因而在对个体农民社会主义改造一章中所分析的一些基本规律和党对个体经济改造的根本方针在这里也完全适用。但是个体手工业和小商小贩又都有各自的特点,个体手工业是从事工业生产的个体经济,它的商品化程度显然要比个体农民经济高得多。小商小贩则是在流通领域中从事经济活动,或是生产、流通二者兼营的,当然又有许多同个体农民及个体手工业者不同的特点。这些特点必然给对他们的社会主义改造带来某些特性,本章的任务就是要着重地分析这些特点。

1. 个体手工业的特点，它在社会主义经济生活中的作用，对个体手工业进行社会主义改造的形式和特点。

2. 小商小贩的特点，它在社会经济生活中的作用，特别在沟通城乡关系、促进农副业、手工业生产中的作用，对小商小贩进行社会主义改造的形式和特点。

3. 手工业的所有制问题。

4. 在对个体经济实行社会主义改造的过程中反对资本主义自发势力的斗争。

第七章　(或本篇的小结)社会主义社会生产力和生产关系的矛盾、经济基础和上层建筑的矛盾及这些矛盾的不断解决

本章的宗旨是承上启下，是否设专章以及设专章又是否用这样的章名，都还可进一步研究。

1. 用改造时期生产关系变革的实例来说明社会发展的基本矛盾。

2. 阐明社会主义的生产关系基本适合生产力，上层建筑基本适合经济基础，概述社会主义制度的优越性。

3. 论证社会主义生产关系与生产力，上层建筑与经济基础之间在个别方面、个别环节上出现不相适应的必然性，调整这些不适应环节的条件和方向。

4. 计划经济是人们由“必然王国”到“自由王国”的飞跃，人们可以自觉地来管理社会，自觉地调整矛盾，发展生产力，但是主观要反映客观，人们要正确地认识和运用客观规

律，仍然需要一个不断实践的过程，不断改进认识的必要性，调查研究的重要性。

第二篇　从个别企业的角度考察的生产过程

本书第二篇从个别企业角度研究社会主义生产过程，它的主要内容是分析直接生产过程(劳动过程)中人与人的相互关系，说明如何以最小的社会劳动消耗取得取大的、满足社会需要的有用效果。物质生产是人类生存的基础。社会生活各个方面的发展，归根到底取决于物质生产的发展。政治经济学研究社会主义经济运动首先应该研究物质生产的过程。在生产过程中人们相互之间结成了一定的关系，即生产关系。本篇要联系企业与企业之间，部门与部门之间的关系，来考察企业内部直接生产过程中的生产关系。人们在直接生产过程中的相互关系是生产关系的一个极重要的方面，它同生产力发展的联系最直接，反映生产力的变化很快，并且随着社会分工的日益精细，这种关系也愈益错综复杂。在实际经济生活中，这方面所包含的问题很多，经验也很丰富，但是由于我们过去注意和研究得不够，对问题的了解不深、不全、不透，因此我们对本篇内容的设计，只是一个初步的设想，只是提出一些问题(并且一定还有许多问题没有提出来)，作为今后进行深入研究的参考，并通过研究逐步使本篇充实和完善起来。按照原来的设计，全篇共有十章。第一章是“社会主义生产的目的”。这是社会主义生产同资本主义生产的根本区别之点，也是生产过程进行的一个前提。第二章是“产品与商品”。社会主义的生产是高度社会化的生产。在作为人们共同劳动的结果——产品中体现着人们相互交换活动的关系，对产品的分析揭示出使用价值与价值、具体劳动与抽象劳动、局部劳动与社会(整体)劳动的矛盾。然后，从第三章开始进入对直接生产过程本身的分析，首先论述社会主义制度下生产资料与劳动力的结合方式，随即从劳动时间和劳动生产率两个方面展开如何以最少的社会劳动消耗取得最大的有用效果的分析。在这些分析中，产品中所体现的人们的相互关系也得到了进一步的丰富和深化。最后全篇以产品的分配为结尾，说明人们在直接生产过程中的分配关系，以及在社会主义物质资料不断再生产和扩大再生产的同时，人们在生产过程中的社会主义关系也在日益完善的程度上不断再生产出来。

从现在写的初稿来看，原设计的这些考虑基本上是可以的，但也有许多需要进一步明确的问题，除了在对全书的总意见中已经提到的各篇共同存在的一些问题外，还应该指出以下几点：

1. 关于本篇研究的范围问题。从初稿各章来看，对于本篇应从什么范围来考察社会主义的生产过程这个问题没有得到解决，不少章都是从全社会范围的生产开始分析的，或者用不少篇幅专述社会范围的生产问题。这同全书应从简单到复杂，从局部到总体的叙述方法是不符的。本篇的任务是研究直接的生产过程，也就是说，应该舍象流通过程和不属于直接生产过程的第二性因素的影响，而舍象了企业之间的流通关系以及属于全社会生产的因素后的直接生产过程，也就是在个别生产单位内部进行的过程。因此，个别生产单位的生产过程应该是本篇所依以考察的基本据点，当然，从个别生产单位开始考察社会主义的生产过程，并不等于说可以离开整个社会；相反，在考察个别生产过程时，我们的目的是通过个别来把握一般，我们研究的主体最终是社会。同时，也不能把考察个别生产过程绝对地理解为考察范围只能局限在企业围墙以内的过程。超越于个别生产单位以外的，为考察直接的生产过程所必不可少的社会过程，如果在叙述的过程中具备了考察的条件，同时在以后各篇中又毋须专论的，就可以而且应当放在本篇中来论述。

2. 本篇的目的，在于说明如何正确地处理生产过程中人们的相互关系，以最少的社会劳动消耗取得最大的有用效果，因此从产品两重性的分析开始，就应该把社会生产的使用价值与价值这两方面紧密地结合起来。但是这次编写的初稿没有能很好地解决这个问题。例如"产品与商品"一章把论述的重点放在社会主义劳动产品是否具有商品性的问题上，而对以后各章乃至以后各篇都有关键性影响的，使用价值与价值、具体劳动与抽象劳动、局部劳动与社会劳动等一系列两重范畴的分析，都说得过于简单。"生产资料与劳动力结合"一章也没有把劳动过程的分析同产品价值形成过程的分析有机地结合起来，等等。这是今后应该加以注意的。

根据这些认识，原来的设计安排也有必要作某些调整和改变。第一章"生产的目的"是全篇各章都要加以论述的问题，没有必要设立专章；第七章"农业是基础"涉及的方面很广，是一个属于国民经济总体的问题，应该移到第四篇分析部门关系中去讲；第四章"生产资料与劳动力结合"改为"产品的生产过程是使用价值与价值的创造过程"，其中论述全社会的经济管理体制问题的部分，分别移于国家的经济职能、国民经济计划管理等题目中去论述；劳动生产率问题初稿没有设专章，分量不够，应该独立成章；协作与分工是一个十分复杂和重要的问题，初稿中关于这方面的问题是分散在"生产资料与劳动力结合"、"工作日"、"技术革命"等章中讲的，不但不够集中，内容也很不充实,应该把这些内容集中起来并加以补充,设立专章来论述。经过这样调整后的新设计大致包括以下一些内容。

第一章 产品与商品

生产就是物质财富的生产,在分工和社会化的生产中,产品是人们共同劳动的结晶,在产品中体现着人们相互交换自己活动的关系。政治经济学研究人们在生产过程中的相互关系,应该从产品的分析着手。

在资本主义经济中,产品采取商品的形态。在社会主义经济中,产品已经在某种程度上具有非商品的性质。但是社会主义经济中存在着各种不同的交换关系,在不同的交换关系中产品的性质也有区别,我们的分析不可能一开始就同时说明这各种具体的产品,而应该从最基本的、抽象的范畴着手,逐步由抽象到具体。全民所有制经济是社会主义经济中起主导作用的部分,因此首先应舍象集体所有制和按劳分配,分析全民所有制内部企业之间流通的产品,同时为了说清楚这种产品的本质,我们也先要舍象企业的利润提成这种因素。当然舍象了这些因素之后的产品,在现实经济中是找不到的。在现实经济中只存在着各种具体的产品。但是这种抽象恰好是抓住了社会主义产品的最简单、最一般的规定,然后把按劳分配、利润提成、集体所有制这些因素引进来,分析各种交换关系中的具体产品,这种分析也就容易进行了。本章的任务就是遵循上述由抽象到具体的方法,分析社会主义产品的性质,揭示产品中所体现的使用价值和价值、具体劳动和抽象劳动、局部劳动和社会(整体)劳动的矛盾及其运动，具体地说，需要研究这样一些问题：

1. 经济学研究的是物质财富的生产、分配、交换和消费，而社会物质财富是由无数的产品组成的。社会主义产品的两重性。

在这里以全民所有制经济内部流通的产品为典型，首先舍象集体所有制和按劳分配对产品性质发生的影响，对产品性质进行抽象的分析。

(1)社会主义产品是资本主义商品的否定，社会主义产品的性质；

(2)社会主义产品的两重性——使用价值和价值，说明使用价值与价值在社会主义经济中的地位和作用，以及它们之间的矛盾；

(3)体现在产品内部的劳动两重性——具体劳动和抽象劳动，说明社会主义经济中具体劳动的多样性、计划性；具体劳动还原为抽象劳动的必然性，抽象劳动的内容；简单劳动和复杂劳动，对复杂劳动折算为简单劳动的理论和方法的探讨。

2. 各种不同交换关系中产品的商品性。

在这里我们引入集体所有制、按劳分配的因素，分析在社会主义经济各种不同的交换关系中产品的性质，它们所具有的不同程度的商品性，以及不同于资本主义商品的特点。

(1)全民所有制企业间流通的产品的性质；

(2)全民所有制内部国家卖给职工的消费品的性质；

(3)全民所有制经济与集体所有制经济间流通的产品的性质；

(4)集体所有制经济的各个单位之间交换的产品的性质；

(5)集市贸易上社员个人间交换的产品的性质。

3. 不同程度的商品性对产品两重性的影响。

上述各种交换都是为了使用价值，但在交换中必须承认包含在产品内部的价值，这对交换双方都有物质利害关系，反对无偿调拨，贯彻等价交换原则。

第二章　劳动券与货币

社会主义货币已基本上不是原来意义的货币了，它具有新的性质。同时，由于社会主义产品具有不同程度的商品性，社会主义货币也具有一般等价物的性质，在一定程度上具有原来意义上的货币性。本章的任务是阐明社会主义货币的本质与职能，说明它在社会主义经济中的作用。原第二篇中设有劳动券与货币一章，但是没有写出初稿。这个问题比较复杂，需要搜集大量资料，进行深入的研究，下面只提出一些应该探讨的问题：

1. 社会主义货币的本质与职能。

2. 产品价值的货币表现——价格同价值的关系，价格符合价值的客观必要性，价格背离价值的各种原因。

3. 社会主义货币在产品流通中的作用，对产品流通公式的初步分析，如果社会主义的货币基本上已是劳动券，产品流通公式有什么变化；货币流通量。

第三章　产品生产过程是使用价值和价值的创造过程

本章进入了直接生产过程的分析，阐明社会主义产品中所体现的人与人之间的关系，在生产过程中是如何展开的。

产品的两重性决定了产品的生产过程也具有两重性，一方面是使用价值的创造，一方面又是价值的创造过程，对生产过程的分析也应该从这两个方面展开。

本章大致包含以下一些问题：

1. 劳动过程的主观要素和客观要素。

劳动力、劳动手段和劳动对象的含义、作用和相互关系；关于生产力三要素和两要素的争论，以及生产力中劳动力要素的含义的争论；对“见物不见人”的观点和“见人不见物”的观点的批判。

2. 劳动过程的基本要素的结合方式。

在各个不同的社会经济形态中，生产资料和劳动力结合方式的特点；生产资料与劳动力在社会主义公有制基础上结合的特点和优越性：(1)直接的社会性，没有剥削，在不同的公有制形式中直接社会性的程度不同；(2)计划性，充分利用生产资料与劳动力的可能性；(3)结合的具体形式——对于社会主义企业相对独立性的考察；(4)结合的条件——按劳分配的概述。(这里只提出问题，不展开分析。)

3. 社会主义产品的价值创造过程。

(1)生产资料与劳动力在价值形成过程中的不同作用，劳动两重性和价值形成过程的关系；

(2)社会主义的生产资金：生产资料资金(C)和生活资料资金(V)，说明社会主义资金的性质、作用及其运动变化的规律；

(3)对产品价值构成的分析，着重说明必要产品的价值与剩余产品的价值的性质、关系、意义和量的变化规律。

4. 社会主义的生产性资金与非生产性资金，生产性劳动与非生产性劳动。

(1)社会主义生产性资金与非生产性资金,生产性劳动与非生产性劳动的含义,以及这种区分的意义;

(2)不断提高劳动的生产率,以最少的劳动消耗取得最大的有用效果。

第四章　劳动时间

充分利用劳动时间是增加生产的一个重要途径,本章的目的是在舍象社会劳动资源的利用问题,假定生产领域中劳动资源已定的条件下,分析充分利用劳动时间的意义及其途径。

1. 充分利用劳动时间的意义。

(1)充分利用劳动时间对增加使用价值生产的作用;

(2)充分利用劳动时间对产品价值构成的影响(假定劳动生产率不变)。

2. 劳动时间的构成及其充分利用途径的概述。

(1)年劳动日量的规定及其构成;

(2)工作日的长度及其构成;

(3)实际工作时间的分析;

(4)劳动时间利用率的分析、充分利用劳动时间的途径。

3. 社会主义生产中的劳动强度,劳动保护和党的劳逸结合政策。

(1)社会主义生产中劳动强度的特点,对生产的作用及其变化趋势;

(2)劳动保护,妇女劳动及其保护。

第五章　劳动生产率

提高劳动生产率是发展生产的根本途径。本章的中心是论述提高劳动生产率的意义和它的途径。

1. 劳动生产率的概念及其计算公式，关于这个问题各种不同意见的争论。

2. 提高劳动生产率的意义。提高劳动生产率对增加使用价值和产品价值构成的影响，阐明“劳动生产率，归根到底是保证新社会制度胜利的最重要最主要的东西”。①

3. 对决定劳动生产率的因素的分析。

(1)“人”的因素；

(2)“物”的因素；

(3)与劳动过程的社会结合和组织有关的因素；

(4)自然条件对劳动生产率的影响。

4. 社会主义制度下劳动生产率不断提高的规律。

(1)社会主义制度下提高劳动生产率的社会经济条件；

(2)社会主义制度下，劳动生产率提高的特点，对社会主义国家劳动生产率的动态分析及其与资本主义国家的比较。

第六章　技术进步：技术革新与技术革命

本章的任务是要分析技术进步对劳动生产率的作用，阐

① 《列宁选集》第4卷，第16页。

明社会主义制度下技术进步的规律性和党关于发展技术的方针政策。

1. 技术和技术进步的含义及其对提高劳动生产率、发展生产的作用。

2. 社会主义制度下技术进步的社会经济条件。

3. 社会主义技术进步的阶段和基本途径,由手工劳动到机械化的过渡(这并不是一切社会主义国家都必须的),由机械化到高度的自动化的过渡。

4. 社会主义制度下机械化、自动化、化学化、电气化以及采用一切新技术的经济意义和社会后果。

5. 两种类型的技术进步的经济后果。

(1)由手工劳动转化为机器生产和由机器生产向更高级的技术发展对产品中物化劳动消耗和活劳动消耗的不同影响;

(2)技术进步对产品价值构成影响的一般趋势。

6. 社会主义技术进步中"土"与"洋"的概念和关系。

第七章　协作与分工

协作与分工是充分利用劳动时间和提高劳动生产率的重要途径之一,它反映着人们在生产过程中相互交换自己活动的关系。因此在分析了技术进步之后,接着要考察社会主义的协作和分工。在这里,主要是论述企业内部以及企业之间的协作和分工问题,至于部门间的分工与协作问题,则留待本书第四篇讲部门间的相互关系时再去展开。同时,由于协作与分工问题的内容繁多,并且有许多不完全是一个序列的问题，因此准备分设两章来论述，本章的内容主要是叙述社会主义协作与分工的性质、特点、意义以及它的各种形式，下一章则主要是分析与劳动的协作分工有联系的生产管理、劳动组织、劳动纪律和劳动竞赛等范畴。

1. 协作与分工的客观基础、种类及其对提高劳动生产率的意义。

2. 社会主义劳动协作与分工的性质和特点。

3. 社会主义劳动协作与分工的形式，生产专业化、协作化和联合化的含义、作用和它们之间的相互关系；社会主义制度下生产专业化、协作化和联合化的社会经济条件。

4. 社会主义协作与分工发展的趋势，党的综合经营与专业分工相结合的方针的意义。

5. 社会主义的合同制度的考察（这里只提出问题不展开分析）。

6. 农业中协作与分工的特点。

第八章　协作与分工（续）——社会主义的劳动组织

生产管理、劳动组织是不是生产关系的问题，是不是政治经济学研究的对象，在经济学界存在着不同的认识。有一种说法认为，生产管理是上层建筑问题，劳动组织是生产力问题，都不是政治经济学研究的对象，在政治经济学中可以联系着说到它们，但不能占重要位置。我们不同意这种说法，我们认为，生产管理和劳动组织都有两重性，都有生产关系的问题。列宁在论到“泰罗制”的时候，曾明确地指出资本主义劳动组织的两重性，他说："资本主义在这方面的最新发明——泰罗制——也同资本主义其他一切进步的东西一样，有两个方面，一方面是资产阶级剥削的最巧妙的残酷手段，另一方面是一系列的最丰富的科学成就……"①

社会主义的生产管理和劳动组织当然同资本主义有着根本不同的性质，它不是资本家剥削工人的手段。但这是它们所体现的生产关系的不同，而不是说社会主义生产管理和劳动组织不是生产关系问题。事实上，生产管理、劳动组织包含极其复杂的人与人的关系，是生产关系第二方面的一个重要内容，政治经济学不仅应该研究它们，而且要把它放在应有的重要位置上，大大加以展开。过去我们对这些问题注意研究不够，今后要深钻下去，搜集大量实际材料和国内外的学术论点，进行分析研究。本章的任务，就是要在这种研究的基础上，从政治经济学理论的角度来阐明社会主义的生产管理和劳动组织问题（主要是企业内部的）。下面举出的问题是很不全面的，只是作为今后研究这个问题的参考，我们应该通过研究使本章的内容大大充实和丰富起来。

1. 社会主义的生产管理。

(1)社会主义生产管理的性质与特点；

(2)社会主义生产管理中的基本原则——民主集中制；

(3)社会主义企业生产管理的具体形式。

2. 社会主义的劳动组织和劳动纪律。

(1)劳动组织与劳动纪律的两重性，社会主义劳动组织与

① 《列宁选集》第3卷，第511页。

劳动纪律的性质；

(2)改善劳动组织和巩固劳动纪律的作用与途径；

(3)社会主义生产中的责任制度。

3. 社会主义劳动竞赛。

(1)劳动竞赛的实质，它对提高劳动生产率的意义；

(2)劳动竞赛的基本原则——相互竞赛，共同提高；

(3)劳动竞赛的具体形式及其发展。

第九章　企业经济核算

前几章从劳动时间和劳动生产率两个方面展开了对劳动消耗和有用效果的分析，而对劳动消耗和有用效果的比较则是通过社会主义的经济核算来进行的。本章着重分析企业的经济核算，并论述企业核算同全社会核算的关系，至于社会核算的本身则应分别在第三篇和第四篇中去考察。

1. 社会主义企业经济核算的实质及其作用，关于这个问题不同意见的争论。

2. 企业经济核算的形式，对价格、成本、纯收入等范畴的分析（在这里不考虑资金周转、价格与价值背离、工资水平的变动以及信贷利息等因素）。

3. 降低成本、增加纯收入的因素和途径。

4. 企业核算中价值与使用价值的矛盾和统一，产品的数量、品种及质量在核算中的意义，考核企业工作成绩的指标体系。

5. 企业各级各单位核算的特点。

6. 农村人民公社经济核算的形式及特点。

第十章 决定产品价值的社会必要劳动和级差地租

企业核算的重要内容,就是把企业的个别劳动消耗与社会必要劳动消耗作比较。个别劳动消耗常常是不等于社会必要劳动消耗的,在农业或采掘工业中这种差别除了各种主观的原因之外,还有与自然条件不同有关的因素,于是发生了在农业和采掘工业中有无级差地租的问题。关于社会主义制度下有没有级差地租,以及它产生的客观基础是什么等问题,在经济学界还没有一致的意见。我们的初步认识是,在那些与自然条件有密切联系的生产中,由于自然条件的差别总会引起个别劳动消耗与社会必要劳动之间的差别,某些自然条件比较好的企业就会创造出一部分额外的剩余产品,不管这部分额外的剩余产品叫什么名字,也不管它在国家与企业之间是如何进行分配,它总是存在的。因此社会主义的级差地租首先是一个生产领域中的问题,应该在生产过程中加以考察。至于级差地租的分配则将在第五篇的财政和价格中再去分析。社会主义制度下级差地租的问题,是一个比较复杂、国内外经济学界都存在着争论的问题,应该从农业和采掘工业两方面收集大量的实际资料及国内外经济学者的各种论点进行分析研究,然后才得出必要的结论。今后要着重研究的至少有这样几个问题。

1. 社会主义制度下有没有级差地租,产生级差地租的一般条件。

2. 社会主义制度下级差地租的具体形态,以及产生各种具体形态级差地租的具体原因。

3. 在全民所有制经济中（如国营农场、采掘工业和建筑业等）有没有级差地租的问题。

第十一章 “必要”产品[①]的分配及其形式

产品的分配是生产成果的分配，意味着生产过程的终结，同时又是生产诸要素的重新组合，是新的生产过程的开始。所以，在本篇的末尾论述产品分配是合适的。本章分析“必要”产品的分配，说明在社会主义阶段“必要”产品分配的基本原则——各尽所能、按劳分配，以及反映这个原则的各种具体形式。

1. 社会主义制度下“必要”产品量的规定性。

2. 各尽所能、按劳分配原则的性质、作用；社会主义分配工作中政治思想教育与物质鼓励相结合的原则。

3.“必要”产品的分配形式。

(1)工资范畴的分析：工资率、工资等级和级差；

(2)工资形式：计件工资和计时工资；

(3)奖金和奖励制度；

(4)集体所有制经济中“必要”产品的分配及其形式；

(5)个人收入与集体福利。

4. 按劳分配与资产阶级法权，批判片面的斤斤计较和平均主义观点。

① 社会主义政治经济学是否沿用“必要”产品和“剩余”产品这两个术语，抑是改称“为自己的”产品和“为社会的”产品，对于这问题，经济学界还没有统一的意见。我们在这里暂时沿用“必要”产品和“剩余”产品这两个术语而加上引号。

第十二章 “剩余”产品的分配

本章论述剩余产品的分配。在这里只着重分析社会主义一般的积累规律，至于“剩余”产品中积累和社会消费的具体分配和使用，要在第五篇讲国民收入的再分配时才有条件分析。

1. 社会主义简单再生产同时也是生产资料公有制和劳动者同社会的关系的再生产。

2. 积累是扩大再生产的源泉；决定积累的因素分析；积累与社会消费之间的非对抗性矛盾（这里只一般概述，以免与第五篇重复）。

3. 社会主义积累的一般规律，积累与人民富裕程度的关系，社会主义的人口规律；积累与向共产主义的过渡。

第三篇 流通过程

本篇初稿共有七章。第一章“社会主义流通过程概论”，概述本篇研究的对象、范围、结构和主要问题；第二、三章“生产资料流通”和“生活资料流通”，作者是打算从使用价值方面研究流通过程；而第四、五、六章“流通费用”、“价格”和“货币流通”则从价值方面研究流通过程；第七章“资金运动”作为本篇的结尾，也是从价值的角度对流通过程进行考察的。

初稿各章力图从实际出发进行理论研究，收集了不少实际资料，使读者能够从中获得一些知识，同时在有些问题上也作了一定的理论概括，这些成绩是应该加以肯定的。但是，从全篇来看，还

有一些重要问题需要解决,这些问题在初稿写作时我们是不甚明确的。现在将这些问题和对二稿的建议分述如下:

1. 关于本篇的研究对象与范围问题。

在第二篇,我们研究直接的生产过程本身。在那里,我们研究生产过程时虽然也联系到流通过程,但它只是在理解直接生产过程所必要的限度内才被考察到的。而在本篇,我们要把流通过程作为直接的研究对象。同时,在考察流通过程的时候,我们也不能离开生产过程孤立地考察,而要把流通过程作为再生产的媒介,从生产过程和流通过程的统一的观点来考察。这样,我们所要研究的就不限于“狭义的流通过程”即产品流通,而是包括生产过程和流通过程在内的资金循环,或者说是资金流通过程了。

对于这个问题,在初稿写作时我们的认识是不清楚的。首先,在动笔编写初稿之前,曾经有个别同志提出社会主义全民所有制经济中有无流通的问题。在苏联经济学者中也有人认为既然不是商品而是产品了,就没有流通过程了。我们经过讨论,对这个问题比较一致的意见是认为社会主义经济不是自然(或实物)经济,而是社会分工高度发展的社会化的经济。在社会主义经济中,企业与企业、部门与部门、地区与地区之间有着极其广泛而复杂的经济联系,这些经济联系主要是通过产品交换和产品流通来实现的。诚然,从整个社会范围来看,自发的市场交易被有计划的流通代替了,但流通过程依然是客观存在的,不能加以否认。

社会主义经济中有无流通的问题虽然解决了,可是本篇的研究对象与范围问题在初稿中并未彻底解决。例如初稿第一章“社会主义流通过程概论”认为,本篇研究的流通过程就是产品流通过程或商品流通过程。也就是把本篇的研究对象等同为“狭义的流通过程”,虽然当时曾有人提出过既要研究“狭义的流通过程”或产品流通，又要研究作为生产过程和流通过程的统一的资金流通，但是二者如何结合不明确。因此，全篇的结构和各章的内容（第七章除外）基本上是按狭义的流通观点来安排的。这是由于我们起初对本篇研究对象与范围认识不清，现在看来，本篇的研究对象应以企业资金循环与周转为主。

就独立核算的生产企业来说，它的产品流通也就是资金循环或资金流通的一个环节，从这个意义上来说，产品流通和资金流通是一回事。同时，不论是产品流通还是整个企业资金循环，都有价值和使用价值两方面的问题。在本篇的初稿中，对这一点注意不够；相反，在全篇各章的安排上有些机械地把产品流通和资金流通分开了，把使用价值和价值分开了。如前所说，初稿中"生产资料流通"和"生活资料流通"两章是从使用价值的角度考察流通过程，而其他各章则是从价值的角度进行考察。在未来二稿的写作中，这一点也需要改变。

我们考察流通过程时，主要是从个别企业的角度来考察企业的资金循环与周转，并且从个别企业来看企业与企业之间供销的关系。

但是由于企业的产品流通或资金流通是社会产品再生产与流通的一个环节，我们在考察流通过程时，当然不能把考察的范围仅仅局限于一个企业的产品流通或资金流通，而应该从企业的产品流通和资金流通开始，之后，再进而研究社会产品再生产与流通的问题，因为只有对企业的产品流通和资金流通有了深刻的理解以后，才便于我们进一步探讨社会产品再生产与流通的规律。但是对社会产品再生产与流通的全面的考察是本书第四篇的任务，在这里只是在理解企业产品流通或资金流通所必要的范围内加以研究的。我们在初稿写作时，对这个问题是不很明确的，因此，有些章节在叙述顺序上是从国家到部门、地区，最后才讲到企业，这种安排无疑是同从局部到总体，从抽象到具体的叙述法不尽吻合的。

2. 关于流通过程的主要问题和研究目的问题。

在考察直接的生产过程时，我们舍象了流通过程，研究如何以最少的劳动消耗取得最大的有用效果。在考察流通过程时，我们在直接的生产过程之外，引进了流通过程，随着研究进程的推移，所要研究的主要问题当然也要相应地发生变化。我们知道，社会物质财富是在生产过程中创造的，而不是在流通过程中创造的（因为一般地说，即使是流通领域中的生产性劳动也只增加产品的价值，而不能创造新的使用价值）。但是流通过程是社会生产所不可缺少的阶段。因此，又必须有一部分资金经常占用在流通领域。这样，就产生了生产时间和流通时间的矛盾，垫支的资金（垫支的社会劳动）和有用效果之间的矛盾。本篇正是要研究这些矛盾，研究如何缩短流通时间，相应地增加生产时间特别是其中劳动时间的比重，研究如何减少流通领域中占用的资金，相应地增加生产领域占用资金的比重，研究如何缩短周转时间的各个组成部分，以加速全部资金的循环与周转，使社会再生产能够顺畅地不间断地进行，从而达到用最少的资金垫支取得最大的有用效果。

3. 关于本篇二稿的内容结构的建议。

根据我们对上述问题的理解，我们认为本篇初稿的结构要作重大改变，现有各章的内容也要相应地变更。

具体地说，"社会主义流通过程概论"一章，需要根据我们上述关于"流通过程"篇的研究对象、范围、主要问题和目的等问题的看法，重新改写，可以考虑不设专章，仅作为一个前言对上述问题作概括的说明。"生产资料流通"和"生活资料流通"两章，留在本篇，但内容需要调整。其中:有关产品流通的一般原理,如社会主义经济不是自然经济,社会主义独立核算企业相互间存在密切的协作关系,必须按等价交换的原则互换产品等,在第二篇中已经一般地提到,这里必须进一步加以发挥。有关两大部类产品交换问题移到第四篇去考察,这两章的中心内容是考察独立核算企业如何合理地组织供销及社会主义商业的实质和作用,同时将这两章改名为“企业供销”和“商业”。“流通费用”一章的内容需要充实。关于“货币流通”一章并入第二篇“劳动券和货币”章,其中关于货币投放与回笼的问题移到第五篇“银行、信用和货币流通”一章中去研究。关于“价格”一章的内容,其中:属于价格和价值的关系,价格的核算职能问题,要移到第二篇考察,“生产价格”问题因同资金使用效果核算有密切的关系,建议留在本篇,放在新设的“资金使用效果核算”一章之后,设专场研究;关于价格的再分配作用和价格体系问题移到第五篇;而“价格”章中提出的“级差地租”问题,建议分别转入第二、五篇去考察。最后,由于资金循环与周转问题是本篇的研究对象,“资金运动”一章所涉及的内容应该展开,其中许多问题(如资金循环与周转问题、固定资金问题、流动资金问题、资金周转时间问题等)要独立成章进行研究。

本篇作了上述调整之后,除前言外,共分九章对流通过程进行考察。现将各章内容的大体设想写在下面,供研究讨论时参考。

前　言

在前言中主要阐明以下问题:社会主义经济中有无流通;本篇的研究对象与范围;本篇的研究目地和主要问题;本篇的结构安排等。

第一章 企业供销

产品的分配是生产过程的终结，同时又是生产要素的重新组合，新的生产过程的开始。产品的分配是通过流通过程来实现的。本章作为第二篇的继续和第三篇的第一章，它的主要内容是论述独立核算企业之间的产品供销应该如何合理地组织，才能保证企业的再生产得以顺利地进行；什么是全民所有制内部供销工作的客观规律性。

在资本主义社会里，各企业之间的供销问题是借助于自由市场自发地进行的。马克思的《资本论》在考察个别资本循环与周转时，只是从资本形态变化的角度涉及这个问题，无须对这个问题本身进行详细的考察。而在社会主义制度下，自发的商品经济被计划经济代替了，在这里，如何既不要像资本主义社会那样的自由市场，又有利于发挥企业的积极性；如何认识产品供销规律，利用这个规律合理地组织企业之间的供销问题，就成为经济实践和经济理论方面的一个重要问题。在我们的书中应该研究这个问题。

但这是一个新问题，在政治经济学中是否要研究以及如何研究这个问题，在这次审稿讨论中有些同志持有与上述观点不同的看法。他们或者认为这不是政治经济学的问题；或者认为这个问题应该放到第四篇(考察两大部类之间的产品交换之后)或第五篇进行考察，或者认为在本篇各有关章中研究，而不必独立成章，因此，在这里我们只把它当作一个问题提出来，不作肯定的结论。这里首先要求研究的是：企业之间的产品供销中有无政治经济学要研究的理论问题，至于这个问题究竟放在何处考察更为合适，那是次要的问题，以后再决定。

第二章　商业

社会主义商业是全民所有制经济和集体所有制经济之间、工业和农业之间、生产和消费之间的经济联系的桥梁。工人阶级和农民在经济上的联盟，主要通过商业环节来实现。因此，继第一章考察生产资料供销之后，在本章对主要是执行生活资料流通机能的商业进行考察，是必要的。本章的中心内容是分析社会主义商业的实质和它在社会再生产中的地位与作用。

1. 商业的实质及其在社会再产生中的地位和作用。

2. 商业体系。

主要是分析三个渠道(国营商业、供销合作社商业和农村集市贸易)、两个市场(国营商业和供销合作社商业组成的有计划有组织市场同在国营商业和供销合作社商业领导和管理下的自由市场——农村集市贸易)的性质、作用和相互联系(包括统一和矛盾的两面)。

3. 价格。主要是研究生活资料的市场价格。

4. 商业利润。分析商业利润的实质和作用；影响商业利润的因素。

第三章　企业的资金循环与周转

第一章我们所考察的企业之间的产品供销，只是企业资金循环的两个阶段,而整个资金循环还包括生产过程。本章的任务是:从生产过程和流通过程的统一的角度考察企业资金循环过程,研究这个过程中的人与人的关系和它的规律性。

在这次审稿讨论会中,在具体安排这一章的时候,大家对两个重要问题的看法是有分歧的。第一,资金形态变化问题。有些同志认为资金与资本一样,也有货币、生产和商品三种形态,不过资金形态变化与资本形态变化具有根本不同的性质罢了;也有些同志认为资金只有生产和产品两种形态,不存在货币形态;有个别同志甚至对社会主义制度下是否存在资金形态变化问题抱怀疑的态度。第二,研究资金循环问题是否也要像马克思研究资本循环一样,从分析货币资金循环开始,进而分析生产资金循环和商品资金循环?应以分析哪种资金循环公式为主?大家在认识上也不尽相同。

由于对上述问题的看法有分歧,加以我们对这方面的问题没有研究,所以本章的具体安排暂缺,在研究过程中逐步解决。

第四章 固定资金

在前一章我们研究了资金循环,从本章开始要对与企业资金周转有关的问题进行考察。固定资金和流动资金是企业资金的两个重要组成部分,它们的周转性质和方式是不同的,需要分别加以研究。这一章要研究的是固定资金周转,也就是考察固定资金的简单再生产和扩大再生产的过程,通过这一考察来揭示固定资金运动的规律性。

1. 固定资金和流动资金的区分,区分的科学标准,区分的必要性，低值、易耗品的问题。

2. 固定资金的简单再生产。研究固定资金的有形损耗和无形损耗；基本折旧基金和大修理折旧基金；固定资产维修和生产的关系。

3. 固定资金的扩大再生产。研究固定资金价值再生产和使用价值再生产的关系；简单再生产和扩大再生产的关系；大修理和技术改造的关系；固定资金扩大再生产的途径（新建、改建、扩建）及其资金来源（基本折旧基金和国民收入，这里只是提出问题，对这个问题的具体考察留待第五篇去进行）。

4. 固定资金的各个构成部分，影响因素，变化趋势，各部门的特点。

5. 国家与企业之间在固定资金管理上的大权独揽与小权分散的关系，从使用价值和价值，从简单再生产和扩大再生产等方面研究这个问题。

第五章　流动资金

在前一章考察固定资金之后，紧接着要在这一章对流动资金进行考察。本章的主要任务是研究流动资金周转的特点和规律性。

1. 流动资金的概念，流动资金、流通基金和流通领域中的资金，三者的区别和关系。工资与流动资金的关系。

2. 流动资金的特点和认识其特点的意义。

3. 流动资金的组成，各个组成部分的影响因素，变化趋势，节约的途径，以及各部门的特点。

4. 物资储备问题，生产储备和产品储备，储备的必要性，储备定额，各部门的特点。社会主义社会中物资储备的一般考察。

5. 流动资金管理问题，定额流动资金和非定额流动资金划分的必要性，它们的资金来源。

第六章　资金周转时间

固定资金和流动资金的比例与资金周转时间（包括生产时间和流通时间）是决定资金周转速度的主要因素，而资金周转速度、资金周转时间长短及其构成的变化，对资金垫支量和使用效果有重要的影响。设立本章的目的在于：分析资金周转时间的组成，各个组成部分的影响因素和变化趋势，从而探讨加速资金周转，提高资金使用效果的途径。

1. 关于影响资金周转速度的因素分析，主要研究固定资金和流动资金的比例对资金周转速度的影响。

2. 关于资金周转时间组成的分析，研究劳动时间、生产时间和流通时间，周转时间对资金周转速度的影响，变化趋势，缩短的途径，各生产部门的特点。

第七章　流通费用

流通过程是企业资金循环的必经过程，在这个过程中追加的活劳动和物化劳动的消耗，就是流通费用。时间长短对流通费用有影响，另一方面流通费用多少，又对资金占用量和资金使用效果有影响，因此研究流通费用问题放在资金周转时间考察之后和资金使用效果核算考察之前进行是适当的。本章的主要内容是分析各种流通费用的性质和特点，揭示降低流通费用的途径。

1. 何谓流通费用？流通费用的必要性。

2. 流通费用的组成，包括与产品使用价值的保存、整理有关的费用——储存保管费用，整理、分类和包装费用，运输费用和簿记、宣传等其他费用。各种费用的性质、特点、影响因素和降低的途径。流通领域中的生产性劳动和非生产性劳动的问题。纯粹流通费用问题。

3. 企业流通费用的综合分析：流通费用的构成，影响因素，变化趋势，各部门的特点。

4. 社会主义企业流通费用和资本主义企业流通费用的区别。

第八章　资金使用效果核算

加速资金周转的意义和目的是为了减少资金占用量，用最少的资金取得最大的使用效果，而垫支资金同使用效果的比较是借助于核算来实现的。本章的任务就是研究加速资金周转的意义，研究应该采用何种范畴（或指标）来反映和考核企业资金的使用效果。

1. 加速资金周转的意义，研究资金周转时间的长短、资金周转时间各个组成部分比例关系的变化对资金垫支量的影响，顺便考察"货币"资金的游离与拘束和信用的关系；研究加速资金周转对增加生产和增加收入的影响。

2. 资金使用效果核算的实质，它与社会劳动消耗核算的区别和联系，资金使用效果核算的意义。

3. 关于资金使用效果核算范畴（或指标）的研究；首先分别固定资金、流动资金和企业的全部资金对各个范畴（或指标）进行质的和量的分析，说明它们的不同作用以及各部门的特点，然后进而就整个国民经济范围对资金使用效果核算指标进行研究。例如可以研究这样一些指标，即：

(1) 年产品率：$\frac{\text{年总产值}}{\text{垫支资金}}$

(2) 年净产品率：$\frac{\text{年净产值}}{\text{垫支资金}}$

(3) 年剩余产品率：$\frac{\text{年剩余产品}}{\text{垫支资金}}$

4. 对各个核算指标的综合分析，说明它们的相互关系和区别。

5. 资金使用效果核算方面的大核算与小核算的关系。

6. 集体所有制经济中资金使用效果核算的特点。

第九章　生产价格

在社会主义经济中是否存在生产价格？它在社会主义制度下是一个核算范畴，还是一个分配范畴？目前在苏联和我国的经济学界尚无定论。设立这一章的目的是为了在搜集苏联和我国经济学界关于生产价格问题的论点和材料的基础上，综合分析各种论点，从资金使用效果核算的角度来论证生产价格范畴在社会主义经济中是否存在及其意义。

由于这是一个新问题，本章的内容暂不具体确定，我们建议组织力量对这个问题进行研究。

第四篇　社会再生产中两大部类之间、各部门之间、地区之间的相互关系

初稿原第四篇篇名为“社会主义再生产的总过程”。全篇共分八章，由分析社会主义再生产的高速发展开始，从实物、价值和劳动力三个方面论述社会主义再生产过程。篇内体系比较完整，某些章初稿的内容比较充实，提出了一些重要问题，并从政治经济学理论的角度作了一定的分析。但是，初稿对全书的体系注意不够，在内容上同过去几篇有不少不必要的重复。篇内各章都有自己的比较完整的体例，但是相互的逻辑联系不够严密。有些貌似简单、其实很复杂的问题，像社会产品、国民收入的实物量和价值量，两大部类的划分和比例，工农业的关系和比例等，或者没有充分地加以论述，或者论点不够清楚和明确。初稿某些章节对所考察的问题进行了比较细致、比较具体的因素分析，这是好的，但是有些地方分析的目的性不够明确，同时具体的因素分析和生产关系的分析结合得不够紧密。这是今后应当加以注意的。

在初稿的原设计中，把社会再生产总过程的各个方面，即社会产品和国民收入的生产、交换、分配和使用过程，合在一个篇内论述，内容显得过于繁重，使得对于再生产总过程的一般考察和具体形态的考察，都不能够得到应有的展开。如初稿中把两大部类的划分和比例、工农业的关系及工农业内部的比例这样许多不完全是同一层次的问题，都合并在一章之内，分析得过于简单。社会总产品和国民收入的分配和再分配的具体环节和具体形态，在初稿中同分配过程的一般考察合并在一章之内，也没有得到充分的论

述。为了克服这个缺点，建议把原第四篇分为两篇：新第四篇主要考察社会总产品的再生产过程中第Ⅰ部类和第Ⅱ部类之间、两大部类内部各生产部门之间的相互关系以及生产力的合理分布问题（结合总产品的交换、分配和使用来考察）；新第五篇主要考察社会总产品和国民收入分配、再分配和使用过程（结合总产品的生产来考察）。原第四篇初稿第一章社会主义再生产发展速度，是社会主义经济过程各个方面各种因素综合作用的结果，是社会主义优越性的表现，放在再生产总过程的前面论述是不妥的，新设计中把它移到第五篇的最后，作为社会主义经济过程分析的一个综合。

新第四篇（下称“本篇”）是在本书第三篇考察了独立核算企业之间合理供销关系的经济原理，社会主义的商业工作以及资金的循环和周转过程以后，进一步在全社会范围，以社会产品两大部类的关系为纲，来考察合理安排生产的客观依据。社会生产的合理安排，是社会资金顺畅流通和社会产品供销平衡的必要条件，这个条件是在前一篇考察企业间合理供销和资金的循环周转时所暂时舍象了的，而在社会产品再生产总过程的考察中，就首先成为直接分析的对象。为了揭示社会总产品在生产过程中的复杂联系，本篇内容不能仅仅限于对两大部类的相互关系作一般的考察，而需要进一步地具体分析国民经济主要部门之间的相互关系，以及地区与地区之间的生产力分布和相互关系。本篇阐明了社会总产品生产的合理安排的客观依据以后，下一篇（新第五篇）就可以进一步分析社会总产品和国民收入的分配和使用的具体问题。

关于本篇所探讨的内容在全书的安排中处于什么地位，在这次审稿讨论中是有不同的看法的。一种意见认为，以两大部类的相互关系为纲的社会总产品的再生产过程，并不就是社会生产的总过程，而毋宁说是从社会总资金运动的角度来看的流通过程;因而应当把本篇阐述的内容并入考察流通过程的第三篇,或者作为第三篇的续篇。这种意见是把以两大部类的相互关系为纲的社会总产品各个组成部分互相代置的问题,看成主要是解决社会资金在使用价值和价值形态上的实现和补偿的问题,所以主张把考察的重点放在作为再生产过程的媒介即流通问题上面。但是,有些同志认为这种看法是不尽妥切的,因为在社会主义的计划经济制度下,社会总产品不同部分的互相代置,在性质上根本不同于资本主义再生产过程中的实现问题。问题的实质,可以归结为按照社会需要的比例,有计划地在社会生产的各个部类、各个部门、各个地区之间分配社会劳动的问题,即一般所说的,安排生产的问题。所以,本篇研究的重点,不能是作为再生产媒介的流通过程,而应当放在决定合理安排社会生产的相互关系和比例的客观因素和规律的分析上面。

后一种意见认为,本篇所研究的社会总产品再生产过程中的相互关系和比例关系,同下一篇所研究的社会总产品、国民收入的分配和使用,都属于社会主义生产总过程的范围。如果说本书前几篇是通过个别企业和企业与企业之间的关系,来考察社会主义的生产和流通过程,那么本篇和下一篇则是通过社会总产品的运动,从总体上来把握社会主义生产的全部过程,即社会再生产过程。所以,这种意见认为,这两篇仍然应当并为一篇,作为对社会主义再生产总过程的考察。但是,应当看到,本篇所研究的社会总产品再生产过程中的相互关系和比例关系,作为资金顺畅流通和产品供销平衡的必要条件,同考察流通过程的前一篇所研究的内容有着直接的逻辑联系;同时,本篇考察的各种生产联系和比例关系,也可以同社会总产品、国民收入的分配和使用问题分开为相对独立的两篇来阐述。

根据上面所述的精神，按照本书叙述方法的要求，本篇的结构，建议作如下安排。第一章对社会生产两大部类间相互关系作一般的考察。第二章引进技术进步的因素，考察第Ⅰ部类优先增长的客观依据，并且，结合这一考察，引进部门因素，首先具体分析工业内部主要部门的生产联系和比例关系。第三章引进农业部门，探讨农业在社会主义再生产中的地位和作用，根据毛泽东同志的农业是国民经济的基础的思想，阐明工农业之间和农业内部主要部门之间的相互关系的比例关系。第四章引入空间因素，考察社会主义生产在地区分布上的经济原则。最后，第五章阐述劳动力资源的再生产和分配问题；因为这个问题同社会总产品的生产规模和结构之间，存在着直接的密切联系，所以也放在本篇考察。

各章大体包含的内容，建议如下：

第一章　社会总产品的再生产和流通，两大部类的相互关系

社会产品两大部类间的联系和比例关系，是社会再生产过程中最基本的联系和最根本性的比例关系。本章的任务，就是对这个关系作一般的考察。在考察这个问题的时候，以马克思关于社会总资本再生产原理为依据，阐明这些原理对社会主义再生产的意义和在社会主义再生产过程中表现出来的特点。进一步揭示社会主义再生产过程中的复杂联系，分析两大部类的产品交换和生产联系的具体表现。

本章应包括哪些问题，因为我们对社会主义社会再生产理

论缺乏研究，目前不能提出具体的意见，暂时建议以下的内容，有待于今后研究过程中加以充实。

1. 作为社会主义经济范畴的“社会总产品”。关于“物质生产领域”和“非物质生产领域”的划分问题。社会总产品的计算口径、社会总产品的“货币”表现。

2. 社会总产品的价值构成的一般分析。

(1) 社会总产品的一般构成。生产的价值构成(C、V、M)。再生产的价值构成(补偿基金、消费基金和积累基金)，两种价值构成的不同意义和联系。

(2) 社会总产品的实物构成。社会总产品划分为生产资料和消费资料两大部类的意义。各部类产品的进一步划分及其意义。

3. 社会总产品的简单再生产。

(1) 两大部类之间的交换和平衡条件；

(2) 第Ⅰ部类内部的交换和生产联系；

(3) 两大部类固定资金的补偿。

4. 社会总产品的扩大再生产。

(1) 两大部类之间的交换和平衡条件；

(2) 积累和扩大再生产的规模、速度的关系。

第二章　生产资料生产优先增长和工业内部比例关系

前一章考察两大部类之间的联系的时候，舍象了技术进步和资金有机构成变化的因素。这一章要引进这个因素，考察生产资料生产优先增长的根据。前一章是按照产品的最终用途的划分，来考察两大部类之间的关系，而舍象了部门的因素。这一章和下一章将引进部门因素。在这一章中，首先结合生产资料优先增长问题的考察，和分析工业内部第Ⅰ部类和第Ⅱ部类之间的相互联系，以及工业第Ⅰ部类内部各部门之间如采掘、燃料、动力、冶炼、加工等各部门之间的相互关系。与农业有关的问题，将留在下一章考察。

1. 生产资料生产优先增长。节约活劳动多于物化劳动的技术进步和节约物化劳动多于活劳动的技术进步。这两类技术进步对资金有机构成、产品价值构成、单位产品物质消耗的不同影响，以及它们对两大部类发展速度的比率的影响。生产资料优先增长的内容和意义。关于这个问题的不同意见。

2. 生产资料工业和生活资料工业间比例关系的分析。优先发展生产资料工业的现实意义。

3. 生产资料工业各生产部门之间的相互关系的决定因素和变化趋势。

4. 生活资料工业各部门结构和动态变化特点及因素的概括分析。

第三章　农业在社会主义再生产中的地位和作用，工业、农业之间和农业内部各主要部门之间的比例关系

前一章考察生产资料优先增长问题的时候，是以工业为例分析了两大部类和各主要部门之间的相互关系，而暂时撇开了农业部门。在现实生活中，两大部类的关系，主要是通过重工业

同农业、轻工业之间的关系具体地表现出来的。农业部门直接提供消费资料(第Ⅱ部类产品),或者为第Ⅱ部类提供原料。超越于农业劳动者个人需要的农业劳动生产率,是发展工业和国民经济其他一切事业的基础。这一章要根据农业生产的特点,考察农业在社会主义再生产中的地位和作用;并且分析工业同农业之间,以及农业内部主要部门之间的关系。

1. 农业是国民经济的基础。分别从商品粮食、副食、农产原料;劳动力;资金;市场等方面,说明农业劳动生产率和农业生产的发展对发展工业和其他事业的作用。并且,从历史上和从远景上,来阐明超越于农业劳动者个人需要的农业劳动生产率,是一切社会经济发展的基础的意义。探讨农业劳动生产率的决定因素和发展趋势。

2. 两大部类关系同工农业关系之间的差别和联系。着重说明,以重工业为一方,以农业和轻工业为另一方的关系,同两大部类关系之间的差别和联系。关于这个问题的不同观点。

3. 农业和工业之间的关系。

(1)根据两大部类产品不同组成部分互相代置的原理,分析工农业产品交换关系,说明社会主义工业和农业互相支援的特点和工农联盟的经济基础和经济内容;

(2)农业生产和工业生产的发展速度,工农业间劳动生产率增长速度对比关系的短期和长期的变动趋势,工农业间生产比例关系变化的短期和长期趋势。

4. 农业内部主要部门的比例关系。着重研究种植业和畜牧业之间、粮食作物和技术作物之间比例关系的决定因素和变化趋势。

第四章　社会主义生产的地区分布

前几章在考察社会主义再生产两大部类之间和各主要生产部门之间的关系时，舍象了生产的空间布局问题。社会主义生产在空间布局上的比例关系，是社会劳动的分配和节约问题的一个极其重要的方面。原第四篇初稿设有专章论述，看来仍有保留的必要。初稿提供了不少有关生产分布的知识性材料，并且也作了一定的政治经济学的分析。但是对生产分布的基本经济原理论述不够，而对于政治、国防、民族和与我国具体情况有关的生产布局的具体问题论述较多。这一章在改写时要进一步贯彻从抽象到具体、从简单到复杂的叙述方法。初稿的材料和分析在改写时仍然是可以利用的，但要参考下面列举的几个要点的精神，予以调整，特别要充实基本经济原理部分，材料和论点都要补充。改写要点建议如下：

1. 首先从资料、需要、原料、市场、运输、劳动力、资金、成本、劳动生产率等方面考察决定生产布局一般的基本经济因素和各种因素的相互联系，说明合理分布的一般经济原则，论述新区、老区经济发展的一般关系和趋势。

2. 根据决定生产分布的一般经济因素和原则的分析，引入生产部门的特点，说明地区分工和专业化、地区经济专业化和综合发展相结合的必要性，以及决定不同地区建立不同内容的经济体系的种种因素和条件。

3. 在考察了生产分布的基本经济原理以后，最后引入政治、国防、民族等因素和我国具体情况，来考察生产分布的具体原则。

4. 社会主义生产的地区发布的特点和优越性，结合上述问题的分析来阐明。

第五章　劳动力再生产和分配

劳动力在数量上和质量上的扩大再生产，和劳动力在不同的社会活动领域、不同的生产部门之间的分配比例，同社会总产品扩大再生产的规模和结构之间，存在着密切的相互制约的关系。在这一章中，结合社会主义社会产品扩大再生产的要求，研究劳动力资源、熟练劳动力的培养和劳动力资源的利用和分配比例。

1. 劳动力资源。社会主义人口的再生产规律。计划生育政策的意义。

2. 劳动力培养。决定熟练劳动力需要数量及其构成的因素。社会主义对培养熟练劳动力的质量要求和培养方式。熟练劳动力的培养费用。

3. 劳动力分配。物质生产领域和非物质生产领域之间的分配比例。两大部类、各个部门之间的分配比例。劳动力的城乡分配、地区分配比例。有计划地分配劳动时间和节约劳动时间对社会主义扩大再生产的意义。

第五篇　社会总产品和国民收入的分配、再分配和使用

这一篇是在前一篇分析了社会总产品再生产中的两大部类和

各部门的相互关系和比例关系后，进一步具体考察社会总产品、国民收入的分配、再分配和使用过程中的各种联系和关系。在初稿原设计中，这一篇同前一篇是合在一篇（第四篇）内叙述的。对原稿的评价和划分为两篇的意见，在全书总评和第四篇的新设计中已经谈过，这里不再重复。

关于本篇内容和结构的安排，在这次审稿讨论中有较多的意见分歧。

一种意见认为，本篇的内容应该是考察社会资金的各种具体形态（产业资金、商业资金、信贷资金）和剩余产品的各种转化形态（生产企业利润、商业利润、利息、级差地租），认为只有通过对剩余产品转化形态诸范畴的考察才能够分析社会生产总过程中的各种生产关系（例如，要分析工商关系，就必须分析工业利润和商业利润）。因此，这一篇应该以剩余产品在各个独立化的社会资金部门之间的再分配来进行安排。同这种意见相类似，有同志认为，本篇要研究的是各个独立经济部门在国民经济中的地位和作用以及它们之间的相互关系。

另一种意见认为，社会主义的生产目的不是取得剩余价值，参加社会生产的各个部门的活动也不是以分割剩余产品为动机。对剩余产品转化形态诸范畴的分析只能揭示社会生产总过程中各个部门之间的生产关系的一个侧面，而不能揭示它们之间的全部关系和关系的主要方面（例如，分析社会主义制度下的利息范畴，不可能阐明银行同企业之间的全部关系和关系的主要方面）。所以，不能以剩余产品的再分配为纲来安排本篇的结构。此外，如果以此为纲来安排，像财政这样重要的范畴就不可能纳入本篇进行考察，因为财政既不是产业资金的独立化部门，也不从再分配过程中取得一部分剩余产品。这种意见认为,从社会主义的生产目的是满足社会需要这一基本点出发,本篇所要论述的中心问题是合理地分配和使用社会产品、国民收入来满足社会的各种需要,因此,本篇应该主要以社会产品和国民收入的分配、再分配和使用为纲来考察社会生产总过程。当然,这里也要分析剩余产品转化形态的各种范畴,但不能把这作为本篇的主要内容。

经过讨论,意见未能统一。目前暂按后一种意见安排本篇的结构。

本篇第一章具有以后三章的总论性质,对社会总产品和国民收入的分配和再分配作综合的、概括的考察。以后三章分别考察社会总产品和国民收入再分配的主要杠杆——财政、信贷和价格,并结合着分析剩余产品的转化形态——企业利润、银行利息和级差地租,以及它们的再分配(级差地租的产生和性质已在第二篇中考察,这里只考察它的再分配,商业利润问题在第三篇有关部分考察)。社会总产品和国民收入经过分配和再分配以后,用于补偿、用于消费和积累,关于补偿问题已在第三篇和第四篇考察了,本篇第五章要考察的是国民收入的消费和积累。

社会主义的生产过程、流通过程和生产总过程是在国民经济计划的统一领导下有计划地进行的。所以本篇还要考察国民经济的计划管理问题,计划属于上层建筑,是人们对客观经济规律的反映和自觉地改造客观世界的行动规划。这一章要解决的主要问题是,如何使计划正确反映客观经济规律的要求,以便更好地领导和促进国民经济的发展,同时,也要联系这一点考察计划的原则、方法和计划管理体制等问题。

第二、三、四、五篇分别从各个方面论述如何以最少的直接社会劳动消耗取得最大的满足社会需要的有用效果问题,这些论述集中到一点,就是如何加速社会主义经济的发展。速度问题是社会主义建设的核心问题,应该设专章加以综合论述。本篇第七章"社会主义再生产的速度"是带有总结性的一章,它是本篇的结束,在逻辑发展上也是以往各篇章的归结。

初稿第四篇末尾原设有"社会主义向共产主义过渡"一章。在以前各篇对社会主义经济的分析中,实际上已经从各个方面论证了从社会主义到共产主义过渡的必然性和过渡的条件等问题。但是这个问题中,有一部分问题有独立意义,应该作集中的考察和探讨,只设一章是不够的。因此,建议另立一篇(即新第六篇)来展开论述。

第一章　社会总产品和国民收入的分配和再分配概论

建议这一章根据马克思在《哥达纲领批判》中提出的,关于社会主义制度下社会产品和国民收入的分配和使用的理论,对社会产品和国民收入的分配和再分配作概括性的考察,综合分析再分配过程中的各种关系,再分配过程中社会产品和国民收入的价值和使用价值。对再分配的各种杠杆和渠道的详细考察放在以后各章。本章内容大体可作如下安排:

1. 社会产品和国民收入初次分配和再分配的划分。

初次分配和再分配的划分,划分的意义,这种划分在从社会主义向共产主义过渡中的变化,在实行按需分配以后,是否还会存在分配和再分配两个不同范畴。(关于初次分配本身的考察是本书第二篇的任务,这里不多展开。)

2. 在社会主义社会中社会产品和国民收入再分配的必要

性和主要杠杆。

再分配的必要性（关于社会主义制度下有无再分配的问题，有争论，需要探讨）；

再分配在社会再生产过程中的地位和作用；

再分配过程中各种经济关系的综合分析；

再分配的主要杠杆及其相互关系。

3. 社会产品和国民收入的分配和再分配过程中价值运动和使用价值运动之间的关系。

第二章　财政

本章的主要任务是探讨财政的实质和它在社会产品、国民收入的分配和再分配中的地位和作用。在探讨财政的实质时要研究财政在国家和商品货币关系消亡以后的命运问题。在构成财政体系的各个组成部分中，这里要着重分析企业财务和国家预算。

1. 财政的实质和职能。

这里着重探讨财政这个范畴的实质，它是属于上层建筑的范畴，还是属于经济基础的范畴，财政同社会产品和国民收入的分配的关系，财政同国家和商品货币关系的存在有什么关系，在国家和商品货币关系消亡以后，社会经济中心统一分配社会产品和国民收入的任务如何实现。

2. 财政体系及其各个组成部分的相互关系。

3. 企业财务。

企业财务的性质和内容；

企业的生产成本、赢利和经济核算（这个问题，第二篇也要论述,但那里还没有引进资金的周转、价格与价值的背离、工资水平和利息等影响成本和赢利的因素,所以还不可能全面展开论述,而在这里则要引进这些因素,考察它们对成本和赢利的影响);

企业纯收入的分配和使用(企业纯收入的分配、企业利润留成和留成比例的确定、企业利润留成的使用);

企业财务的管理体制问题。

4. 国家预算。

国家预算的性质和作用;

国家预算收入及其构成,影响国家预算收入数量和构成的因素,国家预算收入数量和构成的变化趋势,国家预算收入占国民收入的比重及其变化趋势;

通过税收进行的级差地租和超额收入的再分配问题;

国家预算支出及其构成,影响国家预算支出数量和构成的因素,国家预算支出数量和构成的变化趋势,基本建设投资在国家预算支出中的比重问题;

国家预算收支的平衡问题;

国家财政的管理体制问题。

第三章 银行信贷与货币流通

银行是信贷中心、发行中心和结算中心,本章分别就银行的这三方面职能的分析来对信贷、货币流通和社会簿记等范畴进行考察,其中又以信贷为主。

1. 银行。

银行的本质和职能;

银行在社会主义经济中的地位和作用。

2. 信贷和利息。

信贷产生的客观基础和实质(这里要研究产生信贷的原因、信贷范畴的实质、信贷同商品货币关系的存在有什么关系、在商品货币关系消亡以后还会不会有信贷等问题);

信贷在社会再生产中的作用(关于信贷是否能对社会产品和国民收入进行再分配问题,这里也要研究);

信贷的形式和各种信贷的作用;

信贷的收入和支出的数量及其决定因素;

信贷的收入构成和支出构成,决定构成的因素以及构成的变化趋势;

信贷收支的平衡问题;

利息问题(利息的实质和来源,利息范畴存在的客观基础,利息的作用,利息率和决定利息率的因素,企业占用的固定资金和来自财政拨款的流动资金是否也应该支付利息等问题);

信贷的管理体制问题。

3. 货币流通。

货币流通规律在第二篇考察,这里主要考察银行如何根据国民经济发展的需要,组织货币的投放和回笼。

银行现金收支的平衡问题;

银行现金收支同预算、信贷和居民货币收支之间的关系;

货币流通的管理问题。

4. 社会簿记。

社会簿记的概念、意义和作用。

第四章　价格

在分析生产过程和流通过程时，是以价格和价值相一致为假定前提的，这里要进一步考察由于价格同价值的背离而产生的价格在社会产品和国民收入再分配中的杠杆作用。本章还要考察价格体系，着重研究几种比价关系，特别是工农业产品的比价。

1. 价格和国民收入的再分配。

在社会主义制度下是否存在利用价格作为社会产品和国民收入再分配的杠杆的必然性，在什么条件下需要利用价格作为再分配的杠杆；

价格在社会产品和国民收入再分配中的作用；

作为再分配杠杆的价格同作为再分配杠杆的财政之间的关系；

通过价格进行的级差地租和超额收入的再分配问题。

2. 价格体系。

价格的种类、各种价格的性质和作用；

各种价格的相互关系；

产品的比价问题（着重研究工农业产品的比价问题）；

产品的差价问题。

3. 价格的管理问题。

第五章　积累和消费

本书第二篇从个别生产单位的角度考察初次分配过程中

必要产品的分配和积累问题，本书第四篇从社会的简单再生产和扩大再生产的条件的角度考察积累和消费的问题，这一章则要进一步从社会生产的总体上具体考察积累和消费以及积累和消费之间的关系问题。

1. 积累基金及其作用。

积累基金及其组成部分，积累基金各个组成部分在社会再生产中的作用，积累基金各个组成部分对比关系的变化；

积累基金的数量和物质构成，决定积累基金数量和物质构成变化的因素；

积累基金的价值和使用价值之间的平衡问题；

积累基金的分配和利用效果问题，生产和建设的关系问题。

2. 消费基金及其使用。

消费基金及其组成部分，消费基金各个组成部分的意义和作用；

社会消费基金和个人消费基金的划分和它们之间的关系；

工人和农民消费水平的对比关系；

消费基金数量和物质构成，决定消费基金数量和物质构成的因素，居民的需要构成和消费构成，决定它们的因素和它们的变化趋势；

消费基金的价值和使用价值之间的平衡问题。

3. 积累和消费的比例关系。

积累和消费比例的意义；

决定积累和消费比例的因素，积累和消费比例的变化趋势；

正确安排积累和消费比例的客观依据；

农村集体所有制经济中积累和消费的比例，国家集中积累和集体经济单位积累的关系，农村各集体经济单位积累的分配和使用问题。

第六章　国民经济的计划管理

关于国民经济计划的客观依据已经在以往各篇论述过了，这一章要论述如何根据社会主义经济的客观规律来制定国民经济计划，使主观符合客观，以达到节约社会劳动和在国民经济各部门合理分配劳动、保证国民经济高速度按比例发展的目的。

1. 国民经济计划工作中主观与客观的关系。

国民经济计划在社会主义再生产中的作用；

国民经济计划工作中主观与客观的矛盾和解决矛盾的途径。

2. 国民经济计划的方法和原则。

长期计划和短期计划的结合；

从下到上和从上到下的结合；

鼓足干劲和留有余地的结合；

国民经济计划的指标体系。

3. 国民经济的综合平衡。

国民经济发展过程中平衡和不平衡的关系，国民经济综合平衡的必要性；

国民经济综合平衡的基本内容，物资平衡、价值平衡和劳动力平衡之间的关系；

积极的平衡和消极的平衡；

综合平衡和经济效果计算的关系。

4. 国民经济计划管理的体制问题。

第七章　社会主义再生产的发展速度

以往各篇从各个方面分析了决定社会主义再生产发展速度的各种因素，这一章要进一步对这些因素作综合考察，着重分析这些因素之间的相互关系和社会主义再生产发展速度的规律性。

1. 速度的概念和意义。

速度的概念，社会再生产速度的指标，速度问题的意义。

2. 决定社会再生产速度的各种因素和它们之间的相互关系。

3. 高速度发展是社会主义再生产的普遍规律。

高速度的概念；

社会主义再生产高速度发展的客观必然性。

4. 社会主义再生产高速度发展的规律性。

社会主义再生产发展速度变化的特点问题；

社会主义再生产发展速度的长期趋势。

5. 按人口平均计算的国民收入量及其增长速度。

按人口平均计算的国民收入数量的意义；

决定按人口平均计算的国民收入增长速度的因素。

第六篇　从社会主义向共产主义过渡

社会主义社会是共产主义社会的低级阶段，社会主义社会发展的必然趋势是走向共产主义社会。从社会主义向共产主义过渡的必然性和阶段性、过渡的条件和途径等问题,具有独立的、重要的意义,应该设立一篇进行考察(本书着重考察其中经济方面的问题)。本篇的内容和结构,初步设想如下:

第一章　共产主义社会发展的两个阶段

1. 社会主义和共产主义是共产主义社会发展的两个阶段。

社会主义和共产主义的共同点和区别;

社会主义过渡到共产主义的必然性。

2. 从社会主义向共产主义过渡的阶段问题。

3. 社会主义过渡到共产主义的条件的综合考察(其中属于经济方面的条件,在下面详述,而不属于经济方面的各种条件,例如,国家对内职能的消亡、共产主义思想觉悟的提高等要在这里作较充分的论述)。

第二章　共产主义物质技术基础的建立

1. 共产主义物质技术基础的特点。

2. 社会产品的极大丰富。

第三章　三大差别的消灭

1. 工农差别及其消灭的条件和途径。

2. 城乡差别及其消灭的条件和途径。

3. 脑力劳动和体力劳动的差别及其消灭的条件和途径。

第四章　按劳分配向按需分配的过渡

1. 从“各尽所能，按劳分配”向“各尽所能，按需分配”过渡的条件和途径。

2. 家庭和消费方式的变化。

3. 消费资料的个人所有制问题。

结束语

第七篇　社会主义国家的对外经济关系

这一篇在初稿中是第五篇。初稿第五篇内容主要是阐述世界三种不同类型国家的政治经济情况，通过资料，说明社会主义经济体系的高涨、民族独立国家的发展道路和帝国主义的日趋没落，最后归结为共产主义在全世界必然胜利。

初稿文字较通顺、简练；资料比较丰富，条理较清楚，观点亦较明确，可给人以一定的知识。但各章文章质量不齐。总的说来，有如下缺点：一、资料虽然较丰富，但理论概括不够；二、在理论分析部分中，从政治经济学基本原理着眼进行抽象概括少，而比较偏重于对现象进行一般的分析，因此，有同志说，本篇“像是政治时事论文，不像政治经济学著作”；三、全篇各章之间的联系差；第四章的内容与前三章又基本上是重复的；四、有些重要范畴没有阐明，如什么是“社会主义经济体系”，什么是“民族主义国家”，其性质、特点如何;有些问题说明得不充分,不全面,如自力更生与力争外援的关系问题,“民族主义国家”的经济成分问题等。由于初稿中所用“民族主义国家”这一概念很不明确,建议改为民族独立国家。

本篇的目的、任务,它在全书的地位,它与全书的关系,在编写之初及编写过程中,讨论不够,因此不够明确。现有内容是一般世界经济教科书的写法,有些内容同政治经济学帝国主义部分重复,因此显得与本书各篇不相衔接,缺乏密切的有机联系。本篇第一章第一节“社会主义体系的形成和发展”的许多内容与前面第一篇内容也有不少不必要的重复之处。

根据以上情况,今后的改进意见如下:

一、首先应该明确本篇的任务是论述社会主义国家对外经济关系及其对国内经济的影响,社会主义各国之间的经济关系,以及社会主义各国与资本主义世界经济之间的经济关系;揭示这些关系发展的规律性,从而得出社会主义和共产主义必然在全世界范围内取得胜利的结论,为全书作一结束。这些关系,在以前各篇是舍象掉了,就是说把社会主义经济只限于一国范围内来加以观察,到第七篇则应把对外经济关系和国际的经济政治条件引进来,来观察社会主义经济的运动规律和社会主义经济同资本主义世界经济的斗争规律。这样,从全书来看,经济关系的分析,遵循从简单到复杂的原则,从个别企业到企业与企业之间的关系,再到社会再生产总体,再从一国范围之内整个国民经济的考察,进而考察国际范围上各个国家之间的经济关系。为了完成这样的任务,专设本篇是完全必要的。

二、在论述上述关系时,必然会涉及帝国主义和民族独立国家内部的某些问题。这些问题应当提出并加以论述。但不要脱离上述关系孤立论述，并应注意避免与政治经济学帝国主义部分和世界经济教科书重复。

三、本篇叙述方法，应该通过经济范畴来分析。从切实的经济分析中，得出政治结论，求得政治与经济的密切结合，要摒弃政治口号加经济资料的方法；写法也应该是历史法与逻辑法相结合，不要只偏重讲历史过程。

本篇需要论述的重要经济范畴有：对外贸易、外贸价格、外汇、结算、国外借贷、国际分工与协作、经济援助、经济竞赛等。在论述这些范畴的时候，一方面要揭示有关范畴所表现的不同经济关系的不同实质，另一方面要分析这些关系对国内经济、对世界各国经济发展的作用和影响。

四、根据上述精神，本篇结构建议作如下安排。全篇共分四章。第一章论述对外贸易；第二章论述对外贸易价格、外汇和结算；第三章论述社会主义国家间的经济互助合作，包括分工协作、科学技术合作、贷款等问题；第四章论述社会主义各国同帝国主义国家的经济联系和斗争，包括社会主义国家对民族独立国家的经济援助，同帝国主义国家的经济斗争等问题。

五、本篇与全书其他各篇一样，仍以中国材料为主，旁及其他社会主义国家。但要特别注意区别特殊经验和一般规律，不要把二者混淆起来。

第一章　对外贸易

以往各篇在考察社会主义生产过程、流通过程和生产总过程时，舍象了对外贸易的因素，这里我们要把对外贸易作为考察的对象。考察的内容大体上可以包括三个方面：第一，考察对外贸易范畴本身；第二，考察对外贸易对国内社会主义再生产的影响；第三，考察对外贸易在加强社会主义各国的经济联系和促进社会主义各国经济普遍高涨中的作用。本章大体上包括以下一些问题：

1. 对外贸易。

对外贸易的性质和职能；

对外贸易的发展规律性（分别从进出口总额及其构成进行考察）。

2. 对外贸易在社会主义再生产中的地位和作用。

对外贸易对社会主义经济的必要性；

对外贸易对社会主义再生产的影响；

对外贸易和国内贸易的关系。

3. 对外贸易在发展社会主义各国经济中的作用。

社会主义国家间对外贸易的性质和它在促进社会主义各国经济发展中的作用。

4. 社会主义国家对外贸易在国际政治经济斗争中的作用。

社会主义国家同民族独立国家之间的贸易和它在促进它们之间经济关系发展中的作用；

社会主义国家同帝国主义国家之间的贸易和它在加强社会主义国家同帝国主义国家之间经济斗争中的作用。

第二章　对外贸易价格、外汇和结算

在考察了对外贸易以后，要进一步考察与对外贸易有关的对外贸易价格、外汇和结算问题。对于这三个经济范畴，大体上都可以从前一章所指出的三个方面进行考察。

1. 对外贸易价格的形成基础及其变化的规律性。

2. 对外贸易价格和对外贸易的经济效果问题。

3. 对外贸易价格和国内贸易价格的关系。

4. 社会主义世界市场的对外贸易价格和社会主义各国之间的经济关系。

5. 社会主义和资本主义国家之间的对外贸易价格。

6. 外汇问题。

7. 结算问题。

第三章　社会主义国家间的经济互助合作

这个问题大体上可以分别从三方面进行研究:一方面研究社会主义国家间经济互助合作的形式及其发展;另一方面研究社会主义国家间经济互助合作对一国社会主义再生产的影响;最后,研究经济互助合作在加强社会主义各国经济联系中的作用。对外贸易是社会主义各国间经济互助合作的重要形式,已在第一章考察过了,本章要考察其他形式,其中着重考察生产的国际分工和协作。

1. 社会主义各国间的经济互助合作。

社会主义各国之间经济关系的性质;

社会主义各国间经济互助合作的必然性和必要性;

经济互助合作的主要形式——对外贸易、生产的国际分工与协作、科学技术合作、培养干部、贷款等及其发展。(对外贸易在第一章已详细考察,本章从略。)

2. 国际分工与协作对一国社会主义再生产的影响。

自力更生和力争外援的关系；

生产的国际分工与协作对各国经济发展的影响(例如,对各国国民经济体系的建立、生产的地区布局的影响等)；

其他经济互助合作形式对各国社会主义再生产的影响。

3. 国际分工与协作对加强社会主义各国经济联系的影响。

社会主义各国经济的普遍高涨。

第四章　社会主义各国同帝国主义国家的经济联系和斗争

本章分别就社会主义国家同民族独立国家和帝国主义国家之间的经济关系,说明社会主义国家同帝国主义各国之间的经济联系和斗争,说明资本主义在全世界的灭亡和共产主义在全世界的胜利的历史必然性。

1. 一定时期内不同社会制度国家同时并存的历史必然性。

2. 社会主义国家同民族独立国家的经济关系,社会主义国家对民族独立国家的经济援助。

3. 社会主义国家同帝国主义国家的经济关系,社会主义国家在经济上同帝国主义国家的斗争。

4. 资本主义制度各种矛盾尖锐化,资本主义必然灭亡和共产主义必将在全世界胜利。

第八篇　马克思主义政治经济学在战斗中成长

全书最后的这个部分,包括对资产阶级经济学和其他各种反马克思主义经济学的批判、社会主义政治经济学思想史、社会主义政治经济学的对象和方法以及数学在经济学中的运用等问题。由于我们对这些问题缺乏研究,又缺乏资料,故在初稿设计中只作为本书的一个附录,并未能写出初稿来。现在我们将它列为第八篇,但也不能作出详细的设计,暂时只能设想一些大的题目,供进一步讨论、研究的参考。

第一章　对现代资产阶级经济学的批判

第二章　对各种反马克思主义经济学的批判

第三章　对中国资产阶级经济学的批判

第四章　社会主义政治经济学思想史的考察

第五章　社会主义政治经济学的对象和方法

第六章　经济现象的量与质、统计与经济学、数学方法在经济学中的运用

第三部分　初稿讨论中提出需要进一步研究的问题

一、生产关系和生产力、上层建筑和经济基础的相互关系问题

1. 生产关系和生产力的辩证关系。一般说,生产关系有适应与不适应于生产力的问题,但生产力有没有适应与不适应于生产关系的问题,即生产力有没有落后于生产关系的问题。

2. 社会主义国家有没有经济职能,社会主义国家组织社会经济文化生活的工作,是经济职能还是政治职能,是国家固有的职

能，抑或是社会主义国家已经具有未来共产主义社会中心的某些职能。

3. 计划工作中如何使主观符合客观，把主观能动性与客观规律性结合起来。

4. 政治与经济的辩证关系。

二、社会主义社会的性质问题

1. 共产主义社会发展两个阶段的关系，共同点和区别，为什么说，社会主义与共产主义是两个不同质的发展阶段？

2. 社会主义社会发展的阶段性，各阶段的主要标志问题。

3. 社会主义生产关系随着生产力发展应当不断变革与社会主义生产关系的相对稳定性的关系。社会主义社会的生产关系既然具有相对的稳定性，为什么又不认为它是一个独立的社会形态（社会生产方式），历史上一切社会形态都只是相对地稳定的，都在向着下一个社会形态过渡。

4. 社会主义社会的工农差别、城乡差别具体内容怎样？它们由缩小到消失的条件和途径。

5. 社会主义社会体力劳动与脑力劳动差别的具体内容是什么？它由缩小到消失的条件和途径。

6. 怎样对待社会主义社会中的资产阶级法权残余？对待旧社会遗留下来的工农差别、城乡差别、脑力劳动与体力劳动的差别等同对待政治思想战线上的阶级斗争为什么应该有所分别。

7. 社会主义社会中共产主义因素和旧社会残余的关系如何。

三、社会主义所有制方面的问题

1. 机械化与合作化的关系，在工业落后的国度，革命胜利后一般是先合作化后机械化，而在实现合作化以后，在不断提高社会化的过程中和在巩固与提高集体所有制的过程中机械化的作用如何。

2. 自留地和社员家庭副业（个体所有制）与农村集体所有制的关系，如何认识社会主义社会的自留地和家庭副业，怎样说明它存在的必然性和必要性。

3. 农村集体经济的所有制关系问题。

4. 农村集体所有制经济单位的规模问题。

5. 社会主义全民所有制与共产主义全民所有制的区别，社会主义全民所有制与集体所有制的关系以及两者的区别。

6. 在工业高度发达，资本主义基本上已经消灭了农业中的个体经济，资本主义农场已经占统治地位的国度里，无产阶级夺取政权后，是否还必须建立集体所有制经济。全民所有制经济和集体所有制经济的并存是不是社会主义社会在一切国度中都必经的阶段。

四、全民所有制经济内部的财经管理体制问题

1. 财经管理体制是不是政治经济学研究的对象？它在政治经济学中占什么地位？

2. 独立核算企业的性质及其在社会生产体系中的地位和作用,在国家与企业的关系上何谓大权,何谓小权?是否只是一个量的问题?怎样才能做到"管而不死,活而不乱"?何谓活,何谓乱。

3. 在物资管理体制上,什么是属于国家的大权,什么是属于企业的小权?企业之间的分工协作和供销合同在物资管理体制中的意义。

4. 社会主义经济中使用价值和价值的两重性与财经体制的关系,实物指标和价值指标在经济管理中的作用。

五、直接生产过程中人与人的关系问题

1. 生产管理、劳动组织是否属于生产关系的范畴,是不是政治经济学研究的对象。

2. 社会主义分工协作的性质和特点,生产专业化、协作化和联合化的客观基础、相互关系和经济意义,专业分工与综合利用相结合这一方针的客观依据与意义。

3. 社会主义生产管理的性质、原则和具体形式。

4. 社会主义劳动组织的性质、原则和具体形式。

5. 劳动生产率的概念、计算公式,提高劳动生产率的意义及其途径。

6. 社会主义政治经济学要不要研究技术革新和技术革命问题。技术革新、技术革命和技术进步这些提法的区别和关系。什么是技术政策,社会主义政治经济学要不要研究这些问题,如何研究这些问题。

7. 社会主义社会中有没有劳动强度问题，何谓正常的劳动强度。

8. 社会主义社会的劳动纪律和劳动竞赛。

六、社会主义分配关系问题

1. 在贯彻按劳分配原则中，劳动的数量与质量能否比较和计算，如何计算，不同劳动者的劳动报酬差别同他们的劳动差别，仅是正比关系抑是等比关系。

2. 按劳分配与等价交换的关系，劳动力有无价值，有无所有权问题，必要产品量与再生产劳动力费用的关系。

3. 全民所有制内部的按劳分配同集体所有制内部的按劳分配有何区别，工人和农民之间有没有按劳分配的问题。

4. 计时工资与计件工资的异同，实行计件工资和计时工资的条件，奖励的性质及其形式。

5. 农村集体经济中分配的形式问题。

6. 集体福利的性质，个人收入和集体福利的关系，决定二者比例的因素和发展趋势。

7. 如何正确认识公共食堂问题。

七、商品、货币、价值和价格问题

1. 价值和价格的一致和背离与等价交换的原则的关系，等价交换的原则与部分消费品的高价是否矛盾？

2. 在社会主义社会中是否一定要利用价格作为再分配的杠杆,工农产品的比价如何安排才能符合全民所有制与集体所有制之间等价交换的原则。

3. 社会主义社会有没有“生产价格”的范畴,要不要利用“生产价格”作为考核企业资金利用效果的依据。

4. 社会主义社会有没有级差地租(或级差收入)的范畴,产生级差地租的原因,农产品价格决定于中等条件的土地和投资的生产费用还是劣等条件的土地和投资的生产费用。级差地租应该怎样分配。与土地经营和自然条件有关系的全民所有制企业有没有类似级差地租的范畴。

5. 社会主义社会商品生产存在的客观依据,不同交换关系中产品的商品性问题,社会主义产品和劳动的两重性的客观基础及其意义和表现。

6. 人民币的本质和职能,人民币是不是劳动券,什么是劳动券,它的性质和职能是什么,弄清人民币是不是劳动券问题的意义何在。

7. 社会主义国家的外贸价格问题。

八、社会主义流通方面的问题

1. 何谓流通,流通存在的客观基础是什么,流通同商品经济的关系,社会主义全民所有制内部有无流通,未来共产主义经济中有无流通。

2. 流通过程中的主要矛盾和主要问题是什么。

3. 资金循环同资本循环在性质上和形式上有何区别。社会主义全民所有制企业的资金循环是否存在“货币”、“生产”和“商品”三种资金形态的变化问题。研究资金循环有什么意义，如何研究资金循环。

4. 独立核算企业之间产品供销的合理组织问题，其中有无属于政治经济学研究的理论问题。

5. 固定资金简单再生产与扩大再生产的关系，价值再生产与使用价值再生产的关系，固定资金的无形损耗问题。

6. 在资金（包括固定与流动）的管理与使用上，如何正确处理国家和企业之间“大权独揽”和“小权分散”的关系。

7. 应该采用何种指标来考核企业资金的使用效果。

8. 在社会主义社会中，是否存在社会资金流通问题，如何研究这个问题。

九、国民经济综合平衡问题

1. 物质生产领域和非物质生产领域的划分，生产性劳动和非生产性劳动的划分，这种划分意义何在，划分的标准是什么。

2. 社会产品的使用价值和价值在生产过程中的矛盾和统一。怎样理解按现价和不变价格表现的社会产品。社会产品的价值方面有没有相对独立的运动过程（在货币形态上）。

3. 怎样根据马克思再生产的基本原理，拟出社会主义扩大再生产的模式。

4. 两大部类的划分同重轻农划分的关系，它们之间的区别和联系。如何应用两大部类关系的原理来分析重轻农之间的关系。

5. 两种类型的技术进步对生产资料生产优先增长的影响。如何理解生产资料优先增长的规律。生产资料优先增长的界限。

6. 在安排国民经济比例时如何处理重点和一般的关系，先行部门和其他部门的关系。

7. 农业是国民经济基础的根本原因何在。以农业为基础和把农业放在首要地位的关系。决定农业劳动生产率和农业生产增长速度的因素，农业劳动生产率的发展趋势（与工业比较）。

8. 财政、信贷的本质及其在再分配中的作用。财政信贷体系同国家、商品货币的存在有什么关系。

9. 确定积累和消费比例的客观依据，积累和消费比例变化的趋势，生产和建设以及建设和人民生活的关系。

10. 社会有支付能力的需求同物资供应之间的平衡问题。

11. 目前习称的非生产积累应列入积累基金还是列入消费基金，应该怎样划分积累基金和消费基金。

12. 决定国民经济发展速度的各方面因素及其相互关系问题，国民经济各种比例关系对速度的影响。速度变化的客观界限是什么。

13. 劳动力在各个部门的合理分配和社会主义人口规律问题。

14. 什么是社会主义生产的总过程，社会再生产过程是不是就是生产的总过程，社会再生产问题应该在社会主义政治经济学流通过程部分研究，还是应该在生产总过程部分或其他部分研究。

15. 什么是积极平衡，什么是消极平衡，它们之间的客观经济界限是什么。

16. 怎样理解计划的综合平衡,研究计划的综合平衡应如何着手。

17. 基本建设投资在扩大再生产的动态平衡中的地位和作用。

十、政治经济学和部门经济学的对象、方法、结构问题

1. 政治经济学的对象,如何联系生产力和上层建筑来研究生产关系,生产力和上层建筑在政治经济学中的地位,政治经济学要不要研究和如何研究生产力。

2. 社会主义政治经济学应当贯穿什么红线。社会主义社会的基本矛盾、共产主义因素与资本主义因素的矛盾、基本经济规律、马克思所提出的有计划分配和节约劳动的规律,它们在社会主义政治经济学的分析中相互关系怎样。

3. 在社会主义政治经济学中如何运用逻辑与历史统一的方法。如何区别政治经济学的研究方法和表述方法。社会主义政治经济学的结构如何安排。《资本论》的结构对安排社会主义政治经济学的结构的意义。

4. 社会主义计划经济和商品经济、自然经济的区别问题。

5. 使用价值和价值两重性的分析对社会主义政治经济学的意义。

6. 政治经济学与部门经济学的关系,它们之间的分工和联系。

7. 数量关系的研究对政治经济学的意义,政治经济学研究中质和量的关系。

1961 年 6 月

社会主义经济论

编者说明：这份文稿，包括孙冶方同志1962年上半年和1963年上半年在中国人民大学政治经济学系研究班讲课的记录稿，以及他亲笔写的讲课计划、讲课提纲和一份讲稿（《流通概论》），比较全面和系统地反映了他对《社会主义经济论》关于生产过程篇和流通过程篇的观点和体系。

生 产 过 程

第一题　政治经济学如何研究社会主义生产关系（包括对象和方法问题）

一、不承认人民内部矛盾的学说，就会把生产关系的范围看窄了，就不会深入研究社会主义的生产关系

为什么这样提出问题呢？在我们准备写社会主义政治经济学以前，世界上唯一的一本就是苏联科学院经济研究所编的政治经济学教科书。前几年，我国和其他各社会主义国家一般都把苏联的教科书作为典型本，但这本书和马克思的资本主义政治经济学写得完全不同，过去人们以为这是由于两个社会制度不同的缘故。这本书讲了一些生产关系的问题，但很多篇幅都是讲物质技术基础，也讲了不少政策。苏联经济学家斯特鲁米林院士认为，研究生产关系这在原则上是对的，但是我们的生产关系是崭新的，现在是生产力落后于生产关系的问题，政治经济学现在是要研究生产力，促进生产力发展。苏联教科书就是根据这一论点写的。

生产关系和生产力的矛盾是否仍然是社会主义生产发展的动力？社会主义政治经济学是否还应当研究生产关系？这是值得研

究的问题。

政治经济学主要是研究生产关系，苏联经济学界也不否认，但他们认为社会主义的生产关系是崭新的，因此当前主要不是变革生产关系，而是研究落后的生产力如何赶上先进生产关系的问题，所以研究物质技术基础就被提到首位。在这里，他们所以把生产关系看窄了，主要是因为否认了人民内部矛盾。看不到在社会主义制度下，生产力和生产关系之间、经济基础和上层建筑之间还存在矛盾。他们认为统一是主要的，矛盾是不存在的，或只是次要的。关于集体所有制，他们认为也是新建立的生产关系，它给生产力的发展提供了广阔的余地。所以当前的问题就是如何在优越的生产关系下发展生产力，因此他们把物质技术基础提到了突出的地位。至于对生产关系的研究，只是关于按劳分配的作用的问题还受到重视。我们说社会主义制度是刚建立的，它有生命力，问题当然不是开倒车，不是取而代之，而是向前发展逐步走向共产主义，这是没有争论的。但另一方面，也正因为它是新生的，所以是不成熟的。它不同于资本主义，资本主义是在封建社会内部孕育、成熟的，而无产阶级则是在取得政权以后，才来改造资本主义生产关系，建立社会主义公有制。所以社会主义经济基础的建立，要比无产阶级专政的历史更短。因此不可能一建立就是完整的。我们的公有制、计划经济这个制度有无限的生命力，但具体采取些什么形式，不可能在一个短时期内就很完善。在落后的中国进行社会主义建设，建立社会主义物质技术基础，无疑是十分重要的，但这在很大程度上是自然科学、工艺技术学研究的问题。作为经济学所要研究的，则应当是社会主义的生产关系。社会主义制度刚建立，很多问题都还没有发现，怎么能说这方面已经不存在问题了呢？怎么能说经济学界就可以改行研究物质技术基础了呢？我们在承认社会主义制度是新生的、先进的以外，还必须补充一点，就是正因为它是新的，所以还是不完善的，问题还很多，而我们连问题在哪里都还没有弄清楚。

苏联经济学界在理论上承认政治经济学研究的对象是生产关系，但在实际工作中却更多地研究生产力问题、物质技术基础问题。这是由于他们在理论上把生产关系的范围看窄了，他们认为，在讲了公有制的建立和农业合作化以后，生产关系方面的问题就万事大吉了。从我们的经验看，公有制的建立，特别是集体所有制的建立，问题远没有解决，例如集体所有制的范围和形式问题、集体所有制如何逐步提高和向全民所有制过渡的问题、产品怎么分配等，问题很多，这难道不是我们社会主义政治经济学研究的内容吗？这方面在苏联研究得很差。集体农庄到底多大好，分配、扣留各占多少合适，集体所有制如何向全民所有制过渡等问题，都需要很好的研究。急于过渡，否认相对稳定是不对的，但把生产关系凝固化，同样是错误的。把生产关系在集体经济程度上凝固起来，看作不再发展，这就是把生产关系看窄了。急于过渡是不对，但是否在社会主义时期，两种公有制就始终一直平行存在，我是有怀疑的。我认为单一全民所有制的实现，可以早于按需分配的实现。因为要实现按需分配，要达到物资的极大丰富，这比较困难。在帝国主义包围下，没有在全世界实现无产阶级革命以前，特大的建设工程即使建设起来了，也存在危险性。所以是否可能在帝国主义包围下，一国或数国建成共产主义的问题，还是可以研究的问题。但农民的集体所有制是否一定要保持到那个时候，看来不一定。按劳分配时间是较长的，所以在实现按需分配之前，先实现单一的全民所有制是可能的。

问题在于生产关系是否只局限于生产资料归谁所有。我认为，如财政体制问题就是生产关系中一个很重要的问题，再如管理的问题,政治经济学应当对这些问题作深入研究。生产者在直接生产过程中的互相关系及分配关系等,都应当是社会主义政治经济学研究的问题。还有流通中的关系、企业间的关系等,都需要我们去研究解决。如果认为工业化、集体化加上几条政策,就是社会主义政治经济学的全部,那么就理解得太窄了,就不可能深入。我们要深入地研究政治经济学,就要解放思想,首先要从凝固化的思想中解放出来,要承认人民内部矛盾。如果只承认统一,不承认矛盾,就没有什么可研究的了。毛泽东同志提出人民内部矛盾问题,对社会主义政治经济学的研究,提供了理论基础。至于社会主义经济关系中的许多具体关系和矛盾的研究,正是我们的任务。

以前经济学界,特别是苏联经济学界,一方面强调政治经济学研究生产关系,实际上写起来都着眼于生产力。这里从认识论上来分析,就是形而上学和机械唯物论,把社会主义社会当前存在的一切凝固化。马列主义者应当承认,存在的都有它的必然性,从必然性的角度承认它的合理性,如果连这一点也不承认,否定一切,就会犯虚无主义的错误。但在承认它的必然性的同时,要承认它的不合理性,要承认矛盾。只有这样才能进一步去解决矛盾,推动社会前进。

二、研究生产关系要联系着研究上层建筑,国家财经体制和企业管理制度不只是上层建筑,而且是生产关系

列宁在《什么是"人民之友"》一书中曾说:"《资本论》的骨骼就是如此。可是全部问题在于马克思并不以这个骨骼为满足,并不以通常意义的'经济理论'为限;他专门以生产关系说明该社会

形态的结构和发展，但又随时随地探究适合于这种生产关系的上层建筑，使骨骼有血有肉。”①我们现在很少联系研究管理体制等问题，而是干巴巴的几条规律或几条政策。角度可以多方面，但并不妨碍问题本身的研究，反而有助于问题的研究。如《资本论》提到婚姻关系，不是从法律，而是从生产关系的角度，指出它是商品关系。《资本论》中研究了许多规章制度。而我们现在就不是从活生生的社会生活多方面来分析生产关系，特别如企业管理体制问题，本身反映的就是生产关系。财政问题可以从法律的角度研究，也可以从生产关系的角度研究。研究法律条文是上层建筑的科学，但法律条文反映的经济问题却是经济学研究的内容。苏联法学家讨论工厂职权范围时，谈到所有权包含三重意义：(1)占有权；(2)支配权；(3)使用权，即“三权合一”。支配权和使用权就是经营管理问题，是属于所有制的问题，也是经济学研究的对象。

黑格尔关于占有、使用、支配权合起来就是所有权的提法，很有启发。毛泽东同志讲的十大关系问题，我们只把它当作生产关系中人与人的关系，而没有把经营管理(即使用权)问题看作是所有制问题的一部分，应当把经营管理问题提到应有的地位来研究。管理体制可以说是所有制问题中最重要的问题。因为所有制问题中，全民所有或集体所有较好解决，而管理体制问题则不好解决。要通过对体制、条例的研究，全面研究所有制问题，研究人与人之间的生产关系。马克思把简单协作等企业内部的劳动组织问题也写入了《资本论》。资本主义、社会主义的生产关系都是通过法典、

① 《列宁选集》第1卷，第9页。

条例把它固定下来的，所以我们必须研究这些法律、法典、条例，但是要从政治经济学的角度来研究这些问题。

三、研究生产关系要联系着研究生产力，经济效果问题，不仅是生产力问题，而且也是生产关系问题

资产阶级经济学庸俗化以后，趋向于研究单纯的管理技术，而回避研究生产关系的本质问题。所以我们马克思主义经济学就要着重研究生产关系，要研究所有制问题。但近几十年来，有另一种偏向，就是把政治经济学变成一种上层建筑的科学，变成政治常识，而很少探讨经济的本质和内在规律。

我反对把生产力逐出政治经济学研究对象的偏向，反对把生产力问题排除在经济学"象牙之塔"之外。如猪养到多大该杀，这是一个经济效果问题，经济学应该研究。我们是辩证唯物主义者，首先是唯物主义，从这个角度讲，生产力是决定生产关系的。生产力是内容，生产关系是形式，从这方面来说，生产力反而更重要，因为内容不是比形式更重要吗？但离开形式，单纯研究内容，我也是反对的。必须在生产关系与生产力的辩证关系中来研究，从矛盾中研究。既然从矛盾中研究，那么矛盾去了一方，如何研究呢？如果避开生产力不谈，如何研究生产关系是合适还是不合适呢？因此，必须与生产力联系起来来研究生产关系。那么经济学与技术科学的区别何在呢？区别在于角度不同。经济学家是从劳动及其效果与社会劳动在各生产部门之间的分配等角度来研究。马克思在《资本论》中，同样十分具体地分析了资本主义的生产力问题，如

对固定资产磨损、修补等问题研究得十分具体。我们今天研究社会主义经济,不应该更概括,而应该更加具体。

四、劳动组织问题是生产力问题,然而更是生产关系问题

这个问题1956年曾经争论很多。劳动组织在这儿不是构成生产力的一个因素即自然因素的问题,也不是劳动手段问题,而是生产关系问题。但就它能促进生产力发展角度看,那么也是生产力问题。但劳动组织只是在转化的意义上是生产力的问题,生产力和生产关系的界限是绝对的也是相对的。劳动组织问题是生产力问题,然而更是生产关系问题。可是不知从何时起,却把劳动组织问题逐出了政治经济学的研究范围,并认为政治经济学研究劳动组织便是"生产力论",或者是变成了部门经济学。有些人是生了恐生产力病。

劳动组织,就是在生产过程中根据生产规律把直接生产者组织起来,即直接生产过程中人与人之间的关系,因而是政治经济学中的重大课题。1960年11月8日《人民日报》第三版上,介绍了一个铁道运输方面的技术革新问题。报道的角度是技术革新(题目是"高级的龙车"),技术革新的结果是阜新煤矿运煤的时间缩短了。这是什么样的技术革新呢?这不是铁道、机车的改良,而是生产地、消费点和运输方面协作关系更好,是各方面劳动组织之间的联系的改善,是一个生产过程各个环节之间关系的改良。因而这不是技术革新,而是劳动组织、生产关系的革新。有些劳动组织的改进与技术上的改进存在密切的联系。技术上的改良常常引起操作

过程、技术工种，从而生产过程的改变，劳动组织也要改变，工资制度等其他问题也会改变。机器、车床编制组织变化的同时，还要改变人与人之间的组织关系（等级技术也变化），这是生产力变化引起生产关系的变化。恩格斯曾以武器的改进引起军队队列编制的改进为例，说明生产过程中生产力与生产关系变化的相互关系问题。因此政治经济学家要密切注意生产技术上的变化，注意它如何引起生产关系的变化。要从生产关系的角度来研究生产力的变化。

毛泽东同志在论互助合作问题时曾谈到劳动组织问题。在这种情况下，技术一点没有变化，只是纯粹劳动组织的改进，也引起了生产关系的改进，甚至社会性质的改进。列宁也有关于劳动组织问题的论述，如《列宁全集》第 27 卷，第 87 页、第 235 页，他是从经济关系的角度去研究劳动组织问题的。

五、关于政治经济学对象的争论——政治经济学的研究对象是生产方式？抑是生产关系？抑是物质生产过程？生产力要素是否包括劳动对象？要不要成立一门生产力组织学？生产力在政治经济学中的地位是否类同于数学在力学中的地位？

（一）关于政治经济学的对象问题。目前的争论大多在马、恩、列、斯的一些话上。我看这不应是研究的重点，马克思有几个提法："首先是物质生产"、"生产方式"、"生产关系"；列宁有明确的提法："生产关系和分配关系"，认为物质生产的研究是属于工艺学的。他们之间是否有矛盾呢？是不是马、恩当时对这个问题的看法不成熟呢？不是的。他们只是提出问题的角度不同，提出问题的方法不同。马、恩不是想在他们的那些著作中给那些问题下定义；列宁是在同反马克思主义的思潮作斗争中，防止技术生产力论者歪曲和修正马、恩的观点，而把问题明确起来。列宁引到马克思提到的“物质生产”时都带上引号，指出这不是一般说的物质生产，而是物质生产过程中的人与人的关系。列宁也不是给对象下全面的定义，而只是从不同角度（不同场合）提出问题。马克思和列宁在这里都不是把生产力研究放在首位，也不是孤立地研究生产关系。马列主义者认为，任何社会科学上的定义都不能概括全部过程的关系。而我们的偏向恰恰是为定义而定义。我们在争论中最好不要先去下定义，而多去解决一些实际问题：反对些什么，主张些什么。

在政治经济学研究对象问题上，我们要反对两种偏向：一种偏向是“生产力论”、“物质技术基础论”，他们甚至把人也单纯作为自然力看待；另一种偏向是恐生产力论病，许多问题的研究都被生产力论这顶帽子吓住了，把政治经济学当作一个不接触具体问题的虚无缥缈的东西，着重在下定义，单纯从概念到概念，搞文字游戏，而不解决具体问题。科学的道路是不平坦的，要经过一段勇敢摸索的过程。

（二）关于生产力要素是否包括劳动对象的问题。这是学术问题，但与现实生活有密切关系。我是从劳动对象的重要性出发，认为生产力应是三要素。劳动对象中特别是原材料的新发现，对科学技术和国防，对生产力的发展有重大的影响，它影响着物质生产的进步。

主张二要素的人认为劳动对象不是生产力的要素，因为劳动对象的发现是人们的科学技术和生产工具发展的结果。但是，生产工具和科学技术同样是人创造的，那么生产力就可以是一个要素了,这样说是不是诡辩论呢?

(三)要不要成立生产力组织学?生产力在政治经济学中的地位是否类同于数学在力学中的地位?一般人肯定的意见是:应该联系生产力和上层建筑来研究生产关系。但谈到是否作为研究对象时意见就多了。我是主张列在对象之中。孙尚清同志主张不列为对象,而单开一门"生产力组织学",研究生产力对生产关系的关系问题。并且说生产力对于政治经济学的关系,就如数学对于力学的关系。

我觉得这样看不妥当。马克思讲研究生产方式,就是包括生产关系和生产力。生产关系与生产力是社会经济的基本矛盾,只有一面就没有了这对矛盾。研究矛盾不能丢开一方来专门研究另一方。生产关系和生产力在政治经济学中的关系与力学和数学在力学中的关系是不同的,数学对于力学是基础课,数学不能是力学的研究对象。生产力则不是基础的问题,而是从矛盾对立统一的角度来研究。当然,矛盾的主要方面,就社会经济发展的角度看是生产力,但就政治经济学这门课的研究对象说,生产关系是主要方面。

把生产力安排问题归纳为一门科学叫"生产力组织学",这是有问题的。这样会使政治经济学这门课脱空,会把政治经济学搞得无血无肉,犯单纯从概念到概念的毛病。

六、用"自然经济"的观点或商品货币经济的观点不可能研究明白社会主义的生产关系

过去曾有人认为,政治经济学在社会主义社会这个"自由王

国”下已不再需要，这是被列宁批判过的。列宁批判了布哈林的观点，指出政治经济学到共产主义阶段也还要有，至少还要研究两大部类的关系，消费和积累的关系。社会主义制度下，两大部类之间，全民所有制之间都必须算账；c、v、m 还要分开，不能随便调拨，c、v 必须补偿，m 要合理分配；两大部类之间的交换要从价值量和实物形态上平衡。

社会主义政治经济学到底研究什么？为什么要研究？有人认为这是因为还有全民所有制、集体所有制和个人所有制存在，在这几种所有制的边缘上产生了商品和货币。而外因又影响了内部，使全民所有制经济内部也存在商品和货币。这是一种说法，但还是从商品货币观点来看政治经济学，这种说法仍然会否认政治经济学的发展。

“自然经济”观点行不通了（特别是斯大林《苏联社会主义经济问题》一书出版之后，认识到还要研究社会客观经济规律），于是又从商品货币经济的观点把政治经济学封闭起来，把生产关系看窄了。总之，用“自然经济”观点和商品货币经济观点都不可能研究明白社会主义的生产关系。

社会主义政治经济学的研究与以前的政治经济学的研究有所不同，它要解决产品与商品、劳动券与货币的关系问题。

七、要通过客观经济过程的分析来研究政治经济学

什么是客观经济过程呢？就是生产和流通过程，总起来就是社会生产和再生产过程。马克思在《资本论》的研究中，并不是到

处给规律下定义，而是通过对客观经济过程的分析，清楚地阐明了经济规律。但我们的方法恰恰相反，喜欢下定义，研究政策条文，对社会主义政治经济学的研究都是从规律、政策出发，同时解释政策也不是从经济角度，而是从政治角度加以说明，所以越说越说不清楚。毛泽东同志讲过，研究问题要从具体事物出发。应该反对从概念、原理、政策出发，因为它们都是我们对客观现象研究的结果。我们过去不是这样去研究的，所以就感到枯燥乏味，不能解决问题。

客观经济过程在哪儿？这是一个抽象的问题，但又是一个具体的问题。

八、历史和逻辑的统一。抽象法在政治经济学中的重要性。政治经济学的研究方法和表述方法。政治经济学中的量和质。要懂得政治经济学必须学点哲学

历史的方法和逻辑的方法要统一起来。研究的方法和表述的方法是不同的。马克思讲，研究必须从客观实际即历史过程出发，而叙述则必须从范畴、概念出发，即要使用逻辑法，否则就不成为政治经济学而成为历史学了。

历史和客观过程是发展的，概念、范畴也是发展的。不是否定历史和客观过程，而是在对它们进行科学分析之后，把最本质的东西归纳出来。表述从简单范畴到复杂范畴，从概念到概念，正是反映了历史和客观事物的发展过程。

马克思如何运用抽象法？这是一个非常值得研究的课题。研究

经济过程必须运用抽象法，否则就无法说明问题，就会使本质的问题被非本质的问题（现象）所干扰。政治经济学的研究是用抽象法，撇开一些非本质的现象、因素来研究一般规律。本质的方面总是决定事物发展的基本方向的。政治经济学的研究任务是找寻经济发展的一般规律，而不是去解决一个一个的具体问题，这些具体问题是在运用这些规律中去解决的。普遍性和特殊性，具体问题具体分析。

关于量和质的问题。有些同志在研究中没有量的概念，因而生产关系的研究总是落空；或者虽然研究了量，但是以质为框框来套量，而不是从客观过程的量的分析中得出质的概念。

政治经济学与部门经济学的关系，是普遍性与特殊性的关系，它们的研究对象不是绝对互相排斥的。

技术经济问题。怕谈技术也是一种恐生产力病。马克思在《资本论》中谈技术问题是很多的。我们可以研究：马克思谈技术问题时是如何为研究生产关系服务的？如何理解列宁的“工艺技术科学”这句话？

在表述时，范畴要注意从简单到复杂，局部到全部，抽象到具体。

社会主义政治经济学与资本主义政治经济学研究的对象、方法和体系的差别可以研究。

我讲课的内容有的是肯定的，但基本上是不肯定的，只是提出问题。

第二题 社会主义生产关系的建立和社会主义生产的直接目的

这个课题分三个小题来讲。

一、设立本题(或篇、章,下同)的必要性及其在社会主义政治经济学体系中的地位

社会主义政治经济学教科书要不要设立这一章?放在前面还是放在后面?对这个问题有不同的意见。我所(经济研究所)在编写教科书时认为需要设立这一章,并且应放在前面。苏联政治经济学教科书也是把这一章放在前面,我们可以套用。但不是机械地套用,而是以列宁、斯大林的理论为根据。列宁认为资本主义生产关系和社会主义生产关系的产生过程是不同的,资产阶级革命和无产阶级革命有根本的差别。斯大林在《论列宁主义的几个问题》一文的第四部分"无产阶级革命和无产阶级专政"中把列宁的这一理论归纳为五点,其中头三点是:

"(1)资产阶级革命通常是在资本主义结构较为现成的形式已经具备时开始发生的,这种形式在公开革命发生以前就已在封建社会内部生长并成熟了;无产阶级革命却是在社会主义结构现成的形式没有具备或几乎没有具备时开始发生的。

(2)资产阶级革命的基本任务是夺取政权,并使政权适合于已有的资产阶级的经济;无产阶级革命的基本任务却是在夺取政权

以后建设新的社会主义的经济。

（3）资产阶级革命通常是以夺取政权来完成的；对于无产阶级革命，夺取政权却只是革命的开始，并且政权是用作改造旧经济和组织新经济的杠杆。”①

资本主义经济的最简单的细胞——商品，在原始共同体之间就已产生，资本主义生产关系在封建社会内部产生，在封建社会后期已有相当的发展。社会主义公有制与资本主义私有制有本质的不同。社会主义生产关系不可能在资本主义社会中产生，只有在无产阶级夺取政权之后才能建立。无产阶级革命的任务，就是夺取政权，改变生产关系，发展生产力。如何进行？首先宣传马列主义革命理论，群众一旦掌握了理论，就会变成物质力量，夺取政权，建立无产阶级专政，然后改变生产关系，发展生产力。夺取政权是改变生产关系、发展生产力的前提，改变生产关系、发展生产力是夺取政权的目的。

我们讲这一章应从无产阶级革命和专政讲起。这是我们的出发点。但是与政治学、哲学、历史唯物主义、党史等课讲的角度不同。我们应从无产阶级革命和专政对改变生产关系和发展生产力的作用和意义这个角度来讲。这一章要讲的内容很多。还要讲革命后无产阶级面临的各种现成的经济形态，各种旧的生产关系如何进行改造，各种生产关系的代表者即各个阶级，如对地主、资产阶级等如何进行改造，他们对我们的态度不同，我们要采取不同对待的政策。讲这些问题不是从统一战线的角度，而是从经济学的角度，运用经济范畴，进行概括的分析。

① 《斯大林选集》上卷，第402—403页。

《资本论》为什么不这样讲？那是由资本主义经济的特点决定的。资本主义生产关系在资产阶级革命之前就早已产生。马克思对资本主义生产关系产生过程这一部分的处理，是根据资本主义的特点，他不能从资产阶级革命讲起，而是从简单商品交换、商品生产讲起，从简单协作、分工讲到大机器工厂的建立。如英国，简单协作的产生就比资产阶级的克伦威尔政府早得多。我们讲这一章的内容，相当于《资本论》中的前资本主义的地租、商业和高利贷资本、原始积累，相当于简单商品生产、简单协作、分工和大机器工业的建立。这些内容，都分散在《资本论》一、二、三卷之中。

我们讲社会主义公有制，不能从宣传马克思主义理论讲起，可以从十月革命讲起。在我国，至少从 1949 年中华人民共和国成立讲起，或者更早一点。但不是讲历史。我们要讲为什么夺取政权之后才能建立社会主义公有制，对半封建半殖民地经济如何进行改造等。我们的讲法，表面上看与《资本论》不同，但实际上是相同的，都是讲范畴，用的抽象法。

本章在讲无产阶级革命夺取政权对建立社会主义生产关系的作用时，应附带讲讲所谓“和平过渡论”。这个问题也要从政治经济学的角度讲。在资本主义国家能不能建立社会主义公有制？不能抽象地讲，从现实情况来看是不可能的。

国内外经济学家对社会主义生产关系的产生过程这一部分的安排有三种不同意见：

（1）主张设立这一章，但应放在后面。民主德国经济学家克坦利克认为，这一章牵涉到社会主义经济的基本问题，学生们未学这些基本问题之前学这一章是学不好的。因此不能放在前面，而应放在后面。波兰的经济学家明兹也有相同的看法。我认为他们的意见未必正确。无产阶级革命和专政是建立社会主义生产关系的前提,应该放在前面讲。各种经济成分、各个阶级的改造也应集中到前面来讲,到后面讲社会主义公有制本身的问题,就不再讲这些了。他们主张放在后面的道理,并不清楚。

(2)苏联奥斯特罗维季扬诺夫院士主编的《政治经济学教科书》下册,1960 年苏联出版的另外两本《政治经济学教科书》,苏联高级党校科兹洛夫编的一个《政治经济学提纲》,都是把这一章放在前面。我同意这样办。

(3)主张根本不要这一章,或者把这章的内容分散在以后各章之中去讲。我觉得把这一章的内容放在社会主义公有制范畴内讲是不行的。俄国十月革命已 40 多年了,现在生产关系还在改变中,集体所有制、个体所有制还存在。东欧国家个体所有制还存在,甚至还存在私营小工厂。这些所有制如何产生的,怎样交错着存在,这些问题不放在前面讲,就搞不清楚,就是割断历史。

马克思说政治经济学是分析客观经济过程的,应该从抽象到具体,从简单到复杂,从局部到整体。所以应该把社会主义改造集中在前面,一气讲完社会主义改造,不仅包括改造私有制(就是狭义的改造),而且包括集体所有制的不断完善(这是广义的改造)。把社会主义全民所有制以前的各种所有制形式,全部范畴都集中在前面讲。然后,在抽象的单纯的形态上分析全民所有制。这是合乎马克思的抽象法的。这就是我们不同于苏联政治经济学教科书和目前我国各学校使用的教材的地方。

目前各学校使用的教材,大多数都把集体所有制与全民所有制的交错关系作为社会主义经济的主要内容,而社会主义全民所有制讲得很少。这就妨碍我们去全面了解全民所有制,从而也不能弄清集体所有制与全民所有制的关系。怎样了解社会主义的各种所有制呢？我认为全民所有制是社会主义经济的典型形式，并居主导地位，它决定着社会主义生产关系的本质和发展方向。只有先弄清了全民所有制，才能弄清集体所有制以及它和全民所有制的关系。认识了复杂的，就更容易认识简单的。马克思说解剖了人，也就认识了猴子。我们看问题要有个立场，只有站在全民所有制的立场上才能看清它与集体所有制的关系。有人说我这种讲法是脱离实际，其实不然。这不过是根据马克思的"抽象法"来对社会主义经济进行分析而已，其结果不是脱离实际，而是更好地了解实际。正如我们占领了制高点，就可统揽全局了。政治经济学不同于政策汇编。人民公社问题在当前是最重大的政策问题，应首先研究解决，但是在政治经济学上就不是这样。总之，我的意见，是把几种所有制的关系等具体问题放在前面讲，而单一的全民所有制的中心问题放在后面讲，只有这样，才能更好地解决前面的问题。

二、关于本题的叙述方法

作为政治经济学，在阐明社会主义生产关系的建立问题时，不能写成像社会主义改造史一类的东西。关于这个问题，我是大肆宣传历史与逻辑法的一致在这章中的重要地位的。从研究来说是过程法，表述以逻辑法。讲改造以历史法为主，先讲十月革命的胜利，再讲中国的胜利，这样讲下来，结果是改造的历史。这种方法被推翻了。

应该在表述中以抽象为主，讲范畴，从简单到复杂，而且在讲改造时也要讲范畴，从政治经济学的角度讲范畴。我们在实际研究和表述中，感到在夺取政权后的经济形态是以逻辑法为主，讲改造的方法是以历史叙述法为主，这也是有问题的，还没有把历史和逻辑一致起来。

作为政治经济学应该怎么分析？应该归纳为几个基本范畴：无产阶级革命、专政（这是从前提方面来说明），夺取政权后面对的各种经济形态以及代表这些经济形态的阶级，他们的态度以及我们的改造方法和政策。

资本主义经济形态又划分为大资本，其中又分为官僚资本和帝国主义资本；中小资本——民族资本；个体经济，其中又分为农民经济、手工业、小商小贩。

这些范畴的安排次序上，过去先是农业的改造，然后资本主义的改造、手工业改造、小商小贩的改造。在讨论中感到有点自发论，如像农民个体经济改造占全国人口的5/6，所以是最重要，应放在前面讲。然后是资本主义改造。后来我们明确了，从范畴讲，感到这样不对。因为建立社会主义生产关系，讲公有制，主要对立面是什么？从广义的政治经济学来说，社会主义不是继承个体经济而来的，是从资本主义而来的，而代表资本主义生产方式的是资本主义经济。所以，首先讲资本主义经济的改造，而且应分为大资本与中小资本。先从垄断不垄断范畴来说明，然后才能说明不同的资本对改造的不同态度。说明垄断资本的特点，中小资本的特点（中小资本在民主革命中有同我们一同革命的一方面，和我们结成联盟，而大资本则不然），然后综合起来说明资本主义的特点。大资本与中小资本要分开来讲。在分析了资本主义的改造后，然后才是个体经济形态的改造,以农民为主,还有手工业。农民同手工业是个体经济范畴中的不同范畴。小商小贩要不要写?是独立的范畴呢,还是在手工业中一笔带过?甚至想放在资本主义改造中写。小商小贩是工商局改造的,从实际工作出发是这样,先让工商局同志们写,写来写去,这部分很少。还是让对资本主义改造组的同志来写专门一章。他们写也有问题,写独立一章材料不多,从范畴来讲是根本不同的范畴,把小商小贩放到资本主义工商业改造内不行,一定独立起来。给手工业管理局来写也不妥当,小商小贩是从事流通活动的,手工业是从事生产活动的。中国的经济学家,对中国改造方面的经验,从政治经济学这个角度来加以介绍是很不够的。对小商小贩讲得更不够,特别是在今天来看,越感到小商小贩的重要性,这些东西过去就没有总结,怎么从流通过程中认识小商小贩的重要性,没有提到政治经济学范畴来分析,讲得不透,这是很大缺点。从范畴来说是独立的,小商小贩属流通领域,这与资本主义商业资本是一个领域,又同个体经济是一个领域。所以,它有不同的特点,它是一个独立的范畴。过去对小商小贩的改造的经验,提到范畴,提到最一般的规律来说明它,写得很少,而这方面有重大的国际意义。

总的说来改造部分分两大范畴:资本主义经济和个体经济。资本主义经济又分大资本与中小资本,大资本分官僚资本与帝国主义资本,对它们的策略不同。这些资本不是它们的性质不同,而是要从经济关系的角度上讲得更透一些。民族资本也分工业、商业。个体经济分农民、手工业。农民又可分为富农、中农、贫农。富农按本质讲是资本主义经济,但另一方面又是个体经济。从范畴来讲能讲得更深入、更顺当。从政治经济学的角度来说要从范畴来讲，要以逻辑为主，以抽象、简单为主，从简单到复杂，从抽象到具体，从资本一般到大、中、小资本等。小商小贩要单独讲一下。

另外，在本篇中要正确分析这些范畴的一般性和特殊性，普遍规律同特殊规律，或普遍规律和这个规律在不同国家、不同时期、地点、条件下的不同表现。

我们在研究时要从中国经验出发，材料应主要是中国的，从中国说到外国，从今到古，从中国的具体实践中来说明这些范畴。同时，苏联是第一个社会主义国家，他们有他们的特殊的做法，也有不得已的地方。他们对资本主义经济是采取没收政策。他们的资产阶级很反动，列宁当时也是想赎买的，希望资产阶级不要反抗，接受改造，但资产阶级不听。列宁、斯大林都讲过：我们的政策是取决于他们的反抗程度。所以，他们是采取了经济上最干脆的办法——没收，政治上最残酷的办法——镇压。

中国的经验就很全面，有没收，有征用（本质上是国有化），有赎买。这方面的经验，任何国家都没有我们丰富，这些经验对亚洲、非洲、拉丁美洲国家有直接意义。

把"和平过渡"抽象的可能性当作现实性来提是错误的。但在许多资本主义发达的国家，无产阶级取得革命胜利后，这些国家中小资本家也很多，美国现在也有许多夫妻老婆店，对他们怎样分别处理、灵活运用，中国的经验就很丰富，可以借鉴。中国的社会主义改造用历史法从政策的角度来写的书、来介绍经验的有了一些，如暮桥同志、涤新同志的文章，日本就很推崇。但从政治经济学的角度分析范畴，把经验概括起来则还没有。从范畴角度来写很不容易，这是我们的重要义务。政治经济学与中国社会主义改造史不一样，写政治经济学时，要提到一般规律来加以分析。苏联政治经济学有它的一套，对东欧国家就不适用。最近日本有人提出也不适用于他们那里，如集体化、工业化。工业化放在政治经济学中讲是什么东西？美国无产阶级革命胜利后还有工业化问题存在吗？东欧捷克就不存在这些问题。工业化就是社会主义改造，它本身不能成为社会主义经济范畴，只能放到全民所有制里附带说明。日本有人讲：苏联教科书把苏联一国经验变成一般规律讲就不好。我们的经验要介绍，苏联教科书基本上介绍苏联经验，中国的政治经济学能不能把中国的一套作为一般规律来讲？我看也不能。作为政策可以从中国历史讲起，可是作为政治经济学不能从中国历史讲起，要从最概括的、最一般的范畴来讲。如果把中国经验当作一般规律来讲，就有点沙文主义的味道，难免有强加于人的感觉，而且会妨碍对问题的透彻的说明。所以，先讲普遍规律，然后讲这许多范畴在不同国家中不同的情况。如个体经济改造中，中国分农业、手工业、小商小贩，这样就没有人反对。你有这样的范畴，你就用，没有，就当历史现象。把普遍规律与各国的具体经验分别开，首先讲一般范畴，然后讲中国、苏联、越南、朝鲜等的经验，这些是一般范畴在某一国家的具体运用。

作为中国革命或改造的历史可以像暮桥同志、涤新同志那样介绍，如从政治经济学角度上来说，人家就会有意见了。

整个说来要注意：政治经济学讲范畴，讲一般的、最概括的，特别讲到改造方面要注意，否则就说不清，外国人也会对你有意见。

讲了半天只讲了方法，对于这些范畴的内容没有讲，这些问题大家都上过课了，也讲了什么叫资本主义经济，什么叫社会主义经济等。

我只有这么个想法，我们准备写书，但总也没有写成，现在准备写。

三、社会主义社会生产的目的

这是一个独立的问题，与本题实际是两回事。

在我们所编写的《社会主义经济论》初稿中，第一篇是社会主义生产关系的建立和发展过程，主要讲无产阶级革命与改造，讲生产关系。

这一章末了应讲讲生产关系与生产力的矛盾以及逐步改进生产关系适合生产力发展。不仅第一篇如此，以后社会主义政治经济学本文也要如此。在这里准备安排一个结束语，说明不仅在社会主义改造中要联系生产力、上层建筑来研究生产关系，而且在以后的各讲中也要这样联系，这一说明起承上启下的作用。

第二篇，从个别企业考察直接生产过程中的关系，开头设想有一章或导言，概括说明公有制经济的建立不同于私有制经济，特别是不同于资本主义经济的基本点。要分析生产过程，什么叫生产？什么叫物质生产？说明社会主义生产关系不能分析到改造为止，改造只是开头，正如列宁说的：夺取政权只是无产阶级革命的开始。过去有些教科书实际即讲到此为止，以后就讲物质技术基础等。我们在这里应说明公有制建立后的特点表现在生产目的上。马克思在《政治经济学批判》中说："面前的对象，首先是物质生产。"①这里有强调的

① 《马克思恩格斯选集》第2卷，第86页。

必要。现在对物质生产的观念很薄弱。我们是精神生产者，严格说是非生产、消费者，这在综合平衡中要考虑进去。这几年注意不够。过去，我在国家统计局工作时，对工业生产人员的分类就有很多争论，把党务工作、工会工作划为非生产人员，意见很大，似乎幼儿园、保健卫生人员是非生产人员，而从事政治工作的就不应该属非生产人员。这是对政治经济学上的“生产”与“非生产”概念未搞清楚。毛泽东同志在延安就提出，脱离生产的人员不能超过3%，包括他自己、军队等都是脱产人员。

政治经济学研究的是物质生产，是从物质生产来研究生产关系。这里要强调物质生产中人与人的关系，不是亲戚朋友关系。

政治经济学的排列，不讲生产过程、流通过程，就说不明白，讲下去就有问题。这里应讲清楚“生产目的”问题。

这两年关于斯大林对社会主义基本经济规律的提法争论很多。我怀疑这是斯大林的创造，还是斯大林肯定人家这样的提法。中外讨论很多，在国外又与反个人崇拜纠缠在一起。斯大林讲基本经济规律实际是讲生产目的，这取决于生产资料所有制性质，不同所有制，生产的直接目的不同。马克思、恩格斯讲过简单商品生产是为出售而生产。简单商品生产变为资本主义生产后生产目的是为利润而生产，“资本的目的不是满足需要，而是生产利润”。①斯大林发展为现代资本主义生产的目的不仅是为利润，而且是为最大限度的利润，社会主义生产目的是满足整个社会需要。强调这点是对的。恩格斯在《反杜林论》中指出，社会主义生产目的“是以满足全社会以及社会每一成员的需要为目的的”。② 在“八大”

① 《马克思恩格斯全集》第25卷，第285页。

② 《反杜林论》，人民出版社1974年版，第306页。

通过的党章中也有规定："党的一切工作的根本目的，是最大限度地满足人民的物质生活和文化生活的需要，……"（总纲）党的一切工作自然包括领导生产。

马克思指出生产目的取决于所有制，斯大林表示赞同。

有人对此有曲解，似乎社会主义生产目的是为了满足需要，就不要利润；资本主义生产目的是为了利润，就不能满足需要。若没有利润，如何积累，如何扩大再生产？我们这批人岂不要饿肚子？没有利润就意味着物质生产无剩余产品。作为生产的直接目的，社会主义是资本主义的否定。资本主义生产为了利润而间接满足了需要，我们为满足需要也要利润。在满足需要这方面，社会主义与自然经济倒是相同的，但社会主义经济不是简单地恢复到过去，它的生产目的是满足全社会成员的需要，与原始公社不同点在于：原始公社没有社会化的大生产，没有分工协作；与奴隶、封建社会不同点在于：社会主义没有剥削，社会主义生产目的是否定的否定。

政治经济学要讲清这几点：生产目的由所有制决定，物质生产中的生产关系，由于所有制与资本主义不同，社会主义生产目的也与资本主义生产目的不同。用一章或结束语在此加以说明。

第三题　产品和商品

在过去讲的两个题目中，讲到了社会主义生产关系的建立和社会主义生产的目的。在讲社会主义生产的目的时，应该看到社会主义生产是大生产，生产的直接目的是满足社会需要。本题是在前题基础上继续下来的。本题研究的产品是仅限于全民所有制内部,抽象了两种所有制的关系。有人说,社会主义政治经济学离开了所有制,就离开了现实。我们认为不然。这样做,是为了叙述的方便和研究的纯粹,有意避开外部因素的掺杂。把社会主义改造、集体所有制的建立集中一处讲,对叙述更方便。

一、对社会主义经济的分析研究为什么要从产品开始

"商品拜物主义"(商品拜物主义与商品拜物教是一样的。马克思借用宗教术语,来说明商品、货币关系。商品拜物主义是反映一种思想意识形态,所以称为"主义"应用到政治经济学更好)消灭之后,产品是否就单纯是一个自然物,对生产关系的研究是否就可以离开"物"来进行了?社会主义生产关系"一目了然"论为什么是需要商榷的?为什么分析不从商品开始?

《社会主义经济论》提纲送出去征求意见以后,最大的意见就是为什么要从产品开始分析起?第一篇讲所有制、社会主义改造、集体所有制与全民所有制的关系,大家都同意。《社会主义经济论》从客观范畴来进行分析,大家也无意见。但研究范畴从"产品"开始,大家有不同意见,说是套《资本论》。《资本论》里讲了商品经济存在拜物主义,人与人之间没有直接关系,而是通过商品交换来发生关系的。马克思通过对商品的分析,揭示出商品经济与资本主义条件下的人与人之间的生产关系的实质。而社会主义经济是公有制经济,是计划经济,人与人的关系是自觉的,不是自发的,如果分析从产品开始,是否是兜圈子,多此一举,硬套马克思的方法。这种意见很普遍。

在查阅资料中，翻到胡钧同志的文章。胡钧同志在谈商品时，谈到了产品，讲得比较扼要、深刻。此文登载在1959年12期《红旗》杂志，题目是《关于全民所有制内部商品价值形式问题》。此文说："显然，作为一种劳动交换方式的商品关系与一切其他非商品关系的最本质的区别，就在于生产者是在物的形态上，把自己的劳动当作等同的人类劳动来进行劳动的交换。"胡钧同志是概括马克思《资本论》第一卷中的一句话，马克思说："在商品生产者的社会里，一般的社会生产关系是这样的：生产者把他们的产品当作商品，从而当作价值来对待，而且通过这种物的形式，把他们的私人劳动当作等同的人类劳动来互相发生关系。"①马克思在说明商品拜物主义讲到了这个。在商品经济社会、资本主义社会，不通过物就无法揭示生产关系，物掩盖着生产关系。是不是到了共产主义社会，人与人的生产关系可以离开了"物"来发生？离开了"生产物"来谈生产关系？社会主义全民所有制经济（把它当作未来共产主义社会经济），各个企业的劳动者自觉地、有计划地被组织在一个大的全民所有制经济范围中，互相关系是同志协作关系，不像商品经济、资本主义经济被物掩盖着，这种关系好像是"一目了然"、"尽人皆知"的。这样的关系是否需要通过产品分析来揭露呢？这样是不是兜圈子？我过去多少年来学政治经济学，老师教的，大多数都倾向于卢森堡、布哈林等认为社会主义社会内的人与人之间的关系是一目了然的。认为社会主义企业内部人与人的关系，与车间同车间、工序同工序的技术分工的关系是一样的，只是技术协作关系，不是经济关系。从

① 《马克思恩格斯全集》第23卷，第96页。

1955年起，我逐渐对这种看法发生了怀疑。我国进行社会主义建设以后，社会主义的生产关系并不那么一目了然，不像工厂中的技术分工的关系。一个企业内部的技术经济分工也不简单，也不能一下子看清它们之间的关系，何况整个社会呢？因此，离开了客观生产过程，离开了产品交换过程，就说不清楚这个社会的生产关系。社会主义经济与商品经济不同，商品经济中人与人之间的关系为物掩盖着，并统治着人，这是商品拜物主义产生的根源（翻译成拜物教不好，它不是一个迷信，是一种制度，在资本主义经济关系中，即使你认识了它还不能马上改变它，所以它不同于迷信、宗教）。

几十年来，社会主义政治经济学认为分析生产关系不要通过物，就是如此论证的。离开了产品的生产和交换来分析，就不能深入分析客观过程，就是没有从产品的生产过程和交换过程来分析人的生产关系（胡钧同志的概括在这一点是对的）。社会主义生产关系不必通过物的关系来分析的观点也是在这上面形成的。而马克思讲过，政治经济学研究的对象是物质生产。社会主义社会，全民所有制经济仍然是以物质财富的生产为基础，而离开了物质生产就没有经济，没有生产关系。所谓生产关系就是物质财富生产中人与人之间的关系，而物质财富是由无数产品组成的，产品是全民所有制经济由以组成的细胞，这与商品是资本主义的细胞没有什么不同，最大的不同是在商品经济、资本主义经济是商品统治着人，而在社会主义经济里人认识了它、掌握了它，最重要的是人改变了所有制，改变了生产关系，像恩格斯说的那样，“从必然王国进入自由王国的飞跃”。马克思说：自由是对必然的认识，把私有制改造为公有制，才从“必然王国”进到“自由王国”，人才脱离了动物界。①

所有制改造以后，对客观规律认识不够，我们的自由性就不大。这几年刮“共产风”、“一平二调”，结果就不那么自由。作为一个马克思主义者，首先要革命，而革命后如何组织经济，不认识客观规律，不研究它，就会在工作中犯错误，“自由王国”就不那么大，“必然王国”还在统治。怎样才能使“自由王国”的天地广阔？必须从物质财富的生产过程、交换过程来分析，来说明应当怎样安排经济。

在资本主义私有制消灭以后，产品不单纯是自然物，从而人们可以离开物来直接说明人与人的关系。胡钧同志的那段话是对商品经济而言的。我们把它进一步引申，好像商品经济是在物的形态上，而社会主义经济就不在物的形态上面；好像商品经济可以通过物来说明人与人的关系，而社会主义经济就可以离开物来研究。这就给人一种错觉，好像社会主义社会人与人之间的关系就那么直接。说直接是对的，但是否能认为直接就可以不经过物质财富的现实的生产过程和交换过程来分析？这里，我们一方面要反对商品拜物主义，但也不能走到另一个极端：认为社会主义经济可以离开物质财富的生产过程和交换过程，可以离开物抽象地去研究人与人的关系。

商品拜物主义消灭之后，全民所有制经济的物质财富的细胞即产品，是否仅仅是具有物理性能和化学性能的自然物，只需要物理学家和化学家去研究，而我们经济学家则可以把它同拜物教一起抛掉呢？这是受苏联正统思想的影响。近来苏联也有人怀疑

---

① 《马克思恩格斯选集》第3卷，第441页。

了。我处处强调这一点，是为了说明，即使到了共产主义社会，商品变成了产品，人类劳动的生产物也不能看作只是具有物理性能和化学性能的东西，这个产品不是超历史阶段的产品，这个产品还要由经济学家来说明。要说明，并不那么容易，还有许多文章要做。不能认为商品拜物教消灭以后，就可以从概念、规律出发，把全民所有制关系说成是“一目了然”的。过去几年，大家都说全民所有制内部人与人之间是同志式的互助合作的关系，是自觉的、有组织的、有计划的……协作关系等。我说，就是再选一些更好的形容词，也不过是空话。“自然经济论”把商品经济与计划经济的区别、把社会主义的经济关系看得简单化了，他们的根本错误就在于此。

有些经济学家提出这样的问题：既然你们是通过客观经济过程来分析，不离开物质财富生产，那么为什么社会主义经济学不从商品而从产品开始分析呢？如果是按历史和逻辑一致的原则，为什么不从商品到产品呢？不错，当前还存在商品，按照客观经济过程，似乎应当把次序倒过来，先分析商品，再分析产品。但是，我认为：(1)整个人类社会的历史不是从商品到产品，而是从产品到商品。(2)马克思的方法论是历史的和逻辑的统一、研究的方法和表述的方法分开。社会主义产品的前身是商品，好像是从商品到产品，但是作为社会主义的代表的关系，不是商品关系和不同所有制的关系，而是全民所有制内部的产品关系。社会主义人与人之间的关系不是通过商品而是通过产品联系的。我们应该研究这个带有本质性的、代表着未来的关系。所以，首先要揭露产品是什么？然后再回到现实中说明商品的存在。如果我们从商品到产品，就会写成社会主义改造的历史。那就是恩格斯所说的：“历史常常是跳跃式地和曲折地前进的,如果必须处处跟随着它,那就势必不仅会注意许多无关紧要的材料,而且也会常常打断思想进程。”①这就是说,如果处处随历史,不能抛开偶然的关系,那就会打乱本质关系的研究,对于主要的范畴反而说不清楚。马克思也说过,完整的有机体是容易认识的,而细胞是难以分析的。在这点上,我们从产品分析开始。如果说从产品分析开始是对的,但如何分析,还存在许多问题。

我们这里说的产品不是现实中随便买来的产品,而是一个概括的抽象的经济范畴。我们要学马克思的方法。从产品分析开始,这好像是马克思的一套。我认为很多地方就是要套马克思的。这好比孙悟空翻筋斗,跳不出如来佛的手掌心。如果我们不能说清楚,那是没有学好。

这里分析的产品,不是一个具体的物,而是社会主义所有制、共产主义高级阶段人与人的生产关系的概括,是把现实生活中许多关系暂时抽象掉了,如:不同所有制、按劳分配。社会主义的消费品仍然是商品,这些关系对社会主义全民所有制内部关系的影响也抽象掉了。产品既不是具体生产物,也不是包括社会主义各种所有制关系,而是只体现全民所有制内部关系的一个概括的范围。关于这一点,列宁对布哈林的《过渡时期的经济》批注中有过明确的说明。布哈林说:“只有在生产无政府状态的基础上存在着经常的而不是偶然的社会联系,商品才会是一个普遍的范畴。因此,当生产过程的不合理性消失的时候,而当自觉的社会调节者出来代替自发势力的时候,商品就变成了产品而失去了自己的商品

① 《马克思恩格斯选集》第2卷,第122页。

性质。”列宁对“商品就变成了产品”的批注说:“不确切:不是变成‘产品’,而是另一种说法。Etwa(例如——编者注)变成一种不经过市场而供社会消费的产品。”①列宁的意思是说,商品拜物主义消灭以后,不单纯是生产物、一般的自然物,而应该看到它是代表社会主义的生产关系。即是在生产资料公有制基础上,计划化的社会化的生产中,人们共同劳动的关系。不要把商品变成物以后,看成是那么一目了然,只是自然科学家研究的对象了,不包括生产关系了。总之,应该说明社会主义产品还体现着那些生产关系。

为什么分析社会主义产品要把前面所讲的那两个因素(不同所有制、按劳分配)抽象掉?这两年对这个问题争论最多。有人不同意抽象掉,他们说:“这是脱离现实,倒过头来从共产主义社会说起。”我们说,要抽象掉,这不是忽视当前两个所有制的关系,而是要学马克思的抽象法。那两个问题要放在另外的地方去讲。所有制可以放在第一篇或放在这一题的后面来分析,按劳分配可以在分配形式中去分析。我们对产品可以多说几句,把列宁的上述意思包括进来,什么是商品,可以留到以后再说。总的来说,社会主义生产关系不仅仅是全民所有制关系,但起主导作用的是全民所有制的经济关系,它是“经济制高点”。公有制中的全民所有制、有计划的社会化生产都可以包括商品关系,这可以话分两头,放在前两题来讲,或者放在工资部分讲。这里要突出经济中的“制高点”。如果从不同所有制、从按劳分配来研究产品,就会由外因说到内因,从商品货币关系说到全民所有制,这是不恰当的。我们应当先

① 《对布哈林〈过渡时期的经济〉一书的评论》,人民出版社 1958 年版,第 49 页。

从最本质的关系阐述起。社会主义计划经济的"制高点"是全民所有制，把这个问题说明后，再来说明商品货币关系遗留下来的问题、按劳分配的影响。我们这样是在于分析社会主义的本质关系。只有分析了复杂的有机体，才能说明简单的有机体。复杂的范畴分析清楚以后，简单的范畴是更容易了解的，这就如同解剖了人体，猴体的解剖就更容易了。

第一个问题的补充

我在讲社会主义生产目的时说过，社会主义生产是社会化的大生产，它的规模比资本主义更大，技术也更高，这里当然不是指我们的目前状态。

这里我想发挥一下社会化生产的问题。最近同工业经济研究组的同志们在研究工业经济、工业企业管理怎样写的问题中，我们提出对什么是社会主义工业，什么是现代化和大规模的社会化生产等，必须先有个概念，否则往下讲就缺乏什么似的。一讲就是苏联的那几个化（机械化、自动化、电气化等），到底怎么化？那个书是干巴巴的，就是讲物质技术基础也是干巴巴的，也没说清楚。

我在拟提纲时，最近发现马克思《经济学手稿》中有一段关于机械化问题的论述，这是一笔"洋财"（1 万多字）。在这手稿中有些内容没有包括在《资本论》中，而是从另一个角度写的，我看了这 1 万多字感触很深，今天来讲讲。这个《手稿》①在《政治经济学批判大纲》草稿中"论生产的机械化、自动化与科学化"中，文章比政治经济学教科书中的论述生动，不像技术人员写的。

① 引文是孙冶方同志自己翻译的，请参阅《马克思恩格斯全集》第 46 卷下册，第 205—226 页。——编者注

自动化好像是20世纪以后的事,特别是第一次世界大战以后的事,而马克思在那时就已经注意到了。马克思很注意技术问题,但他不是从技术科学角度而是从政治经济学的角度来阐述。我们现在有时是空谈,而忽视对这方面的研究。

马克思在这篇论文中写道:“机械自动化以后,个别的机械系列化了,变成机械体系以后,人与物的关系改变了,劳动者自身成了自动装置上的有知觉的环节,变成了有知觉的机械配件。”在《资本论》中有这个思想,但在这里写得更深刻、更生动。“在机械之中,尤其在成为自动体系的机械中,劳动手段按照它的使用价值,换言之,按其物质存在形态来说已经转变为适合于固定资本与一般资本的存在形态,并且已经提高到与资本存在相适应的形态。”这里说的自动化,我理解还不是现在的自动线,过去是人使唤机器,现在是机器控制了人,这里把机器本身的形象也突出了。资本所以成为资本,它与物的属性一面无关。可是固定资产经常与物连在一起,这样流动资本就更能代表资本的特性;可是从人与物的关系上来看,固定资产不仅就其社会性来说而且就其物质形态来说也更能反映资本的特征与性质。文章接着说:在资本主义社会中,科学反过来控制了人,“科学技术通过实际投资,科学不存在于劳动者的意识中,却作为一种外在的势力,作为机械自身的势力,通过机械对劳动者自身发生作用,活劳动被物化劳动所转移、控制”。“如果把劳动过程理解为劳动那是君临于这整个过程之上而支配着它的统一体,就这个意义上来说,这种生产过程已经不是劳动过程。”(这里好像把劳动过程与生产过程分开)“直接劳动则贬低为这个生产过程中无关重要的环节”。这正说明了间接的劳动、社会集体劳动的伟大。“把直接劳动提高到社会劳动,同时就把个别劳动在资本所代表的集中的集体劳动面前贬低到无法可容的地步。”“固定资本抢去了劳动所具有的全部独立性和它可爱的性质。”在自动化以后,生产的社会性是更加突出了。社会主义生产的社会性比资本主义生产更高,因此不讲清楚这一点是不行的。

编工业企业经济讲义时,感到了这个问题很重要,我要写,又找不到适当的词句,而翻到了上面一段话,我读了之后有两点感想:

首先,我们社会主义全民所有制的固定资产、自动作业线已经不是资本,在社会关系上,它不是我们的统治者;但另一方面,人又要服从自动操作线的运转,要熟练操作、掌握它的运动规律,要有高度文化科学技术水平,这与资本主义没什么区别。但如何做到不仅在生产的社会关系上(所有制关系上),而且从直接操作的劳动者与劳动态度来说不是机器的奴仆而是主人?我看所有制改变之后,没有人的高度觉悟,没有把整个社会个别劳动对集体劳动的关系认识之后,不能把“劳动那是君临于整个过程”来改变,劳动者还会觉得是机器在支配他,不是他支配机器。所以光是讲物质刺激是不够的。劳动者不会意识到整个自动作业线都是他们的产物,是由他掌握的,当然也还要有高度的文化科学技术。所以强调的不是物质刺激,而是要有高度的共产主义觉悟,而且要弄清楚人与人的关系和人与物的关系。有人听到电子计算机、“机器人”发明之后,就怀疑将来人还有什么用?政治经济学要注意这个问题,注意将来在国家的经济管理、计划管理中要用计算机,要用“机器人”。但用了这些东西,有人就想将来人会被机器操纵,这就要求政治经济学要说明活劳动与物化劳动、今天劳动与过去劳动的关系问题,而且要说透。生产的社会性要通过机械化、自动化来说明;个体劳动与集体劳动的关系,一方面个体劳动非常渺小,但作为集体劳动的一员又非常伟大，这不是自然科学家能够说明的。要使每个劳动者意识到个人作为集体的一员不是渺小，而是可以君临于整个生产过程的。

讲政治经济学的这一节时，如何把这种关系说清楚？或者离开物来说，或者只讲几个化本身，都不对。要像马克思那样来说明人与物的关系。

其次，现代化的生产中，人的劳动都变得渺小了，在生产中只要按按电钮就行了，从这方面说，抢去了“劳动的独立性和可爱性”，劳动变得枯燥，这似乎是可怕的，从劳动本身来说的确似乎是这样。是否会保留呢？我看一般不会保留，除开还有手工业。有一点，科学研究、教书这种劳动似乎还唯一保留着“劳动的全部独立性和可爱性”，君临于一切劳动之上。很多知识分子将我们这一行看得高于一切之上，要知道个人知识的渺小，集体知识的伟大，现代很多问题，哪能一个个人可以都想到，都研究呢？现在特别强调资料工作，但是资料工作也是分散的个体劳动，没有组织起来。大家都从自己的研究角度去搞资料，这个现象比较普遍。我们应当设法把一些宝贵材料汇集成册，公之于众。要了解古人怎么讲，当代人怎么讲。无论物质生产还是精神生产，都必须知道个体劳动与集体劳动的关系，我们在前人劳动知识的面前是渺小的，但另一方面，我们的劳动作为集体劳动的一个组成部分又是“独立的”、“可爱的”。

我讲了三个钟头，要宣传一个观点，从产品来进行研究，不是回到原来的产品。

听说大家反映这样的情况：过去几次讲得有点乱，计划性不强。我也有这个感觉。因为临时感想多，而且我讲课经验少，也没有讲稿。正如上海话所说的:现买现卖。临时想到一点就说一点。对编写政治经济学教科书的同志来说:看书要多,材料要丰富,编写要精练。但我还在钻研过程。我现在是想比较系统地介绍我们集体的感想,还不能算是正式讲课。上次讲的题目很重要,其实讲得很简单,只说明为什么政治经济学要从产品写起,以及其他一些感想。产品是抽象的,与社会主义现实的产品不同,抽象了按劳分配,抽象了集体所有制等因素,单从全民所有制内部来研究,但有很多争论,国内外都有争论。这个问题很重要,以后如何着手研究?由于我们研究不透,不能去粗存精,前后重复,条理不清,同志们听起来不明白。希望大家展开讨论。

讲从产品开始研究,是与第一题的内容有重复。以前讲对象方法,说要联系生产力和上层建筑来研究生产关系,要从实际的客观过程出发。什么是实际?就是客观的经济过程,即生产与流通的统一过程。但在表述这一过程的时候,不从现象描写开始,而与研究方法相反,从抽象到具体,从简单到复杂,不是把包罗万象的社会总体一下子向读者全面提出来,而是从个别的、最简单的范畴讲起。所以研究方法与表述方法是不同的。我上次讲的产品,一方面要能反映客观实际,另一方面又要把它还原为最简单的、抽象的范畴,把不同所有制、按劳分配等因素抽象掉。为什么这种产品是反映客观实际的呢?因为政治经济学的对象是物质生产。而社会主义和共产主义的巨大物质财富就是由这些千差万别的具体的产品构成的,产品是组成的细胞。政治经济学是研究生产关系的,而把产品的自然属性抽象后,剩下的就代表生产关系;又把不同所有制、按劳分配等抽象掉,就是代表全民所有制内部的生产关系。抽象了上述这些因素后,还保留哪些社会属性?哪些社会生产关系？我讲的虽然不多，但对要从产品开始研究的同道者，也在具体问题上有很大争论。例如在第一题说的对象方法问题的争论，就是这种分歧的表现。

我听到对我的见解有这样一个疑问：在第一题讲了反面意见的很多理由，那么你的正面意见是什么？其实我是讲了的。我讲为什么要从产品出发，这一问题也有争论，归根到底，我与同志们的分歧还是在对象方法问题上。一连串的问题都在争论。在对象方法问题上我是少数派，在要从产品开始分析这个问题上，我也是少数派，在我们小集体内我也是少数派。所以我故意多讲一些反面意见，而少讲我的意见。我不想从定义上下功夫，我讲，我是生产力派。在我们的小集体内对于下列意见是一致的：研究政治经济学要联系生产力和上层建筑。但到底生产力属不属于政治经济学对象的问题则有分歧。我们经济研究所有两位同志最近在《经济研究》上发表了两篇文章，就是生产关系派，主张研究范围包括生产力，但它不是研究对象。我要问：到底对象与范围有何区别？真令人费解，这是很难说得通的。有人提出独立成立一门生产力组织学来研究社会生产力。我对政治经济学研究对象的看法是什么呢？我以前避免正面多说，我是主张生产关系为主，也包括生产力。因为研究生产关系绝不能离开生产力。二者是很难分开的。离开了生产力，如何去研究生产关系？最近我在考虑他们的意见到底是讲生产关系还是讲生产力。对象问题的争论，这不是下定义的问题，实际上是他们陷入旧的框子，这个旧的框子是我攻击的对象。他们在论述中，实际是包括生产力在内，但是从后门放进来的，不给它地位。他们一定要说不包括生产力，这里边必有一定原因，使他们纠缠在定义上。原因就是旧的框子。就是同意从产品开始研究的同志,也在对象问题上有争论。最近,我经常参加一些业务部门的会议,讨论当前社会主义建设中的重大问题,感到我们经济研究工作者责任很大。怎样把当前实际问题从政治经济学角度上抽象出一些范畴规律?若不能解决问题,也应提出一些问题。在实际工作中的许多问题,我不知如何去区分生产力问题和生产关系问题。因为它们都是具体的,与生产力连在一起的。这些都是工艺技术学问题吗?多快好省是生产力问题,各部门产品的分配也是物质的分配。实际工作者他们讲的是上层建筑,我们政治经济学者是研究生产关系,结果把这些问题推开,到底由什么人管,由技术学去管吗?我们当前就要发展生产力,要增加物质财富,而我们政治经济学家为什么老是要争论把生产力排除掉,不给它正式地位?!这不仅是框框问题,说得严重些,是一个"学风"问题。在研究对象方法时,更偏好于定义、概念。在研究内容时,不像马克思那样有血有肉,而是干巴巴的生产关系。因此不能解决实际问题。例如说,有两个工厂,现在原材料供应紧张了,研究两个工厂的操作方法,一是耗费原材料多,一是耗费原材料少,而对这两个工厂到底如何办?是关闭一个吗?这里边涉及两个地区的生产力配置问题,也涉及节约劳动规律的问题。这就是列宁所说的政治经济学在未来最重要的中心问题:再生产过程中两部类比例问题,Ⅰ(v+m)与Ⅱc的比例关系,积累与消费的比例关系。这些都是物力与人力、地区与部门合理分配问题,实际是生产力水平问题,生产量的问题。怎么能离开这些具体的关系,只是空谈生产关系呢?我们不通过生产力,不通过具体过程的研究,是不能回答这些问题的。我越来越感到,若离开了具体过程,社会劳动在各具体部门的不同分配,费用与效用的计算等等,就没有任何经济问题可研究。我们不从具体的、活生生的事物出发，概括出生产关系，怎么能知道这样的生产关系适应生产力发展呢？这是很难想象的。

社会主义经济已经有40多年的历史了，为什么政治经济学还停留在20年代的水平呢？我想恐怕是老纠缠在对象的定义上，离开了上层建筑与生产力，离开了具体过程来空谈生产关系的旧框框，这种学风深入人心，养成了习惯。所以虽同意要联系生产力与上层建筑来研究生产关系，但一到具体问题的研究，又离开了生产力。我说这是一个学风问题，恐怕不是言过其实。

我在讲这个问题时，总是联系到研究方法来讲。所以本题一开始，也是从为什么要从产品开始讲起。这是对象方法的问题，是它的具体化，这一问题，我一定要讲透它。前次讲得不透，所以今天补讲。以后有机会，这个问题还得啰嗦。

上次还讲到马克思对机械化的研究，引证了一大段马克思的话。看到马克思也注重研究物质技术基础，看到马克思是怎样研究的。他与我们不一样，我们有两个极端，或者从技术过程来描写，看不到政治经济学的对象；或者是离开这些问题，绝口不谈这些现实活生生的具体问题，这就是生产关系派。马克思的研究是说工艺技术变化，引起生产关系如何相适应的变化，人在机械化过程中变成了机械的附件。我发表一点感想，说将来到了共产主义，人成了机器的零件，但人可以通过集体感到是伟大的，是机器的主人。强调人要培养集体劳动的观念，离开集体就很渺小。又说到了政治经济学的研究，也要靠集体劳动才行。最近苏联出了一本书，叫《社会主义制度下的价值规律及其作用》（莫斯科大学查洛果夫主编,1958年学术讨论的记录),这本书讲到产品能否作如此抽象的问题,有正面与反面的意见。反面意见认为不能抽象掉两个所有制,否则就是乌托邦,脱离实际。我觉得正面意见的理由讲得不透。我们的出发点是运用马克思的方法论,而不是说将来某些国家(如英国)过渡到社会主义时没有两种所有制(这一点是正面意见所说的论据,而被反面意见抓着来反对)。这本书,我还没有时间看。这也证明要集体力量来研究科学。

二、社会主义产品的二重性——使用价值和价值

研究政治经济学要从分析客观过程出发,在表述时,又要从抽象出发,由简单到复杂,这二者如何统一起来,是很不容易的,这是一个矛盾。在本题,我想从产品开始来解决。

产品到底是什么东西?我认为:即使把两种不同所有制之间的生产关系(交换关系)、按劳分配等抽象去了以后,社会主义全民所有制的产品,仍然是使用价值和价值的矛盾统一体。在这一点上,与商品没有什么不同。我们要把不同所有制之间的关系、按劳分配等抽象掉,正是为了把商品的最后残余去掉,若不如此抽象,往往得出相反的结果。从两种所有制之间的关系出发,结果,必然要把商品引进全民所有制。我们这样抽象后,保留了二重性,这是产品与商品的共性。但产品又不是商品,强调产品与商品的共性,正是为了区分产品与商品的特性,突出产品的特性。从社会主义全民所有制内部来解释社会主义生产关系,而不用商品货币关系来解释。有人担心我们会混淆全民所有制内部关系与商品交换关

系，他们否认产品二重性，但反过来，在分析具体问题时，又用商品二重性来解释社会主义生产关系。现在看来，对反对者的形势不大妙，这是从外因、从商品货币关系来说明社会主义经济内在关系的特性，结果，模糊了产品与商品的区别，模糊了对社会主义生产关系特性的认识。这些反对者的思想方法，与他们的主观愿望相反，使他们不能达到分清社会主义生产关系与商品经济生产关系的目的。

产品为什么是矛盾的统一物？我觉得马克思对商品所讲的商品是使用价值和价值的统一的话，又是讲的商品与产品的共性。我们讲产品时，这一共同点可以保留下去，我们的目的是要与商品分家，与资本主义关系分家，但首先要承认共性才能分家。这是否对？请同志们批判。

马克思在《剩余价值学说史》第二卷中说：农业中的劳动，因为有了机械，变得更生产些了，劳动生产率更高了。[①] 但是，机械的价值越高，则其对生产率的促进作用越低（因为价值高了，使用的人就不多），因此，使农业劳动或任何别的劳动的生产率增加的，是机械的使用价值，而不是它的价值。1 万元可买价值5000元的机器两个，买价值 1 万元的一个，若价值 10 万元，农民就不能用它，就不能提高劳动生产率。马克思这段话，在抽象了商品特性之后，其原理也同样适用于社会主义经济。产品的这个属性（社会关系），与其自然属性的矛盾当然存在。产品的这种社会属性，是叫价值或叫什么，可以研究。有人叫它“社会必要劳动量”，我是价值派。制造机械的劳动生产率越高，单位机械

① 参阅《马克思恩格斯全集》第 26 卷Ⅱ，第 116 页。

所耗的社会必要劳动越少,提高劳动生产率的效力就越大。我们研究政治经济学就是要不断提高劳动生产率,马克思说这是最高原则,列宁说这是最后战胜资本主义的具有决定意义的东西、是谁战胜谁的手段。劳动生产率的提高,表现为单位时间内产品实物量(使用价值)的增加和单位产品价值量的减少。劳动生产率公式与价值量公式是互为倒数,而表现在经济关系上就是马克思所说的话,这种关系,1 万年也是改变不了的。我们搞政治经济学的,不管是生产力派、生产关系派、生产方式派,目的都是要促进生产力,要产品数量越多、越大,要价值量越小,只要有人类存在,有物质生产,这就是不能违背的。使用价值与价值的矛盾,包含在我们考察的抽象产品之中,产品是使用价值与价值的矛盾统一体。这说法是否成立?我看是可以的。

马克思在《资本论》第一卷中许多地方讲过:使用价值是价值的物质承担者。在资本主义制度下,生产的直接目的是榨取剩余价值,所以着重点是价值,使用价值只是手段。在社会主义制度下,我们生产的目的是满足社会全体人民的需要,所以使用价值是我们生产的直接目的。使用价值不是资本的承担物,但能否说使用价值仅只是使用价值呢?这不可能,只有天然物才仅只是使用价值,人是不能靠天然物生存的,那样,就回到动物界了。对我们有使用价值的许多产品都要通过劳动,哪怕是采集生产也是如此。人不能像动物那样,依靠自然物生存,像长颈鹿伸起头来吃叶子。我们经济学就是要用最少的劳动消耗取得最大使用价值,以劳动作手段来取得享受物。既然劳动是手段,产品的另一个属性——价值,在这个意义上也就变成手段了。与资本主义经济不同,资本主义经济为了攫取价值而不能忘记使用价值,这在他们是手段,在我们却是目的。这目的怎么达到？不研究费用与效用的关系，不节省费用，怎能达到呢？我们的产品花色品种有时是差了，所以要批评这点；但也有不计成本，追求质量的现象。这都是记住了这一点，忘记了另一点。因此，不研究手段与目的的关系、价值与使用价值的关系，否认产品两重性，结果连社会主义生产目的也丢掉了。

马克思在《资本论》中说：商品的使用价值是它的交换价值的前提，从而也是它的价值的前提。① 没有使用价值，则皮之不存，毛将焉附？在资本主义制度下，正是从这个角度上注意使用价值、注意花色品种的。马克思在《资本论》中是假定资本家不投机取巧为前提来揭露其剥削本质的。今天我们讲产品，是否可以说劳动是使用价值的前提，从而，价值是使用价值的前提？我们把使用价值当作目的，怎样达到目的呢？要从劳动出发，不能忘记这一点。

我主张的价值范畴，不是我的发明。我体会马克思主义的社会主义政治经济学的价值范畴，就是像恩格斯在1844年所说的："价值是生产费用对效用的关系"。② 费用就是劳动费用。我把这句话作为整个社会主义经济学的出发点，是社会主义经济学的基础，一切问题都要从这里讲起，我想这一点也不夸大。1956年我发表文章，谈到计划和统计要建立在价值规律的基础上，引起了国内外舆论哗然。我讲的"价值规律"不是市场价值规律。有人说我何必要用"价值规律"这个前人业已规定了内容的"名"呢？我觉得要争"名"。我认为一切经济工作如不讲费用与效用的关系，就不成其

① 参阅《马克思恩格斯全集》第23卷，第49页。
② 《马克思恩格斯全集》第1卷，第605页。

为经济。在外国文字里，节约和经济就是一个字，增产节约就是经济。我们的多、快、好、省，就是既增产又节约，也就是产品内使用价值与价值的矛盾统一。离开了这点来讲生产关系就要落空。1959年9月我在《经济研究》上发表《论价值》一文，把我的基本论点讲出来了，就是要把恩格斯的那一句话作为我们今后要讲的整个政治经济学的基础。恩格斯那句话虽然是1844年说的，但到1875年《反杜林论》中，他又强调了这一点，并说马克思的《资本论》恰恰证明了他的概念的正确性。恩格斯说：到了公有制社会，价值才回到生产过程——它真正起作用的地方。这句话说明，在资本主义制度下，由于私有制，价值作为社会必要劳动，是不能在生产过程中表现出来的，而必须在流通中才以交换价值形态，通过别的商品的价值镜来表现自己；在共产主义社会，价值这个范畴继续起作用，是回到生产领域中起作用。

恩格斯这句话与劳动价值学说有没有矛盾？没有。因为是社会必要劳动量决定价值量，"必要"就已经包括了使用价值。离开了一定使用价值的质与量，就无从谈"必要"与"不必要"。在资本主义制度下，是在流通中来比较费用与效用的关系（当然，价值是在生产过程中创造的，但离开了流通，它就得不到表现），而在社会主义制度下，就不必再通过流通而可以直接计算劳动量。商品与产品的区别在此。这是资本主义与社会主义制度的不同决定的，而不在于一个要讲费用与效用的关系，一个不要讲。

恩格斯说的价值是生产费用与效用的关系，首先要弄清这个定义与马克思劳动价值学说是不是矛盾？并不矛盾。价值是社会必要劳动来决定的，这是我的基本观点。我在《论价值》一文中讲到这个观点，但没有引用恩格斯的话。其次说的价值与价值形态的问题，这个思想在1956年的那篇文章中已经讲到，在1959年的文章中主要强调了这个问题。许多人说马克思在很多地方讲到共产主义社会没有价值了。这个问题，我在那篇文章中实际已经讲到了。那篇文章的中心思想，是把价值实体与价值形态分清楚。价值是商品生产的共性。商品特性在什么地方呢？商品的价值自己不能表现出来，要迂回、曲折地表现出来，马克思说的价值四种形态，实际上是商品的交换价值，这点产品是没有的。商品价值是算不清的，顶多只能算清个别消耗，每一个生产者大体只能算清个别消耗，社会平均劳动价值量是不清楚的，这要通过亿万次交换和价格的上下波动才形成，价值就在这个镜子上反映了出来。一般经济学家坚持共产主义产品没有价值，是根据恩格斯在《反杜林论》一书中的话：在商品社会中，社会价值量等于原子量一样，原子量与氢原子来对比，商品价值的绝对量是不能计算的，而是在交换中计算它的相对量，商品只能通过交换才能体现价值。到了共产主义社会，不必迂回、曲折了，可以直接算出。① 否定价值量，实际上是否定社会必要劳动量的消耗。恩格斯在这里讲价值是打了引号的。他说：产品这一个问题，价值是生产费用与效用的关系，已在1844年讲过。这里讲的劳动量是社会必要劳动量，而不是个别劳动量。而社会必要劳动量这个名词只是突出了量的一面，没有突出效用与费用的关系。马克思在《资本论》许多地方讲过价值，也讲到公有制条件下不要价值，在商品生产条件下要价值，价值成了历史范畴。细心去体会，在这里讲的是交换价值，怎样把价值量表现出来，因为马克思应用的成语，都不是全部新创造，有的是应用资产阶级经济学家的，过去资产阶级经济学家把价值与交换价

---

① 参阅《马克思恩格斯选集》第3卷，第347—348页。

值分不清。在《资本论》第一卷第 22 页的例子，马克思说商品价值不同于瞿克莱夫人，这个夫人个性容易捉摸，而价值捉摸不到。然后在第 63—65 页还讲到这个问题，他说资产阶级经济学家曾经分析价值与价值量，曾发现过这个内容，但从来没有问过，为什么这个内容劳动要表现为价值，劳动时间要表现为价值量，马克思在这里明明白白讲价值形态。同是价值，马克思有时指形态，有时指实体。从上述这些分析可以看出，资产阶级社会的历史性质，不是商品有没有价值，而是价值表现为价值形态，这一点，马克思讲得最明显不过了。恩格斯在这句下又来一个注解（第 63 页）。马克思认为资本主义社会与其他社会的差别，在于价值形态；马克思与亚当·斯密在价值理论上的差别，在于一个承认价值形态，一个不承认价值形态，而不是承认不承认价值的问题。这几年来，国内外的争论，目的为了划清产品与商品的界线，不在于得出一个有价值，一个无价值，而是把价值形态漏掉了。外国经济学家也有这种看法，他们不知道价值形态。通过市场关系与自由竞争，这是资本主义商品的特点。我们把商品舍象掉了，就是把价值形态舍象掉了。到了共产主义社会，社会平均劳动量是存在的，离开它就是舍本逐末。到共产主义社会，随着商品生产的消亡，不是价值概念的消亡，而是价值形态和交换价值的消亡，这是最本质的特性。这点很重要，一般人容易忽视，不在价值形态上下功夫。

肯定产品二重性学说的意义。为什么强调这个必要性？我也是反对从概念和定义出发，但完全不要也是不对的。但我认为对范畴与概念，要精确，不要含糊。我强调产品二重性，这是今后百家争鸣的出发点，我所讲的、分析的，是证明任何经济科学都不能离开使用价值与价值的统一体。不同的看法和分歧也就在这里。

否定产品二重性，否认价值，还剩下什么呢？剩下来的是使用价值，这就没有政治经济学了。不从产品讲起，否认产品二重性，实际上要人们不要从产品来研究政治经济学，单讲使用价值不讲价值，是没有经济意义的。离开这些范畴，再承认社会必要劳动量也是一句空话。讲商品规格、质量，离开了二重性就没有经济，节约劳动也是废话。为什么会出现“自然经济论”呢？就是从否定产品二重性开始的，离开“物”来讲生产关系，所以政治经济学仍然停留在20年代的水平上。要不只谈所有制问题，要不只是从生产物讲生产关系。要从产品讲起，就是承认不承认产品二重性的问题，也是承认不承认使用价值与价值的统一。如产值指标，是表现价值量，还是使用价值量？c + v + m，这三个东西不从社会产品二重性来讲，分配就讲不清楚。流通过程解决什么问题？要解决流通问题就要把各个企业联系起来分析，那么使用价值运动与价值量运动是分不开的。每一个企业生产的产品作为实物量来说；全部产品投入社会分配，都是为社会而创造的；作为价值量来说，为社会而创造的m部分，社会上可以无偿调拨，但c + v就不能无偿调拨，因为工人的工资和流动基金要不断地得到补偿，它涉及社会再生产过程。《资本论》的特点是抽象化，把投机倒把的资本家抽象掉了，当作“老实”的资本家来分析；另一个是把价值量与实物量的差别抽象掉了，它的再生产既是实物量又是价值量，两者是一致的，是10年一周期。10年后，由于劳动生产率的变化，1 500元的价值量所代表的实物量大不相同。最近，报纸和刊物上的文章，把基本建设、盖新房当作扩大再生产，c + v补偿怎样划分？是不是一切基本建设都当作扩大再生产范畴？马克思在很多地方把劳动生产率增长都舍象掉了，我们就必须把它考虑在内。

上次讲的一节我要补充一点，就是继续讲费用与效用的关系。这个问题上次讲得简单，讲时二三年级的学生都参加了。从理论上肯定这两者关系，这与马克思社会必要劳动量决定产品价值这一原则是不违背的。我只是抽象地说了一下，发挥了一下就完了。那么实际例子怎么样？过去联系实际很少，这个问题最近几年才想到，可以说研究学风中有点"训诂"风气，将马克思这一句话说来说去。对生产实践知识知道得很少，只是把恩格斯的一句话用来作解释。我觉得恩格斯这句话用来解释当前实践是对的，因此把它发挥了一下。但实践中是否有例子？暂时想到几个例子提出来说一说。我希望这一想法通过共同努力，同意我这想法的和反对我这想法的，共同在实践中找例子。恩格斯这句话是科学的还是不科学的？归根到底能不能解释当前的实践？与马克思价值学说联系起来，不仅要看理论上、逻辑上讲得通讲不通，而且还应该看在实践中行得通行不通。想到两个例子：

一个是矿渣的例子。矿渣在很长时间是废物，在冶金部门是个很大负担，要花很多运输费，而且运出去后问题也很大，要占用民田；运输不说，还有卫生问题。处理矿渣煤灰过去是一个大负担，处理费用是加在企业产品成本中去的。但现在发现了新用途，可造建筑材料。可以烧砖，砖的质量较好；矿渣也可作水泥原料。可能还有不少用途。总之，原来的废物现在变为有用之物。这种例子在工业中综合利用有许多相同的，如炼焦工业的废气利用；又如化学工业中废气瓦斯、杂质，过去处理它是一个包袱，但现在可以利用了，使原来的包袱，经过提炼变成了财富；原来是加入主要产品成本费用中去，现在可以减少成本。不光运输处理费用少了，还可以减少成本；原来无用，现在变为有用，本身有了价值。原来炼铁成本高,物化劳动多,现在可少摊。这一点是否也可说明劳动的费用与效用有联系?能不能这样说明?自然物没有变化,由于新效用的发现,原来没有价值的现在有价值了;原来成本高,现在成本由一新的承担物分担了。但归根到底是使用价值、效用决定价值的,还是由社会必要劳动量决定的。不过"必要"几字不同:过去是由冶金所必要,现在是与新产品联系起来成为必要了。炼焦、化学工业都有。这是否可以说是计算社会必要劳动量(费用)与效用直接有关的一个例子?

另一个是森林工业上的例子,是最近发生的问题。如桦木,东北出产,过去用处不大,做杂木,做小农具、做小家具用,不适合大材用,一般不外运,不合算。但现在据说可以作一种高级胶合板。因为桦木发生了新的效用,费用也起了变化。由杂木材使用可当作胶合板了,需要量比较大,因此生产部门提出一个问题,说原来的价格(指计划价格)不行,要调整。大家一般同意这一说法,原效用不大,现在效用大了,应调整。为什么有了这种用处后价格要提高?理由还不充分。估计有两种原因:一种是原来一般不外运,由就地农家用,不计运费,只在附近做小农具用。现在要从东北运到关内,运输成本应加进去。可是,如这一原因由于新效用的发现而需要进一步提高价格,学过经济学的都知道:运输是生产过程在流通领域的继续,等于加一道工序。过去,无大用之物也从东北运来,只能做扫帚,就划不来。现在有了新的效用,值得用铁路运输。另一种原因可能是这种情况:本来没有大用处,一般当作柴火、杂用、扫把,不用选择,普通桦木就可以了。但现在不是所有桦木都好做胶合板,要有一定规格,这与效用有关,因此应当选择。总之费用与效用有关系,要求调整它的价格。

恩格斯的"价值是费用与效用的关系"这句话与庸俗经济学有什么不同呢?不同的地方在于不是效用决定价值,效用通过社会必要劳动量来决定价值,价值还是由社会必要劳动量决定的;而社会必要劳动量的规定不好离开效用。这里,实践中只找到以上两个例子。这两个例子是否说得通?我看是说得通的。如果说得通的话,那么,社会主义产品价格不是通过亿万次交换来承认的,而是通过计算。根据什么计算?"优质优价",这句话实质就是把费用与效用联系起来,不是自发市场竞争形成的,而是通过计算形成价值。至于自发的市场竞争形成价格,费用与效用两因素的关系不要你操心,它自然在亿万次交换中,买卖双方都把两个因素同时考虑进去了。现在我们要由"必然王国"进入到"自由王国",实行计划经济,真正掌握客观规律,不能等发生了问题才去考察。在有计划有意识地计算价值的时候,应主动考虑这一规律——费用与效用关系的规律,主动考虑到社会必要劳动量(这个必要是对什么样的使用价值的量与质而言),否则会犯主观主义的错误。

在上次讲时未想到适当例子,最近才想到。不过上次也想到过一个例子,现在再提出它。这个例子很久了,在抗日战争前,一位苏联经济学家,对中国货币问题有研究。北伐时他在财政部门当过顾问,作过报告。他谈到货币的历史、制度,中间讲到中国是全世界唯一的银本位制。帝国主义宣传叫嚷不让中国放弃银本位,他们自己却放弃了。什么道理呢?银是货币材料,但19世纪后与金子比较,银子相对跌价厉害。为什么会这样呢?19世纪中叶,银子原来是专门开采的,后来在开采铜及别的东西中搞到了银子,银子成为副产品,而且大量开采,因此专门开采银的部门立不住脚了，社会必要劳动量降低很快。它正与矿渣从无用到有用，从副产品到主产品相反，是从主产品变为副产品了。因此银子从装饰品、货币材料（19世纪以前充当货币材料是主要的用途）的价格下降了，大家就放弃银本位，而使用金本位，这样它主要的效用没有了，反过来使价格跌得更厉害。这不好用庸俗经济学解释，不是效用决定价值，而是与效用有关，通过社会必要劳动量来决定价值，必须用效用通过费用来决定价值量，来起作用。这个例子没有以前两个例子明显，比较曲折，其实质是指与效用有关。这三个例子对不对，提供研究。好像能说明恩格斯那句话。第三个例子是19世纪的，那时金与银的比价约1∶30，现在恐怕是1∶100以上了。而矿渣这例子很明显，由包袱变为分担成本。

什么是劳动价值学说？什么是必要劳动量？恩格斯的"价值是费用与效用的关系"这句话，对前者不仅是重要的补充，而且是重要的组成部分。我们要研究这个问题，这样才能在社会主义政治经济学中帮助我们，从而摆脱"必然王国"，变为"自由王国"；才能深刻而全面地理解和认识马克思的劳动价值学说，才好为社会主义产品确定有科学根据的价格政策。我这方法是不足为训的，一开头只引证恩格斯的话来解释解释，风气不一定好。不过我解释马克思恩格斯的话是为了使马克思恩格斯的话为当前服务。为了用马克思恩格斯的话来解释当前实际问题，首先应把马克思恩格斯的话搞清楚。马克思恩格斯的话，好多地方只是说明问题，而不是下定义，列宁也说过这一点。因此不要用下定义的方法来研究费用与效用的关系。离开费用讲效用，离开效用讲费用都是危险的。我们研究这个问题，归根到底是为了与价格形成学说联系起来，确定正确的价格形成学说，这是我们的目的。

另外一个问题是产品二重性的实践意义。上次讲过，希望以后每一次讲课的时候联系到这一问题。但我提出二重性，不是为二重性而二重性，如果说有理论意义，那首先在于实践意义。这里再补充一点，我们学经济学的人知道经济上的平衡：财政平衡、货币流通平衡、物资平衡。这“三平”实质就是社会物质财富的价值量与实物量的平衡。如果否定了二重性，就不可能在实践中注意到“三平”（或价值量与实物量平衡）。“自然经济论”认为社会主义产品没有二重性，只见实物。他们为什么错了呢？因为他们在实际工作和理论工作中忽视了这“三平”。社会主义经济实践中对这方面有疏忽，这是由于理论家否定产品二重性的框框造成的。认为实践家过去不注意理论，实际上是实践家太重视理论，他们接受了“自然经济论”的影响。产品二重性问题，也就是社会主义经济二重性问题，这个理论现在应当确定，我们要宣传这个理论，要反对“自然经济观”；同时也反对“商品货币经济观”。一来自“左”的，一来自右的，唯心的“自然经济论”会带来很大的坏处，这点已讲过了。强调产品二重性，不是无病呻吟，而是有很大实践意义的，希望今后研究中联系这个问题。

三、社会主义产品的社会必要劳动量在农业和采掘工业中如何确定？社会主义社会的级差地租问题

这个问题，在座许多讲过经济学多年的同志，一定早就有所感想：产品还未讲完，怎么又把级差地租拖进这里面来了？我原来还想讲讲生产价格，但实在太包罗万象了。照理是应该讲完生

产价格、国民收入分配以后再来讲级差地租的。我对这个问题没有很好的研究。我为什么要这样讲呢？我原来忽视了这一问题，那时认为这问题要研究，但只是从社会必要劳动量角度来研究，就是说农业和采掘工业产品价格不能由平均条件的劳动耗费决定，而是由劣等自然条件的劳动耗费决定。所以是作为一个例子在讲社会必要劳动量时讲级差地租。那是从全民所有制的角度来讲这一问题的。这问题在我们写的书中是一章，但我自己没有研究，因此在讲到级差地租时顺便说一说。我认为级差地租社会主义经济有，共产主义经济也有。但在备课时，把最近许多文章翻了一下，发现自己当初的设想有些错误。既然要决定劳动量，在农业和采掘工业不是以中等条件而是以劣等条件为基础。这句话太简单，实际上这里涉及很多问题，不能不讲一讲，至少也要提一提。我们小集体写第一稿时对这个问题没有很好研究，现在可以说正在开始研究。

这里，还是顺便说说我的一些看法。

首先，我又是老办法，说明这一问题是从全民所有制角度来观察，即把两种所有制的并存关系、按劳分配等这些问题抽象掉。结果就是讲共产主义社会条件下的情况。有人又说从还不存在的共产主义条件下讲起是脱离实际，但为说明问题，我仍然要坚持这个老办法。

从理论上看，这是马克思抽象法所要求的。要求我们把复杂、具体的问题抽象还原到最本质、最单纯的事物来研究，然后又返回来，在复杂具体的问题中引进上述因素来看它们对级差地租问题的影响，才能把问题说清楚。这里的原则就是从抽象到具体、从简单到复杂。但另一方面，我也要针锋相对地对我的批评者作一答复：正是因为要从实际出发才必须这样做。马克思讲地租是从农业说起，但在地租的总论之后专门讲了采掘工业的地租。是不是我也标新立异这样来说？我们研究社会主义级差地租是不是不从农业讲起，而是从煤矿或冶金部门的矿山讲起，或是从伐木工业讲起，总之是从与土地自然条件有关的全民工业部门讲起。马克思从级差地租讲到绝对地租，讲级差地租时又从瀑布的发电讲起。我们要有创造，至少下一代要超过马克思，我们这一辈很困难，想标新立异也很困难。从采掘、伐木工业讲起有很大好处，符合实际情况。现在关于这方面的文章很多，一讲到农业上的级差地租，开头都说生产决定分配，但又总是从分配讲起而不是从生产讲起。问题是很多的，从全民所有制内部关系说起，问题比较单纯，容易把问题搞清楚，然后再加进集体所有制因素，看问题如何表现。

我在这里讲课，一方面是发表感想，但另一方面因为这儿在座的都是对社会主义政治经济学有过研究的，因此一般常识性问题我没有讲，如什么叫社会必要劳动量，一次也没有解释。这问题我再重复一下，可能是班门弄斧，但还是说一下，因为有一部分同志恐怕不是我们做教学工作本行的。

马克思说价值量是由劳动量决定的，但劳动量不是指最先进生产条件的也不是最落后生产条件的，而是平均生产条件的。严格地说：马克思也不是指中等的，而是指社会上最大多数在市场上起决定影响的那些企业的劳动生产率下的平均劳动消耗，这通常叫做中等，不是最高的又不是最低的，这个平均，不是统计学上的中间数，而是最多数。这是马克思劳动价值学说的最基本点。

马克思说，在农业和采掘工业上不是那样，上述原则对与自然条件相联系的工业生产不适用。此外与土地相联系的农业也是如此，因为与土地、自然条件有联系的企业有垄断性，不能发生自由竞争。价值不由最先进的条件也不由最落后的条件的劳动耗费决定的原则,只能适用在资本主义发生自由竞争的地方。在社会主义条件下是不发生自由竞争的。与自然条件相联系的企业,在资本主义条件下不发生竞争,经营有垄断性,农产品矿产品价格由劣等条件下的劳动消耗决定。这种情况下,生产率高的、条件好的这些企业就得到额外利润,条件好的企业的产品成本比条件差的低,这超过的利润在资本主义条件下是以地租形式拿出来,成为级差地租的来源。在社会主义条件下发生不发生级差地租呢?没有竞争、土地公有,农矿产品价格是不是也像资本主义条件下一样,是由劣等条件的企业决定,或是由平均的条件决定?

关于这个问题,在苏联经济学家和我国经济学界中间是有争论的。许多人主张农矿产品价格,在社会主义社会中不是由最劣等条件下的劳动消耗决定,而是由中等条件下的劳动消耗决定,即按社会平均劳动量决定。这方面的观点中国的文章还未找到,但有这种观点报导。苏联莫斯科大学政治经济学教研室主任关于这个问题有一个报告,他是主张农产品由劣等条件的劳动耗费来决定价格的,而且还批判了一位副博士论文中关于农产品价格由中等条件的劳动耗费决定的观点。论文说,劣等条件下的产品的个别价值不是比社会价值高了吗?有一部分价值转到优等条件下生产的产品中去了。这是从一般的决定工业产品的社会必要劳动量角度来考察这个问题的。看来苏联和中国的大部分人是否定这一观点的。即使土地国有化了,与自然条件联系在一起的农矿企业的经营仍然有一定的垄断性,是不能无限扩充的,扩大土地要有条件。同等的土地是有限的,而土地又是不同等地存在着,新开的矿和田,往往自然条件更差。你不能把条件差的农场矿山都丢掉,如单是找条件好的农场矿山经营，农矿产品是不够用的。在社会主义条件下，矿藏的渊薄、离市场的远近、交通的便利与否、土地的肥瘠、各次追加投资的生产率的不同，所有这些在资本主义条件下产生的情况，在社会主义条件下也仍然存在。既然是社会需要，就也要经营条件差的煤矿，不能把它停掉，已经经营的都要经营，这就不能让它亏本。如果是由中等条件来决定价格，劣等条件下的企业以同等的努力就要亏本，这在社会主义条件下是不容许的。上面那篇博士论文的理由是：对劣等条件下的企业，国家给以补贴的办法。这是人为的，是否合理呢？这归根结底仍然是由劣等的劳动耗费决定农产品的价格。上述补贴的理由是不充分的，何况国家不能补贴。它不是经营不好，而是由于自然条件差。国家需要它才经营，但结果国家反而要补贴，这说明价格不合理。补贴实际上是把优等条件下的企业利润分给它，这归根到底，真正决定农产品价格的仍然是劣等条件的劳动耗费。实践上这也是不合理的，它没有经营坏，是不应补贴的。中国主张由中等条件决定价格的不多，大多数还是主张按劣等条件来定价，条件好的就有超额利润，应当承认今天是存在级差地租的。但有人说这是级差收入而不是级差地租，我看这又是经济学家的名词之争，问题不在于叫不叫“地租”。我们中国话中的“租”字总是包含有剥削意味，容易引起望文生义，也可叫级差收入吧，但也有问题，因为别的产品，价格是按中等条件劳动耗费来定的，劣等条件的亏本，优等条件的有额外收入，这也是级差收入，与前者就无差别。“级差收益”争论少，就用这名词吧。因此，要承认级差收益现在是存在着的。

在是否承认是地租的争论中，很多人是从分配角度来看的。没有人收租就不叫地租，这不能成为理由，那是分配问题。问题是为什么这种收益会固定下来，价格不是按中等条件而是按劣等条件下的劳动消耗量来决定。很多经济学家解释这问题是从两种所有制出发，是从商品货币关系来解释，认为商品货币关系消除后，级差地租就没有了。所以我是抽象掉农业讲矿山，讲全民所有制。

国营煤矿的定价原则，即未来共产主义社会劳动的核算原则。在这里我们想象煤矿有几等不同条件，煤矿成本，它的生产费用能不能按照中等条件来核算而使劣等条件下的企业亏本呢？这样合理不合理呢？我看是不合理的。说到中等条件，在工业中有不同的情况，这点似乎在讨论中没有说清楚。这里说到的“中等条件”，不是指整个煤矿的全部的生产条件，而是指与自然条件、地理位置等有联系的生产条件，不是说工作状况越差越好。马克思讲的条件是指土地肥沃程度、交通的方便程度，这种自然条件的差别，要承认，是不能改变的；另一种是工作上的差别，是主观的，可以改变的。后一种差别不应该算入级差地租的形成因素中去。

到共产主义社会，一般也是不能以中等条件作为核算劳动的标准的。马克思谈到公有制下的情况时，是肯定级差地租交给国家的。但马克思这点也是肯定的，即与自然条件有关的生产条件（它们都会增加或降低矿产品成本），是客观决定的，不可改变的。主观条件可以改变，在资本主义条件下这是通过自由竞争强迫改变的，在社会主义条件下则是通过企业的经济核算互相比较加以改进的。煤矿有的好有的差，成本有高有低，矿藏条件的好坏会使不同企业成本上相差很远。不能根据中等条件来定价，否则劣等条件下的煤矿就要大大蚀本，好像是这部分职工的劳动对社会没有贡献，这种表现是否合理呢？把客观条件和主观条件平等地放在一起，就无法进行经济核算。要进行经济核算，首先要除去客观因素。承认这些劣等条件下的矿山是社会必需的，就要承认劣等条件下的成本和价格，条件好的就形成级差地租，但这不是这部分职工的功劳，没有级差地租的也不是这部分职工的过失。除去客观因素，经济核算就看出主观因素的决定如何？成本高低，收益大小，就完全可以看出经营的好坏程度。社会主义条件下也要实行奖罚，目的是要推广先进的经营方式。这里的前提就是要区分开与自然条件有关的和无关的因素。社会主义条件下的级差地租，不是通过竞赛就可以改变的。只有把这部分剔除掉，才能在农矿企业进行经济核算，把考核工作搞好。到底你这个地方是由于贪天之功，煤层好，才使得你的成本低呢？还是由于努力，设备好呢？不分清这些，经营管理上的赏罚就会不明。

社会主义条件下有无级差地租，要从生产出发看，劣等条件的企业有没有经营的必要，如果有必要，级差地租就存在。关于它如何分配，那是另外的问题。资本主义条件下这是剥削收入的分配问题，社会主义条件下则是另一种性质的分配问题。从经济核算、社会主义的第一规律劳动节约规律来看，否认级差地租的存在是不合理的，毫无根据的。“地租”、“收入”这是名词之争。这里根本不存在马克思说的平均利润的转化问题。现在许多争论文章常引马克思的那几句话(《剩余价值学说史》第二卷，第249页)，似乎说那时候不存在级差地租，优等地的利润就可用来改善劣等地的土壤。其实马克思那里讲的与我们这里讲的不矛盾，马克思是从剩余价值的分配角度来说的，说的是平均利润问题。马克思和列宁在许多地方谈过级差地租问题，马克思在另一地方又说，级差地租不决定于土地肥沃程度的绝对提高，而是决定于土地肥沃程度的差别。这种差别是永远存在的，你永远不能只经营第一等地，这就产生主观因素所不能改变的客观的级差地租收入。

至于讲到分配问题(现在许多文章多是从这个角度谈的),如说由于所有制不同而承认级差地租,引用马克思关于平均利润转化的论述,我看是不对的。实际上是谈分配的问题,但这个分配也不是马克思讲的剩余价值的分配、平均利润转化问题。不能那样用马克思的“转化”两个字,从什么意义上谈转化?这问题的意义不大,是名词之争。总之是不应从分配看,而应从生产来看级差地租存在的必然性。

很多文章是从承认差别谈起级差地租,把文章搞得很复杂,这仅是从分配看问题。政治经济学是应该交代明白集体所有制下如何实行按劳分配的问题,但这里面要承认的差别与级差地租原因上的差别是两码事。我们反对的“一平二调”、“共产风”所抹杀的差别,是主观因素造成的差别,这种差别是绝对不应该搞平均主义的。

级差地租Ⅰ是由于土地肥沃程度、交通便利程度形成的。即使说与农民的主观努力因素有关,这也不大,主要是由自然客观因素决定的。土地特别肥沃的与过去的劳动有关,但土地是经过分配了,自然因素也有很大的作用。这种差别不应是承认今天队与队之间的差别的基础。级差地租Ⅰ可以分一部分给现有的生产队,但大部分应给国家。现在原则上已承认公粮是收级差地租,公粮已包含了地区等的差别。农业税的标准在全国也是有一个幅度的,不能千篇一律,这个政策的客观基础就是级差地租。如果我们的理论成立,那今后农产品的地区差价、公粮的幅度都应从承认存在级差地租Ⅰ出发。至于级差地租Ⅱ是投资次数的差别产生的,是主观因素,应归生产队收入;如有国家、公社的投资,则按比例分配。

因此,首先要把主观不能改变的因素和主观可能改变的因素区分开来,这是为了进行正确的核算和合理的分配。集体所有制中如此,国营企业中也如此。要巩固工农联盟,就要承认级差地租。

原来讲级差地租,目的只是想讲讲社会必要劳动量决定价值量的规律在农业部门中的特殊情况,只想顺便谈谈,但初步研究后,感到有必要深入一步研究,现在说得很肤浅,但感到这是一个基本理论问题。研究这个问题不应是名词之争,不应从分配角度出发,而应从生产角度出发。从不同所有制的存在出发,实际上这是要不要承认分配上的差别问题,是从分配出发。问题首先是社会主义条件下级差地租是否存在,然后才能是它的分配问题。首先是要从生产出发来解决问题。

四、社会主义劳动的二重性——具体劳动和抽象劳动

到目前为止,主要讲了一个产品二重性。既然承认它,就应该承认劳动二重性。问题如何提法?客观上存在不存在劳动二重性?恐怕应从两方面来看这个问题。关于这个问题有 40 来年的争论历史,40 年前否定社会主义政治经济学最主要的理论根据是产品没有价值,劳动没有二重性。后来承认社会主义政治经济学了,但是产品有没有二重性?这个问题却没有明确。劳动有没有二重性?更没有明确。一直到最近几年,经济学界还是认为劳动没有二重性,只有个别的具体的有用劳动,即马克思讲的有用劳动,从具体角度来考察。作为人类抽象劳动一般,只存在于商品经济中,在社会主义计划经济中就不存在了,不是把劳动当作抽象劳动一般来计划,而只当作不同的具体劳动来计划。这种否定劳动

二重性的思想与否定产品二重性、否定社会主义政治经济学的思想是一贯的。列宁在批判布哈林的《过渡时期的经济》一书中，用戴帽子、下结论的方法，只说还有社会主义政治经济学，但没有论证它。否定产品二重性，当然也就否认劳动二重性，两者是不可分的。否定产品和劳动的二重性，虽然承认政治经济学，那也只是“自然经济观”的政治经济学。社会主义条件下没有商品拜物教了，物就是物，产品是具体使用的物，在处理经济问题时，用“自然经济观”来看待人与人的关系。40 年来这个思想根深蒂固。从客观来讲，对哲学家是个常识，抽象与具体、一般与个别是不能分的。只承认具体不承认抽象，只承认个别不承认一般，把两个范畴分开来，简直不可想象。对哲学家是个笑话。只见森林不见树木，只见具体劳动不见劳动一般，这在哲学上是不可想象的。很奇怪，在经济学家中居然 40 年长期存在，这是受“自然经济观”的影响。

肯定劳动二重性的意义。承认劳动二重性，承认有抽象劳动、劳动一般，就是承认社会劳动存在。承认千差万别的劳动都是社会的、集体的，在公有制的计划经济下，集体劳动中的任何一员，它们都是不可分割的。因此，你生产的产品，不光是你劳动的结晶，也是许多人共同劳动的结晶。你的劳动产品，是集体创造的社会财富的细胞，个人是社会的一个成员。否认有抽象劳动这一范畴，没有劳动一般，对社会主义劳动、对社会主义公有制、对劳动的社会性的确认，不可能是彻底的。不承认，就不可能有全面的集体主义观点，不可能有作为总体的社会劳动的观点。因此，开头讲过，不仅客观上存在社会的劳动一般，而且抽象劳动与具体劳动也是不可分开的。这是客观事实，主观上不承认这个事实，将会带来很大坏处。马克思讲节约劳动是集体生产的第一规律，不承认抽象劳动，就不可能贯彻这个思想,就会不讲效果和不承认劳动的可比性。我们说千差万别的劳动,就是要讲究效果,讲究物化劳动和活劳动的效果。劳动创造世界,这个规律大家都承认,但如何看法?首先应把千差万别的使用价值都归结到人类劳动一般的消耗,归结到物化劳动和活劳动,看成人类一般劳动的消耗。只有这样才能把节约劳动提到应有的高度。

我学政治经济学时,还是小孩子,不懂为什么要学抽象劳动这个概念,学完之后才懂得一点点。现在接触到社会主义政治经济学时,要承认劳动一般、抽象劳动是不简单的。马克思在《政治经济学批判》"导言"里说,亚当·斯密不从具体劳动方面认识它,他把劳动不看成既是工业劳动,又是农业劳动,当作劳动一般、抽象劳动来看,把劳动提到抽象劳动水平。这是他进步的一方面,但也是非常艰巨的。他也常回到重农学派去,而没有把它当作劳动一般来看。① 不晓得我们今天否定劳动一般的时期这样长,没有想到社会主义条件下这个势力这样顽固,不研究劳动的可比性,不比较部门与部门、企业与企业、人与人、产品与产品之间的劳动消耗与效果,这是违背马克思主义的。毛泽东同志在《经济问题与财政问题》中讲到,党、政、工三方面工作归根到一个目的,在生产和流通中以少量消耗取得更大的效果。多快好省,归根到底是节约劳动消耗。我们今天没有一个抽象劳动的观念,怎样能把全社会这种千差万别的劳动看作是可比的?怎样能把6亿多人民具体劳动积聚在一起以最少的劳动耗费来达到多快好省!

讲经济上的两个方面,价值和使用价值,讲产品的二重性,首先要从劳动二重性讲起,要搞清楚它。我不是讲学,没有系统。我

① 参阅《马克思恩格斯选集》第2卷,第106页。

是作宣传，希望大家也来宣传，来反对“商品货币经济论”，反对“自然经济论”，宣传二重性。提出产品、劳动二重性是有好处的。有人讲抽象劳动、劳动一般是唯心主义。不讲它也是唯心主义，或是机械唯物主义。离开具体劳动讲抽象劳动，在哲学上讲不通，不能把两个范畴分开，经济学上也是这样。

承认劳动二重性，在这个前提下才能分析个别劳动与社会劳动的关系。只有承认劳动的二重性，才能进行交换。抽象劳动与具体劳动的关系同个别劳动与社会劳动的关系，不能简单化，不是拜物教关系，公有制度没有拜物教了，而是有组织的直接的关系。人脱离了动物界，要由“必然王国”到“自由王国”去。我们认识了客观规律，可以主动地来处理大集体、社会中的人与人的关系。这样，更加应当承认劳动二重性，否则不能产生个别劳动与社会劳动两个概念以及对两者关系的了解。抽象劳动与具体劳动同个别劳动与社会劳动的关系是怎样的呢？应当说客观上存在着个别劳动与社会劳动的差别，在计划经济下的劳动，这种关系要通过抽象劳动与具体劳动来说明。没有具体劳动与抽象劳动的差别，不把千差万别的具体劳动提高到抽象劳动，就不可能正确认识个别劳动与社会劳动的关系。我们讲的具体劳动与抽象劳动是有计划的社会主义经济中派生出来的范畴，我们讲社会主义经济存在内部矛盾及政治上的人民内部矛盾，恐怕也要归结到劳动二重性上来。产品二重性是经济内部矛盾的基础，劳动二重性又是产品二重性的基础。劳动二重性包含在集体里，它由千差万别的个人劳动组成的。是否经济上、政治上的人民内部矛盾要从这里解释起，可以研究。

主张抽象劳动的是少数派。苏联在20年代争论是比较多的，有个经济学家鲁宾主张过抽象劳动，那时否定他，说是唯心论、机械唯物论。我认为否定他的人是走向唯心论、机械唯物论，我这是戴帽子，不过不是为了这个目的。不能认为谈抽象劳动就是唯心论。

肯定了劳动二重性，就进一步来分析决定产品价值的劳动的其他特性：简单劳动与复杂劳动、熟练劳动与非熟练劳动。这些范畴到共产主义社会还存在不存在？这问题在经济学界还有争论。我认为这两对范畴要分开来讲。我认为还存在熟练劳动与非熟练劳动。比如一个工作也好，一个企业也好，新调来的人不论工程师、大学生、经过长期社会教育的，哪怕是按电钮也不会比已按了几个月电钮的人熟练。熟练劳动与非熟练劳动今后还是存在的，何况将来是否都是按按电钮那么简单呢？这更说明熟练劳动和非熟练劳动的存在了。

有许多同志以为，既然存在熟练劳动与非熟练劳动，那么必须有简单劳动与复杂劳动。我认为不对。简单劳动与复杂劳动跟熟练劳动非熟练劳动不是一回事。简单劳动与复杂劳动，马克思讲的这两个范畴是指劳动力再生产问题。劳动力再生产要有训练，训练中要自己投入劳动，别人也要为他投入劳动。大学生就整个社会来说，是社会培养的。但资本主义条件下，学费还是由资产阶级家庭来负担的，所以复杂劳动报酬高，简单劳动报酬低，这是根据商品生产一般法则来说的。这一点到共产主义社会就不存在了，大家都受到社会同等的教育与训练，至于熟练和不熟练的差别还存在。但在社会主义条件下，还有报酬的差别，还有简单劳动与复杂劳动的差别，具体体现在脑力劳动与体力劳动的差别上。社会主义政治经济学可以肯定一点，简单劳动与复杂劳动，科学家与一个普通的打杂工人，培养他们是有很大距离的。比如这个距离有一尺，在资本主义下是1∶10，报酬是1∶10；解放初期从政治上考虑也承认这一尺子。但以后虽然简单劳动与复杂劳动的比还是1∶10，报酬是否要1∶10，值得考虑，不会是1∶10。因为劳动力产品的培养不是祖先给的，大学生吃饭是由国家负担的。简单劳动与复杂劳动是1∶10，我们要严格贯彻按劳分配，但报酬差距不会与资本主义条件下一样，报酬不一定要等比例，因为社会主义条件下，脑力劳动与体力劳动的距离一天天在缩小。所以，政治经济学一方面要承认差别，承认简单劳动与复杂劳动、体力劳动与脑力劳动的差别，但在贯彻按劳分配时既要承认差别，又要从社会主义劳动力培养的不同条件来考虑。

劳动二重性主要就说一点，因为一部分已经讲过了。它很重要，但我讲得不够深。至于一般原理，马克思在《资本论》中已经讲了，我也说不出多少。这里只要打破一个特殊的疙瘩，把《资本论》讲的内容，除了生产关系不同之外，都可以用到我们一切方面来。社会主义政治经济学，目前首先要解决这个问题：社会主义条件下有没有劳动二重性，熟练劳动与非熟练劳动、简单劳动与复杂劳动这两种差别及其范畴是否存在？熟练劳动与非熟练劳动还会存在，但简单劳动与复杂劳动将来就不会存在了，因为共产主义下脑力劳动与体力劳动的差别消灭了。

还有一个争论问题。到共产主义社会劳动工种是更多还是更少？据斯达汉诺夫统计，苏联在工种方面是少了。我是怀疑的。马克思讲的生产是物质生产而不是精神生产，精神生产、文化教育是更细了，而物质生产可能缩减了，操作虽然少了，但更复杂了。复杂的设备要在设计院中进行研究，可是修理还是有的，这可以研究。

五六两个问题本来想放在这里讲，证明是乱弹琴。马克思对价格问题不是单独讲的，讲到货币时才讲它，是在讲价格符合价值时说的。但社会主义价值问题是在价格政策问题中讲的，好像要单独来讲。现在看来还是放在货币处来讲，这一章还欠个债。关于"簿记"还是在讲货币时来讲，放在价格之后来讲。

还有个大问题即商品问题，本篇已谈得多了，以后讲到我就不展开了。

五、社会主义经济中的商品

今天讲社会主义经济中的商品。关于这个问题，争论很多。文章写了很多，而且开了不少讨论会。根据我的了解，这许多争论中间，的确多是概念的争论。我在上次谈到社会主义政治经济学的对象方法时，也曾经说过，我们经济学界（外国和中国）近年来许多讨论都是好下定义，从定义、从经典作家的某一句话来反复地解释。列宁讲过，马克思在《资本论》中一般是不下定义的，恩格斯在《〈资本论〉序言》中也说过，许多地方马克思实际上是在解释问题，而一般读者认为是在下定义了。马克思在解释某一个经济范畴时，往往是在不同条件下从不同的角度来解释同一个范畴，由于角度不同，解释也就不同，这主要不是因为马克思前后矛盾，不是马克思的思想前后不符，而是由于马克思是从不同的角度来看事物、现象，当然就不会一样。而许多人就往往是从字眼上、字句上做文章。可见这种风气由来已久了。这种风气，在社会主义政治经济学中好像特别厉害，所以我上次说这是训诂学、作注解，对古典作家的一些话注解注解,而不从本质上去体会。

最近我看了恩格斯在1895年给施米特的一封信(这是恩格斯最后几封信中的一封),给了我很大的启发。他说,因为施米特在马克思《资本论》第三卷出版以后,对于马克思的平均利润有种机械的了解,他有怀疑。恩格斯在这中间讲到了一切概念的相对性。他说,一切概念都是相对的,不仅是平均利润,而且是价值、剩余价值、工资……所有政治经济学这些概念,马克思都是作为一个规律提出来的,事实上平均利润,如果两个企业某一年利润刚好绝对一样,反而是偶然的。因此他批判施米特从计算上下功夫,在细节上面来研究,把利润率算到百分之十四点几,他算得越精确,就越不正确,因为平均利润(价值规律也好)作为总的规律,不可能精确。他接着讲概念与实际的问题,他说概念与实际又符合又不符合,而且永远是不会完全符合的。他讲了认识与客观能不能接近,他说这个现象是不是仅仅在社会科学中?他说不,在自然科学中也是如此,自从大家承认了进化论以后,就知道生物界在不断发展,因此要追求概念与事物完全相符合是不可能的。那么,一切生物界、有机界的概念都只能是大体上与实际相近,要完全绝对相近就没有进化可言了,因为客观实际是不断发展的。恩格斯说,如鱼,我们说什么是鱼呢?鱼是在水里面用鳃呼吸的动物;可是如果要概念永远完全与实际相符合,那就不可能有两栖动物的存在,两栖类是从鱼进化出来的,两栖类已会用肺呼吸了,因此两栖类的出现已经把鱼的概念打破了。他又讲到陆生的爬虫动物同哺乳动物是两种绝然不同的概念,如果要概念同实际绝对相同的话,就不可能有这两种绝然不同的动物,因为这两种动物是长期进化来的。恩格斯讲到他年青时在伦敦动物园看到鸭嘴兽,它是吃奶的,又是下蛋的,他初次看到觉得很好笑,但后来反而觉得自己好笑。这是一个认识问题,因为客观事物不是像科学概念那样简单。科学概念是符合实际的,是真理,但它与实际事物不是绝对符合。这说明了概念是反映实际的,但你把概念凝固化,机械地了解概念同客观实际的关系,是错误的。

我觉得,我们关于商品这一范畴,社会主义条件下产品(生产资料和消费资料)的各种交换关系,是不是商品这个问题,如果不体会恩格斯关于概念与实际又符合又不符合这一点,是不能正确理解的。对问题就会是无休止的进行概念之争。说明这点特别重要,因为商品这个范畴,到了社会主义经济中就不是原来典型的商品。你要根据马克思在分析资本主义社会商品时在不同场合下的解释,用那个概念来套社会主义社会中的商品,那的确可以得出这样的结论:社会主义社会中已经没有商品。其实,不仅在社会主义社会中用马克思的话来套,商品会不存在,在资本主义社会中甚至也可以说没有商品了,没有像马克思那个概念中说的商品,特别是说到简单商品生产时的商品。简单商品生产是马克思的最高的抽象,实际上在历史上是没有存在过的。马克思和恩格斯在他们的著作中都指出过,商品交换是首先产生在两个公社、两个原始部落边缘接触的地方。以后原始社会发展到奴隶社会,奴隶社会又发展到封建社会。所谓独立小生产者的商品当作简单商品生产的概念,它在奴隶社会中是奴隶的产品(商品),它在奴隶社会中不占统治地位,封建社会中也是如此。所谓简单商品经济这一概括,实际上是不存在这个独立社会形态的。商品经济应该在资本主义是最完善了,但列宁在帝国主义论中说到,帝国主义时代,自由竞争已被垄断代替。列宁得出结论说,垄断时代商品已遭到破坏,这种破坏是在劳动的极大社会化和生产的极大集中中造成的。[①] 帝国主义原是商品经济和资本主义最发达的阶段，而列宁却说商品生产已经遭到破坏，如把列宁这段话机械地了解，那么帝国主义就不是商品生产的经济了。这对不对呢？如从列宁的这个概念意义上理解，这个概念意义是建立在市场自由竞争这个背景上的，商品和自由竞争是不可分离的。到帝国主义时代，自由竞争发展为垄断，在这个意义上说，就是没有商品，就是商品生产的破坏。这样去理解，对帝国主义时代商品经济的概念就有了深入一步的认识。但由此得出结论说帝国主义不再是商品经济了，这是不对的。不是商品经济是什么？是自然经济？是计划经济？布哈林、西欧社会民主党的希法亭之流，他们说帝国主义是向有组织的资本主义发展，把帝国主义由垄断代替自由竞争这个概念向反动的方向解释，而列宁则与此相反。

恩格斯还是在上面提到的那封信中讲，要把价值、利润、地租、利息这许多范畴和规律，百分之百地在纯粹形态上出现，就是在英国（恩格斯常以英国作为他分析问题的典型例子）这样的社会中也不可能，这些概念要求社会只存在地主、资本家和工人三个阶级，这就是在英国也不可能，因为中间阶层是不可能消灭的，在将来任何时候也是不可能消灭的，直到20世纪仍然如此。资本主义发展到了帝国主义阶段，资本主义很多本质性概念遭到破坏，所以一方面是在理论上那种抽象概念还未百分之百地出现，但另一方面已经受到破坏，出现了新的概念，如垄断。恩格斯还讲到封建社会，什么是封建制度？他说，实际上历史上没有存在过纯粹的封建制度，比较纯粹的要算是耶路撒冷王国（犹太人），但即使在耶路撒冷

① 参阅《列宁全集》第22卷，第199页。

王国，也不是那么纯粹，只是在它的法典中，封建的规章制度才比较纯粹地表达出来。但能不能因此就说历史上没有存在过封建社会制度呢？当然不能。否则，那大家就会认为这是荒唐的。

因此，我们要了解商品这个范畴，要体会恩格斯上述意思——实际上也就是马克思主义认识论的基本思想。只有体会到这个思想，我们对社会主义社会里有没有商品的问题才能有共同的语言。在1959年全国性的有关商品生产与价值规律的讨论会上，我曾说过这个意思，就是说我们研究这个问题必须用历史的眼光，用辩证唯物论的眼光来看。我们要确定某一个产品到底是不是商品，只能就商品最基本的特征来体会，而不能抓住马克思某一句话，某一个定义来套。如不从本质上、基本精神上来了解马克思对商品的解释，我们就会争论不休。

马克思对商品的定义基本精神是什么呢？我体会，根据马克思的商品学说，商品的本质或质的规定性有两点：（一）商品生产是通过市场、通过买卖来保持相互独立的生产者之间的相互联系的生产。这就是说，商品生产者除了市场买卖关系以外，相互之间没有什么别的联系，是相互独立的。由于这一点，所以商品生产是同自由竞争联系的。刚才讲过，列宁说，资本主义到了帝国主义阶段，垄断代替了自由竞争，就破坏了商品经济。列宁为什么要那样说？他是把自由竞争看作商品经济的一个特点，因此自由竞争、无政府的生产、经济危机就是商品经济的一个特点。（二）另一方面，商品生产者是独立的财产所有者，他们只有交出自己的等价的产品同人家交换，才能取得其他商品生产者的产品，他如果不把一个等价的产品给人家，他也就不可能取得人家的产品，这也是商品生产的本质特点之一。没有这一点，那么第一个特点也就不存在了。

如果他们不是独立的财产所有者，他们就不会独立生产；不会独立生产，那么第一个特点——通过市场联系、自由竞争，也就不存在了。所以这两点是密切联系的。归结起来，基本的一点，就在于商品生产者是其财产的独立所有者，要承认其所有权。如果商品生产者对其财产和产品没有独立的所有权，就不可能有商品生产。这一点道理很明显。我认为，所有权是商品最基本的特点，第一个特点是由此派生出来的。

我觉得要断定社会主义各种产品（生产资料和消费资料）是不是商品，从基本上说，要看是否还保持着商品的最基本的本质。如保持着，那就应该承认基本上是商品；如不保持，就基本上不是商品。不能像被恩格斯嘲笑的那样，追求百分之百地符合于马克思在《资本论》中、列宁在其他著作中关于商品的种种解释。如要求都符合，就像恩格斯劝诫施米特所说，你是学康德哲学，要求任何细小末节都符合，把平均利润率算到小数点一百位，好像是最精确了，实际上是最不精确，反而没有体会到马克思关于平均利润的基本精神。因此，把马克思关于商品的许多话拿来套用，就会有很多话套不上。应该看经典作家们说的基本特点是否存在。

我觉得，如果完全来照套，那么不说其他，就我上面说到的两个特点中的第一点：自由竞争、通过市场来建立独立生产者之间的联系，那么，在社会主义社会中就没有商品存在，至多只是在自由市场上出现的产品才是商品。而且要再严格说，连那个也不是商品，因为我们没有严格意义上的商品生产者，大多是公社社员和社员家庭副业的产品，在苏联则有集体农庄副业，在某些社会主义国家中，这部分虽然比重较大，但它不是唯一的，生产者终究是集体农庄的庄员，他不一定要通过市场才能与其他庄员和职工发生联系。他在经济关系上仍保持公社社员或农庄庄员这一地位。当然,由于近一两年经济上困难,物资缺乏,自由市场成了真正的自由市场,出现了投机倒把现象。但总的说,回想1957年、1958年就不是如此,自由市场是有组织有领导的。马克思讲的只有通过市场才发生联系的独立生产者的那种抽象范畴已不存在。

至于说集体所有制和全民所有制之间的交换,那同马克思政治经济学关于商品生产的解释更不相符合。集体所有制和全民所有制除了市场联系就没有其他联系了吗?当然不是。集体所有制和全民所有制之间的关系是国家统一领导下的两个经济之间的联系,在交换以前和交换以外就有组织的存在着。而且社会主义社会中间商品的主要的量还不是在自由市场上交换的,而是在集体所有制和全民所有制之间进行交换。可是,这最大多数的交换大家承认是商品交换。但如按马克思的概念机械地来套,那么这主要部分商品也就不是商品。我们某些经济学家不认为这是商品,从某种意义上说也可以,在什么意义上?就是列宁的那段话的意思。但如用列宁那段话套用,说帝国主义已没有商品,这是笑话。因为列宁讲的是另一个意义:帝国主义时代自由竞争已被垄断所代替。

另一方面,我们说另一个特点,独立生产者的所有权,从这一点讲,我们社会主义社会中有没有商品呢?那么除了农民个人生产的产品是商品以外,集体所有制和全民所有制的产品也不是商品。因为我们主要的生产资料,土地、农具都不是私有的,已是公有的。从这一点说,当然与典型的商品经济的概念又是不相同的。

可是我觉得,主要的生产者虽然不是私有财产的所有者,然而全民所有制经济也好,集体所有制经济也好,从他们的相互关系来说,都是不同的财产所有者(虽然不是私有者)。因此,他们之间的经济关系、交换关系，不可能是无偿调拨，而是等价交换，要承认财产的所有权。某一个全民所有的企业（譬如国营商业的某一收购站），要想取得集体所有制的某一种产品，那就一定要用另一种等价的商品与之相交换——除非作为一种例外，作为农民对国家的一种贡献，如公粮。农民对社会主义国家的贡献，一方面是公粮，另一方面通过工农业产品的差价。但这是在国家统一规定的范围之内，不能在每一次交换中无偿地取得。如果超出国家规定的限度去无偿取得，那就变成了我们这几年来批评过很多的刮“共产风”。这是在承认不同所有权基础上相互进行经济协作、经济交换的关系，不同所有权是交换关系的基础。从这一点说，社会主义社会中很多产品仍旧是商品，这是一个首要的原因。

社会主义经济中很多概念都是相对的，这是我以上所讲的基本意思。下面我们再分析社会主义社会中的几种商品。

我这看法是不是对，可以讨论。我看持这种看法的较多。社会主义社会的产品是否是商品，主要是从不同所有制方面来看的。当然从这一点来说，社会主义下典型商品很少，甚至可以说是没有。可是作为不同所有制之间交换的产品是商品的话，那么这样的商品还是很多的，主要是全民所有制和集体所有制之间交换的产品。我们承认不同的所有制之间的交换是商品交换，把不同所有制作为商品的最基本的本质，我看这一个理由是讲得通的，虽然同刚才马克思讲的典型的商品的那两点不完全一样，尤其与第一点不同。虽然马克思讲的典型的商品是私有的，我们讲的商品是公有的。但是第二点，我们全民所有制和集体所有制都是公有制，这个不同公有还是不同所有者，两者之间的经济关系不能互相调拨，而应该尊重等价交换原则，只有交换自己等价商品才能取得对方的产品。从这个意义上说,作为商品的本质特征还是保留着。所以,在这种原则上实行交换的产品应该是商品,这种解释符合于中国客观情况,也符合于党的政策。我们强调商品交换是在什么时候呢?是在1958年、1959年,即在公社化运动起来后,大家忽视了集体所有制和全民所有制之间的区别。违背了等价交换原则。要强调商品交换,就是要提倡等价交换。什么叫等价交换?就是不能调拨,要尊重不同所有制的所有权。这几年否定了集体所有制和全民所有制的区别,否定了所有权。虽然也否认了个体所有权,但更重要的是否定了集体所有权。不论个体所有制也好集体所有制也好,否定它就是"共产风",这股"风"把所有权破坏掉了。我想我们关于社会主义商品的争论,从概念、定义出发是不容易找到相同口径的。应该从生产关系出发。因为一切经济上的概念、范畴是反映生产关系的。所以从生产关系的角度来看,许多问题容易解决。在社会主义生产关系中为什么许多交换不是产品的交换和调拨,而是商品交换?我们在肯定它是商品交换还是产品交换时,我们心目中所想的是什么?想的是要强调商品生产、等价交换。为了反对"共产风",必须承认社会主义社会还有不同的所有制。从这个生产关系来说,产品基本上还存在着商品最基本的本质。当然我们没有表决过。在我看来,把所有制作为衡量社会主义产品是不是商品的标准,主张这样的人,还是大多数。因为这样来提问题是看到了社会现实问题,这一点如果不强调,对社会生活会有很大损害:不看到这一点就会刮"共产风",把集体所有制的积极性搞乱了,同样也把全民所有制经济核算制破坏掉了。这几年刮"共产风",不仅在集体所有制里刮,在全民所有制中把国家财产也刮了不少。甚至于揩油、贪污等旧的思想意识也复活了。全民所有制、集体所有制和个人的财产都是社会主义财产，我们要加以保护。过去模糊了，好像都一样，无所谓你的我的，正是针对着这种现象才提出强调商品交换、等价交换。这是我们目前生产关系中发生的新问题。如果从生产关系来肯定，我们强调商品交换就是强调维护不同的所有制。

除此之外，经济学界中对商品定义还有不同解释。有一种观点，就是认为商品所以存在是因为还有社会分工。当然，社会分工的存在与商品的存在不是没有联系的。社会分工很重要，没有分工，只生产同一种产品就没有交换，就没有商品。但社会分工是否一定产生商品？那就不一定。我们设想未来共产主义社会分工将更多，特别是企业与企业之间，但能否说将来还有商品交换呢？恐怕很少有人说还有。的确遇到过这样的说法，广义地说共产主义社会也还有商品，因为人的劳动交换还会有，所以商品还有。如果从这个概念来说，我看那就不是基本符合不符合的问题。我们不能把概念与实际去套，实际是不断发展的，不能百分之百相同。但是如果完全不顾实际，概念就不可想象。社会分工对商品可以说是前提，但是，生产也是前提，没有生产哪有商品？因此，有了商品生产的前提不一定有商品生产。如果说是前提，那么前提很多，基本的是所有制，而不能说是社会分工。社会分工也不是社会主义不同所有制存在的条件，社会分工应该是社会化生产的条件。有生产不一定有商品，有分工也不一定有商品。

还有一种见解，在中国也好，外国也好，认为劳动的性质决定了商品存在。什么劳动性质呢？就是社会主义社会中，脑力劳动和体力劳动，熟练劳动和非熟练劳动，简单劳动与复杂劳动的差别还存在，尤其是个别劳动和社会劳动的差别还存在，所以个别劳动一定要交换，一定要折合为社会劳动，而这个折合就要通过商品交换,这是商品所以存在的基本原因。这种说法,我们中国经济学界存在,恐怕在国外(中国讨论这问题才几年)经济学界也相当流行。我觉得把劳动的性质作为商品存在不存在的理由是最不妥当的。因为这一逻辑的发展,认为不同劳动要折合为社会劳动,而折合要通过商品交换。实际上,他们心目中不是强调承认社会主义所有制,而是通过自由市场的联系。马克思说交换的比例不是由商品生产者主观决定而是在生产者背后决定的。这是什么意思呢?就是自发形成,就是自由竞争。因此从劳动的性质引出商品的存在,这是困难的,不应该单纯从概念出发,概念失之毫厘差之千里。必须根据马克思的方法解释。从劳动性质来讲商品存在,实质上是想通过市场的自发规律来形成比价关系。他所强调的必然不是有计划的、有组织的通过竞赛、成本核算来组织等价交换,而是通过自由市场竞争、自发势力形成买卖关系。另一方面从逻辑上,脑力劳动和体力劳动的差别,简单劳动和复杂劳动的差别在将来是消灭了,但是熟练劳动和非熟练劳动、个别劳动和社会劳动的差别是否还存在?应该说还存在。如果有人连这一点差别都否定了,那么就是恩格斯所说的康德哲学形而上学。我认为即使是同等熟练工人还会有不同的劳动生产率。因为设备、自然、社会条件不可能相同。同样机器也不可能生产同样东西,哪怕是自动化的。不可能所有的同种企业都用一种相同的机器,即使是一种机器相同企业都可以用,但总不能同时运去,同时装上,生产出等量的产品,即使这样,也还有不同的自然地理条件和不同的劳动组织以及不同的熟练程度。这就是说个别消耗与社会消耗是不会相等的。那么是否说将来还要商品交换呢?你一方面说共产主义条件下计算技术是自动化的,可以把每个产品的劳动消耗计算得清清楚楚。另一方面你又认为还要通过市场价格，通过个别劳动折合为社会劳动这种迂回曲折的道路，这在逻辑上是说不通的。那么主张劳动性质决定商品存在不存在理由的人，一般都是同用劳动者的觉悟程度来说明按劳分配连在一起，也就是说劳动还存在着差别，要实行按劳分配而不能按需分配。在这种情况下认为必须要商品交换来实现按劳分配，这种理论在他心目中注意的不是生产关系，而是恢复自由市场、自由竞争，他强调的是市场关系，不是强调等价交换和所有制。这种观点我认为最有害。商品经济的宽派学说与这种观点是分不开的。有社会分工就有商品交换，还有强调劳动性质那也是属于宽派的，他们把商品范围看得很宽，认为全民所有制内部关系也是商品关系，认为生产资料就是商品。苏联经济学界有这种观点，东欧也有。苏联过去生产资料不卖给集体所有制（指主要生产资料），那时认为生产资料不是商品。以后生产资料如拖拉机卖给集体所有制（这一点是好的，拖拉机为什么不能卖给集体所有制呢?!）。这时又认为生产资料是商品。那么全民所有制内也有商品了，这样就把商品关系引到全民所有制内部来了。他们从市场价值等外因论来解释社会主义计划经济，来解释全民所有制内部关系。苏联科学院经济研究所所长奥斯特罗维季扬诺夫院士主张从不同所有制来说明商品存在，但还有一些人反对，理由是什么呢？说从所有制来解释商品存在的原因，不能说明生产资料是商品，而应把商品货币关系用到全民所有制来。外因论在方法上有缺点，但从劳动性质来解释也不对。奥院士这一点主张是对的，是所有制决定了劳动的性质，而不是劳动性质决定所有制。奥院士还提到社会分工是前提，但社会分工不是唯一的主要的前提，将来不同所有制变成单一的所有制，但是社会分工还存在。所以用劳动性质来解释商品存在不存在，除了逻辑上理论上有缺点之外，他们所着眼的不是生产关系，不是社会主义中所有权的问题，不是要承认不同的所有制，而是要把商品货币关系、市场关系、自由竞争引到全民所有制内部来。这是我不能同意的。

还有一种观点，在我国经济学界好像较少，在国外经济学界讨论中有人认为，社会主义的资金需要补偿，所以需要交换。Ⅰ(v+m)和Ⅱc都要补偿。商品生产后卖出去都要得到价值补偿，特别是固定资产和流动资产需要补偿。由于资金补偿的需要，因此要商品交换。这个意见我不能同意。因为资金补偿到共产主义阶段还需要。马克思、列宁说，到共产主义阶段，生产生产资料和生产生活资料两部类之间相互关系，这两部类的固定资产、资金、物化劳动的消耗需要补偿，活劳动生活资料的消耗需要不断供给，那么能否说到共产主义还要商品呢？不能这样。那么这些经济学家为什么主张把它当作商品存在的理由呢？他们的心目中是强调这种补偿要通过市场交换来形成价值量，恢复自由竞争，经过千万次的交换迂回曲折来实现价值。

我今天讲的也还是概念，可以说从概念到概念。但不要机械理解概念，概念只是相对符合于实际。我看过去这些争论，有许多是名词之争。但是有许多争论，特别如从劳动性质不同决定商品的存在，以资金补偿的需要决定商品存在等原因，他们所强调的是商品货币关系、市场交换关系，在他们的心目中都是为了恢复市场自由竞争，而不是为了解释社会主义所有制。

总起来讲，概念、范畴我们要研究，但是不能从概念出发，而应当从解决什么问题出发。以生产关系来解释这一范畴容易解释清楚。

我在前面讲了一下商品的本质。商品所以成为商品，本质是什么？我认为是从所有制产生出来的。马克思所讲的，不是对商品最后下定义，他是不下定义的，他只对商品经济进行解释。这里我只对目前商品关系表示了我的看法。商品所以成为商品，最基本的是不同的所有制，我们强调商品生产等价交换是为了强调所有制，反对“共产风”。从这一精神看，不好从马克思某一句话、某一定义来谈。从商品交换看，我觉得社会主义社会一般的实际情况，在全民所有制内部流通的产品不是商品。因为这中间不存在不同所有制之间所有权的转让，社会主义全民所有制企业生产出来的产品价值包括 c + v + m，m 成为利润，这部分不一定补偿，作为社会劳动的一部分，由国家无偿调拨；c + v 需要补偿，就是物化劳动应重新补偿，工人生活资料要不断补充，这是等价的补偿，决不是交换。这到共产主义阶段也始终存在，但无论如何也不能成为商品存在的理由，c + v 补偿不能成为商品存在理由。在经济学界争论中，还有这样说法：一个社会的流通和经济过程是不能割断的。既然如此，怎么说这工厂的产品，譬如汽车，卖给集体所有制就是商品，而卖给国营企业、机关就不是商品了，这不是笑话吗！？是有这个问题的。社会主义生产关系是千丝万缕分不开的。但我们讲的是活生生的不同的经济关系，一种是不同所有制之间交换，国营企业产品与集体产品等价交换；另一种是全民所有制内部各企业互相交换他们的产品，这种交换中需要核算，完全补偿，因此也需要按价值交换。但这种交换不存在所有权的转移，不是商品，只是为了核算，本质上不存在所有权的转移。譬如长春汽车厂今年生产汽车 500 辆，以 100 辆或 50 辆支援某拖拉机厂或纺织厂或其他别的厂，作为国家投资，对这个汽车厂没有损失。但账要不要算？它作为别厂的固定资产也必须要算。但固定资产有50—100辆汽车，这只是核算需要，补偿需要，这怎么可与不同所有制间，即你不给他等价、他也不给你等价的产品一样呢？这关系是不同的。这又表现在商品公式W—W，两头W或中间加商品G（加不加无所谓），一头W不出门，另一W是不会进来的。至于欠账是个手续，经济学家是了解这一点的。国营企业不同，他们是不等价的，利润是上交的，无偿调拨的。有的汽车作为c+v的才用作补偿。这是两种生产关系。这两种生产关系，具体讲是所有制关系，显然是不同的。它们同时并存于社会主义条件下，互有影响。尤其社会主义条件下消费品采取商品形式。在全民所有制企业里，奖励、利润留成，这影响着整个社会存在商品交换。因此在全民所有制企业中，一部分与集体所有制发生交换关系，一部分与全民所有制内部发生产品关系。不好完全分开，实际业务中往往看不出区别。因此斯大林说：全民所有制内部交换的产品（指生产资料），基本上不是商品，但带有商品的外壳，指表面上还是商品。本质上说因为还有些消费品是商品，汽车中有一部分是商品，利润留成、用作奖励基金等许多还与商品范畴有联系。因此全民所有制产品在社会主义条件下基本上不是商品，全民所有制内部相互往来关系基本上不是商品关系，基本上把所有权转让全勾了。至于集体所有制与全民所有制交换关系，国营企业与生产队的交换，虽都是公有，但一是大公有，一是小公有，这交换中间存在商品等价交换。如不按等价来交换，那就是相互调拨，就破坏了社会主义条件下要尊重不同所有制的原则。破坏这原则，就是“共产风”。要尊重这一所有权原则，应当等价交换。你不能不拿出等价物向他要东西。这种关系，基本上是商品关系，虽然与资本主义商品交换关系、奴隶社会和封建社会商品交换关系，以及原始社会两个部落间的交换关系已完全不同了，但有一相同点，就是所有权的转让，而这是基本的。认为不存在自由竞争，不存在互相独立的要通过市场联系的生产者，就不存在商品，这种说法是机械的。自然的自发性交换关系是不存在的，以市场关系（交换）来解释今天社会主义的交换是错误的，它是有计划有组织的交换。当然这是商品交换，因为这里有所有权转移关系。苏联经济学家中有一派反对"自然经济论"，反对"货币经济论"，反对用市场价值规律、市场商品货币关系解释全民所有制的计划经济。其中两人——马雷舍夫、索波里受到许多人批判。1961 年还受到《共产党人》编辑部的批判。他们的基本思想我是同意的。我反对"自然经济论"，反对以商品货币关系来解释计划经济。但他们在这里有小辫子，虽然不否定商品，但他们没有说明还存在商品，因此不免被抓住辫子了。他们虽不主张无偿调拨，对"共产风"也是反对的，但问题是没有明确地肯定两种公有制之间交换的产品是商品。他们两人为什么坚持这一点，这是固执于马克思对商品的解释。但是，据我个人看，更错误的是反对和批评他们俩的那种人，他们确实要把货币市场价格不仅仅导入计划经济，而且要引入全民所有制内部，这是更危险的。马雷舍夫、索波里要反对的正是这种思想。在中国经济学界中，认为两种所有制交换是商品交换的人数多，但也有个别人不认为是如此，这一概念问题无需再争。但不可以说这是典型商品。马克思所认为的典型商品是否存在？既符合又不符合。因此基本上应认为是商品，这不光要（当然要）反"共产风"，对强调等价交换有好处，而且可以进一步说明经济关系。能否说是产品交换？国营企业与集体所有制企业关系能否以全民所有制内部关系或上缴利润关系来一律看待。这是不能一律看待的。这两种关系是不同的生产关系。一种是商品关系,以所有权转让为基础的商品交换;一种是产品交换,某种情况下这种交换是 c + v 部分。一种是等价交换,另一种可以不等价。农民向国家交公粮,是不等价,在理论上应当是不等价的。农民对国家的贡献往往通过价格差价杠杆,而这和资本主义社会的税收是不同的,不是剥削关系。农民要提供公粮,包括通过价格差价提供积累。国家建设、管理、国防,不光是工人的事,也是农民的事,农民也有一份,这是常识。因此这两种交换关系,不能混淆。不过概念上应把两种关系区分开来。全民所有制关系是共产主义社会的雏形;一种是商品交换关系,它是反映商品经济下所有权的转让,不好混淆两种交换、两种生产关系。为了不使其混淆,应给以明确的概念:一种是商品交换,一种是产品交换。这并不是为了概念之争。我们反对概念之争,但也不是随便假设一个名词算了,那是不要科学了,无法解释现实区别,会混淆两种生产关系,不要反对"共产风"了,不要区别了。

另外还有,对消费品是否是商品的争论较多,大多数人认为消费品在社会主义条件下是商品。但一部分人不认为是商品,他们认为这里不存在等价交换。为什么不存在等价交换?他们认为消费品卖给职工的部分,职工未出卖劳动力,劳动力在社会主义条件下不是商品,工资是劳动的证明,社会主义社会按劳分配消费品,因此这不是商品,是社会主义按劳分配的产品。我不同意这种看法。对于各种分配给职工的产品应承认是商品,现实生活逼着你一定要承认是商品。但如何解释 W—G—W 呢?为什么还有这公式?头一个 W 不是商品,则上述公式只有一半是商品交换公式了。我们不要从公式出发,在座的都是拿工资的,国家付给了人民币,你又如何说你用人民币去买消费品不是买卖关系呢？有人说职工向百货公司购买商品时不存在所有权转让，百货公司产品是全民产品一部分，不存在所有权的转让，职工是拿走了应拿的一分。我认为说不存在所有权的转让是诡辩。你要是不给钱拿走一件，售货员同意不同意呢？你拿六亿五千万分之一，这与属于六亿五千万人两者差得多哩！到共产主义社会不存在这问题了，不存在按劳分配了，他确实需要多少拿多少。那时觉悟也高，不会囤积居奇。但这不光是觉悟问题，决定于生产力。物质产品多了，不会堆到贮藏室去。不过那时还有办手续的问题，无人售货也可能，但最后还得检查。总之，今天的按劳分配关系中，不光形式、手续、登记，还存在所有权的转让。但按劳分配是要用证明票作劳动证明。有人认为到共产主义阶段是开支票到仓库去领东西了，这也不一定。反正这票叫劳动券也好，是证明你什么质的劳动，劳动了多少，凭它到国库中去拿东西。但这本身代表所有权，代表生产关系本身，他不好超过这一所有权，不能超过这限度多取得一分，不好到百货公司去多领得一分。在1959年的讨论会上我还讲过，上次也说明过了，证明我上次说的产品双重性是对的。那部分不过是使用价值与价值量矛盾关系。可规定应得多少价值量，但不好规定什么样的使用价值，这样会给人不便之处。他的工资以人民币代表他某种质量劳动一个月，只好从价值量上限制，不好在使用价值上规定，规格上限制。目前这种券那种券是我们在困难中迫不得已的方法，但就是有些商业人员认为这是共产主义产品分配的“先进经验”。实物配给在第一次世界大战中先从德国起，以后各国都实行过。这是由于物资不够造成的。我们今天实物上进行限制，也由于实物不够的关系。品种上限制有不方便之处，像有一年大蒜不足，实行分配，南方人不吃，但拿走了，不拿也是白不拿，可是山东人不够吃了。在实行按劳分配情况下，给他价值上限制了，使用价值不好再限制了，除非困难逼迫你实行限制。因此价值量上有资产阶级法权，即所有权有一定量限制，而使用价值要让他有选择余地，这是社会主义制度下应当牢牢记住的一条。五好商业服务员好好为消费者服务，使消费者最大便利的是在现有价值量条件下选择使用价值。而商品交换正是解决这一矛盾的。在按劳分配下，不能做到需要什么就有什么。所有权限制后，使用价值不应给限制。在困难较少的地方，还没有那么大搞配给的地方，对困难较大的地方迫不得已而实行的办法也机械套用，认为这是先进经验，实际这是为了解决困难而采取的迫不得已的办法，怎么能认为这是按劳分配的好方法呢！按劳分配最好的办法应当是所有权有限制，使用价值不限制，品种规格应有选择余地，解决这一矛盾的方法就是商品交换。这交换不是典型的商品交换，而是一方面是货币，价值量的证明信，就这点说已非一般的商品交换。但凭这证明信取得由他自由选择的应得的消费品，这是购买性质，凭这证明信去百货公司转让所有权还是商品交换性质，由全民所有转化为个人所有。因此商品交换公式这里成了半截子了（G—W）。认为不是商品交换是只从公式框框 W—C—W 出发，而不从社会主义实际出发。这我是戴帽子。承认是所有权转移关系，公式又如何解释？承认是所有权转让，才好承认是商品交换。用恩格斯的话解释，概念内涵不好不变化，半截子所有权的价值量已限制，使用价值可自由，之后，所有权才转让了。有的商品出门不好调换，这都是所有权限制，这是所有权转让关系，道道地地的商品交换关系。那为什么半截脱了呢？这像是 1842 年恩格斯在伦敦动物园见到的鸭嘴兽，是一种哺乳类动物下蛋的，他嘲笑过以后自己觉得自己认识还不够,忘了还未进化完,在半截子上停下来了。社会主义条件下商品都在退化,消费品也是商品,不能认为没有前半截,认为没有劳动力商品,消费品就不算商品了。这不算奇迹,我们这里是无剥削的,不存在劳动力的买卖。我认为货币也不完全是货币了,而是劳动券,证明信,计划价格劳动量符号(虽还未成熟)。为什么货币没有了,商品还存在呢?这很简单。商品是先于货币存在,原来是物物交换后才产生作为等价物的商品,再慢慢变为货币。商品先于货币存在,早生者不一定早死,不一定像生物界一样,生物界通常早生者早死,货币却可以迟生早死。从公式上是解释不通的,但从活生生的交换中可以了解清楚。这些问题争论不清,主要是从概念出发,忘了恩格斯辩证唯物主义认识论,认识和真理的关系,就是概念与实践永远符合而又不完全符合。搞科学研究应当搞概念,但为什么反对单纯从概念到概念?因为必须从实际关系来说明概念、范畴。

这章讲的是我所想的社会主义政治经济学本题的第一章,同志们不要以为(我自己也不以为)我讲得已很完全了,这里只是提出问题。有些是比较肯定的,有些如级差地租只为了说明社会必要劳动量才提出,未深入摸;有些我自己似乎以为通得过,比较肯定了,如研究社会主义政治经济学应从客观过程分析起,而客观过程是物质财富,因此先应研究什么是物质财富,而物质财富的细胞是产品。这点我越想越跳不出如来佛掌心,离开这点不好说明如商品买卖、二重性矛盾。而几千年来人类发明了商品交换,解决了这一矛盾。我们受"自然经济论"40 年来的影响,处处想否定这一矛盾。这一矛盾不仅商品存在时不好否定,产品存在时也不好否定,社会劳动与个别劳动的矛盾存在着,解决它,就有助于解决一系列矛盾。我只是作一试验,成功不成功大家研究,大家否定或慢慢肯定。

六、簿记和统计在社会主义经济中的作用

从前面几讲的内容,必然得出一个结论,要讲讲社会劳动的计算。如何计算呢?计算有三种:(1)业务部门的计算,(2)统计部门的计算,(3)会计核算。总之可归纳成两类:一是会计,二是统计。统计与会计有两种不同的记账方法,总的说要计算、记账、核算。关于这个问题,过去苏联许多经济学家把经济核算、成本、价格等范畴与所有制、商品生产联系在一起,认为在所有制没有差别时,这些范畴也就不存在了。这种看法是不科学的。我认为算账到共产主义社会还是要的。马、恩、列、斯都认为,经济核算、记账(包括会计、统计)以及业务上的计算工作是很重要的,甚至比资本主义社会要求更精确。马克思在《资本论》第三卷中讲到:"在资本主义生产方式消灭以后,但社会生产依然存在的情况下,价值决定仍会在下述意义上起支配作用:劳动时间的调节和社会劳动在各类不同生产之间的分配,最后,与此有关的簿记,将比以前任何时候都更重要。"①即在资本主义生产方式废止后,在社会主义、共产主义公有制社会条件下,劳动时间的调节和社会劳动在不同生产部门间的分配,以及与此有关的簿记显得更重要了。

关于簿记和会计有没有差别的问题。俄文中簿记和会计有两

① 《马克思恩格斯全集》第25卷,第963页。

个字。苏联是用德国的外来语。现在一般地认为会计是指记账原理,而簿记是实际具体的记账。

为什么记账、算账很重要呢?根据我们的体会,要从自发的市场经济变成计划经济,就要对一切商品的成本、每个商品包括的社会必要劳动量进行计算,讲究物质生产的劳动时间节约更为重要,不能靠空想、浮夸,要算账。资本主义社会每个企业都要记账的。封建士大夫对记账看不起,因为他们自命"清高"。这种看法是错误的,要把这种看法清除出去。马克思曾讲到共产主义时期,这种记账范围不是小了而是更大了,因为资本家是计算个别企业的消耗,而我们是计算整个社会的消耗,是算大账。不算账就无法计划。我们要学习资本主义企业中"字字必算"的精神,所以簿记工作是更重要了。

记账在政治经济学中有很重要的地位。这是社会必要劳动量从迂回曲折的表现到直接的计算。自觉地计算社会必要劳动量,计算每个部门、每种产品的社会必要劳动量,记好算清,是从自发的市场价值规律到自觉的计划经济规律的飞跃,即从必然王国到自由王国的飞跃,即从自发的社会活动变成自为的社会行动。恩格斯曾经讲到:人类社会真正从动物界生活状态发展到自觉的生活状态,是人类的自觉的计算。但是人们对计算的重要性认识不够,例如上海一个工厂的会计说:他的儿子再也不做会计工作了。又如一个会计教授曾说,会计这门学科是否算科学?我就鼓吹了一番,说马克思如何重视计算,马克思在《资本论》第二卷讲流通费用中的会计费用如何开支的问题时把会计工作提得非常高。马克思说:资本主义的经济活动,资本运动的统一,只有通过会计或簿记。机器、原材料、劳动者,这是资本的物质因素,在资金运动上有各种不同形式,而作为资本运动的统一体,必须在会计上表现出来。手工业者做这个工作可以用脑子记一下，自己计算，而大企业却不行，所以有了脱产会计，通过会计工作观察资本的运动。因此我们说会计工作不那么简单，在企业里会计工作远远超过一个技术员的工作。我认为研究经济的，先搞搞会计工作最好。我认为社会科学比自然科学困难，不仅是书多难读，同时社会实践更复杂，不像自然科学那样可以到实验室试验。所以我认为学经济学五年不长，就是六年七年我也不反对。我们工厂有"八大员"，其中重要一员即会计员。最好我们先当当会计员与统计员，深刻地体会体会具体的生产关系。

有些人讲，现在企业里经济核算的账不科学，不能反映经济活动的真实情况。他们说算账问题很多，对自己的职业没有光荣感，不敢负责。苏联经济研究所的一个女同志讲，他们搞会计、统计工作的同志都很安心，对职业有光荣感。我认为在统计机关待上几年，一切经济往来关系就清楚了。一句话，在大学里要搞搞实际工作，当当会计员，尤其是研究生，这样可避免成为空头的经济学家。我认为研究生第一年可以去当当会计员。"大跃进"以来，有些企业不记账了。以后李先念副总理提出要建立科学的簿记。这是值得我们会计专家深入研究的问题。有人说现在的账已从一捆捆变成一本本，但是建立科学会计的问题还没有解决。

我国的会计工作可分为三个阶段：解放初期，工业会计、成本会计采用外国的，反映了会计工作的殖民地状态；1953 年以后搞计划了，那一套不行了，逐渐推行了苏联的；在"大跃进"以后又把这套搞掉了，变成无账会计，无人会计。这不行。之后进行了恢复，陆续在恢复。

资本主义会计的特点，恩格斯在《反杜林论》中讲得很清楚了，到股份公司时，形成了一套会计核算方法，很严密，很难作弊，往来关系很清楚，不信任个人，但很繁琐。说明资本主义企业中经济往来关系很清楚，反映了人与人之间的牵制关系，所以账一查就明白。苏联对经济往来不大注意，他们认为共产主义银行是总会计。但是各个企业还没到那个程度，所以必须搞清经济往来。

会计不是纯技术工作，它还反映资本运动的统一体，而记账是反映经济关系的。会计组织与所有制有联系。资本主义社会对个人不信任，但是我们1958年搞无账会计，对个人太信任了也不对的。我们说报表很重要。资本主义社会也有报表，但没有像我们的那么重要。因为资本主义报表只报到企业，而我们要报到上级、地方、中央，等等。

关于对银行的看法。苏联认为银行是总会计，社会主义企业之间的往来通过银行监督，这是列宁的原则，是对的，这是与他们的经济集中有关的。但是否一定要监督得那样死呢？可见，这是与各国的管理体制有关的。为了很好地反映企业内部的经济活动，企业与企业的经济活动，企业与银行的经济活动，以及企业与国家的经济活动，即反映社会主义的全部关系，我们必须在会计制度上克服苏联的高度集中的缺点。当然，对资本主义企业的会计、报表，不是一切都要肯定，也不是一切都要否定，应该分别对待。

会计是经济学中很重要的内容，为了使我们不那么空虚，为了研究具体生产关系，我们对会计工作要重视。这是从自发的价值规律变成有计划的社会行动，从动物界到人类社会跃进的一个重要工作。

总之，会计是一种统一的经济活动，反映着经济关系，它不仅是个技术问题。会计、簿记组织与所有制有密切联系，并且与各国具体管理体制也有密切关联。如单线地与银行联系，就是与管理体制有关，而不是所有制问题。

第四题　货币与劳动券

一、货币是一般等价物

我开始学政治经济学时，对劳动价值论很注意，至于价值形态则只是作为一般历史来了解，而没有作为社会生产关系来了解。直到近几年在研究社会主义制度下的价值问题时才重视起来。

货币是价值的共同形态。货币最本质的东西存在于价值形态中。马克思说货币形态与一般价值形态没有本质的区别，而从第一种价值形态到第二种价值形态，从第二种价值形态到第三种价值形态都有质的变化。当时我们学习时，着重在劳动创造价值这一点上，至于四种价值形态只是从形式上去了解，没有意识到这正是社会主义生产方式同资本主义生产方式划分界限的地方。

关于价值到底是资本主义的范畴，还是不仅是资本主义的范畴的问题，我认为广义的价值范畴只要社会生产存在就存在（除自然经济外），至于商品经济所特有的只是价值的形态，即交换价值，而不是价值本身。马克思说共产主义社会不要价值，我体会，是指价值形态（交换价值）而言，并不是指的价值本身。

目前经济学界许多人对货币本质的了解似乎不对，当然也可能是我自己不对，总之是有争论的。

马克思的经济学说与古典政治经济学的分界线不在于劳动创造价值。劳动价值论不是马克思第一个发现的，斯密、李嘉图都早已提过。它们的分界线是在于价值形态上，古典派甚至没有想到这里有一个问题需要研究，这就是《资本论》第一卷讲的："谁都知道——即使他别的什么都不知道，——商品具有同它们使用价值的五光十色的自然形式成鲜明对照的、共同的价值形式，即货币形式。"①马克思说，我们现在要做一种资产阶级经济学从未尝试过的工作，那就是论证这个货币形态的发生，探求价值怎样由简单形态发展到迷人的货币形态。另外，马克思在《资本论》第一卷中又说："古典政治经济学的根本缺点之一，就是它始终不能从商品的分析，而特别是商品价值的分析中，发现那种正是使价值成为交换价值的价值形式。恰恰是古典政治经济学的最优秀的代表人物，像亚·斯密和李嘉图，把价值形式看成一种完全无关紧要的东西或在商品本性之外存在的东西。这不仅仅因为价值量的分析把他们的注意力完全吸引住了。还有更深刻的原因……"②

有人说这是注，不是正文，我说不能认为注就不重要。马克思所以在注中说明，是因为在正文中不便于插进去，而问题又很重要，所以才专门加一个注来说明。马克思在这里说明了把资本主义生产方式看成永恒的或历史的，分界线不在于价值，而在于价值形态，即商品交换的形式。

价值的四种形态不仅是货币发展的历史，而且是资本主义发展中表明了本质关系的过程。价值形态发展到最后，结晶为货币。货币是商品交换过程的必然产物，不同的使用价值被互相比较，通过交换，事实上转化为商品。交换之历史的扩大与加深，发展了商

① 《马克思恩格斯全集》第23卷，第61页。

② 同上书，第98页注(32)。

品中价值与使用价值的对立。为了使这个内在的对立得到外部的表现，要求有一个独立的商品价值形态，于是分化出货币。劳动生产物越是转化为商品，商品转化为货币的过程越是完成。

到将来，产品不同于商品的，不在于是否存在价值与使用价值的矛盾，而是这种矛盾在社会主义条件下，不再具有对抗性罢了。马克思指出，商品关系最复杂的关系不在于货币，而在于简单的价值形态中，在于偶然的物物交换之中。这就是产品中价值与使用价值的矛盾从非对抗转化为对抗的开始。价值与使用价值一方面是不可分离的，另一方面又是矛盾的。如一件上衣 = 20 码麻布。这里 20 码麻布表现了 1 件上衣的价值。如果 20 码麻布 = 20 码麻布，这就无非是 20 码麻布的使用价值。只有 1 件上衣 = 20 码麻布，才能表明一定的交换关系，互相对立的双方都是一定的使用价值，同时使自己的价值得到了表现。这里价值与使用价值的分离是因为有了两个独立的私有者。通过这个公式表明了商品内部的矛盾。简单价值形式因为它是偶然的，所以量的比例是不确定的。经过亿万次交换，各个不同商品间形成了客观的、统一的比例。社会必要劳动量通过亿万次交换而形成。商品内在矛盾的质的关系，在简单价值形态中已具备，以后各个形态的发展，直至货币形态，都只是使社会必要劳动在量上形成稳定，只是使简单价值形态中业已表现出来的矛盾逐渐尖锐化。

二、社会主义货币的本质

全民所有制生产关系是否存在着对抗性矛盾呢？我看不存

在。对抗性矛盾不是计划经济的内在关系。对抗性矛盾是货币最本质的东西。大多数经济学家认为人民币本质上还是地地道道的货币。马克思嘲笑资产阶级学者说,你不要从货币研究中知道货币是商品,这是颠倒了。马克思讲的货币是价值尺度,实际上就是讲的“迂回曲折”的问题。私人劳动要被社会承认,就要通过交换。“迂回曲折”就是指要通过交换而言。有人认为我们现在社会必要劳动不能直接用小时来计算,只能用多少货币来计算,这就是“迂回曲折”。其实这是计量单位的问题,并不是什么“迂回曲折”的问题。劳动差别的存在不能成为“迂回曲折”的理由。“迂回”与否就是承认不承认市场关系是我们计划经济的基本关系。我们现在的劳动是社会劳动,同时在量上不需要通过亿万次交换就可以确定,这就不存在“迂回曲折了”。“迂回曲折”在私有制下是“必然王国”。我们的计划经济不是建立在市场关系的基础上,但不认识它也不行。今天我们重新研究“必然王国”就变成“自由”了。我们认识了市场关系就“自由”了。

有人把货币同商品联系起来。集体所有制和全民所有制的交换,有所有权的转移,应该承认是商品。货币就是反映这种交换关系的。这不能把它看成是市场交换关系,而只是交换的比价。今天的货币基本上不是体现市场交换关系的。全民所有制之间的交换,根本不存在“迂回曲折”。两种所有制的交换,货币也不是地道的货币。当然,公社社员的劳动还不是社会的劳动,但这不是“迂回曲折”的原因。支付职工的工资是对每个人的劳动社会性的质和量的估价,这也不能算是“迂回曲折”。因此,货币后于商品而生,先于商品而死。

计划经济和“迂回曲折”是不能并存的,这是两个对立的范畴。

我国人民币不是代表市场的交换关系。市场竞争关系已不存在。我们的计划经济体系已经建立。作为一般等价物的货币已转变为劳动的计量单位,所以现在不能说人民币还是一般等价物。

我国的人民币和旧纸币有没有历史的内在联系?形式上是有联系,因为都叫做“币”,但其实质已经改变。人民币今天基本上是劳动券,它代表的生产关系已经不同。但它不是从天上掉下来的,1956年是人民币从货币转化为劳动券的关键。这个转变是从1949年开始的,由渐变到突变,1956年前后发生了突变。

三、社会主义经济中的价格

过去几讲——产品和商品、价值和使用价值、抽象劳动和具体劳动、货币和劳动券等范畴,归根结底是为了说明价格问题。价格问题是经济问题中牵涉各方面的中心问题。但要说清楚价格问题,不从以上范畴讲起,是讲不清楚的,不说明这些范畴在社会主义社会中的情况,就说不清楚价格的本质问题,前面讲的问题是价格问题和价格政策的理论基础。如果在价格问题上有分歧,那么,归根结底分歧是在前面这些问题上。

斯大林的《苏联社会主义经济问题》一书出版后,价值规律问题引起了世界性的争论。我国在人民公社成立后,提出了不要忘记商品生产和价值规律的问题。在经济生活中要弄清楚这些问题,就必须弄清楚价格问题。“共产风”、最困难也是头痛的“平调”的问题,主要的是通过价格来实行的。等价交换原则在今天更重要,如果不能自觉地掌握它,它就会自发地发生作用。但许多经济学家偏偏认为似乎有了高价糖和其他高价商品，等价交换原则不起作用了。等价交换原则还是客观存在的，你不承认它，它就让你在实际生活面前碰得头破血流。事实上，高价商品、自由市场说明什么问题呢？不就是说明等价交换原则是不能违反的，是客观存在吗！

对价格形成理论的分歧，实际上有两派，但分歧点不在价格本身，而在社会主义制度下，对价值范畴的两种基本不同的看法上。

（一）从价值的实体、从广义的价值范畴看，今天的价值已不是交换价值，而是一个社会必要劳动量，这样在逻辑上必然认为，社会主义制度下的价格的职能，就在于核算劳动量，价格就是价值的量的表现。凡是这样看的，必然认为价格要完成上述使命，就必须尊重客观规律，价格应与价值基本上相符合为原则，定价就是根据社会必要劳动量。

（二）从交换价值、价值形态的角度看价值，他们必然认为社会主义制度下的价格的职能，就是刺激或抑制生产，刺激就是把价格调高到价值以上，抑制就是把价格压低到价值以下。因此，价格的使命就是为了再分配国民收入。他们必然认为价格与价值应该基本上不相符。

这两种不同的看法，起因于对社会主义制度下的商品、价值的不同看法。我属于前一派。为了说明我的观点，要回过头来温习一下马克思在《政治经济学批判》中所说的最高级的规律是节约时间的规律。马克思说：“如果共同生产已成为前提，时间的规定当然仍有重要意义。社会为生产小麦、牲畜等等所需要的时间越少，它所赢得的从事其他生产，物质的或精神的生产的时间就越多。

正像单个人的情况一样,社会发展、社会享用和社会活动的全面性,都取决于时间的矛盾。一切节约归根到底都是时间的节约。正像单个人必须正确地分配自己的时间,才能以适当的比例获得知识或满足对他的活动所提出的各种要求,社会必须合理地分配自己的时间,才能实现符合社会全部需要的生产。因此,时间的节约,以及劳动时间在不同的生产部门之间有计划的分配,在共同生产的基础上仍然是首要的经济规律。这甚至在更加高得多的程度上成为规律。"[①]重复这一点,是为了说明,讲经济如果不讲节约时间就是外行。节省劳动时间就是《资本论》第一卷的内容,按比例分配劳动时间于各部门就是《资本论》第二卷、第三卷的内容。但《资本论》讲的是自发作用的情况,把自由竞争、市场经济撇开后,就是时间的节约及时间的合理分配。社会主义社会讲经济无非就是活劳动和物化劳动的节约,以及节约后的劳动在各部门的合理分配。我们的目的是建设社会主义,并过渡到共产主义。马克思在《资本论》第三卷中指出:"社会的现实财富和社会再生产过程不断扩大的可能性,并不是取决于剩余劳动时间的长短,而是取决于剩余劳动的生产率和这种剩余劳动借以完成的优劣程度不等的生产条件。事实上,自由王国只是在由必需和外在目的规定要做的劳动终止的地方才开始;因而按照事物的本性来说,它存在于真正物质生产领域的彼岸。像野蛮人为了要满足自己的需要,为了维持和再生产自己的生命,必须与自然进行斗争一样,文明人也必须这样做;而且在一切社会形态中,在一切可能的生产方式中,他都必须这样做。这个自然必然性的王国会随着人的发展而扩大,因

① 《马克思恩格斯全集》第46卷上册,第120页。

为需要会扩大；但是，满足这种需要的生产力同时也会扩大。这个领域内的自由只能是：社会化的人，联合起来的生产者，将合理地调节他们和自然之间的物质变换，把它置于他们的共同控制之下，而不让它作为盲目的力量来统治自己，靠消耗最小的力量，在最无愧于和最适合于他们的人类本性的条件下来进行这种物质变换。但是不管怎样，这个领域始终是一个必然王国。在这个必然王国的彼岸，作为目的本身的人类能力的发展，真正的自由王国，就开始了。但是，这个自由王国只有建立在必然王国的基础上，才能繁荣起来。工作日的缩短是根本条件。"①人类要进入"自由王国"，就需要更多的从事科学文化等精神领域的活动时间。为此，首先要发展物质生产部门，但不是极大地延长劳动时间，而是要缩短劳动时间，这就必须提高劳动生产率、节约劳动时间和合理分配劳动时间。社会科学就要研究改进劳动组织，改进生产关系和上层建筑。物质生产的基础是在农业上，但我们强调基础，并非是要把它无限扩大。时间的节约需要：(1)劳动生产力的提高；(2)物质装备。我们现在的苦战是必要的，这是由外在目的、贫困等决定的，所以我们还没有进入自由王国。真正要进入自由王国必须是劳动时间大大节省，物质财富极大丰富，即价值和使用价值向相反的方向发展。

我们讲产品、价值，是为了发展生产力，为了节约时间。缩小每个单位产品的必要劳动量，目的是把人类必要劳动时间压缩到极小，而又能获得丰富的财富，能用极大的时间从事精神领域的生产。经济学是此岸的事，讲物质生产的事，目的是使必要劳动时间

---

① 《马克思恩格斯全集》第25卷，第926—927页。

和剩余劳动时间缩短，而又要使财富丰富。经济学中的价格是物质财富的价值量的表现。我们应该使价格更正确地反映社会必要劳动量，才能使我们正确了解每个环节花了多少劳动量。如果计划价格不符合价值，在社会主义制度下它又没有市场经济的调节而形成平均数，这就会导致不经济。因此，价格应该以正确反映价值为主，不正确就是歪曲了实际。什么是计划价格呢？计划价格是自觉地有计划地制定的，它不是随着自由市场的变动而改变，而是在一定时期定了，就是定了，对了就是对了，错了就是错了。那么怎么才会了解定的是否正确呢？要经过一个较长时期，左研究右研究才能发现，而在自由市场则通过价格不断波动使其接近价值，大体上八九不离十的价格符合价值。就这个意义来说，是不是计划经济不如自由经济呢？唉！如果计划价格定了就定了，不管是否符合价值，而长久下去，就是不如自由经济。我们的计划价格应该是最灵敏的，是自觉的。如果以为价格不要符合价值，那还不如市场经济调节的价格。有些经济学者否定价格与价值的这种关系，而只主张计划价格定了就是定了，不管是不是错了。那么，这就会使社会劳动大量浪费，而致使经济发展从长期来看受到损失。这种经济理论是由经济学界存在的框框决定的，如劳动量、价值量能不能计算等问题。

中国讨论价值规律多，而对价格的讨论则少，原因有二：(1)对价值规律讨论不深，只就“平调”谈，只从政治上谈，没有从经济上讲。似乎价格不是经济学家研究的，是政策问题。(2)百家争鸣的风气不够浓。只是在内部讨论中谈及，但所谈还不及国际上的讨论讲得透，观点还是离不了上述两派。

价值能不能计算？应不应该计算？要不要计算？有人说价值

是不能计算的，认为价值量根本不能计算的理由，据查果洛夫编《社会主义制度下的价值规律及其作用》一书中，赫辛主张：价值不是劳动，而是一定的社会关系，所以不能计算，只能用恢复市场经济关系来决定。图列茨基引证恩格斯给施米特的信，从平均利润谈起，说明概念是相对的。他就认为恩格斯主张价值不能计算。这是曲解。恩格斯讲的是：（1）商品经济；（2）不能百分之百的绝对正确计算，但基本上计算出来是完全可以的。

在我们社会主义社会里，社会必要劳动量是可以通过各种方法计算出来的，这是由于：

第一，我们是公有制和集体化的生产，不存在像资本主义社会里的所谓"营业秘密"问题。在我们国家里，即使对个体小生产、家庭副业等，也能够通过调查推算，得出其劳动耗费的大体上精确的数字；更何况是全民所有制企业呢！应当承认，使我们得以比较精确计算社会必要劳动耗费的这种可能性，是社会主义制度决定的。有些人认为，只有广泛应用电子计算机等以后，社会必要劳动耗费才能"精确"计算出来。这种观点显然是不了解：我们需要的只是大体上精确的计算，这种计算不一定必须借助于电子计算机等工具，而可以凭生产经验等做到；如果一定要什么"绝对精确"的计算，那么，恐怕电子计算机等也未必胜任。因此，我觉得问题绝不是首先在计算的技术问题上。

第二，有些人又认为，我们今天还不可能"精确"计算社会必要劳动耗费，是由于还存在着简单劳动和复杂劳动、熟练劳动和非熟练劳动等差别。显然，这也不能成为理由。我觉得，这个观点也只是把重点放在技术方面，而没有看到，我们之所以能够计算，是由社会主义生产关系所决定的（如像按劳分配等）。事实上，应当承认,我们今天对劳动耗费不仅能够计算出来,而且还能够计算得比较精确。绝不能因为还不可能"很精确"地计算,就否认我们可能比较精确地计算。在这个意义上,可以说,所谓不可能计算的观点,的确有点陷入像马赫主义者那样的不可知论了,实际上是由于这些人思想里已经形成了一个固定的框框罢了。

此外,有人又说,价值是生产关系,因而不可能被计算。我们要问,那么,难道价格、资本等不是生产关系吗?难道有谁还否认它们可以被计算吗?可见,这种说法也是简直不能令人理解的。

总之,我们社会主义制度已为计算劳动耗费提供了可能性,因而,我们必须反对不可知论和虚无主义。

有人说,在社会主义制度下,价格可以基本上不符合价值,这种说法也是不可理解的。当然,如前所说,要价值能计算得"绝对"正确,要价格"完全"符合价值,不仅目前不可能,即使将来广泛使用电子计算机以后也不可能。这种不可能还在于:社会必要劳动量是在不断变化中的,从而价值量是在不断降低中的,所以,即使每分每秒钟都去计算,也很难把价值量计算得"绝对"正确;同时,即使能够每分每秒钟去计算价值量,也没有必要去每分每秒钟调整价格。目前,我们之所以还不能比较精确地计算劳动量,是由于我们的计划经济尚不够健全,基本上不是什么计算技术的问题;同时,即使在经济走上轨道的情况下,供求关系也不可能完全掌握。当然,在某种特殊情况下,可以使一些商品的价格低于或高于其价值,以调节供求;但这并不是基本的方面和经常的因素。基本的情况仍然是价格与价值的基本相符。

至今,仍然有人认为价格与价值的背离是基本原则,认为价格与价值如相符了,则价格就不起作用了。这是误解。实际上,价格只有当它更符合价值的时候,才更能成为价值的表现,从而它才更起作用。目前,也还有些经济学家硬说如果价格与价值符合了,就没有价格政策了。这个观点在逻辑上就讲不通。我觉得,这种价格政策的目的在于,通过价值的实际量和实现量、价值与价格的不一致,去刺激或抑制生产和消费(当然,这不是说价格仍有调节作用,但它通过与价值的一定背离而存在的影响作用还是有的;而且,更重要的是,这个作用是处于我们有计划的支配之下的)。上述观点,无非是要通过价格政策去进行国民收入再分配,实质上就是留恋于商品货币经济和"必然王国"。把价格认为是国民收入再分配工具的观点,必然认为工农业产品的交换理应以差价交换为原则。当然,应当看到,我国工农业产品价格间的剪刀差是有历史原因的,不可能在解放后一下子就彻底解决(而且,与这一问题直接有牵连的还有:国家能否一下子拿出那么多工业品去交换农产品?国家要不要进行积累?等等);因此,如果看不到目前尚存在的一定的剪刀差是一种积累的形式,那就必然会进而否认农民对社会主义建设事业的重要贡献。农民需要为社会主义建设提供一定的积累,这一点是大家一致肯定的,但什么样的形式更好,却是要研究的。目前,基本上是两种意见,一种是通过价格杠杆的办法,即维持目前做法;另一种是改变为直接税的办法。我是同意后一种办法的,即工农业产品交换基本与价值相符,积累采取明来明去的直接税的办法,但究竟如何逐步去做更好,还需要研究(因为这牵涉到诸如农民觉悟、习惯等很多复杂问题)。我觉得,认为农民通过价格这个渠道提供积累是"应该的"观点,是不对的。当然,如上所述,在目前就改变办法是有不少实际问题的,但却不能因此认为价格与价值的背离,甚至这种背离越来越大才好。无论如何,应该承认,通过价格涨落去刺激生产与消费,在我们计划经济中,绝不能成为主要的方面;主要的问题仍是应该使价格逐步符合价值。总之,我主张将来积累通过直接税办法进行,而产品交换逐渐达到等价;但目前只能通过逐步调整去缩小剪刀差,而不能一步登天(这特别是考虑到不致使市场出现混乱现象)。还有人因为对上述这些问题没有理解,进而怀疑当前条件下价值规律的作用。我认为,逐步使价格更符合价值,就能使我们的政策贯彻和体现得更好些;在这个意义上,我主张进一步研究社会主义制度下如何使负担、积累和再分配等诸政策执行得更好的问题。在社会主义社会里,劳动耗费的大小,始终应当是决定价格大小的依据。有些产品即使由于自然资源较缺乏而必须使价格较高,也终究不能成为主要的东西,不能以它去决定我们的价格政策。因此,归结起来,上述观点还是从旧的市场价值规律和不可知论出发,而忘记了我们计划经济的本质和特点。

第五题　劳动过程、劳动时间和劳动生产率

本题的内容相当于《资本论》第一卷第三、第四、第五篇的内容,即:绝对剩余价值的生产、相对剩余价值的生产、劳动过程、劳动时间和劳动生产率。在社会主义社会中不存在剥削,但劳动过程、劳动时间和劳动生产率的事实仍然存在。

《社会主义经济论》“生产过程”这一篇,在讲了产品、商品、劳动券、货币以后,就要研究劳动过程、劳动时间和劳动生产率。在这个讲题中包括的内容很多,也很难讲详细,不可能全面展开。

一、社会主义产品生产过程是使用价值创造和价值创造的统一

(1)产品二重性决定了劳动过程的二重性。

社会主义产品生产过程是使用价值创造和价值创造过程的统一。过去讲了劳动二重性和产品二重性。在研究劳动过程、劳动时间、劳动生产率时应重新明确这一点。产品的二重性决定了生产过程的二重性。只有明确了生产过程的二重性,才能进一步了解人与人之间的关系。

研究生产过程,不从生产过程的两个方面分析,就不能说明问题。生产过程一方面是使用价值创造过程,同时又是价值创造过程。劳动过程本身不仅是具体劳动,也是抽象劳动。前几十年社会主义经济学家否认劳动二重性,他们必然只看到生产过程使用价值创造的一面,从实物量的增长来看生产过程,许多问题解释不清楚。如总产值是实物量还是价值量指标?过去就把它当作价值指标,实际上是使用价值即实物量指标,即用商品实物量计算的生产指数。

如果不分清实物量和价值量以及二者的差别,那么我们对社会产品构成就会发生认识上的混乱。

我们在讲产品和商品一章时说过,产品的价值动态同它的实物量动态不仅不同,而且往往矛盾。我们对什么是财富,一般的只有价值量的概念,实际上不是如此,它是反映实物量的多少。有人说"富"是用价值来表示的概念,我看不是。如我们有 1000 个工人,劳动一天(10 小时工作日)就是 1 万小时,价值量每劳动一天是

1000 万元,创造的实物量是 1000 万件纱。这时,实物和价值是相符合的。但另一个生产周期(如 1 年)以后,劳动日缩短为 8 小时,劳动时间减少为 8000 小时,价值量减少了,但不等于说这个国家就穷了,财富就少了。而是说明社会允许缩短劳动时间,是因为劳动者可以在 8 小时内生产同量的甚至更多的产品,实物量是增加了,而价值量减少了。如 10 年中劳动生产率提高 1 倍,原来 1000 个工人,1000 个工作日生产的物质财富为 1000 万件纱,现在是 2000万件,实物量增加了,但价值没有什么增加。所以,总产值指标表现的是实物量而不是价值量。第二个生产周期每天劳动日减少 2/10,但生产实物量增加 1 倍。生产指数为 200%。

但是,计划经济不能用实物量表示,而是用总产值表示。因为在整个的国民经济中,纱的品种规格不同,使用价值增加了多少很难讲。何况还有其他的产品。1000 万件纱、1000 万斤粮食和 1 万部机器,无法加在一起,不同质的东西是不可比的。如何表示整个社会物质财富的增长呢?资本主义社会是通过生产指数,我们是通过全面的报表统计折合成为货币单位,即总产值来表示。假定劳动生产率提高 1 倍,总产品价值没变,每个单位产品价值量应减少一半。但我们是用货币把它固定下来,使 1000 万元变为2000万元,也增加 1 倍。这样的方法就可以把不同的产品加起来,但这时的货币单位已不代表它们原来的概念,而是表示实物量。

由于实际上棉纱由 1000 万件增加到 2000 万件,价值量不会增加很多,有时还会减少。因此,生产的发展和价值量的增加是不一致的。到共产主义社会,实物量的增加是无限的,劳动日也会缩短,而价值量却会减少,这种相反的趋势是存在的。

(2)社会主义劳动过程的分析。劳动力、劳动对象、劳动手段的含义和它们在生产过程中的作用,劳动力是否包括思想的因素?劳动过程中人的因素和物的因素的辩证关系。

有人说,社会生产力没有社会因素。这就是把生产力和生产关系孤立起来。它们是一对矛盾的两个方面。现在有些社会主义政治经济学空谈生产关系,离开了生产力来谈生产关系,并把生产关系缩小到占有关系,最多再加上按劳分配,实际上就是不看生产力水平,空谈生产关系的革命。现在注意了研究生产力的问题,但好像又是完全研究生产力而不研究生产关系。如指标过高的问题。生产指标是否仅是生产力的问题,而没有生产关系的问题呢?不是的,这些具体问题,本身就反映生产关系。

劳动生产力如果没有社会因素,这就只有自然因素了。那么,它就不是社会科学的研究对象,而是自然科学的研究对象了。马克思在《资本论》第一卷第三篇第五章中讲:"劳动首先是人和自然之间的过程,是人以自身的活动来引起、调整和控制人和自然之间的物质变换的过程。人自身作为一种自然力与自然物质相对立。"①这是因为,在使用价值的变化过程中,从这个角度来看,人作为一个自然的人,劳动是对自然的作用,说明使用价值在自然界发生变化。使用价值是自然因素,这在一定意义上说也是对的。但另一方面,使用价值又是对人来说的。所以马克思在其他地方还讲到,在分析商品时,看不出商品有丝毫的自然物质的原子在里边。可见在这里是把物质的方面抽象掉了,而是从社会关系来看这个问题。但是,这两方面的分析不能分开,它们有相对的独立性,但不能把它绝对化。如我们现在研究农业生产水平的问题,仅

① 《马克思恩格斯全集》第23卷,第201—202页。

把它局限于自然因素的范围内是不可以的。当然生产水平是生产力的问题,它不是与社会无关的,其中就有生产关系的问题,分开讲我是不大同意的。所以,我们不能把生产力作为自然物来分析。我们一方面要看到自然因素和社会因素的不同,但另一方面又不能把二者分开。即社会生产力不仅是自然因素,而且也是社会因素。不要从定义出发,而主要应该从经济内容来看问题。

(3)产品价值构成"c、v、m"的分析。生产资料资金在产品价值形成过程中的作用。价值转移的考察,是实物量的转移,还是价值的转移?转移的价值在再生产中的意义怎样?

社会产品的价值构成 c、v、m 三个方面,价值构成的考察与实物量是不能分开的,要从价值量和实物量来分析 c、v、m。中国经济学界对这个问题分析研究得很少。最近从比例与速度方面来研究 c、v、m 的较多,但从 c、v、m 构成本身来研究是很少的。苏联经济学界最近几年对这个问题作了分析和研究。

在 c、v、m 的分析中有这样一种看法,认为 v 与 m 的分析和研究比较复杂,c 在社会主义社会比较简单,这点我很不同意。c 的分析对研究社会产品的价值构成、实物构成都是很重要的。目前看来,c 的分析至少不比 v 与 m 简单,甚至比它们还更复杂一些。

为什么人们认为 v 与 m 的分析比 c 复杂呢?可能是由于我们在劳动工资、按劳分配等方面提出的问题较多,所以感到它们很复杂,而 c 比较简单。其实不然,因为我们从动态分析方面,从价值量和实物量不同发展的趋势来分析注意得不够。

c、v、m 如何分析?马克思在劳动价值学说中讲得很清楚。我们现在所以感到不清楚的原因,除"自然经济论"的影响外,还在于马克思分析量的动态时,都是以劳动生产率不变为前提的(如扩大再生产的公式），他的单位既是实物量又是价值量，二者是相符合的。在我们研究社会主义经济时，不能以劳动生产率不变为前提，实际上劳动生产率是变化的。要在劳动生产率不断变化的条件下来研究价值量、实物量增加多少，二者的再分配怎样。马克思的量的分析是为了说明质，说明生产关系。我们不仅要说明质，说明生产关系，还要分析量的变化。所以，我们的任务要比马克思的任务更复杂一些。我们现在讲比例关系都是讲的量，生产发展也是个量的问题。

c 的复杂性，从实际提出的问题来看也就是重工业的优先发展的问题。这对苏联、中国等过去落后的国家来说，重工业的建设很重要。只有优先发展重工业，才能使轻工业和农业技术构成不断变化，节约出活劳动来发展新的生产。可是中国和苏联都存在着这样的问题：发展到一定阶段以后，重工业应放到什么地位。毛泽东同志早就提出，优先发展重工业，但不能脱离轻工业和农业的发展。三者的关系实际上是甲部类和乙部类的关系，c 同 v 和 m 的关系，积累和消费的关系。我们提出农业为基础，农轻重为序。发展重工业的目的是增加物质财富，但最终是为了增加消费品，生产资料是生产消费品的手段。

甲部类（特别是制造生产资料的生产资料）优先发展到什么程度？价值量与实物量的变化影响怎样？恐怕最早提出这个问题的是波兰经济研究所所长明兹。他提出重工业的优先发展是再生产的永恒的规律呢？还仅是某一个阶段的趋势呢？他认为是后者。特别像苏联和中国这样的国家更是如此。这个论点和传统的看法是不一致的，引起苏联经济学家的批评，甚至说他是修正主义的观点。现在苏联的一些文章也提出这个问题，如固定资金、流动资金、物质消耗补偿的比例是增加还是下降等问题，不过讲得不很明显罢了。

明兹讲，苏联的统计资料表明，重工业的优先发展是相对的，而不是绝对的，特别是马克思讲的有机构成提高是指价值量，但实物量不一定如此。人们总是要用最少的耗费增加更多的产品。由于生产资料的节省，生产率的提高，实物量总是下降的。决定再生产规模的首先是实物量的问题，而不是价值量的问题。

从价值量上看，在技术水平不同的情况下，价值的构成 c 即甲部类的生产也不一定增加。技术革命有两种：一种是机器代替活劳动，c 的装备和价值量增加了，活劳动的相对比重降低，物化劳动上升。这种情况，主要出现在产业革命和机器大工业代替手工工业时期。但也会出现另一种技术革命，即用新机器代替旧机器，改善劳动工具和扩大它的效果，节约物资消耗，从而实物量减少，而价值量也减少。机器并不是越搞越复杂，它是曲线发展的。也可能物化劳动和活劳动双方都下降，但前者比后者下降得更快。当然也可能活劳动和物化劳动比例不变，但双方的绝对量都在下降。总之，二者都可以下降，而在一定阶段，可以出现物化劳动下降得快而有机构成降低的情况，从而使重工业的优先发展并不是永恒的。他还谈到积累，即扩大再生产，但积累的比例是变化的，因此，重工业的优先发展也不是永恒的。

对于上述观点我还有一些问题解决不了，即什么是简单再生产？马克思假定有机构成是 1∶1，这个比例是价值量还是实物量？过去是当作实物量来看待的。如一个工厂有 500 台机器，不增加也不减少就是简单再生产。现在看来有问题。如 500 台机器经过技术改造，一台可以变为两台，或效率更高，产品增加了，但价值量不变，所以还是简单再生产。我认为马克思的简单再生产公式，指的是价值量而不是实物量。上述情况，马克思称为内涵的扩大再生产。但在分析时把它抽象掉了，并把价值量和实物量当作一致的前提下进行分析。而我们今天则要在劳动生产率提高的前提下，把价值构成和物质构成分开来考虑，因为二者是不一致的。

我们过去分析的简单再生产，仅仅指的是实物构成，则生产资料的生产是不断扩大的，这时迫切要求重工业的优先发展（无论价值量还是实物量都增加了）。如在内涵的扩大再生产条件下，就没有重工业优先发展的问题。所以，我觉得，优先发展重工业是相对的。

归纳起来，关于转移价值部分的产品对社会产品的比例，我很同意明兹的意见。苏联公开的统计材料也证明：在社会产品中，物质消耗部分不是上升，而是逐渐下降。马克思说资本有机构成不断提高，是从价值量讲的，是从 c 与 v 的比例讲的。但从实物量看，从社会产品看，c 是减少的。如果社会产品的部门构成不变（所以要假定部门构成不变，是因为在不同部门物质消耗的比重是不相同的，如畜牧业比植物栽培业、技术作物比粮食作物物质消耗多，重工业比轻工业的物质消耗多，在重工业和轻工业内部物质消耗的比重也是不同的），社会产品中物质消耗部分是逐渐下降的。因为随着技术的发展，机器和原料虽然增加，但产品增加得更多。物质消耗的节约是技术发展和经济发展的必然结果，这是应该承认的。

c 与 v 的比例更复杂一些。马克思说是 c 的比重提高，明兹说不一定。别人说他是修正马克思的学说，是反对优先发展重工业。

其实,他不是讲的这个。他讲得有道理。马克思是根据19世纪以及20世纪初期的资料讲的,是从机器代替活劳动这个角度讲的,因此活劳动在产品中的比重降低。明兹提出:全盘自动化以后出现的新机器,主要不是节约活劳动,而是变得更轻巧、更简单、更有效率,大量生产这种机器时的物质消耗,在实物上和价值上都是降低的。他认为应当承认有这种可能性。明兹还特别提出美国1910年以后的统计资料,它表明垄断利润不是下降而是逐步提高了,也就是说m是增加了。

总之,明兹的论点是这样:有可能出现第二种技术进步或技术革新,它所节约的物化劳动比活劳动的节约更多,所以物质消耗在社会产品中的比重降低了。同时,m的比重也不是逐步下降,而是逐步上升。他认为马克思只是从一个角度看技术进步,没有考虑到技术进步能够节约物化劳动。马克思指出利润率有下降趋势,也是与有机构成的提高相联系的。

明兹也肯定在社会主义建设的现阶段,要求先发展重工业,这个时候的技术发展主要能节约活劳动。至于节约物化劳动的技术进步,现在已经出现,将来可能成为主要的。

明兹的看法,理由还不充分,但很值得研究,不要轻易说人家是修正主义。你要驳倒他,要有充分的论据和资料。研究这个问题很有好处,各个社会主义国家都缺乏重工业,作为农业国出身的人,发展重工业、改变落后状态的雄心很大,从来没有考虑到明兹提出的问题,把重工业优先发展绝对化,为重工业而重工业,农轻重不按比例发展。优先发展生产资料生产是什么意思呢?马克思对两部类的分析很简单,全部原料都是生产资料。我们讲优先发展,并不是指砂糖、棉纱这类生产资料要优先发展。列宁分析得细一些,优先发展不是指所有的生产资料,而是指重工业,即采掘工业、动力工业、冶金工业、机器制造工业等。重工业、轻工业是生产资料工业和生活资料工业的通俗说法,基本上是统一的。重工业和轻工业之分,不是指重量的区别,也不是指物质消耗所占比重的区别。对社会主义社会来说,不只是要讲社会发展的大原则,还要解决许多具体问题。《资本论》的分类是不够的,不能老是在那上面兜圈子。

分析生产资料和消费资料、重工业和轻工业,应当从两个不同的角度来观察。从一个工厂看,缝纫工厂的产品是生活资料,经使用的棉布是生产资料。从整个社会看,棉布就不是生产资料,植棉、纺纱、织布等于是缝纫工厂的一个车间。在分析的时候,从观念上可以把这许多工厂、部门看做是一个一个的工序,一个一个的车间。研究社会生产两大部类的比例时,原材料可以跟着成品走,成品分为生产资料和生活资料。工厂法是从一个工厂的观点分析物化劳动与活劳动的消耗。国民经济统计则是从整个社会来考察,只有用来生产钢丝等的煤炭,生产机器等的原材料、动力才是属于第1部类。这样划分,才能从整个社会经济的角度把马克思的两部类划分说清楚,才能说清楚要优先发展什么。对第1部类,我们主要是强调劳动工具及生产劳动工具的原材料,说明劳动工具的作用。考察物质消耗时,不论从一个工厂或者整个社会角度看,劳动工具在发展生产中都起最重要的作用。强调优先发展重工业,发展c,目的是发展生产力。因为重工业生产劳动工具,它代替活劳动本身就意味着提高活劳动的效率。庞巴维克这句话是说得对的:提高劳动生产率的最重要的方法是技术进步,是劳动工具的改革。

我说这一些，都是为了说明社会产品构成中的c是很重要的理论问题，是影响实际工作的重大问题。算清社会主义企业中的物质消耗是属于经济核算的问题，算清老本的问题。在前几年“大跃进”中，企业的账很糊涂，特别是物质消耗的账最不清。如果多算了，就是把新创造的国民收入当做物质消耗，把扩大再生产当成了简单再生产，不过这还不要紧。尤其不好的是少算了，把老本亏掉了，消耗了的东西不补偿或补偿不足，等到发现问题的时候，一下子又补偿不了，或者要很长时间才能补偿起来。这几年就是没有注意及时进行物质补偿，这里就包括对物质消耗计算不正确的问题。前些时候工业上不去，就是因为设备已经用坏，旧的坑道坏了，新的坑道没有修建起来；旧的矿井采光了，新的矿井没有建设起来。

上面讲了社会产品构成中的c的问题，下面谈v和m的问题。在社会主义社会里，c是代表物质消耗，社会产品中的转移价值；v代表物质生产部门的劳动者及其家属必需的生活资料的价值；m是剩余劳动创造的价值。

国际国内对剩余劳动和剩余产品范畴是否适用于社会主义经济有不同的意见，斯大林主张不能用，理由是不能认为发展社会文化教育等事业对于工人是不必要的。虽然这是个名称问题，但可以讨论一下。因为名称是代表一定的事物的。我认为还可以叫剩余劳动、剩余产品。依照我的逻辑，既然承认“剩余产品的价值”的说法，那么，甚至剩余价值一词也可以采用。社会主义社会当然不存在剩余价值的剥削，它是工人为社会和为自己创造的，不再为剥削者所有了。

社会主义和共产主义社会为什么可以沿用剩余劳动、剩余产品这两个词呢？马克思讲必要劳动和必要产品，这个必要，不是对社会来说的，甚至也不是对工人说的，他说的必要劳动是指对于工人的劳动力再生产，即工人自身及其家属所必要的生活资料的再生产所必要的劳动时间，生产必需的生活资料的劳动所创造的产品就是必要产品。这种必要不仅是生理上的，还包含由社会文化发展水平所决定的必要。剩余是对这种必要说的，即超过在当时条件下工人必需消费的生活资料的部分。剩余并不是不必要。社会主义社会的存在，也要工人能生产维持自己生存以外的产品。总之，剩余是对必要而言的，而这个必要一般说并不是对工人必要不必要。《资本论》第一卷说，必要劳动不以"劳动的社会形式为转移"①，是否可以作为论据？因为在任何社会的整个劳动中，总要有生产劳动者生产必要生活资料的劳动时间。必要劳动并不是指对工人必要不必要。

积累与消费是不容易安排妥当的，安排是否适当，直接影响人民生活，是个政治问题。在保证人民生活不降低并且有适当提高的条件下，v 与 m 如何分？有人认为，国民收入中 v 与 m 的划分在将来不重要，理由是将来实行按需分配，工厂不支付工资了，个人消费变成了集体消费，生产单位与消费单位分开了。这种变化是会有的。但是，这只是消费形式的变化，例如将来要办食堂，消费的很大一部分要变成集体消费。消费形式是否是政治经济学的对象？《资本论》讲生产、交换、分配、消费，对消费本身只略略提到。到将来，随着消费由个体到集体，甚至在个体消费逐步富裕的时候，如何安排消费，生活过得更好，是个重要的经济问题。消费恐

① 《马克思恩格斯全集》第 23 卷，第 243 页。

怕要作为政治经济学的一个题目，作为消费的形式、消费的组织来研究。

新创造的产品有一部分是保证劳动者及其家属生活的，是维持简单再生产所必要的。这部分的存在，不会因为消费形式改变而改变，它在国民收入中所占比例如何，是永远要计算、要研究的。生产这部分产品的劳动时间占整个社会劳动时间的多少，也是永远要研究的。除此以外，共产主义社会还要有很多扣除，马克思在《哥达纲领批判》中已经讲了，在社会产品中除了要扣除消耗掉的生产资料，还要扣除用于扩大生产的基金、储备基金、社会管理费用、文教卫生事业费用、社会保险基金、国防事业费用等。有一些是办工人福利事业的，现在还较少。有些到了共产主义社会就不要了或者很少了（国防费用）。所有这些也都是要由劳动者提供的。

讲到这里，我感到有个问题不好解释。恩格斯在《反杜林论》中说，在共产主义社会，“任何个人都不能把自己在生产劳动这个人类生存的自然条件中所应参加的部分推到别人身上”。[①] 将来剥削者是没有了。可是，在非物质生产部门工作的人员是不生产物质财富的，他们从事精神劳动、管理劳动。恩格斯是不是说，非生产部门的人也要从事生产劳动呢？当然是应该做一些的，但是能不能与生产人员做一样多的时间？如果是一样多的时间，非生产部门的人的工作时间就比生产部门的要长，他们除了做同样多的生产劳动以外，还要做精神劳动。为了拉平，生产部门的人就要从事精神劳动，而且时间也要与非生产部门的人一样。这样一来，就

① 《马克思恩格斯选集》第3卷，第333页。

没有社会分工了，每个人既做生产劳动，又做精神劳动，比如说，一天劳动 4 小时，做 2 小时生产劳动，又做 2 小时精神劳动。但是我怀疑这种理解方法。虽然很可能有许多人从事科学、艺术活动，但总还要有专业的科学家、艺术家、社会管理人员。

到了共产主义社会，体力劳动和脑力劳动的界限没有了，可能是每个人都搞生产劳动。管理机关、文教部门的人员的生活资料也是由自己生产出来。但也可能是这些部门的物质消耗还是要从物质生产部门划出来，非生产部门的人员可能是除了作为体验社会生活而搞点生产劳动之外，基本上是在非生产部门工作，这些人员的生活资料要由生产部门提供，国民收入还要作这种扣除，m 的部分还是要存在。

所以将来仍然要研究 v 与 m 的划分，只是消费的形式和大小有不同而已。社会产品中 c、v、m 的比重，可能是这个时候这个增加，那个时候另一个增加，并不是 c 无限制上升，以至变为 100%，v、m 则成为 0。

二、充分利用劳动时间和自由支配时间

马克思说，人们还是为着物质生产，而最终还是为着生活而劳动，就终究还是不自由，人类要达到生产物质资料所需要的时间短而剩下的时间长，才能到达自由的彼岸。外国话说劳动时间和自由时间，用中国话讲就不确切，似乎劳动时间就不自由。英文中自由即空闲之意。人类要达到自由，必须使物质产品极大丰富。为此，必须使劳动生产力达到充分发展；为此又要改进生产

工具，使原材料消耗得少，相当于c的比重减小，这就要进行第二种技术革新。而在进行第二种技术革新之前，又首先要进行第一种技术革新，即用机器代替人的手工劳动，代替劳动力。要真正的达到自由，就要提高劳动生产率，把劳动时间压到最低限度，用更多的时间来发展科学，而不再是体力劳动和脑力劳动的对立。到那时，社会分工仍然存在，只是空闲时间可以自由支配，从事不同的科学研究。

今天的现实问题是如何提高劳动生产率。

物质生产中要很好安排农轻重的关系，要以农业为基础，在这个意义上讲，除生产农产品以外的劳动可以说是剩余劳动。

劳动生产率的涵义和计算的方法。劳动生产率的涵义在国内外有争论。严格的讲，分母是劳动的量，分子是产品的量，劳动的质可以转变为量。不同部分如何比较？可以通过统一折合成总产值或实物量。劳动生产率是以劳动作为基础，不能再把生产资料等物质混进来。倒过来变成一定单位的产品的使用价值量，成为价值范畴，是从另一面反映劳动生产率，但这是间接的反映，是劳动生产率的倒数。

我认为劳动生产率的涵义是劳动创造的财富如何，即单位时间创造的财富多少。分母只能是劳动，归根结底是活劳动的效率，其倒数只能间接说明劳动生产率。价值范畴能反映劳动生产率，但不是劳动生产率本身，好比镜中的人影。分母中要把c放进来也可以，但在观念上要明确，不是作为物化劳动，而要作为过去的活劳动。如果混同起来，分c和v就没有意义。分开是为了说明提高劳动生产率，是指要提高每一时期活劳动的劳动生产率。虽然可以把 c 和 v 放在一起,但讲真正的劳动效率,还是指当时的活劳动的效率。劳动生产率,严格地讲,只能以活劳动作分母,实物量作分子。实物量/劳动量,就是劳动生产率。不论怎么说都只能用它来计算,争论是可以的,但这一点我认为是不可能改变的。将 c 放进来虽是间接表明效率,但并不能说明真正的劳动生产率。

资本家的狗腿子一进工厂,一眼就看出工人的工作效率多高,这是现实问题。

经济效果和劳动生产率是两个范畴,劳动生产率是说明人与自然的关系。从另一角度来看,利润指标更重要。讲劳动生产率则活劳动的作用更大。

从整个国民经济范围看劳动生产率,需经过间接计算,这就要懂得数学,甚至高等数学。

三、充分利用劳动时间和提高劳动生产率的主要途径

劳动生产率的提高,归根结底是由于技术的进步,生产力的发展,特别是工具的改革。所以,劳动资料、劳动对象的作用都包括在内。有人认为这是机械唯物论,这样说是不对的。因为生产力决定生产关系。从总的方面看,技术的进步、工具的改革,是劳动生产率提高的基本原因。

但是,生产关系、劳动组织对劳动生产率的提高,也有很大的作用。例如:1959 年 11 月 14 日《人民日报》报道的,煤矿实行“四八作业”,这是通过改进劳动组织,充分利用交接班的空闲时间,从而提高劳动生产率的例子。这是一个好经验,是一个方向。又如:1961 年 6

月 14 日《人民日报》关于鞍钢从加强管理中寻找增产潜力的报道，讲的也是因为改进劳动组织，大大地提高了劳动生产率。这些改革，都不属于自然科学、技术科学研究范围之内。劳动组织是政治经济学的概念，是我们大家必须研究的。

充分合理地利用劳动时间，有重要意义。有人写文章，提到在苏联，如果损失 1% 的劳动时间，就要损失几十亿卢布的财富。中国也是一样，损失 1% 的劳动时间，要损失多少财富，这是可以计算的。

"苦干"与"巧干"的关系是 c 与 v 的关系。我们不能总是"苦干"，不能总是把月亮当太阳。c 的绝对量，随生产的发展、技术的进步是不断地增加的。是否能充分有效地利用 c，对提高劳动生产率有重要的意义。活劳动可以停止，可以减少，但是 c 的自然磨损与价值磨损，还是存在的。这也是劳动的损失。

所以，提高劳动生产率的途径，技术革新、劳动组织的改善都包括在内。从唯物论出发，技术革新是主要的。在一定的情况下，生产关系起决定的作用。生产关系中还有生产中人与人的关系与分配关系，甚至还有自由时间与劳动时间的关系。这些问题，都是必须研究的。

第六题　分配原则和分配形式

这里所说的分配，不是指整个社会产品的分配，它既不包括生产资料，也不包括全部生活资料，而是指按劳分配的那部分生活资料。关于实行按劳分配的原因，过去把所有制强调得多了一些，而把生产力放在次要地位，似乎它是间接的原因。

一、社会主义阶段“必要”产品分配的基本原则——各尽所能按劳分配

首先要研究的是按劳分配的客观必然性。不外是生产力、生产关系、思想意识这几方面的原因。这三个因素对于按劳分配的影响,哪一个是基本的?有没有主要、次要、直接、间接之分?前几年学术界的意见(反映那时的潮流),似乎把思想意识的原因、所有制的原因强调得多一些,而把生产力看作是次要的、间接的原因。社会主义社会为什么实行按劳分配,而不实行按资本分配?为什么没有剥削?这是由社会性质、所有制决定的。当然社会主义所有制也取决于一定的生产力发展水平。最早发生革命的不是生产力水平最高的国家。但为什么社会主义国家不实行按需分配而实行按劳分配?这是由生产力水平决定的,不是所有制决定的,也不是思想意识、觉悟程度决定的。徐崇温同志的《按劳分配的性质》一文的论点,是有代表性的,他没有完全否定生产力的作用,但认为生产力是通过生产关系来决定按劳分配的。社会主义社会不实行按需分配,这与生产力有关系,但它是间接的,直接决定按劳分配的是所有制,但这不是指两种所有制,因为社会主义社会可以有单一的全民所有制,而是指社会主义和共产主义社会所有制的主体——人是不相同的,所有制的客体——商品(不是产品)也不相同。其实,他说的所有制实际上不是所有制。他认为生产力决定分配,是通过所有者来决定的。当然他不同意思想意识决定分配,而是说社会主义所有者——人还斤斤计较,所有制的客体是商品。实际上,他仍然是认为思想意识决定按劳分配,但直接不好说,就拐了弯说。

决定社会主义实行按劳分配的原因，从历史上说，是所有制决定的，而不是由生产力水平直接决定的。至于不是按需分配，就是因为生产力水平较低。即使社会主义国家生产力水平达到美国的水平，但社会产品还没有达到极大丰富的程度，也还不能实行按需分配，只能实行按劳分配。任何违反按劳分配的做法，都会破坏生产力。生产力、生产关系、思想意识这三方面的作用是不等同的。例如美国，钢产量达7000万—8000万吨，而开工率只有60%，这是资本主义生产关系束缚了生产力发展的表现。如果实行了社会主义制度，可以充分发展生产力，达到物质财富充分丰裕是很快的。但他们"人不为己，天诛地灭"的资本主义思想的消灭，却是要很长时间的。如要三个条件都具备了，才能实行按需分配，那么十年二十年后产品极大丰富了，但因思想意识关系，不去实行按需分配，还是不可思议的。实行按需分配，对有资本主义思想的人进行教育来说，会进行得更好些。前一阶段经济学家的论点，反映了前几年的思潮，强调的是思想觉悟，不强调生产力，这一思潮促进了供给制、大办食堂等等。我们强调按劳分配不按需分配取决于生产力，而不取决于思想觉悟，这是有意义的。过分强调思想的作用，就走到反面，破坏了按劳分配，破坏了生产力发展，反过来又影响思想觉悟的提高。平均主义的结果，赏罚更不公平，因而这几年思想反而没有提高，甚至某些人更坏了。

由按劳分配向按需分配过渡，必须处处考虑生产力，必须从产品极大丰富出发，谨慎从事。

按劳分配是否取决于劳动差别？劳动差别对按劳分配有关，如果没有差别，就没有按劳分配问题。没有差别，就只有按需分配或平均分配。在生产力水平不高、不能实行按需分配的条件下，劳动有差别，不能实行平均分配，平均主义破坏生产力，只能实行按劳分配。如果产品极大丰富了，可以实行按需分配，虽然劳动仍有差别。

关于劳动力所有权问题，这是中国经济学家的创造。这种提法有没有根据？很多人由于受了“生产力论”的恫吓，不敢从生产力来解释按劳分配。有人说，社会主义制度下劳动力是公有的。劳动力从生理上说是个人所有，但从社会关系来说是公有的。我们强调服从分配，从所有制来说明，这没有好处，这给资产阶级以话柄，说我们是奴隶劳动。社会主义制度下劳动力不是商品，但是不是产品？所以，这是法权上的财产关系，把人当作财产，实在不大好。把劳动力当作所有的对象，实际上把人物化了。

劳动差别和劳动报酬，应该成正比，不应是反比。复杂劳动与简单劳动是1∶2∶4∶8，劳动报酬是否要1∶2∶4∶8？还是差别不要太大，1∶2∶3∶4就可以了。这首先是劳动好不好比。但怎么比？商品经济中是通过商品交换，通过劳动力的流动、竞争，确定了劳动力的比例。社会主义社会不适用这一原则，因为劳动力不是商品。但否定劳动的可比性，结果就或者是竞争、盲目流动，或者就是盲目确定工资，甚至否定了核算，这在理论上为平均主义开辟了道路。怎么比？具体劳动不好比，抽象劳动也难办，用秤称，还是用尺量？这样说，人的政治品质也没法比了。比较劳动主要通过产品进行（把技术装备抽象掉）。社会主义制度下客观上通过产品的比较来比较劳动，再加上人们主观的、历史的、社会的经验，可以有计划地比较劳动。劳动的质的差别和劳动报酬是否要等比？社会主义社会初期应该是等比的。他对社会贡献大一倍，劳动报酬也应大一倍。这才符合按劳分配。恩格斯讲，社会主义制度下复杂劳动创造的更多价值应归于社会，加上列宁讲过不要斤斤计较。前二年用这两句话来反对计件工资。恩格斯的话有一个前提:公有制后,复杂劳动的培养是社会花的钱。我们今天只是开始实行,而且是对1949年进学校的人,才是如此。而对现在的大学毕业生,他是自己花钱的,因此恩格斯的话不能完全实行。我们大学还是收费的。即使国家培养,也是十年寒窗,社会也要承认,应该赏罚分明。理论上应该承认恩格斯的话,因此解放初期应该强调等比报酬。以后,一方面劳动差别缩小,另一方面熟练劳动逐渐由国家培养,因此报酬差别应缩小,而且比劳动差别缩小更多,也就是说不成等比,而仅是正比。这不是平均主义。但这是长期的,不是十年二十年的事,而是一代两代的事。社会主义初期不应强调差别缩小。

按劳分配是资产阶级法权还是无产阶级法权?按劳分配前两年强调是资产阶级法权,现在强调首先是无产阶级法权,又是资产阶级法权。这不是实用主义。为了纠正"共产风",首先强调是无产阶级法权有好处。按劳分配在资本主义制度下是不可能存在的,而是无产阶级革命的产物,所以首先是无产阶级法权。但进一步研究,这仅是对资产阶级法权歪曲的纠正,在理论上没有增加什么东西。马克思、列宁讲按劳分配,是以无产阶级革命为前提的。正如无产阶级专政一样,是没有资产阶级的资产阶级法权。他们是针对拉萨尔资产阶级平等观点而说的。实行按劳分配,不是平等分配。在社会主义制度下,平等分配是不可能的。首先,劳动的质与量是不平等的,即使质量相等,负担也不等。最合理的是按劳分配,承认不平等的平等。对这种不平等要保护它,这是法权。从法权来说,从强制来说,是资产阶级的,共产主义阶段用不着,但社会主义社会却不可避免。说按劳分配首先是无产阶级法权，在当前宣传上有意义，在理论上没有增加东西。严格说，不是无产阶级法权，无产阶级的最高理想是实现共产主义，共产主义阶段没有法权，没有按劳分配。按劳分配不是理想，而是迫不得已。

按劳分配原则在不同所有制之间是否实行？按劳分配是否适用于集体所有制？适用的，但比较复杂。集体农民是公有制下的劳动者，应该实行按劳分配。但集体所有制中，分配原则除了按劳分配外，还有别的因素。他是生产资料集体所有者，在家庭副业范围内还是个体所有者。因此，还有按资金分配的原则。否则，集体所有制资金、家庭副业的资金也不能补偿。而且也应给予一定的利润、所得。某一集体经济单位，由于资金多，条件好，劳动效率也比别人高，这一部分应归集体经济单位所有。个人所有问题也一样。既然承认个人所有权，那么，必须让他收回转移价值，而且应由他们获得一定利润。所以，在集体所有制下，除了按劳分配外，还有按资金分配。农民实际收入中 v 与 m 不分开。因此，从现象上看，好像农民不是按劳分配。m 除了贡献给国家外，就归自己所有。我们反对把按劳分配看作社会主义社会的动力，反对斤斤计较。我们强调按劳分配，也是为了更好地开展共产主义教育。

二、“必要”产品的分配形式

在社会主义制度下，按劳分配形式主要是工资。在集体所有制经济中，商品性生产扩大了，也会采用工资形式。从整个社会来说，工资是按劳分配的主要形式，妥当否？从发展趋势来说，是妥当的。

工资是否是流动资金？是流动资金。工资与资金是两个范畴，但从企业管理来说，工资基金应该在流动资金之内，是劳动基金的一部分。无论从一个企业或整个社会来说，研究再生产，不把过去劳动产品作为资金，就不能核算。c 要不断补偿，这几年把老本吃了，吃了大亏，甚至简单再生产也不能维持。同时 v 也要不断补偿，过去劳动要贮藏一部分，使工人在这个劳动过程中有吃的。工人工资不是这一次劳动创造的，而是过去劳动创造的。流动资金中生活资料部分和原材料每次都要补偿上。所以马克思区分了 c、v 后，又区分了固定资本和流动资本。

工资形式中最大问题是计件工资、计时工资问题。1958 年、1959 年、1960 年对计件工资搞臭了，这是偏向，现在看来是不对的。在这以前，经济学家把计件工资搞得太香，认为是按劳分配的最好形式。社会主义制度下，某一场合计时是最好形式，某一场合计件是最好形式，某些场合不允许计件。是否生产力发达适宜计件，生产力落后适宜计时？不是。倒是手工业适于计件，而自动化企业却适于计时。说计件工资最能体现按劳分配，表面上是对的，实际上不对。因为产品多少和劳动的质和量不是一样的，产品多少与技术条件有关，技术发明往往是前人积累的结果，而不是一个人的结果。“大跃进”中否定计件工资太多。计件工资的弱点是客观存在的，原因是，产品的质与量不完全取决于直接生产者劳动的质与量，有许多复杂因素，不能把产量提高归在直接生产者的贡献上。在生产过程中，对生产最后成果的影响很复杂，有的是直接生产者劳动的质与量，有的是别的劳动者劳动的质与量（撇开计算上的差额)。实行计件工资时,计算定额很复杂,因此一般来说,定额比较稳定的适于计件;定额不稳定,而且直接劳动者和别人劳动的质与量分不开时就不适于计件。计件工资发生的缺点,不是它更好地体现了按劳分配,而是不能体现按劳分配。有人说,计件的缺点是太按劳分配了,其实是它在有些条件下,太不能反映按劳分配。苏联经济学家认为计时工资是落后的工资形式,在计件不合理时,仍维持计件。结果物极必反,计件工资搞臭了。在定额可以正确反映直接生产者劳动的质与量时,实行计件是好的,可以推动生产。当定额不反映劳动的质与量时,计件就发生问题。在前一情况下,计件赏罚分明。因此要发挥计件工资的优越性,就要有许多措施,如劳动组织、技术规程等要跟上去。但定额科学化的代价如果太大,也不宜于计件。计件工资是计时工资的变相。劳动是一个过程,时间是计算单位,计时工资能体现劳动的质和量。计件表示劳动成果。这两种形式无所谓谁优谁劣,要看条件来确定哪种形式好。过去的毛病是,对具体问题研究得很少。不研究具体问题,理论上就说不清。

关于奖励制度。在资本主义制度下,奖励也是劳动力的价格,但资本家是利用奖励形式来分化工人的团结。资本家做了许多坏事,但提高了劳动生产率。我们的奖励制是补工资形式的不足。工资是基本形式,但有时不能完全反映劳动的质与量,因而要用奖励制来补充。怎么运用奖励?这点我们不如资本家。这不是个人奖、集体奖那个为主的问题(这要看具体情况,有时个人奖好,有时集体奖好)。但是奖励不能成为工资的主要形式。如果工资中奖励占了很大比重,领导上就应当考虑改变工资制度。计时、计件各有利弊,但不能完全反映劳动的质与量,因而要奖励补充。奖励过多,表明不是奖励出了毛病,就是工资制出了毛病。这个问题过去研究不多。现在要研究的问题是:(1)奖励与工资之比重;(2)集体奖与个人奖(这两个问题实际工作中有研究);(3)奖励应否考虑政治思想? 过去普遍的缺点,就是把政治思想放在第一位,说这是政治挂帅。现在明确了,把政治觉悟作为奖励标准是错误的。从经济上说,政治觉悟在生产中应表现为生产效果。政治觉悟高,有时是空的。这是客观情况。

三、按劳分配向按需分配过渡的必然性及其途径

由于生产力不断发展,劳动差别逐渐缩小,分配差别也将逐渐缩小。但今天应强调等比例,过渡再慢慢来。目前要强调巩固、发展,不要强调过渡。巩固按劳分配,就是要反对平均主义;发展它,是指扩大按劳分配。解放初期,我们把高级知识分子的收入压低了,劳动报酬差距缩小了,我们要恢复等比。解放13年,总的是平均主义偏向。

但可以逐渐过渡。过渡形式是集体消费。这方面苏联经济学家讲了很多。他们认为按需分配可以逐步实行,可以按产品种类分别逐步实行。

问 题 解 答

一、关于抽象法的问题

有的同学提出,用抽象法,抽象掉不同的所有制有好处,但是

也有缺点:(1)脱离实际;(2)社会主义是个很长的历史时期,不能急于过渡,若那样就分不清社会主义阶段同共产主义阶段的区别了。关于以上两点,我认为只要注意就够了。在分析生产关系时,不要以为实际上只有一种所有制存在。我要提醒大家的是,我们在研究中,甚至在表述中运用抽象法都是必须的。讲所有制问题也要有个先后次序,这样主要是为了研究。研究不能仅停留在表面上,马克思说表面现象是最复杂的,怎样通过表面现象来认识本质呢?最主要的是应当抓住公有制,全民所有制,把这说清楚了,再说集体所有制和个人所有制。穿衣服也是一件一件地穿,脱衣服也是一件一件地脱。但我同意同志们的意见,在运用抽象法时,不要成为虚无主义。

二、关于政治经济学的对象问题

同学们提出:政治经济学的对象应当是生产关系,紧密联系生产力,而不同意主要的是生产关系,次要的是生产力。我不反对,这两种说法没有什么区别,这是修辞学问题。这个问题在苏联经济学界也是有争论的,我看到苏联科学院奥斯特罗维季扬诺夫院士的一篇文章说,政治经济学对象不能使生产关系与生产力脱离。这点很重要。恩格斯在1894年写的一封信中说:"我们视为社会历史的决定性基础的经济关系,是指一定社会的人们用以生产生活资料和彼此交换产品(在有分工的条件下)的方式说的。因此,这里面也包括生产和运输的全部技术装备。……此外,包括在经济关系中的还有这些关系赖以发展的地理基础……”①如果把技术装备和地理环境说成是生产关系决定的是不对的,但是生产关系不能脱离这两个条件。毛泽东同志在《论十大关系》的报告中,就提到沿海与内地的关系、老工业基地同新工业基地的关系等问题。这就是地理环境问题,离开这些是不能研究生产关系的。如在包头建厂,就应研究当地的地理环境、铁路分布、矿藏分布、人口密度等。经济学不研究这些问题研究什么呢?有时马克思和恩格斯在解释问题时,被人们误认为是下定义。我过去引用过恩格斯对政治经济学对象的说法(生产方式),有人说那是他在1844年时说的,当时思想不成熟。而上面引用的那封信却是在1894年,写后不久恩格斯就逝世了,不能再说不成熟了。总之,我觉得马克思说的政治经济学的对象是生产方式的问题,其意思是可以解释通的。不要把生产力看成是可怕,完全不敢提,好像生产力低于生产关系。这是一种偏见。如果这样,我也可以偏到另一方面去,从唯物论的角度来看,生产力是决定生产关系的。

三、关于“不能把上层建筑放在生产关系中”的问题

我完全同意这个意见,规章制度是上层建筑,但它是反映生产关系的。如田契是上层建筑,而它也反映了土地关系。我不同意说这种制度是生产关系,那种制度是上层建筑。

① 《马克思恩格斯选集》第4卷,第505页。

四、关于“生产力包括劳动组织,是国家业务部门研究的,放在政治经济学中会混淆不清”的问题

我很不敢同意这种观点。例如,有的同志说实际业务部门是务实的,而我们理论工作者是务虚的。这在某种意义上说是对的。但是实际部门也并非完全没有理论概括,比如人民公社60条,工业管理70条,也有理论分析。在企业部门的业务中也分固定资产(厂房、设备、机器)和流动资金(原料、工资)。为什么不把棉花和工资算在固定资产内呢?为什么不把棉花的价值算在折旧中呢?实际业务部门讲指标,我们讲范畴、概念,这中间又相差几何呢?实际上是一样,从工厂会计角度当然是把棉花等分类来统计的,与《资本论》上所讲的一样。为什么他们是实的,我们是虚的呢?这两方面不能分得那样清楚。我们的学习难道还不是为解决计划机关、财政机关等的实际问题吗?马克思主义理论和具体业务分了家就不对了。这是我不同意这个意见的原因。如果说这就“混淆不清”的话,我看还是“混淆”点好。

五、关于劳动的差别的问题

马克思说的脑力劳动和体力劳动是指劳动的性质,而不是指劳动者自身。到了共产主义社会,劳动过程中还会有手工劳动。从个人来讲,大家都做些体力劳动和脑力劳动,把两者结合起来了,上半天做体力劳动按电钮、打锤子,下半天做科学研究。不仅是物质的,而且是精神(知识)的再生产。将来简单劳动和复杂劳

动没有了,但熟练劳动和非熟练劳动的区别会永远存在。如在这个工厂、地区是熟练劳动,但是换个工厂和地区就不熟练了,还要从生到熟。抽象与具体也永远存在,但在分配上却不存在差别了。将来是否还有工程师和工人、农艺师和农民之间的差别呢?我不能肯定回答,恐怕还要有。那时职业教育者恐怕还是要较长时间教书的。一定的分工还是要有的。社会劳动只有专才有精。

六、关于价值同交换价值问题

有人说,价值同交换价值本质上是一回事,将来交换价值没有了,价值也不会存在。我说过好几次了,它们在本质上不是一个东西。将来交换价值没有了,但价值还会存在。我曾反复说过,马克思批判亚当·斯密和大卫·李嘉图就是因为他们看漏了价值形态。有形式要有内容,我说将来没有价值形态了,但是价值内容还会存在,只是它不再通过价值形态来表现,而是在使用价值形态上,通过统计直接表现出来。马克思所说的几种价值形态没有了,也就是说不借助于镜子照自己了。这个价值形态和我所说的统计是两回事。否则马克思也不会同意的,以为把价值形态看漏了。所以不能把这两者当成一个东西。

七、关于消费品是不是商品的问题

我曾说:"现在的消费品还是商品,将来就不是了。"有人问:

"消费品是属于自己的,是不是商品?"我的话有毛病。有人说我是从分配观点,而不是从生产观点看问题。我否认这是分配观点。按需分配和按劳分配是由生产决定的。到了共产主义社会,东西多了,不是不能到百货公司去拿消费品,而是不需要去拿别人的东西了。马克思说,消费品永远属于个人所有,实际是不存在这个问题的。因为当时人们有恐共产主义病,怕什么都是不属于自己的了。最近骆耕漠同志写了一篇文章,其中提到"资产阶级式的法权……首先是无产阶级式的法权……"这个提法很好。马克思所说的法权,就是指限制的问题。这是生产决定的,不是分配决定的。因此,将来就不是商品了,现在是商品,也是在一定意义上讲的。在这点上我同意苏联的马雷舍夫等人的观点,我宁愿是苏联的马雷舍夫、索波里派。他们就认为社会主义的产品不是商品。马雷舍夫的新著:《社会主义制度下劳动的计算和价格》,现在正在翻译中,大家将来可以读一下。

流 通 过 程

去年上半年,我将一些不成熟的想法连续讲了半年,原想暑假后接着讲流通部分,在暑假中也作了些准备,结果因故未来讲。现在决定讲下去,再拖也不行。

流通部分我自己想得更少些,更不成熟,条理更差些,好在不作正课讲,是课外座谈,自由些。我只是提出我的想法,这些想法也与我们研究所的部分同志交谈过,所以也代表一部分人的看法。是感想,不能讲是有体系、有论证、有材料的学说。

我原来的计划是准备分生产、流通和再生产三部分。以前已讲了生产部分。这半年是讲流通部分。分五个题:第一题流通概论;第二题固定资金;第三题流动资金;第四题生产资料的流通;第五题消费资料的流通。中心之一就是社会主义社会有无流通?

我的观点中始终贯串一个看法:要研究社会主义政治经济学,不破机械唯物论是研究不好的;同样,不反对“自然经济论”也不行。在讲流通问题时也要如此。

第七题　流通概论

先要讲一下流通的概念,即流通一般。从社会主义制度下是否存在流通讲起，这很重要。

为什么要从社会主义制度下是否存在流通讲起呢？目前我们虽然没有见到有哪一个人系统地写过文章，否定流通的存在，但是自发地、相当本能地否定其存在的观点还是相当普遍的。在实际工作中对流通的重要性认识也是很不够的。如：1960 年年底，我们研究所的同志在讨论《社会主义经济论》如何写的时候，很多同志提出：社会主义经济中是否存在流通？认为现在是过渡时期，还存在商品和买卖，因此有流通，但这不是社会主义经济内在的生产关系所决定的，而是旧社会遗留下来的。我在上海与企业里很多同志交谈时，他们也很本能地、自发地认为不存在流通问题，而只有物资分配、调拨。这种看法相当普遍。这是受“自然经济论”的影响，把社会分工与企业内部的技术分工混同的结果。但是，我前年在上海与一部分同志交换意见时，当我讲到要反对“自然经济论”时，有一位前辈就说，这个问题经济学家早已解决了，言下之意，好像我提出这个问题是无的放矢。

一、生产和交换、交换和流通、交换和商品交换、流通和商品流通

我国研究社会主义政治经济学的时间不长，即使在苏联也不过是 40 多年。因此对很多问题研究得不透。而相对直接生产过程来讲，把流通作为一个经济过程来研究是更不透，讨论得更少，至多是对商品流通的具体形式有些讨论。

党的八届十中全会关于商业工作和巩固集体经济的决议，在

理论上,系统地研究了社会主义社会的流通问题。中央各部在准备这些文件的调查研究工作中,也感到有很多理论问题未解决。社会主义流通和生产的辩证关系又如何呢?是不是还值得注意呢?我们一般地是强调生产决定流通多一点,而对于流通对生产的作用、对集体经济的巩固和发展则讲得少一些。

流通(包括商品和产品流通)首先是由生产决定的,这必须肯定。没有生产出来的东西,或生产出来的东西少,流通当然困难。生产是第一性,流通是第二性,这应肯定,否则就不是马克思主义者。但是流通和生产的相互关系中,流通不光是被动的、被决定的,相反,流通工作做得好坏,对生产可起促进或促退作用,对集体经济能起巩固或瓦解作用。毛泽东同志指出过:财政工作不能只是为财政而财政,财政要为经济服务、为生产服务,要起促进生产的作用。这是实际部门的工作问题,但与我们的理论研究也有关系。流通要作为独立部门研究,应从理论上肯定社会主义流通的重要性。

社会主义社会是社会化的生产。所谓社会化,不仅表现在企业规模的巨大,更重要的还表现在社会分工的发展,企业之间的关系更为错综复杂。社会主义与资本主义的区别何在呢?

首先是表现在生产过程中:是私有制和公有制、有剥削和无剥削的区别。

但是还有一个重大的区别:一个是计划经济,一个是盲目的、自发的经济。企业之间的复杂关系,是不是就是流通过程?在我国已有的文章中还没有人提出否定,但在实际上自发的否定是有的。国外有这种意见,认为产品只是通过分配,不经过流通,社会主义经济就是自然经济,没有流通、交换。过去我也有这种看法,这是不对的。

苏联有一个阿·克留切夫,写了一篇《论作为经济过程的交换的内容》的文章,对流通的重要性作了说明,并指出在苏联经济学界根深蒂固的观点,是认为社会主义条件下不存在流通,把流通和商品流通混为一谈。他认为流通过程是相对于生产过程而独立的永恒存在的过程,在共产主义阶段也有流通过程。他的观点与我的看法不谋而合。但这文章没有明确提出反对"自然经济论",他反对产品二重性,所以讲到后来在逻辑上讲不下去。但他对社会主义流通讲得较好,很值得读一读。

千千万万个企业为了互相交换产品,组织成一个统一的有机体,虽然这个过程有生产过程,但主要的还是流通过程的问题。我们通过计划来代替市场,把千百万个企业组成为一个统一组织。这个计划是什么计划呢?大家就会讲这是生产计划不是流通计划。这就是受"自然经济论"的影响。因此,我在讲这个流通过程的第一题时,首先要从有没有流通开始。要讲一讲流通一般,攻一攻"自然经济论"。要"立"社会主义社会确实存在着流通的观点,"破"否定流通的"自然经济论"观点。研究时还是要从抽象出发,从流通一般出发。

什么是流通(流通一般)?

马克思在《政治经济学批判》导言中指出,生产一般是一个抽象,这是一个合理的抽象,它把生产中最共同的特点固定了起来。这很重要。如果只看到特殊,看不到一般,那么就没有基础;而只看到一般,不看到特殊,就会有超阶级观点。马克思的话也可以用到流通中来,也可以讲流通一般。研究流通一般,不光是一个学术问题,对实践也有很大意义。

苏联经济学界四五十年来,从否定社会主义政治经济学到承认广义政治经济学,实际上是承认自然经济学。由30年代到50年代斯大林逝世为止,这20年中“自然经济学”占统治地位,从未跳出斯大林的框框。这几年来进一步发展了,反过来讲斯大林轻视价值规律和商品交换,从“自然经济论”走上另一个极端,强调商品生产和价值规律。但这是从市场价值规律来讲的,而不是从广义的价值规律来讲的。所以,我们要反对两个倾向:“自然经济论”和“商品货币关系论”,来建立我们的社会主义政治经济学流通观点。

为了达到这个目的,我们要讲流通一般,要建立一个流通理论。不是某一部分的,而是完整的,相当于马克思《资本论》第二卷的内容。这是去掉资本主义形态,联系到社会主义公有制的特殊性的流通。

所以,我们在研究时要从另一个角度来运用抽象法,要从全民所有制内部来研究流通,而不是从各种所有制之间来研究它。

商品流通只是流通过程的一半,物资供应也应是流通过程的一部分,因为生产资料的流通是流通过程的重要部分,从马克思《资本论》第二卷的内容来讲,主要是研究生产资料的流通。但是,在科学中,在实际工作中,把物资供应放在生产过程中,把流通过程只讲成商品流通,这值得很好研究。

如何来说明流通一般呢?

我认为应从分工讲起,从企业内部的分工来说明。社会内部分工和企业内部分工是不同的。计划经济代替市场经济,不是代替企业内部的生产关系,而是把企业与企业之间的关系,自觉组织起来,这正是流通问题。计划经济实际上是以企业之间的分工为基础的,因为企业内部的分工是技术分工,是有组织的,这和企业之间的分工不同。流通中千万个企业的关系,马克思叫它为物质代谢,这是一个客观的经济过程。流通过程是讲在社会生产和再生产过程中,固定资金和流动资金如何不断得到补偿。否定流通过程,否定流通一般,就是由于把社会分工和技术分工等同之故。最先是亚当·斯密把二者混同了,马克思在《资本论》第一卷"工场手工业"中对此进行了批判。以后在苏联也曾有这种看法。

否认流通过程的客观基础,是私有制消灭以后,产生了自觉的、有组织的物资供应,而没有自发的市场货币关系了,因而人们产生了一种错觉,认为商品交换没有了,就是流通一般不存在了。

二、产生"自然经济观"和"无流通论"的客观基础

在概论中,我们一般地要把流通和分配区分开来。

之所以要讲流通一般,是因为半世纪以来的社会主义政治经济学有一个观念:认为流通就是商品流通,除此之外,就没有流通。他们认为,在社会主义社会里根本不存在流通。

整个马克思主义政治经济学起源于德国,而社会主义政治经济学则主要是起源于苏联。我们研究社会主义政治经济学不能不受苏联的影响。当然,苏联产生否认社会主义流通的看法有它的客观条件;我们受苏联的影响也有我们的内因。人们以为社会主义的经济关系是一目了然的,我却认为不是这样。一目了然论是可笑的。我们知道现象和本质总是不一致的,如果两者是一致的,那么科学研究也就没有存在的必要了。

产生"无流通论"的另一个客观原因是:在社会主义社会中,有

些产品的交换在实质上是流通，但在表现上似乎是分配。如物资供应，特别是生产资料的供应不是经过商品渠道，而是由物资供应总局分配的。因此，人们认为：在社会主义社会里，只有生活资料的流通，没有生产资料的流通。应该指出，这是一种假象。这一假象之所以产生，又与私有制的消灭和公有制的产生有密切联系。但更重要的原因，是没有从社会主义各国的经验去看。我们社会主义建设的规模很大，生产资料总是供不应求，因此，国家只能按计划来分配和供应生产资料。这样，生产资料的流通看起来却像分配，于是产生了错觉，把流通看成分配了。进而便认为社会主义只有生产、分配和消费了，把马克思说的四要素之一的交换（即流通）看掉了，否定了。其实，我们今天的物资供应并不是分配，它与政治经济学意义上说的分配完全是两回事。所以，为了说明社会主义社会有没有流通，还要讲分配，以便把流通与分配一般地区分开来。

分配和流通，在政治经济学意义上是完全不同的。

分配应该首先是指产品的分配。马克思说过，在分配产品之前，要分配劳动工具和劳动力，产品的分配只是劳动工具和劳动力分配的结果。这就是原来政治经济学意义上讲的分配。分配可以分为初次分配和再分配。初次分配就是把产品分为物资消耗（c）、必要产品（v）和剩余产品（m）。再分配主要是对于剩余产品的再一次分配。初次分配与再分配是再生产的一个因素，是和直接的生产过程不可分的。我们现在的生产资料供应，是产品交换而不是分配。

所谓交换，就是已经分配的产品在生产者之间的互换，只有经过这种交换，产品才能作为现实的生产要素来发生作用。产品与一般的自然物不同，它只有在消费中才能成为现实的生产物，消费者若不去消费产品,产品就不能最终成为现实的产品。交换就是生产与消费之间的媒介,没有交换作为媒介,就没有社会再生产。可见,分配与交换是两个完全不同的范畴。

我们现在的物资供应工作,指的是全民所有制内部的物资供应,不包括集体与全民之间的如农民为纺织厂提供棉花之类的物资供应工作。我们所讲的物资供应工作,包括这样两个部分:(一)补偿已消耗的物资(这当然不是分配),这是简单再生产中的"物质代谢";(二)扩大再生产中追加的生产资料,这是新的投资,是分配。但这是计委的工作,不是物资供应总局的工作。这是积累资金的分配,是要实现扩大再生产的新投资。物资供应总局在这里只是起生产与消费之间的媒介作用。在物资供应工作中不发生分配问题,只是在生产资料供不应求和吃掉了老本时才发生再分配问题,但这是非常情况,而不是正常情况。所以,不能把物资供应工作当作政治经济学意义上的分配。

如何把全部生产组织为一个整体,这是计划工作中最大的问题。解决这个问题,就要特别注意研究生产资料的流通。

透彻地了解社会主义的流通过程,要有产品的两重性和劳动两重性的思想,要从产品两重性的角度来研究流通过程,即要注意产品的价值量方面和实物量方面。马克思说过:"交换过程使商品从把它们当作非使用价值的人手里转到把它们当作使用价值的人手里,就这一点说,这个过程是一种社会的物质交换。一种有用劳动方式的产品代替另一种有用劳动方式的产品。商品一到它充当使用价值的地方,就从商品交换领域转入消费领域。"①把马克思这

① 《马克思恩格斯全集》第23卷,第122页。

段话中的“商”字改成“产”字，这段话就完全适合于社会主义社会。在社会主义社会里，由于社会分工的发展，每一个企业都不是直接为自己生产产品，产品对于企业自己没有使用价值，因此，需要交换。没有这种交换，就没有两部类之间的交换。

但是，要交换，光有各个企业互相提供产品这一点还不够，因为还不能进行独立的经济核算，不成其为经济上的交换。真正的综合平衡不能光靠实物，综合平衡既包括实物平衡又包括价值平衡。部门之间、企业之间的平衡，归根结底是价值平衡。而不承认抽象劳动和价值范畴，就没有价值平衡，就不可能有严格的经济核算。不依价值的交换，就是乱调拨。因此，应该把物资供应还原为抽象的一般的劳动交换，不然交换就没法搞好。经济工作的条条块块都要注意两个平衡：实物平衡和价值平衡。否则，抽象劳动的“分配”和具体劳动的“分配”就会发生矛盾，如同在分配你们学生的工作中出现所学非所用的情况一样。只有既注意实物量，又注意价值量，才能进行严格的经济核算。否定价值，否定抽象劳动是不行的。

阿·克留切夫虽然反对“自然经济论”，但他不懂得产品的两重性，这是他的一个很大缺点。由于他不懂这个，所以他在许多问题上陷入了自我矛盾状态之中。他不承认产品的两重性，却又承认有产品交换。那么产品交换如何进行呢？不同的使用价值相交换如何计算呢？没有社会必要劳动的概念又如何计算成本呢？如何实行经济核算呢？克留切夫在口头上不敢否认经济核算，但是在实际上把经济核算否定了，因为他否定了价值范畴，否定了抽象劳动。

我讲了很多，基本思想是：以最小的劳动耗费取得最大的劳动效果，就是劳动生产率不断提高，就是多快好省。没有产品两重性的概念，去讲经济核算，去讲产品流通，是讲不通的，也讲不清楚。

马克思讲过真正的流通和广义的流通，如《资本论》第二卷中讲的资本的循环与周转。我以后要讲的社会主义流通的内容，大致相当于《资本论》第二卷的第一、二两篇的内容。马克思讲的真正流通，指的就是两个商品的直接交换。在《资本论》第三卷中，马克思是从剩余价值的再分配来讲商业的，没有专门讲商业的具体问题。而我则打算对流通的组织形式进行一些具体分析。

基本观点

我讲社会分工与手工工场内部技术分工的差别，目的是为说明"自然经济论"的错误不仅是主观的，而且有客观原因。

造成"自然经济论"、"无流通论"的认识上的错误，还有第二种假象，这就是由于社会主义的一些产品交换过程或流通过程，表现上像是分配，所以，也就把流通叫"分配"了。如国营企业间的互相调拨产品。因此，认为社会主义国营企业无交换，要有，也只是消费品的交换；认为国营企业的物资调拨不是流通，是分配。所以如此，是因为这些企业都是国家的；更主要的是因为建设规模大，造成生产资料的供应总是落在计划需求之后，因为供不应求，就来一个有计划"分配"，这实际是生产资料的配给制，从而造成了"分配"的假象。于是，人们认为实现社会主义公有制的时候，生产过程的四个要素就剩三个了，流通没有了。这是为表面现象所迷惑。

为了说明社会主义有无流通过程，还要讲讲交换、流通一般以及分配一般和分配同交换的差别。

分配与交换在政治经济学上是完全不同的范畴。

分配,是指产品的分配。产品,个别的或全社会的产品都有三个部分。首先是物资的消费(相当于c),扣除这部分所余即国民收入(这相当于v+m),这部分是满足工人和社会的需要。如果说分配一般(抽去特殊的社会内容),那么,分配首先是产品的分配。

马克思说:在分配产品之前,首先是生产工具的分配和劳动的分配。他还在《〈政治经济学批判〉导言》中说:生产工具的分配是生产的结果。如果没有生产工具与劳动力,生产就成了空洞的。这两种分配是生产本身不能分开的。这是原来意义上的分配。

此外,还有再分配。再分配主要就是把提供给社会的那部分产品在社会中进行分配。这在资本主义就是分配剩余价值;而在社会主义社会主要就是分配剩余产品。

分配先是在生产部门进行,然后在非生产部门进行。但是无论是哪一项——分配或再分配,它们总是社会再生产当中不能分割的内容。这也就是政治经济学意义上的分配。

把物资供应当作物资分配是错误的。它们(物资供应)应该是产品交换。

什么是交换呢?交换就是把已分配了的产品交给消费者,进行生产的或个人的消费。对此,马克思说:"只是在消费中产品才成为现实的产品",[①]否则就不成其为产品。产品不是单纯的自然物,它是供人们消费的。消费就是在产品消费掉时最后给产品以完成。而交换就是以生产为一方,以消费为另一方,把生产出来的

① 《马克思恩格斯选集》第2卷,第94页。

已分配了的产品从生产的一端达到消费者手中，完成其为产品的媒介作用。所以，交换或流通，是社会再生产中不可缺少或不可分割的过程，没有它，社会再生产就无法进行。

交换或流通与分配是两个完全不同的范畴。

作为分配，整个产品都可以分解为c、v、m，而作为交换则不可能只交换c或只交换v或m，这也是分配与交换的区别。

我们的全民所有制内部国营企业的物资供应工作是与产品交换分不开的。物资供应分为两部分：原来的原材料的补偿；扩大再生产时的追加。物资供应使产品达到最后的完成，这是流通。简单再生产的物资供应如马克思所说，是“物质代谢”，扩大再生产的物资供应是使产品达到最后完成。这些，都是流通，不发生分配问题。在补偿生产设备的情况下，会使物资供应成为物资分配，然而这不是物资供应工作本身的问题。

社会主义流通，是指整个资金循环，它是把社会上千千万万的企业组织好，以自觉的、有计划的“物质代谢”过程去代替盲目的、自发的流通过程。

三、要透彻了解社会主义全民所有制内部流通过程，必须具有产品双重性和劳动双重性的思想

要透彻了解社会主义全民所有制内部的流通过程，必须从产品的双重性和劳动的双重性来研究，否则，许多问题就无法理解。

马克思在《资本论》中说：“交换过程使商品从把它们当作非使用价值的人手里转到把它们当作使用价值的人手里，就这一点说，

这个过程是一种社会的物质变换。"①把这句话中的"商品"二字换成"产品",就完全适用于社会主义社会。产品交换就是要使产品从生产者手里转到消费者手里,顺畅地、自觉地完成。因为每个企业都是为别个企业生产产品,不是为了自己用。这样就要交换。无交换就没有各部门、各企业的流通。但要作好交换,只此还不够,还要使经济核算、抽象劳动即社会必要劳动的核算与资金平衡工作结合起来。必须要安排好两个平衡——价值的平衡和实物的平衡,使两者结合,流通工作、物资供应工作,才能做好。

过去把流通只看成商品流通,把价值只看成商品价值,所以核算工作至今搞不好。否定价值、抽象劳动就无经济比较,也无经济核算。

交换除商品交换外,还有其他交换,它们的共同点,就是交换一般。

苏联的阿·克留切夫,在承认社会主义社会有流通这一点是给"自然经济论"一个致命的打击。但是他没有产品两重性的观点,这是很大的缺点。因此,在许多问题上他陷于自相矛盾。如他说:将来无商品流通有产品流通。这是对的。但他认为由于商品流通的消失,经济核算也就没有了的观点却是错误的。在他看来,在商品生产消失后,社会必要劳动量和价值实体也就没有了,这样只剩下一些具体的东西,这当然也就没有经济的比较、经济的核算了。此外,他还有共产主义制度下社会基层生产单位又无又有的自相矛盾的观点。他的基本思想是否定经济核算。其实他没有考虑到,现在的社会主义全民所有制企业间的相互关系,就是未来的共产主义经济的缩影啊!

① 《马克思恩格斯全集》第23卷,第122页。

上次讲课后有人提出一个问题，认为“社会主义政治经济学要研究流通一般”一语不妥。说“政治经济学要研究流通，社会主义政治经济学要研究社会主义再生产过程中的流通过程，不是一般的流通，是社会主义的流通过程”。我同意这个意见。

我的意见是：在讲社会主义流通之前要先讲流通一般。马克思在讲历史上特殊的生产过程时也讲生产一般。生产一般是一个抽象，即把包含在特殊的、具体的事物中的一般属性提取出来。这绝不同于资产阶级政治经济学只讲生产一般，不讲特殊形态。讲生产一般是为了把生产过程中最一般的东西抽出，使每一个特殊生产的特点更为突出。讲流通一般的目的也在于此。半个世纪来，在社会主义政治经济学中有一普遍观点，认为流通即商品流通，把历史上一定生产形态中的特殊流通看作流通一般，认为人类社会除商品流通外就没有流通一般，所以我在讲特殊流通之前要讲流通一般，目的在于说明，在人类社会生产中，除有生产过程外还有流通过程，它们都是人类社会再生产过程中不可分割的部分。

只要人类社会不是自然经济，只要是社会化生产，流通过程就存在。在准备以后的讲课时发现《资本论》中有两个地方与上述说法是完全一致，现在要更正一下，说得明确些。根据上述我的观点，只要有社会化的生产，而不是自然经济、消费经济即自给自足经济，如原始共产主义社会经济或封建庄园经济，就有流通。这里我把社会化生产和自给自足经济相对立。因为马克思说：“在任何社会生产（例如，自然形成的印度公社，或秘鲁人的较多是人为发展的共产主义）中……”①在这里，马克思把原始共产主义的生产也

① 《马克思恩格斯全集》第25卷，第992页。

称作社会化的生产。因此，我的那种表述，与马克思的观点不同。但是，我还认为，从资本主义社会才开始有流通，在这以前没有流通。马克思在《资本论》第一卷指出："整个社会内的分工"，——我认为这是指社会分工，"不论是否以商品交换为媒介，是各种社会经济形态所共有的，而工场手工业分工却完全是资本主义生产方式的独特创造"。① 这里马克思没有讲社会化生产，而是指社会全体内部的分工是各式各样的经济社会形态都有的。上次我把流通过程和社会分工连在一起，把资本主义前的三种社会形态的社会分工等同于工厂内部的技术分工。马克思认为社会分工是一切社会形态都有的，而不论有无商品交换。这是要更正的第一点。

其次，马克思说的"工场手工业的分工却完全是资本主义生产方式的独特创造"，也与我的意见相反。我认为技术分工是不通过商品交换来发生联系的，是各个社会都有的。马克思认为手工工场分工是"资本主义的特有的创造物"。

我的说法不够确切，但我的意思与马克思的观点是不矛盾的。因为我的意思不是指社会全体的分工，如果讲社会全体的分工，就应该承认原始社会也存在分工，如部落的酋长、执行宗教事务的人员、男女间的分工，以及后期的农业和加工工业、畜牧业间的分工萌芽。我是把这种直接的劳动交换，同工厂内部技术分工等同。而马克思则相反，他把前者看作社会分工，而工厂内部分工是资本主义特有的。不过我要说明的问题和马克思要论述的问题是不同的，我是要说明社会分工和工厂内部的技术分工的区别，而马克思要说明的是另一个问题，即社会分工是一切社会都有的，而手工工

① 《马克思恩格斯全集》第23卷，第397—398页。

场的分工是资本主义社会才有的。

马克思讲到“任何一种社会化的生产”时,举例是印度共同体等等。“社会化”在俄文中是“社会的”,这与我讲的“只要有社会化的生产就有流通”一语有矛盾。因为,我认为自然经济和消费经济就没有流通,只是在商品交换萌芽的限度内才存在流通萌芽。通过商品交换在分工的各方面取得协作。这种真正的流通过程,只有建立在资本主义手工工场或机器大生产的基础上的一种社会分工才有它的必要,即马克思在《资本论》第二卷中所说的流通。关于这一点,凡不同意我其他观点的同志也会同意的。把资本主义社会的物质代谢的资本主义特性抽象掉,作为社会再生产过程与直接生产过程相独立的经济过程,在资本主义前的各社会形态里是不存在的,但马克思把原始共产主义生产也称社会化生产。

我的观点没有改变,即原始共产主义社会、奴隶社会、封建社会没有流通。在资本主义及其以后的各社会形态中才有流通。如何表述,有待进一步共同努力。

上次讲到社会分工与手工工场内部技术分工的差别,论述这个问题的目的是要说明,否定流通一般,把流通只看作是商品流通,资本主义社会以外就没有流通,我称之为“自然经济论”或“无流通论”。这个错误决不完全只是某一人的主观产物或认识错误,而没有客观根源。这个观点统治着过去半个世纪的社会主义政治经济学,这个观点的产生不是偶然的。过去强调苏联在近半个世纪来这一思潮对社会主义政治经济学的统治和它对中国社会主义政治经济学的影响,这是对的。因为中国的马列主义政治经济学来自苏联,我们的社会主义政治经济学从否定到承认,不能说不受苏联的影响,目前大学课程的设置很多受苏联的影响。但不能只说是受外来影响,在苏联是有其客观原因,在中国也有其自身的客观存在的基础。1961 年秋我在上海作经济核算调查研究时,与工厂财务部门即管理资金补偿(马克思说的社会物质代谢,用来比喻社会生产的流通过程)的工作人员交换意见,他们认为社会主义国营企业间不存在流通,因为产品、原料、物资都是调拨的,不做买卖。这个同志是留用人员,决不是受卢森堡和布哈林观点的影响所致。资本主义社会有表面现象掩盖本质的问题,但任何社会都存在着现象与本质的差别,这是辩证法,不能说社会主义经济是一目了然的。社会主义社会的现象很复杂,有很多假象掩盖着本质。社会主义社会下的社会分工和企业内部的分工,如《资本论》第一卷所指出的六点差别不存在了。“自然经济论”者认为社会主义经济一切均按主观计划来办事,犹如车间主任分配工作一样的“一目了然”,这是可笑的。

社会分工和企业内部分工的原有差别(指资本主义制度下的差别)消灭后,造成一种假象,似乎可以像车间主任领导车间一样来领导全国经济。其实,这两个分工在社会主义条件下仍有差别。企业内部的分工,是在一个独立核算单位内部的分工,他们之间没有独立的经济核算,只有技术定额,他们之间的联系不通过产品交换;而社会内部分工是通过产品交换来实现互相协作的。

还有一个假象是客观存在的:即在社会主义社会中,有些产品交换本来是一种流通过程,但却叫做“物资分配”。国营企业间互相提供产品即马克思说的物质代谢,就是物资和劳动力的补偿。除生活资料通过商业渠道外,原料、固定资金的补偿,不是通过商业渠道,而是通过物资供应总局,苏联叫物资技术装备供应。无论在中国、苏联都把这种表面上像分配的称作分配,而认为社会主义交换只包括生活资料交换,不同所有者间的交换。产生这一看法的根本原因,是因为两种分工原有的差别消灭了,都是一个所有制,不必经过所有权的转让,变成一种分配。这里基本原因是与公有制直接有关,属于同一个"老板"了。

更重要的是,苏联、中国等社会主义国家的经验表明,对生产资料的需要量总是很大,重工业发展迅速,生产资料供应落后于社会主义建设的计划需要,即供不应求。几乎没有例外,所有社会主义国家都是物资供应紧张,原因是建设规模大,生产资料不足,因之要有计划地分配。实际上"分配"二字不确切,不如说"调拨",更确切的说是"配给制度",等于生活消费品的"凭证供应"。由于生产资料供不应求,而用近于配给形式和调拨形式来进行,这造成一种假象:政治经济学要研究生产、分配、交换、消费四要素,但到社会主义社会经济过程,四个要素变成只有三个了,流通没有了。如不被表面现象迷惑,或不以"行话"当作政治经济学范畴(马克思说的分配与今天称为分配不同),则今天物资供应的分配与政治经济学的分配是两回事。物资供应有时称物资分配,是由于当前物资供不应求,不得不在供应时排排队。

国家建设的投资计划被确定后,就应该按照计划分配物资,如果没有那么多物资,计划就是空的。我们的计划要做得好,就要在价值量上和实物量上实现综合平衡;固定资产和原材料替换时间到了,就应有实物去补偿。到了时间而没有实物去替换,这就是计划没有搞好。我们要找出这种规律,如像生物的新陈代谢一样。因此我们要研究社会主义的流通,它是客观存在的问题。

关于分配问题也要研究分配一般。分配与交换在政治经济学中是两个不同的含义。讲分配首先指产品的分配,产品分为三部分，首先是物资的消费，扣除这部分消费余下的就是国民收入，这相当于马克思所讲的v+m，这部分满足工人和家属及社会的需要。马克思讲过，在产品分配前，首先是生产工具和劳动的分配，而产品是劳动的结果，其中一部分为必要产品，一部分为剩余产品，这部分剩余产品要进行再分配，在资本主义社会是分为地租、利润、利息，在社会主义中，这部分剩余产品在生产部门和非生产部门进行再分配，在各企业之间进行再分配。这是社会再生产中不可分割的内容，把物资供应当作分配是错误的，因为这是一种配给，是一种产品交换而不是分配。什么是交换呢？交换是指已经分配了的产品交给消费者，进行个人的消费或生产的消费。此点马克思讲过，他说只有达到了消费的产品才能成为现实的产品，例如一件衣服最后被穿上才成为衣服，一所房屋要能住上才成为房屋。人们生产出来的产品，不同于一般的自然物，如果不用就不成其为产品。

消费是在把生产物消费掉时给产品以最后的完成，而交换就是使产品达到消费者手里、最终完成其产品的一个媒介，交换使产品由生产的一端达到消费的一端。交换的作用就是如此。

交换过程、流通过程是再生产中不可分割的要素，同直接生产过程是互相制约的，没有交换就没有社会的再生产。分配是与直接生产不可分的，交换是使生产出来的东西到达消费的一端，这是交换的目的，因此分配与交换是两个不同的范畴。

物资供应部门的工作，主要指国营企业之间的物资供应工作，首先它是不同于商品交换的工作。物资供应局有两种不同的物资供应：一种是原来的固定资产，例如工厂机器设备的磨损，需要进行更换补偿，这是属于交换，不是分配，这是属于简单再生产。另一种是扩大再生产，进行新的投资，这是属于分配，这是我们计划工作的重要内容,决定新的投资计划就是进行社会资金的再分配,指节约下来的物化劳动在不同部门间进行分配,根据新的投资方案,把物资供应到各部门使其进行新的生产。

社会主义经济也应该讲流通,怎样去把社会的经济组织好,使它成为一个有机的计划经济并代替那个自发的商品买卖的交换。这个问题在理论上和实践中,都没有解决好,一方面是因为认为变成公有制就没有流通问题了;另一方面是受了"自然经济论"根深蒂固的影响。苏联40多年没有解决这个问题,"无流通论"占了统治地位。我们要研究社会主义全民所有制内部的流通问题,也就要讲流通一般,再了解社会主义流通的特殊性,例如固定资金的流通,资金如何补偿等等。怎样研究社会主义的流通问题?我提出来大家研究。

要透彻地了解社会主义全民所有制内部的流通过程,必须具有产品二重性和劳动二重性的思想。这个思想,许多人反对。这里要说明我讲的不是商品经济的商品流通,不是商品的二重性,而是指全民所有制内部的产品流通和产品的二重性。如果不从产品二重性的角度,从产品的价值量和实物量的关系的角度来考虑,许多问题就无法理解。这二者既有联系又有区别。马克思在《资本论》第一卷说:"交换过程……是一种社会的物质交换。……我们只是从形式方面考察全部过程,就是说,只是考察为社会的物质变换作媒介的商品形式变换或商品形态变化。"①这句话对我们研究社会主义全民所有制下的产品交换是适用的。交换在资本主义社会是自发的,在社会主义社会是有计划的。一个是自发的,一个是

① 《马克思恩格斯全集》第23卷,第122页。

自觉的。在这个过程中，由于社会分工的存在，每个企业所生产的产品，一般地说对自己企业没有使用价值，如钢铁厂生产钢铁不是为自己使用，严格说来，每个工厂生产的产品都是为了别的工厂，而自己所需要的生产资料又向别的工厂去取得。要进行交换，光有这一面还不够，只是不同企业之间互相提供产品还不够。当然明确这一点是很重要的。现在有的企业这个思想就不明确，产品生产出来是为了消费，为了供给别的工厂用，产品不用于消费，那就不成其为产品。但是还有一点也很重要，就是要能独立进行经济核算，这才要进行交换。如冶金部门生产钢材供给机械部门，机械部门生产机器供给纺织部门，这当中比例关系如何算法？真正要做到平衡，不能用物资平衡的方法。不同部门之间的平衡，归根结底还是要还原为抽象劳动和社会必要劳动，还原到价值范畴上去，才能进行独立核算和平衡。所以缺乏价值范畴，那就没有核算，就只有回到自然经济中去。如果在未来的社会主义、共产主义社会的大生产中，只有实物分配，而没有价值平衡，那是根本不可能进行经济核算和综合平衡的。只有把价值平衡和物资平衡两方面结合起来，不论是条条（从中央至地方）和块块（各部门和各地区之间）都把这两方面的平衡结合起来，生产才能不相互脱节，才能有计划地进行。为此，必须处处把抽象劳动和具体劳动结合起来，才能解决这个问题。活劳动的分配也是如此。只有这样做好了，各个经济部门才能实行经济比较。从列宁提出经济核算之后，这一点我们还做得不好。如果否认抽象劳动，否认价值，那就不能解决这个问题。

克留切夫那篇文章，值得大家看一看，并希望大家共同努力，协助我找一找有关这方面的文章。他这篇文章虽然有许多缺点，但他第一个比较全面地讲了社会主义全民所有制内部的流通，给了“自然经济论”一个致命的批判。他虽然没有产品二重性的观点，但他说要给产品打开一条道路，这是他很勇敢的地方。他在论述中有许多地方自相矛盾。他说，将来商品流通没有了，仅有产品流通。这一点我同意。但他由于没有产品二重性的观点，所以在他面前只有一大堆具体的实物，不能比较，不能核算，他就在这里面兜圈子，走不出来。他讲到交换时还出了些洋相，他说：随着商品交换的消失，就使彼此交换的产品失去了相等的必要性。这个“相等”为什么不要了呢？不要“相等”还如何核算呢？经济如何比较呢？他说：在完全共产主义制度下，生产企业分离为个别经济单位将不存在。实际上，在共产主义制度下，作为某种经济单位仍然存在，它对整个社会来说，还是个别的经济单位。他在这些问题上都不能自圆其说。克留切夫在流通方面钻通了，但在价值理论问题上搞不清楚，自相矛盾。他的根本思想，是不要经济核算。

从这些地方，以及我以前讲的直接生产过程各章中可以看到，我有几个基本思想：就是要经济核算，要以最少的消耗取得最大的经济效果；为了要讲消耗，必须要有抽象劳动，要有价值范畴；产品和劳动都有二重性；社会主义制度下也存在流通。这几个基本思想，创造者还不是我，而是马克思。我们可以共同研究讨论这些问题。要把我的几个基本思想串起来，连贯起来，如果不讲产品二重性，不讲流通，经济核算是讲不清的。

第八题　固定资金的周转和管理

周转两个字是否妥当来不及考虑，在经济学界似乎通用。

准备讲三个问题：

第一，固定资金（资产）的特点。

第二，固定资金（资产）的损耗和补偿。

第三，固定资产的折旧基金和管理问题。

前一讲的补充：上次讲到计划与流通问题。计划总的来说是再生产的计划。马克思说，再生产是直接生产过程和流通过程的统一。作为企业内部问题，直接生产过程相当于《资本论》第一卷，流通过程相当于第二卷，第三卷是从总体考察。计划工作显然不属于直接生产过程，而是属于流通过程。计划工作要解决的问题，笼统地说是解决再生产问题。但是如果把再生产过程分解为两方面，显然计划工作不是解决直接生产过程的问题，而是解决再生产中流通过程的问题。毛泽东同志在《矛盾论》中的一段话可以用来证明，大意是政治经济学的研究要与部门经济学相结合。最近参加了《哲学研究》一篇社论的讨论，对这个问题更明确了。社论的中心思想是要求具体科学工作者要学哲学，哲学研究要与具体科学相结合。政治经济学实际上是经济哲学。毛泽东同志说过，科学只有两种：一是自然科学，一是社会科学，而哲学则是自然科学和社会科学的概括。所以研究哲学离开了实际，就只能在规律上打圈子。哲学家是否能创造一条规律？不能。马克思只是把过去人们说的论点阐述清楚，用无产阶级的观点论证前人的论点，使它变成科学的规律，他并不想创造规律。斯大林在《辩证唯物主义与历史唯物主义》中，把哲学归纳为三个规律，现在看来是不行的。在这一点上斯大林有点形而上学，不要矛盾。在实践中又搞了肃反扩大化。我们的同志也总认为马克思、列宁都创造了不少规律，现在我们也要独创一些规律出来，这大可不必。

毛泽东同志在《矛盾论》中说，资本主义社会的基本矛盾“在于生产的社会性和占有制的私人性之间的矛盾。这个矛盾表现于在个别企业中的生产的有组织性和在全社会中的生产的无组织性之间的矛盾”。[①] 上次在流通概论中，关于资本主义基本矛盾讲得很多，但没有讲透。

社会主义革命，在直接生产过程中就是所有制的改变，改变了生产者和剥削者的关系，生产者和生产者的关系。这不仅是社会主义革命，而且也要资产阶级革命的补课。我们的企业现代科学技术还很落后，而这在资本主义国家却很先进，他们的工艺技术和劳动组织方面，除了剥削与被剥削一面之外，我们应当向资本家学习。泰罗制在资本主义企业中应用了，我们应当学习。这是补课。除此之外，是流通过程、整个社会主义流通过程的组织方法很不完善，还有“自然经济论”的影响，把流通过程当作直接生产过程的派生环节来研究，这不行。我们要用计划组织的流通来代替市场自发的流通，但是还未建立起来。可以说在计划工作中我们是最笨的工程师。就是苏联经过40多年，在这方面进展也很少。计划工作要解决什么问题？不是解决直接生产过程，而是解决流通过程中的问题，即用计划流通代替市场自发流通。把计划工作建立在流通中，不要从字面上讨论，要好好研究。我反复地考虑过这个问题，现在越来越肯定这个观点。在7年前我曾写过一篇文章，[②]说要把计划工作建立在流通领域基础上，有人反对。但是我还是要

---

① 《毛泽东选集》1—4卷合订本，第293页。

② 指《把计划和统计建立在价值规律的基础上》一文，载《经济研究》1956年第6期。已辑入《社会主义经济的若干理论问题》，人民出版社1979年版。——编者注

树立对立面。如果我说计划工作解决的不是直接生产过程中的问题,而是流通过程中的问题,那么计划工作人员是要反对的。但是必须弄清,我所讲的流通过程,不是人们所理解的资本主义下的那种商品买卖交换,而是再生产过程中的流通,是指流通中的固定资金和流动资金的运动,是企业与企业之间的关系。

一、固定资金(固定资产)的特点

这个问题同志们在读《资本论》时比较熟悉。在讲《社会主义经济论》时,要把马克思在讲资本主义政治经济学时指出的特点复习一下。我希望以后讲政治经济学时,要把马克思的广义政治经济学的重点逐渐放到社会主义部分中来,关于社会主义经济范畴要详细的讲,现在编写的政治经济学教科书是抛砖引玉,今后将会有完整的社会主义政治经济学体系。那时,看资本主义经济关系就是从高级的形态上回过头来看低级的形态,而不必对资本主义经济详细的讲。政治经济学应该逐步向这方面转移。现在必须把马克思对固定资产最基本的说法在《社会主义经济论》中详细谈谈。

马克思在《资本论》第一卷研究价值和剩余价值的创造时,把资本划分为不变资本与可变资本;第二卷从资本的运动过程来研究时,又把资本划分成固定资本和流动资本。在社会主义社会没有资本这一概念,即没有剥削剩余价值意义上的资本,为了有别于它,所以称作资金。问题不在于名词差别而在于本质。用创造性的新词与资本主义社会的旧词相别是可以的,但现在看来条件还不够。从社会关系的内容看,资金与资本完全不同;但另一方面它们又有共性。要生产就要有生产资料和劳动力，去掉社会形态上的特性，这一切都没有差别（当然在技术水平上还可以更新些）。我们研究固定资金这一新的形态时，如果忽略它的具体的物质形态，它的社会形态也就失去寄托，政治经济学的研究就要落空。很多经济学家把对社会主义政治经济学创造性的努力放在名词问题上，把经济学看成语言学，这是否表示经济学家的低能？！社会性质和社会关系的改变用不着政治经济学去说明，这是阶级斗争学说的任务。政治经济学是通过对经济过程的分析去说明它，做不到这点就说明无能。停留于有无剥削的区别，这是政治学教科书上的问题，不是政治经济学教科书上的问题。用资金代替资本这一名词创造还较好。我们在流通中，要说明社会主义资金的运动不同于资本主义资本的特点，首先要说明它们的共同点。因此有必要讲讲固定资产的共同特点。这方面马克思已经说得很明确。资本家自己也分得很明确，因为固定资本和流动资本在运动中有很大的不同。这不是马克思的创造，马克思之前的经济学家以及资本家在生活中也已经知道。为说明社会主义制度下固定资产运动的特点，不能离开它的物质形态上的特点，即实物使用上的物理特点。固定资金这个词很好，很容易让人理解为是价值形态的而不是物质形态的。cpeдctba，这个词原来是苏联“自然经济论”者发明的，但在中文被译成资金，而不是资料、手段。如讲固定资产，就很容易不从价值形态上来理解。我们现在还是从实物使用形态上来看，否定其共性是不对的。固定资金的很多特点与其实物形态的特点是不可分的，这也就是为什么我在《社会主义经济论》中要把产品的二重性作为红线的理由之一。在客观经济过程中，使用价值的一面和价值的一面的作用是密切相关而又不同的。

关于固定资金在实物形态上的特点，马克思在《资本论》第一卷中指出，不变资本中有一部分（即后来讲的固定资本）的作用是不同的。马克思说："真正的劳动资料却不是这样。工具、机器、厂房、容器等等，只有保持原来的形态，并且明天以同昨天一样的形式进入劳动过程，才能在劳动过程中发挥作用。"实物形态改变了，固定资产就不能起作用。马克思接着说："它们在生前，在劳动过程中，与产品相对保持着独立的形态，它们在死后也是这样。"①马克思指出了它与生产物相对立的特点，这一思想是十分深刻的。机器、工具和建筑物的死尸，如房子塌了，机器变成了废铁，固定资产参加生产运动的寿命虽然已经结束，但它仍是独立于生产物以外的形态。固定资产从其正式开工开始，一直到其成为废料为止，在它发挥作用的整个时期，它的使用价值完全被消费掉了，而它的全部价值却转移到产品价值中去了。这是固定资产的特点，它与原料不同，也与作为劳动资料的辅助材料不同。辅助材料虽然实物形态上没有转移过去，但价值是一次全部转移过去的。而劳动对象则连价值和形态都一起转到产品中去。固定资产就不是如此，从实物形态上看没有一点转移到新产品中去，而价值却是分好几次转移过去了。

固定资金还有变化的一面，即价值随着时间的推移而减少。马克思在《资本论》第一卷中讲过一段很好的话，机器的磨损一种是由于使用；还有一种是由于不使用，好比刀剑放人鞘中也在磨损。这种磨损是什么？自然形态仍然如此，价值却在消失，白白浪费。

在资本运动的问题上马克思也说过：资本的价值物用在劳动

① 《马克思恩格斯全集》第23卷，第229页。

手段上这部分，指固定资金，原料，辅助材料，主要指固定资本，和别的部分一样要流通，我们曾经广泛说过全部资本价值在不断流通中，所以从这个意义上讲一切资本都是流动资本。固定资本虽然也流通，但它是特殊的流通，即不是实物形态上的流通，仅仅流通它的价值。这种流通是片断的，是比于磨损程度，生产物是当作商品来流通，固定资本不是商品资本，而是生产资本，它是作为生产过程来流通的。在它发挥机能的时期内，它的价值总是有大部分或一部分固定在原有实物形态上，转移的只是一部分，另一部分价值不变，实物形态也不变。可见固定资产的特点马克思是讲得很透的。过去对这方面注意不够，因为那时从研究资本主义关系看，目的在于改变生产关系。但我们今天作为建设者，研究社会主义政治经济学，生产力的研究更重要了，不能只研究生产关系的改变了，研究生产力的目的也是为了改变生产关系。

因此，固定资产的特点可以归纳为：作为实物形态不变，固定；作为价值形态不断在变，转变是一部分，固定是相对的。

它和流通有什么关系？关系很大。固定资产实物形态全身参加生产过程，但自己丝毫没有一个物质细胞转移到产品形态中去，转移的只有一部分价值，而且是逐渐转移的。整个固定资产哪怕小到几位的百分数才好算出的数量转入到每一产品中，但是肉眼看不到。这一切在资本主义制度下是自发的过程。这种“转移”不补偿，社会生产过程就会垮台，少一个螺丝钉也是不行的。资本主义初期，海盗、贩鸦片者、也有贵族出身的人办工厂不在行，他们改头换面变为资产阶级，但干不过商人出身的资产阶级，这些人会算账，通过实际经验知道，要求把固定资产捞回来。我们受“自然经济论”的影响，不但否定精神耗损的存在，就是实物耗损也不敢讲，这是供给制思想。我们在直接生产过程中应当补两课:补社会主义革命课,在于人与人关系的改善和建立;补资产阶级民主革命课,学会算账和管理,不使设备的价值损失掉。对于固定资产使用得不经济,不从价值上好好考虑,或利用率不足,在经济上就是损失。有人认为我这种说法是谬论,这是“自然经济论”影响的结果。上海很多从帝国主义那里接收来的东西,无人管,放入仓库或当零料用,或送给别的工厂用,从实物上说是物质不灭,但从价值上说,虽没有贪污,实物也没损失(死了也与产品相独立保存着),但价值是损失掉了。原有机器本来是13年前的老爷货,再搁13年就更不值钱了。我们在实际工作中往往不考虑这个问题。从价值量看,我国财富主要是工农业创造的,是人民的血汗创造的,但我们对于固定资产——新创造的机器、工具却没有既从实物又从价值形态统一去看。虽然实物形态天天存在,但价值形态将如何变化,未注意。李先念同志要我们研究固定资产的折旧问题,过去“自然经济论”认为那是资本家的事。固定资产的特点,价值是流通的,而实物又是固定的。这不能认为是资本家的事。

我讲流通过程,首先讲的是固定资金周转,其次准备讲流动资金周转。这两讲相当于《资本论》第二卷的第二篇。这也就是说相应于第一篇的内容我未讲。因为记忆不好,可能这点没有说明过,应在这里交代一下。为什么未讲?时间有限制。可是这一点不是主要的。因为对经济研究所的同志们来说,研究社会主义政治经济学的时间未受限制,也不受篇幅限制,不作教本,只作成果写出来。在研究这个问题的过程中我们有争论。马克思在《资本论》第二卷研究流通过程,第一篇研究资本形态变化及循环。好多同志提出,我们今天讲流通时要不要讲循环,即资金形态变化的问题。

我们研究所对这个问题没有结论性意见,同志们意见不一致。提纲中没有这部分内容,可能主要受我的影响。我认为《资本论》结构对社会主义政治经济学不光有参考价值,而且应当遵照它来叙述社会主义客观经济过程,但我们那里大部分同志认为不应该死套《资本论》。G—W 这个流通过程之后是生产,生产之后则是 W—G,这一资本循环公式的内容,它在资本主义生产方式是实现问题,商品生产出来后卖了它,这中间有不同所有制、不同所有者,工业资本、商业资本等等。能否使劳动被社会承认应当有流通过程。这和我们社会主义社会不同。有的同志认为社会主义下有实现过程存在,我认为在社会必要劳动问题上存在,如高于它就不被承认。但不用通过卖得了卖不了的问题来实现。如果社会主义制度下存在这种卖得了和卖不了问题,这只能说明计划不周的问题,因此流通过程不用说明形态变化。① 这可能是受我的影响。马克思研究流通过程中是存在形态变化问题的,《资本论》中有这个问题。形态变化、循环在社会主义制度下是什么问题?我未想通。本想提一些问题,我不怕献丑,请大家提意见。但是因为答案未找到,所以没有提。但不是说《资本论》第一篇中的问题都不存在,如讲积累与再生产时,这个问题我们这里还存在着。所以我们要讲,但把它放到再生产过程中去研究更妥当些。还有流通时间、流通费用等等,应好好研究。关于直接流通过程形式——商业工作、物资供应过程,马克思未好好讲,在生产过程中讲了。我想这个问题

---

① 编者说明:孙冶方同志的这个观点,在 20 世纪 80 年代有变化。他在《财贸经济》1981 年第 1 期发表的《流通概论》一文以及以后的文章中,实际上也承认社会主义经济中存在实现问题,从而存在资金循环问题,强调生产也要有商业观点即能够卖出去。

大体应安排到商业工作及物资供应工作中去，安排到那里是否适当？请大家考虑。

在半个世纪的大部分时间里，经济学界认为社会主义社会没有流通，但我认为有流通，是怎么回事？有人认为没有流通，要是有应放入运输经济。我认为不好，因为运输是生产过程在流通中的继续，不是马克思所讲的流通。应当注意什么是流通一般。资金变形和循环套是套不进的，如果说套也应从固定资金套起。固定资金管理是一大弱点，在苏联，资金供应曾经有过供给制性质，给了企业资金以后，只有一个责任：不被盗、不被贪污就行了。但是制度没有规定：多占用资金应为社会多创造利润。另外企业经理、书记、会计主任，对固定资产有多少，净值剩多少，无一人能回答出来。固定资产是社会主义建设的一大家当。大家对建设固定资产热心，因此对过去13年共投资多少很清楚，但是尚存多少这一点却不知道，这是一个大问题。所以在流通篇中要讲固定资金问题，不是套，而是实践中存在的一大问题。我未好好研究，书来不及看，临时抽时间，但我愿意在大家面前献丑。从实践及研究工作中来看，这是一个大问题，提出来号召研究政治经济学的同志们研究流通，其中重要的是研究固定资产。这里补充说明一下这一点，同志们不论到何处去，应当注意这一问题，哪怕改行了，总是社会主义建设者。不论生产部门或非生产部门，应当用多少劳动投入固定资产中去，把多少劳动变为物化劳动，对这些物化劳动如何进行管理？物质生产部门及非物质生产部门（包括服务部门）的固定资金，包括城市建筑资金应如何取得？是否每年都向上面财政部领，还是有更好的形式？应找出它的客观规律，而不是凭主观愿望。因此在讲固定资产问题时我要大声疾呼大家研究这个问题。

上一次讲的是固定资金的特点，把马克思所讲的原原本本搬过来，只把资本改为资金。本质上是剥削劳动阶级的工具，生产剩余价值的价值，叫资本；我们不同，为了生产物质财富，满足全民生活及建设需要，这是老本。除社会性质、生产关系不同外，固定资金之所以是固定的都是一样的。《资本论》第二篇的分析完全适合于这里，我无新添意见。但同志们重温一遍非常有好处，对于固定资金管理中存在的一切问题都是从不懂固定资金这一特点来的。而这一特点是：一切资金是流通的，但固定资金流通的特点是，作为实物形态一直到进废料房时还是独立的，而与产品对立存在，它不是以自然形态及使用价值参加流通，而是以价值参加流通，价值无时无刻、不分昼夜地逐渐地转入新产品中去。停工未出新产品，还在流通，不过这时流通是放空了（如汽车放空），因此还要讲下面的第二部分。

二、固定资金的消耗及其补偿

不研究这个问题，便不能保证社会主义再生产的正常进行。要使社会主义再生产正常进行，必须保持各种生产要素：生产工具、辅助材料、原料、劳动对象及劳动力，才能不断再生产。继续保持原来增加了的、即原来自然形态上更新了的形态，这是非常重要的，以人来说，劳动者每天上班时，精神舒畅、身体健康、心情愉快而不是萎靡不振，这是非常重要的。劳动者如此，机器房屋也要如此。要使劳动者健康地上班，应使社会生活资料内容、形式、数量更丰富。这就要求社会生产的不断发展。如何保持固定资产？主要是劳动工具，能周而复始地继续保持原有数量（扩大再生产应有更多数量)，内容上、技术上应不断更新，技术上更应当保持良好状态。这就应使社会固定资金(房屋及设备)不断更新，使旧的坏了及时建新的。新的在效用、技术性方面应比旧的更好。如何做到这一点呢？使固定资金能在实物存在时，转入所生产的产品中的部分价值重新捞回来，以便在一定时间中把价值积累起来，再购新的。

实际上固定资金管理的中心问题是折旧费的管理问题，而这个问题不只是上层建筑问题。这中间有上层建筑问题(规章制度)，但这应根据固定资金的客观规律制订。过去这方面存在许多问题，责任不在经营管理者方面，责任在于理论研究工作者没有把这规律说清楚。我们常说这和实际管理经验不足有关系。但苏联已有经验为什么未搞好？所以最终责任还是在经济学界，这并不是因为我们的岗位在搞研究才这样讲的。实际工作者已把固定资金实物形态与价值形态二方面分开来研究。

固定资产的折旧费应如何管理，如何提取？首先应研究固定资产的磨损。大家知道，磨损分为两种：一种叫有形磨损(物质磨损)；另一种叫无形磨损(精神磨损，也有叫道义磨损，我们一般译为无形磨损)。应区分这二种磨损。固定资金的物质磨损好说清，容易看到，容易明白，如一机器、一厂房从建设投入生产到用坏，像房屋要30—50年，机器10—20年，过期之后不好再用了，机器不动了，房屋要倒了。这就是说它在参加生产过程中发生了磨损，也有叫损耗(百花齐放)。经济学术语一定要统一起来，否则很不好。百花齐放，这对经济学界来说还好办。但对外行、初学的人，换一个方块字就当成了两件事，就不大好。这一问题在同行同志中要来研究。从物质上面看，磨损有两种原因：一种由于使用，使用多，磨损也多；另一种是由于不使用，机器、房子，即便不用它，还给予修理，几十、几百年后还会报废。虽然上千年的建筑也有，那是老古董了。马克思在《资本论》中曾说：固定资金、设备一般用10年。这不是随便假设的，他那时所说的设备，主要不是指房子。如一个设备1000元买来，10年用坏了，要更新了，这就是每年使价值减少1/10。由于固定资产的特点，在使用价值上看不出，到第十年还在工作，我们必须在价值量上根据使用年限，在10年中分期转入产品中，使1000元在10年中从生产出的产品中捞回来。每一产品摊到多少，不应算停工，应当按正常班次计算，这行业三班，那行业两班，这样在10年的产品中平均分摊。以时间来说每年分担100元。废铁价值没有多少，只10元，这里可以不算了，如要算的话，每年损耗则应当少扣1元，每年为99元。这是不考察无形损耗的情况。如一年超过100元，是110元，这样10年后变为1100元了，事实上10年中应转入产品的只有1000元，说明这不是固定资产转移过去的，那不是少扣了原材料，就是少算了利润（这是最大可能）。实际是职工在10年中新创造的价值，当作固定资金转移了，这里把c、v、m混同了。这是研究政治经济学最基本的问题，应当区分开。10年内捞回，使机器拆下前能买到新机器。因此10年内每年一定不要少于100元，如果每年只扣80元、90元，则第十年只有800元、900元，有200元、100元捞不回来。过了10年，只好购买900元钱的机器。从价值上说从前国家交给1000元社会必要劳动量，现在只有900元了。所以，在理论上，折旧多扣不行，少扣也不行。

有个漏洞应当说明：如12月31日应当拿回，但12月31日的产品当天还卖不了。这样还不好买机器，这里有银行的垫支问题，对这个问题这里不展开。看来简单，一年100元，但不一定到第十年的12月31日,多或少一天也不行。这里只是假定,折旧费也只是假定。马克思认为机器、房子实物的细胞没有在纸上,只有经济价值大体上可以计算。

固定资产磨损计算之困难,在于不仅实物上发生了损耗,它还发生着精神上的损耗——无形的损耗。要把死劳动还魂,经济上要掌握它的灵魂。无形损耗也有二种:一种是生产机器的工厂劳动生产率提高。原生产机器要1000元,可是由于这工厂技术改进了,工人努力,熟练程度提高,比之过去更大批生产了,原值1000元,现在只要500元。假定机器的寿命是10年,按马克思的说法10年要更新一次。这机器1000元,每年扣100元,5年共扣500元,可是到第五年时,由于机器价值下降,使用机器工厂的采购员,发现这一消息,机器一共只值500元,原来每年应扣100元的,现在只要50元了,现在已用了原价的一半。这样对这一工厂发生了两个问题:一方面这一机器已用了5年,但还可以用5年,还有半价(半新半旧机器,对它来说还有一半价值未捞回);另一方面由于机器价格降低,已收回的500元就可买一新机器了,这样变成了两架机器。作为实物,两架机器可以照常地使用,如每架织布机每天织一匹布,两架每天各织一匹,原1000元一天只织一匹,现在是两匹了,这皆大欢喜。可是从另一方面来说,原有的固定资产发生了贬值的问题,即原机器值1000元用了一半,只收回了500元,剩下一半价值没有收回。现在这架机器重新估价时,原有企业还可用5年,于是认为还有500元;而新的采购人员说新机器只要500元,老机器用了一半,那只值250元了。每年只好抽50元了。当国家进行固定资产的盘存或工厂关门、搬家,成立新企业时,对设备价值就应当重新估价。这样新老企业有了争执,老企业要500元(未收回的),新企业为了核算要斤斤计较(为了国家利益),认为只值250元了;原有企业认为我未贪污,五反中要查账的,如何办?新企业认为不好当新机器用,我也要报账的,我也未贪污。这是形象的说法,它说明经济过程中有了问题,1/4价值未捞回。

马克思讲固定资金流通不是指实物形态,实物进废料房去了,也不与产品相混合;流通中转移的是价值,所以我们在流通中首先应当关心的,对于价值创造者物化劳动不应减少,不应当10年后只收回750元。这在经济上叫精神的道义的磨损,是精神磨损的一种。

关于第二种精神磨损。

机器在生产过程中是不断改进的。例如,这种机器起先是小改进,5年以后工程师从根本上改变了机器的结构,甚至性能和形式也改变了,价值便宜,效率也提高。例如,原来一分钟1000转,现在则是1500转;或者说,原来生产100个产品,现在则可生产200个产品。又如,锅炉原来一天耗一吨煤发生这么多动能,经过机械改良,这个锅炉发生同量动能一天只需耗煤半吨;再如,产品不增加,物耗也不减少,但产品质量已由低档升为高档,根据优质优价的原则,产品价值就要提高。这是因为在原来条件下要把质量提高一级就要增加人力和物耗,但现在由于机械的改良就不必要了。总之,前述情况是:效率高、物耗少。这里的问题是要计算社会必要劳动的账。现在,这一机器的经济价值,如把前述改良的情况考虑在内,这就等于减低了生产这一机器的劳动消耗,如新的比旧的减少一半,机器的价值也就减少了一半,总之是发生了差距。同样,这时如发生对旧企业的盘存或旧企业的旧固定资产转变为新企业的固定资产需要计算价值时,就看到,机器在实物形态上虽然只磨损一半，但价值上则可能已经磨损了3/4。这就是所谓第二种精神磨损。

固定资产磨损常常是有形磨损和两种精神磨损同时发生。如果它们各磨损了500元，那么经过5年，一个值1000元可使用10年的机器，就已经没有价值了，要提前报废。因为在这种情况下，旧机器由于它的效率低，消耗大，它的使用已经不能补偿物耗的损失，只好提前报废。即使这一机器对原使用者还有一半的价值尚未收回，但在经济价值上已有一半丢失，这种“丢失”，应该说是价值已全部转移到新产品中去了。它的经济价值在实际使用中丧失掉了。不仅如此，它的使用价值也没有了。因此，在正常情况下经济价值应是全部转移，不能有“丢失”。但实际工作中，由于只计算有形磨损未计算无形磨损，所以折旧过低，这样一来。产品价值就低了，这虽然对消费者有好处，但对国家不利，使国家原有资金价值减少了。结果，实物形态上规模虽然没有缩小，但从价值形态上看，资金家当却减少了，固定资产原有规模的再生产就会受到破坏。

这里发生了一个理论问题：什么是原有规模的再生产？从实物形态上看，机器数量还是同样多（报废一架旧的，买来一架新的），产品量也仍然不变，仍是简单再生产；但从价值形态上看就不能算是简单再生产，因为原来生产资料值1角钱，现在只值5分钱，产品便宜了，收回的折旧就少。总之，实物量不变，但产品价值缩小一半，因此，价值的再生产也缩小一半。这个问题马克思没有提出过，马克思的再生产分析是假定劳动生产率不变，因此，实物形态上的简单再生产和价值形态上的简单再生产是没有矛盾的。但如在劳动生产率提高的情况下，一个企业如不考虑上述情况，就会把资金价值丢失一半。随着劳动生产率的提高，在这种情况下，在实物量上再生产应该扩大一倍，才能保持价值形态上的简单再生产。

什么是简单再生产？这是固定资产一讲的中心问题。关于无形损耗这一概念、范畴本身理论上的一些问题，无形损耗是否存在的问题比较好解决。但问题在于承认这一损耗以后，要不要在价值量上把这部分损耗收回来，即折旧率是否要计算无形损耗，在这个问题上，国内外新的见解不多。外国对这个问题也缺乏研究，他们在说明上往往很矛盾，一方面承认有无形损耗，另一方面又不承认要在折旧中回收这部分损耗，结果是实际上不承认无形损耗。由于“自然经济论”作怪，这一情况达几十年之久，直至近10年来才提出了这个问题。在前七八年，苏联发现第二次世界大战后技术落后于西方很多，特别是轻工业。苏联的尖端科学技术发展很快，这是政府直接抓的结果。但是，社会主义条件下的进步不能是抓到哪里就动到哪里，这样优越性就不能充分发挥。在苏联，一个新技术出现后，往往要经过四五年才能推广。这里有一个很大的问题，即固定资产管理上的问题阻碍了新技术的发展和推广。我国在实际工作中提出这个问题至少不比苏联迟，但是在理论上，由于受苏联经济学界“自然经济论”否认无形磨损的影响很大，迟迟未能解决固定资产折旧的理论问题。我现在的看法也缺乏根据。计划系和工经系的教材就死抱住这些教条不放。刘国光同志介绍了苏联经济学家在这个问题上的观点。在苏联大百科全书第二卷中有这些观点：“无形磨损的观点是资本主义经济的观点。”“所谓的无形磨损的现象，仅仅是资本主义经济所固有的，在有计划的社会主义经济条件下，技术的发展不会产生无形损耗，固定资产的折旧不把无形损耗计算在内。”这是当时苏联占统治地位的意见。因此，苏联的折旧率很低。我国目前也是如此。现在，苏联在固定资产的清产核资中，已发现折旧率偏低，工业部门的折旧率仍然停留在战前的水平上，如 1957 年固定资产折旧用于更新（扣除大修理费的折旧）的部分，仅占原值的 2.32%，还低于 1940 年的 2.6%。按这种折旧率计算，工业固定资产的使用期限平均为 43 年；煤炭工业的折旧率仅为 1.45%，从而固定资产的使用年限应为 70 年，但是实际上一个矿井的生产年限一般为 30 年就完了，一般井下采煤的设备只能用两三年，其他在黑色冶金工业中设备只能用 20—30 年，机器制造业中为 20—25 年。总之，都低于 43 年。在这个使用年限内，只能利用小修理和大修理费用，规定旧机器要在旧形态上使用，大修理规定不能变形、不增值，否则这就是基本建设，就必须事先层层上报批准。大修理如多用了资金就是私搞基本建设，这些规定非常死板、教条，对技术进步很有妨碍。

大修理，在苏联规定要不变形、不增值，变形就算更新，大修理只能恢复设备原来的样子，在 3% 以内进行修理，不能超过，超过就算基本建设。基本建设就要上报，等上级批准，很麻烦。我们过去也在这里兜圈子，捆住了手脚，修理只限在不变形、不增值的范围内，以后有所改变，但是，一抓就死，一放就乱。企业在大修理名义下搞基本建设。之所以这样，是因为它们否认无形损耗，认为计划经济不会有无形损耗。为了防止以大修理来搞基本建设，就规定不变形不增值。这个规定的结果是，技术效能已经大大落后的机器，只能修修补补，只能搞大修理不能搞更新。明明 10 年要收回的，要拖到 70 年才收回。其实 10 年中价值已经转移了，而老本要 70 年收回，这样，使每年的成本降低了，把前一个生产周期的物化劳动用完了而没有按期收回。我们说企业要保持生产条件为国家创造剩余价值，同时要保持固定资产量。现在 10 年只收回一部分，设备不能更新，而是在吃老本，造成利润的虚假现象。上缴国家的利润和利润分成多了，工人自己满足，这是麻醉针，是吃老本，而更重要的是阻碍技术进步。

最近苏联学者承认无形损耗，但是有这样的经济学家：他们承认无形损耗的存在，然而认为不仅不应该提高折旧率，而且应该降低折旧率，每年不是提100元而是50元。如上面的例子，折旧要按再生产价值来提取，原来是1000元，现在再生产价值只要500元，就按500元提折旧。这是把计划经济转到市场自发竞争上去了，从“自然经济论”又跳到了另一个极端。我们的计划经济不能求之于市场价值规律，对计划经济来说，不管有形损耗或者无形损耗，都应该通过计算（不是像资本家一样通过市场自发竞争）来提折旧，我们要根据经验和科学计算，有计划地计算折旧，把固定资产的计算和技术经济计算作为重要内容。

影响技术进步和技术进步快慢，是要经过几十年才能发现的。苏联经过30多年，在表面上看技术进步很快，但仍普遍落后于现代技术水平。我们“大跃进”干了两年，吃了些老本，一下子恢复不过来。我们应当自觉地根据科学定额计算。计算有形损耗和无形损耗，可以根据各行各业的技术改革计划、技术政策和过去的经验，规定各类型机器的使用年限和更新期限。美国的重工业是3—4年，民用工业是7—8年，低于10年。上面的例子，5年以后才发现已经来不及了，前5年没有估计，后5年补不过来，剩下1/2。如果第二种无形损耗存在的话，1/2都不到了。这样后5年要收回来的话，那么产品成本就提高了，因为前5年成本低。因此，不能等到发现后才去改变折旧率，我们要事先估计到，开头就估计到无形损耗，我们要根据计算来提折旧，把各种因素计算在内,按期将老本收回。

主张降低折旧率的有巴甫洛夫和斯特鲁米林,他们认为无形损耗是虚假的不幸,认为还没有用完就报废是浪费。我们要比较继续使用它所消耗的价值和创造的价值,比较维持它所需的修理费和采用新机器设备是节约还是浪费,不能把不利用旧机器说成是浪费。我们根据科学计算提前收回折旧,重新购置新机器,这本来不是什么虚假的不幸,更快的更新机器设备有什么不好呢?他们是"自然经济论",只看到固定资产的实物更新,不了解物化劳动由1 000变成500。所以,关键在于什么是简单再生产?管理体制上的界限如何划分?在我看来,设备折旧不仅要算有形损耗,而且要算无形损耗,二者加在一起去除设备原有价值,不是重置价值,按原价值收回来。如煤矿要按实际损耗来计算折旧年数,不能低也不能高。按重置价值来提折旧,在逻辑上是不对的,这是事后诸葛亮。

反对计算无形损耗,反对根据无形损耗提高折旧的人有个重要理由,如苏联有人说,原来机器可用10年,而5年提完就报废了,本来可以修修补补再用嘛。我们国家还没有这么多机器,你们是喜新厌旧,不爱护旧设备是个浪费。特别是像我国人多,机器少,有3亿多人还没有机器用,没有新机器,有旧机器也好。这个理由表面看来很充分。我们反对人为地提高折旧率,而要恰到好处,提少了对不起老祖宗,提多了对不起消费者。他们说我们5年折旧完,就是把机器扔掉。这是曲解。实际上,折旧是一回事,折旧完的机器是使用它还是当作废铁,这是另一回事。价值转移完了,旧机器不能因此就不利用,实物可以使用。资本家的机器折旧完了还继续使用,难道我们就不能这样吗?资本家没有浪费,我们提高折旧率可以保护机器价值。当机器继续使用所需的耗费与使用它创造的价值相等时，只有在折旧提完的情况下才会被利用，如果还要提折旧就不合算，成本就会增加。提完之后就没有负担了，就更能鼓励工厂利用它，只要花一点修理费就行了。大工厂不能用了，小工厂用，还可以给公社。相反地如果用降低折旧率的办法使工厂去利用这些超龄的机器，就会使工人讨厌，工厂还要负担折旧，这不就是鼓励使用旧机器吗？

三、固定资金折旧管理问题

首先，讲一讲社会主义国家固定资金折旧费的现行管理制度。我们实行的这套制度与苏联不一样。解放初期，我们在制订国营企业固定资金折旧费管理制度时参照了苏联的经验。我们的办法同1938年苏联实行的管理制度差不多。1938年以后，苏联在制度上稍有改变，但在固定资金折旧费全部上交国家这一点上则仍然是一样的。企业要进行新的基本建设，不论是扩大投资，还是原有设备的更新，都要向国家报计划，由国家统一安排。我们的制度与苏联1938年以前的也有一点不同，那就是我们的大修理费不上交。折旧费分为两部分，一是基本折旧，二是大修理折旧。1938年以前苏联是不分开的，以后才分开。解放后我们采用了苏联的新精神，但在基本折旧的管理方面是上交国家财政，企业设备需要更新时提出申请，由国家批准；大修理则采取苏联1938年以后的办法。苏联的基本折旧不上交而是存在银行里。当管理部批准基本建设计划后，政府首先同意管理部动用这部分存款，其余部分则由财政拨款建设。这对企业来说,同上交基本一样,大同小异;企业能独立考虑的仅仅是大修理折旧费。就国家来说,基本折旧是财政收入,大修理费用由企业管理。苏联把折旧分成二部分的好处是:企业至少能在原有设备修理时作独立地通盘考虑。不分开则无法打算,还有很多手续。分开有好的地方,把修理和更新截然分开了,修理由企业负责独立经营;坏处是把固定资金局部再生产同机器折卖报销分开了,跟新投资办工厂一样由国家统一计划安排,由中央分到部里,再分到各个企业。有的企业看到机器已不适用了,机器还在,企业不用了,但不能及时拆,先要打申请报告。要进行设备更新,企业要等批准后才能办,作为新投资由国家统筹计划。现在的情况是往往被挤掉。比如上海、天津等地的轻工业,机器设备陈旧不堪,效率低,修理费超过购置新机器的价格,但不能更新,更新被挤掉是个坏处。苏联在 1938 年以前连修理也被挤掉了。这种规定会妨碍技术进步:一方面不论部里、局里管理部门多,对每个企业的各部机器统一考虑、统一申请批准,很不容易指挥好,从而往往被挤掉;另一方面,企业就只能不断进行大修理,划不来也要大修理。我们“大跃进”时曾经把折旧费下放过,下放后又很乱,有的企业不修理而去搞扩建。究竟怎么办?问题没有解决。是维持旧制度,还是交给部里?现在正在讨论。

我个人的看法,提出供大家讨论。据我去年下半年对生产过程的讲法和最近对流通过程和固定资产折旧等等的看法,我主张把折旧基金全部交企业管理。银行、主管部、财政部门从不同角度进行监督。银行、财政部门主要是看资金使用是否得当。部、管理局主要从技术政策方面进行监督,是否好大喜新,是否符合技术政策。但总的来说,每个企业或新的企业从投入生产起,经过 10 年左右固定资产更新一次。这不是说在这时所有机器以至于各个零件都更新,而是每一年按其价值转移程度来折旧,有的机器或零件经过一二年就要更换,但大多数是继续使用,只要大、小修理就行。通常是部分机器经过三五年要更新,有的 10 年要更新,有的 10 年后还能继续使用下去。这种情况,部或管理局是很难知道的,只有每个企业具体使用机器的人才能知道。如果由局来统一考虑,那就是几个企业负责人在一起研究;如果是由部来统一考虑,那么至多只是召集几个局的负责人一起考虑;如果由国家计委考虑,就只有更少的人考虑了。这样不会考虑得很具体。只能很笼统。而这个问题只有依靠广大的具体使用机器的人共同研究才能切合实际。所以固定资产折旧基金分为基本折旧和大修理折旧是比过去进步了。至少是大修理部分企业可以自己作计划进行。但是还不够,在这种情况下,部分该更新的,还只能进行大修理,有的机器已经不值得大修理了还进行大修理。这就有缺点。这个问题只有把折旧基金全部交由企业掌握独立进行,才能解决。这种看法大家可以研究。有些人不同意我的看法,但问题也还没有解决。为什么?这与问题的提法有联系。有的把这个问题只是看作财政管理的问题,认为这是集中管理与分散管理的问题,这样提问题是转不出来的。把它当作是财务管理问题,那么在社会主义计划经济下,那就是计划管理,是集中管理好,还是分散管理好?我可以说是集中管理好。因为没有集中管理就谈不上计划,谈不上统一领导。毛泽东同志说过,没有集中就没有社会主义。但又接着指出没有民主也集中不起来。这是对党内生活说的话,但在经济方面也是这样。我们这两方面处理得不好。一抓就死,一放就乱。怎么做到抓而不死,放而不乱?原则好说,但要研究。因此这个问题不是集中管理还是分散管理的问题,而是民主集中制的问题;不是什么财务管理体制的问题,而主要是生产、经济管理体制的问题。财务管理制度要为生产管理体制服务。所以要把问题的提法搞清。不是什么集中管理还是分散管理的问题,而是民主集中制问题,不是什么财务管理体制问题而首先是生产经济管理体制问题。首先是技术进步问题,技术管理问题。在这里要走群众路线,不能仅由几个人决定。只有这样才能抓而不死、放而不乱。

这几年考虑问题,处处回想起"大跃进"。我们要记住花了代价的经验教训,错误一定不能再犯。我们怎样使职工群众、技术人员能充分发挥主观能动性、创造性?社会主义经济是否注定就是"一抓就死,一放就乱"?是否社会主义优越性一发挥就要乱?不!如果真是这样,那就只有两条路:或者是高度集中,或者是打乱、自由化,每个企业都是独立王国。不是这样!关键在于企业的管理体制。管理体制问题是毛泽东同志在《论十大关系》报告中提出的,多年都没有解决。一般人都从国家行政体制(中央、省、自治区、市、县等)来考虑问题。我觉得,我们这里讲的是经济管理体制,而经济的细胞是企业,关键是个企业管理体制问题,是怎样使企业成为真正的独立核算单位,使每个企业一方面是整个有机体中的一个细胞;另方面是一个真正的细胞,独立进行其物质代谢。每个细胞的新陈代谢很健旺,则整个机体自然会很健旺。这个物质代谢——设备更新的责任应该完全交给企业。一般人把这个问题看作企业权力大小问题,其实,毋宁说是个企业责任问题,是怎样把这个责任放在千千万万企业领导者和职工群众肩上的问题。(我们现在的情况,是企业无法考虑自己的设备更新。更新就要层层上报,等上面批下来,然后申请材料、设计,而我们计划下达常常很迟。)把责任交给企业,怎样使得它不乱呢?对付孙行者的紧箍咒,就是限制在简单再生产的范围内,限制在折旧费的管理方面。c的不断更新,这个责任要牢牢地放在企业肩上。超过这个范围,m部分,除必要的企业奖金外,要全部上缴,企业无权动用。在简单再生产范围内的责任,要完全交给企业,只有这样,企业才能成为一个名副其实的独立核算单位。

中央的工业七十条中有"五定",前三定是:企业规模要定、固定资金要定、流动资金要定。七十条公布已有两年,"五定"却不容易定下来,这是个复杂问题。技术问题还好解决,其中一个很大的原则问题是:什么叫原有规模的再生产?一般人认为就是设备不变、工人数目不变、产品数量不变。如长春汽车厂,生产3万辆,就是原有规模,就是企业的活动范围。这是从实物量来讲的。如果真的从实物量讲,就不大通,而且非常有害。在客观上,这就是限制生产,束缚技术的发展。我们希望企业以原有设备、原有人数来生产越多越好的产品,怎么还要限制生产呢?在一般情况下(除了这几年原材料极端缺乏这种不正常情况),企业不要求增添新投资,不要求增添新人员,生产出更多的产品,是我们求之不得的,这就是多、快、好、省。但如果我们像刚才说的那样划杠子,就是说,3万辆是企业责任范围以内的,如生产30 001辆,就要经上级批准,这算什么呢?各部门的发展总是参差不齐的,各部门、同一部门中不同的企业,生产发展速度是会有差别的,有差别是允许的。在个别时期、个别年份有差别,国家应有储备。在一般情况下,计划中应看到这一点,一个部门上去了,其他有关部门扩大再生产也应跟着上去。不能说计划经济就不准超计划,超计划就是破坏平衡。这是不对的。我们应该鼓励超计划,超过设计能力,在原有投资范围内生产更多的产品。所以杠杠不应依实物量来划,这样划就是限制主观能动性。杠杠只能是资金的价值量。如某企业原有1亿元资金,这是一个杠杠,在此资金范围内,产量增加,就是鼓足干劲力争上游的表现,我们求之不得。但如果要求增加固定资金、流动资金,就要查查原因,是不是向国家伸手。产量增加,是贡献,贡献不能限制。伸手要资金,那应该限制。这就要把资金交给企业负责管理。交给企业的责任,只能是资金数量。资金数量只能从价值量上讲,不能从实物量上讲。可能有人以为资金是指多少房子、多少机器,从实物量来计算。仔细一想就明白,这是不可能的。不同的实物是不能相加的,综合表现只能是价值量(用货币来表现)。把责任交给企业,就是动员企业领导人和职工群众大家动脑筋、发挥积极性,怎样使这1亿元资金生产更多更好的产品,不但把这1亿元资金保住,而且设备不断更新、技术不断进步。只有超出这个限度的新的投资、新的建设,才由国家集中管。现在,整个固定资产更新与新的基本建设一样,都由国家统一管。这两个东西混在一起,就产生一抓就死、一放就乱,结果会把折旧拿来搞新的建设,旧的吃了老本、搞垮了,新的又不配套。

技术进步是生产力发展的基础,生产力发展是社会进步的基础。企业在国家经济政策、技术政策的范围内,独立自主,这样才能够发挥大家的积极性,出现生动活泼的局面。现在,下面缩手缩脚,而上面领导机关又不得不陷于事务圈子里,批不胜批,不能集中力量管好综合平衡和计划的制订工作。结果,上面不可能了解千千万万个企业、车间的具体情况,只好笼而统之地批;而下面企业只能修修补补搞个大修理(苏联还有一条"不增值、不变形"),这就束缚了生产力的发展,延迟了技术进步。管理体制这方面的问题，把社会主义制度本身的优越性、高速度发展的可能性大大地限制了。苏联搞了40年，固然比资本主义国家发展快，但每年增长7%—8%，不超过10%。这是什么道理？有人说基数越大，增产百分数代表的绝对值也越大，你们增产百分数大，但代表的绝对值很小。所以基数越小增产越容易，基数越大增产越困难。这实在说不通。基数大，增产一定百分数代表的绝对值大，这不错。但是基数大，固定资金、流动资金多，基础雄厚，增产的潜力也大，为什么增产反而困难呢？这是什么道理？这是由于目前的企业还不是真正的独立核算企业，企业积极性被限制住了。

我考虑，在研究政治经济学中，这个问题应以经济核算、价值规律作为基本出发点。此外，什么是经济？独立企业"五定"如何定法？国家与独立核算企业的权限如何划杠杠？这些都是管理体制问题。

我这样提问题，同意的人少。尤其在业务部门里基本上同意的还是少数。他们认为，这样就坏了。我是提出问题，请同志们进行研究。我说定资金，可以说是孙行者头上的紧箍咒，每一个企业是孙行者，根据国家的资金去发挥积极性。但只有这一点数目，不能再伸手向国家要，不能只造房子没有机器，买了机器没有房子，即使少买1/10的机器，也是不平衡，这种不平衡是企业内部的责任。对这一紧箍咒应考虑，只要总数目不动，应允许企业发明创造。不考虑原企业的检修，所有的钱都用来买新机器、造新厂房，把过去折旧费也买了新机器、造了新厂房。这是制度的毛病，不是企业的毛病。我们不少同志的行政级别和厂内职务不低，鞍钢是部长级干部，起码是副部长、司局长。但是有些部长都管不到的事，翘小辫子的女孩子却决定了我们的命运。应当是由工人决定换新好、更新好,还是由上面领导自己决定?应当看哪一部分的投资由独立企业管,哪一部分投资的综合平衡属于国家管。属于企业的应该是八仙过海各显神通好。有几个紧箍咒:资金;银行的财务监督;业务部门的技术监督。这三个紧箍咒中,主要的是资金。这三个套上之后,企业是逃不到哪里去的。唯一应注意的是各厂的不平衡,这才是国家应当考虑的。过去我们国家机关忙于具体事务,有时未注意这种平衡,应当集中的未集中,结果业务部门一放就乱,一抓就死,而不是抓而不死、放而不乱。我们社会主义国家现在有几十万个企业(包括农业、交运及流通中企业在内),七十条颁布前对它们的资金定额不明确。

什么叫原有规模?是价值量还是实物量?这与独立核算企业的责任不明有关(理论与实践都如此)。可见问题不是集中与分散,从政治经济学上来说,是真正完整的独立核算企业的责任制的问题。过去对于紧箍咒箍在哪里看不清。

今天讲的,和过去讲的平均利润、生产价格、社会必要劳动是从一个体系下来的。如果这里有人听过我去年讲的,知道我是从反对“自然经济论”,主张产品二重性讲起的,那么经济问题上实物量与价值量,即具体劳动与抽象劳动应当明确。机器拆修这是具体劳动;保证用最小资金,保持价值,抓紧箍咒,就是抓抽象劳动。如何使用,这是孙悟空大闹天宫的问题。一般讲来,资金给企业后企业就可以八仙过海、各显神通。但1亿吨煤20年挖完了,那么综合平衡计划的意义何在?应了解这个储藏量是1亿吨,每年平均是500万吨,20年应结束,故不到20年时应当把资金收回。如上海纱厂的配置不合理,10年应增加一倍,上海可能有100万纱锭,10亿元资金,10年一更新,计划时就应当事先看到:第二个10年为

200 万纱锭，第三个 10 年为 400 万纱锭。如不行，应抽回一半资金，实物量还是这样多。计划应抓住这一点，应了解不平衡是绝对的（约 5 年或 10 年出现，或是由于自然资源枯竭，或是由于生产布局改变）。10 亿元资金的所有权应归国家，使用权应归于企业，使企业有职有权。党、政、工 1 万人，交集体去负责，对他们信任，不应当修一部机器、损坏一个机器都要由上面批准。计划中应讲明：在这范围内可以由企业独立来搞，这是发挥他们积极性、首创精神和能动性的问题。限制资金这是责任制问题。我们过去把资金限得死，阻碍了企业积极性的发挥。我们早说大修理不变形、不变值（比苏联还早）。

有一个提法叫分散资金问题，我已否定了。不是分散不分散的问题。会不会乱？我认为不会乱。还有一问题：马克思通信中所谈更新时间与折旧时间不同。因为固定资产的特点是一直到进废料房，是独立于产品而存在的；价值看不出来。每年扣多少？美国有两个办法：平均法、快速法。人为地假定，原则是平均的。平均实际上是经济上的假定。事实上是可以知道的，如设备磨损情况，是经济界根据平日认识假定的。假定每年抽 1/10，但第一个 5 年，尤其第一年，马克思在给英国工程师作的报告中指出，头一年抽 1/10 折旧，但不是机器最好的时代（那是在第 2—3 年）。第一年不是衰老，而是像人一样不成熟，而折旧是代表衰老，第一年及成长时（第 2—3 年）也在抽。因为机器过八九年才更新，那么这钱如何办？恩格斯认为，我虽是厂主，但还要问问别的厂主。

业务部门强调要集中，因为 9 年、10 年后才用，第 11 年新设备才投入。7 年、8 年中提取的折旧费用如何办？修理，延长了寿命就不只 10 年了。有人认为这资金应集中管理，搞新的企业，因为国家穷,应让他们精打细算,修修补补再生产。这点我已否定了,这不是不精打细算,而是更好地爱护机器。企业自己掌握的一部分资金总存在银行,有人认为这不好,这资金应由国家集中使用。这个意见不对。这也像各位同学的私人存款一样。但这不是临时存款,一般都是定期固定存款,几年以后才用。银行把这钱拿去,无关于紧箍咒问题,不会乱,不会限制企业的主动作用。有人说,由于提取固定资产折旧的时间与报废时间有差距,因之有一部分资金要集中使用,并以这个为理由反对我的意见。但这不是理由,也不是会乱的理由。旧社会叫游资,我们叫闲置资金,这在社会主义条件下应当把它充分运用。马克思在论述固定资本中讲到,10年中机器还是照样,价值逐年转移,但资产阶级借银行的货币去购机器。资产阶级资本周转得好,算得好,可是吃别人的资本,要扩大固定资本,扩大周转资金,要通过银行借来。计划经济则是通过详细计算,由国家统一运用。这牵涉不到我们的观点。

这种制度今天是否马上可以实行?不能。我的意见是少数,标新立异,只作研究。但如大家同意了,无人反对了,批准了,也不好在1963年就执行,因为有许多问题未解决。

首先由于我们固定资金管理上混乱:有破烂,实物量多少也讲不清。管理好的企业,实物量的账是清楚的,但是价值量多少不知道。机器还是机器,毛估一半新旧(50%)价值,实际不到,可能是四六开呢?!清仓核资工作已经做了,但很粗,不够严格。应该让每一个经济师、会计、技师共同鉴定。我国要几百万人来搞,比人口普查更加复杂。还要有专家搞(据苏联经验)。我国没有这样多的专家,自报公议,搞群众路线会更好些。

核资后要严格根据生产价格、平均利润,规定上交多少。还有产品价格问题,不能干不干三顿饭,成本贵、材料贵而利润不多。有人用个别现象来加以反对,这是没有多大道理的。应当认识规律,规律与现象总有差别,理论上应当分清:资金只是价值概念还是双重的概念(实物概念也包括)?好多经济学家认为只是实物概念而无价值概念,认为存在就是合理的,这是黑格尔哲学,那就没有经济学问题了。照抄苏联的东西,就不要学问,不要总结经验了。不能认为已存在的办法就是合理的,符合客观规律的。应当多研究,不应轻易否定现有的,这样会乱。而把现有的当作绝对真理,会产生教条主义。既不应搞唯心论,又要认真研究,大胆怀疑。但改变时应小心:一清产,一核算,不经过三五年,全国不好统一实行。我与业务部门部长、厂长、局长交换过意见,他们认为搞一两个企业试一试,试好后逐步扩大,典型试验和群众讨论相结合。这在业务部门已提出来了,还要进行广泛讨论,但实行应小心。典型试验可从1963年底开始进行。每一个部、每一个地方都可以搞,但应好好研究。不要随便搞。可以百花齐放、百家争鸣,但实行起来应重视。毛泽东同志讲战术上应当重视,不要认为存在一定就是合理的。每一具体问题的解决,哪怕搞一典型试验,应看到各方面:干部情况、价格、销路等等。

上面对一般工农业企业讲完了。还要讲一下特殊企业:社会主义建设中的市政建设(或城市建设),这是一个大问题。因为总的是斯大林讲的客观存在着的问题:大家总希望建设好多企业。资金虽然积累不少,但总赶不上需要。由于简单再生产与扩大再生产划不清,这样好多地方就先挤掉了简单再生产的固定资产更新;其次再挤掉市政建设。

新工业城市去了许多工人,生老病死,缺少医院,人们不愿到那些新基地去。越远,新城镇在这方面也越差,这问题一直出现;还有旧城市,连阴沟下水道也没有,以100万人的供应设备来供应300万人,供应设备未变。从第一个五年计划开始,这种情况就已出现,叫做“骨头和肉”:就是架子搭了,工厂还未开工,或开工了,但自来水、交通运输、学校、幼儿园不配套。这样工人情绪不好,拆散了“鸳鸯”,尤其生产上问题更大,无自来水,河里鱼死了,农民田少了,天空中烟灰去不了,商品运不出去,煤渣无法倒。应该是“骨头”和“肉”一起上,即生产领域与非生产领域、生产建设与城市建设要配套。这实质上也是固定资产折旧问题。这里有一系列问题:不能只建一骨架子,应配套;老城市应注意到维修,工业企业也要维修,不应让工业吃老本,应当每年补偿。为什么单独提这问题?因为自来水好解决,自来水厂本身是生产企业。而服务行业、幼儿园、学校等消费机关,这些将来主要是市政办,企业只办一部分。这些本身虽然不是生产企业,但也应按照这个原则办。学校、托儿所也应当折旧。那么不生产如何补?电影院、医院有收入。学校由国家开支,每年应根据维修办法,按每一设备特殊规律办事。职工住的房屋最主要,占最大量的经费,托儿所也是如此。我们房租低,房产局收入连管理费、修理费也不够。我们认为房子也应当折旧,在实际工资不下降的情况下,能使用30年的房子每年应当付1/30折旧费,这部分应包括管理及修理费在内。这是一个核算问题。要使职工也了解。应当算立方米,不算平方米(我们住高楼,工人住低楼,故应当用立方米算)。这问题也是甲、乙两部类的平衡问题。因为房子都属于生活资料,也要保证再生产。不光设备要再生产,吃穿也都应当保证再生产。而生活资料中应包括住房这一消费资料在内。

固定资金折旧问题最后附带提一下：市政建设如何管理？独立核算企业如何管理？在实际生活中，可以在财政支出中列出一笔费用，规定多少由这企业修理用，多少留在市政方面，50年后拆了房子作为新建市政上用。总之，经济工作应根据客观规律办事，因为我们的经济和资本主义的经济不同，是计划经济。

现在，我要向三年级同学们告别了！讲了流动资金不讲下去了。这讲的提纲还未写，将来通过学校寄给大家，可能要拖几天。领导同志征求我的意见，问我是否要继续讲，我是"毛遂自荐"，准备以后再讲下去。

附　　录

一、《社会主义经济论》讲课计划

（社会主义政治经济学）

——征求意见用——

课题　时数

1. 政治经济学如何研究社会主义生产关系（包括对象和方法问题）

（1）不承认人民内部矛盾的学说，就会把生产关系的范围看窄了，就不会深入研究社会主义的生产关系。

（2）研究生产关系要联系着研究上层建筑。国家财经体制和企业管理制度不只是上层建筑，而且是生产关系。

（3）研究生产关系要联系着研究生产力。经济效果问题不仅是生产力问题，而且也是生产关系问题。

（4）劳动组织问题是生产力问题，然而更是生产关系问题。生产关系以至于意识形态和政治等上层建筑对生产力的关系。

（5）关于政治经济学对象的争论——政治经济学的研究对象

是生产方式?抑是生产关系?抑是物质生产过程?生产力要素是否包括劳动对象?要不要成立一门生产力组织学?生产力在政治经济学中的地位是否类同于数学在力学中的地位?

(6)用"自然经济"的观点或商品货币经济的观点不可能研究明白社会主义的生产关系。

(7)要通过客观经济过程的分析来研究政治经济学。

(8)历史和逻辑的统一。抽象法在政治经济学中的重要性。政治经济学的研究方法和表述方法。政治经济学中的量和质。要懂得经济学必须学点哲学。

2. 社会主义生产关系的建立和社会主义社会的生产的直接目的

3. 产品和商品(包括产品的两重性和劳动的两重性问题,价值和价格问题)

4. 劳动券和货币

5. 劳动时间和劳动生产率

6. 技术进步和劳动组织。企业管理问题

7. 按劳分配和工资形式(以上属于生产过程的题目,共27—30小时)

8. 社会主义流通总论

9. 固定资金

10. 流通资金

11. 资金周转时间

12. 流通费用

13. 资金使用效果的核算。生产价格(以上属于流通过程的题目,共21小时)

14. 社会主义再生产过程概论

15. 两大部类、农轻重之间的关系

16. 生产力布局

17. 劳动力再生产

18. 国民收入的分配和再分配

19. 积累和消费

20. 国民经济的计划管理

21. 国民经济发展速度(以上属于再生产过程或社会主义生产总过程的题目,共 39 小时)

二、《社会主义经济论》讲课提纲

第一题 政治经济学如何研究社会主义生产关系

(详见前“《社会主义经济论》讲课计划”中课题 1.)

第二题 社会主义生产关系的建立和社会主义社会生产的直接目的

(一) 设立本题(或篇、章,下同)的必要性及其在社会主义政治经济学体系中的地位

社会主义生产关系和资本主义生产关系产生过程的差别。《资本论》对资本主义生产关系产生过程部分的处理。国内外经济

学家对社会主义生产关系产生过程部分的安排(或意见)。设立本题的目的是为深入分析社会主义生产关系创立必要的前提。

(二) 关于本题的叙述方法

在本题的叙述中如何贯彻逻辑与历史一致的原则?在本题中应依次着重分析下列的一些经济范畴:大资本(在我国是官僚垄断资本和外国资本)及其改造为社会主义全民所有制;中、小资本(在我国是民族资本);个体农民经济;个体手工业;小商小贩;集体所有制及其逐步完善。社会主义两种所有制是否“并存到底”?正确区别社会主义革命中的一般规律和个别国家的特殊规律。

(三) 社会主义社会生产的目的

生产的目的取决于生产资料所有制的性质。在社会主义社会,生产以满足社会全体成员的需要为直接目的。关于“基本经济规律”的提法。关于社会主义社会生产目的“不是为利润、不是为价值”的提法。社会主义生产目的应该在全书的分析中得到充分的体现。

第三题 产品和商品

(一) 对社会主义经济的分析研究为什么要从产品开始

商品拜物主义消灭之后,产品是否就单纯是一个自然物?对生产关系的研究是否就可以离开“物”来进行了？对社会主义生产关系“一目了然”论的商榷。

本题分析的产品是从全民所有制内部关系观察的产品，是抽象了不同所有制和按劳分配等因素影响的产品，是社会主义社会中各种具体物质财富的抽象。它体现着在生产资料公有制基础上计划化的社会化的生产中人们共同劳动的关系。社会主义产品是资本主义商品的否定，但它不同于自然经济的产品。

（二）社会主义产品二重属性——使用价值和价值

社会主义的产品仍然是使用价值和价值的矛盾统一物。劳动生产率的提高表现为单位时间中生产的产品实物量的增加和单位产品价值量的减少。社会主义产品的价值仍然由生产这个产品的社会必要劳动量决定。恩格斯的“价值是生产费用对效用的关系”的规定。随着商品消亡的是价值抑是交换价值？社会必要劳动量的直接计算和迂回曲折的表现——价值形态问题。

肯定产品两重性的学说有什么理论的和实践的意义？

（三）社会主义产品的社会必要劳动量在农业和采掘工业中如何确定？社会主义社会的级差地租问题

（四）社会主义劳动的两重性——具体劳动和抽象劳动

社会主义经济中的具体劳动和抽象劳动。局部劳动和社会劳动的矛盾是社会主义劳动两重性的基础。抽象劳动是否只是商品经济的范畴?

简单劳动和复杂劳动、熟练劳动和非熟练劳动以及它们在社会主义经济中的发展趋势。在社会主义经济中,复杂劳动是否能折合为简单劳动?熟练劳动是否能折合为平均熟练程度的劳动?如果能够,如何折合?

肯定劳动两重性有什么理论和实践意义?

(五)社会主义经济中的价值和价格

价格在社会主义经济中的作用——是核算社会劳动的工具还是国民收入再分配的杠杆?抑二者兼而有之?价值是价格的基础。价格基本上应该与价值相符,抑是可以背离价值?价格和价值是否能绝对符合?如何计算产品的价值量?社会主义经济中的价格总额与价值总额是否相符?

(六)簿记和统计在社会主义计划经济中的作用

(七)社会主义经济中的商品

商品的质的规定性。对几种不同观点的商榷。全民所有制企业间流通的产品基本上不是商品。国家卖给职工的产品、全民所有制经济与集体所有制经济之间流通的产品基本上是商品。由商品过渡到产品的基本趋势。

第四题　货币、劳动券

(一) 货币是一般等价物

价值和价值的表现形态。货币是完成的一般等价形态。为什么要了解货币的本质就必须研究价值形态问题？必须研究价格运动问题。马克思在价值形态问题上对古典派经济学的批判对我们今天有什么理论上和实践上的意义？

(二) 社会主义"货币"的本质

计划价格与一般等价物是两个矛盾的、不能并存的概念。社会主义产品流通中的"货币"和支付职工工资的"货币"都是社会自觉的、有组织的计算劳动的质与量的工具。指出社会主义的"货币"实质上是劳动券在实践上有什么意义？

这里分析的"货币"，也同第三题分析的产品一样，是从全民所有制内部关系观察的"货币"，是抽象了不同所有制因素影响的"货币"。

(三) 人民币的本位和职能

人民币和过去的旧货币有无历史联系？从资本主义到社会主义过渡的阶段中，人民币的性质有无变化？怎样变化？人民币的职能。人民币在对外贸易上是代表一定的含金量还是代表一定的劳动量？批判几种对人民币性质的不正确认识。

（四）社会主义经济中的价格

价格在社会主义经济中的作用——是核算社会劳动的工具，还是国民收入再分配的杠杆？抑二者兼而有之？价值是价格的基础。价格基本上应该与价值相符，抑是可以背离价值？价格和价值是否能绝对符合？如何计算产品的价值量？社会主义经济中的价格总额与价值总额是否相符？价格在未来共产主义社会中是否存在？

（五）簿记和统计在社会主义经济中的作用

价值从迂回曲折的表现到直接的计算——从必然王国到自由王国。簿记和统计在社会主义经济中的意义和作用。

第五题　劳动时间和劳动生产率

（一）社会主义产品生产过程是使用价值创造和价值创造过程的统一

产品的两重性决定了产品生产过程的两重性。

社会主义劳动过程的分析。劳动力、劳动手段和劳动对象的含义以及它们在生产中的作用。劳动力是否包括思想觉悟的因素?劳动过程中人的因素与物的因素的辩证关系。

产品的价值构成——c、v、m——的分析。生产资料资金在产品价值形成过程中的作用。价值转移的考察,是实物量的转移还是价值量的转移?价值转移在社会再生产中的意义怎样?

新创造价值的考察,构成新创造价值的两个部分——必要产品和剩余产品的划分。国内外学术界关于这个问题的争论。到将来共产主义阶段有没有必要产品和剩余产品的划分?必要劳动时间与剩余劳动时间量的规定性。社会主义制度下必要劳动的社会界限。

(二)充分利用劳动时间和自由支配时间的意义

工作日的长度。劳动时间和自由支配时间的关系及其运动变化的规律。自由支配时间的意义和构成。

劳动生产率的涵义。国内外学术界关于这个问题的争论。

充分利用劳动时间与提高劳动生产率对产品价值构成的影响。c的比重是下降,抑或增加?v与m是依劳动生产率沿相同方向同比例变化,抑或沿相反方向不同比例变化?二者矛盾的性质。

关于社会主义生产中的劳动强度。"苦战"和"巧战"。社会主义制度下劳动时间、劳动强度和劳动生产率三者的辩证关系。

(三)充分利用劳动时间与提高劳动生产率的主要途径

提高技术水平的意义。两种不同类型的技术进步对提高劳动生产率的影响。技术进步的经济效果。

提高劳动者的技术熟练程度。

巩固社会主义劳动纪律。

改善劳动组织。

第六题　分配原则与分配形式

(一) 社会主义阶段“必要”产品分配的基本原则——各尽所能、按劳分配

按劳分配的客观必然性。按劳分配和生产力发展水平、社会主义所有制、人们的政治思想觉悟的关系怎样？所谓劳动力所有权问题。

什么是按劳分配？劳动报酬与劳动差别仅仅是成正比例的，抑或是等比例的？复杂劳动和简单劳动能否进行比较及如何比较？如何理解恩格斯关于社会主义制度下复杂劳动创造的更多价值归于社会的论断？工资差距与劳动差别的背离。

按劳分配性质的考察。按劳分配是资产阶级法权残余，还是无产阶级法权？按劳分配中资产阶级法权残余的涵义。国内学术界关于这个问题的争论。按劳分配原则有否积极和消极的两重性？

按劳分配原则作用的范围。是只适用于同一所有制内部，抑或也适用于不同所有制之间？全民所有制企业之间是否存在由于

生产资料的好坏而引起的分配上的差别？工农之间有没有按劳分配问题？

（二）“必要”产品的分配形式

（1）工资制是实现按劳分配原则的主要形式。社会主义工资的本质。劳动力有否价值？工资是不是劳动力的价格？工资是否流动资金？高工资制和平均主义工资制。

（2）工资形式的客观规定性。工资形式是取决于劳动者的思想觉悟，抑或生产条件？什么条件下采用计件工资制比较好？什么条件下采用计时工资制比较好？计件工资的优缺点。计件工资制可能产生的弊病，是因为充分实现了按劳分配原则的结果呢，还是相反？计件工资是否与按劳分配共命运？

奖励制是实现按劳分配原则的灵活的补充形式。奖励和工资的关系。企业奖金的提取应该依据什么？政治思想觉悟是否是工人得奖的一个条件？综合奖和单项奖。

（三）按劳分配向按需分配过渡的必然性及其途径

按劳分配的长期性及其向按需分配过渡的必然性。按劳分配是否有巩固发展的阶段，抑或从建立社会主义制度起就必须不断破除？

按劳分配原则为按需分配原则所代替的具体途径。集体福利部分比重增大的意义。供给制在条件成熟时是否仍然是实现按需分配的形式之一？

第七题　社会主义流通过程

三、流通概论(讲稿)

一、生产和交换、交换和流通、交换和商品交换、流通和商品流通

“交换没有造成生产领域之间的差别,而是使不同的生产领域发生关系,并把它们变成社会总生产的多少互相依赖的部门。”①

“流通本身只是交换的一定要素,或者也是从总体上看的交换。

既然交换只是生产以及由生产决定的分配一方和消费一方之间的媒介要素,而消费本身又表现为生产的一个要素,交换当然也

① 《马克思恩格斯全集》第23卷,第390页。

就当作生产的要素包含在生产之内。”①

马克思在讲到商品流通的时候又说过:“流通是商品的不断运动,但总是新的商品的不断运动,每个商品只运动一次。”②

恩格斯说:“……生产以及随生产而来的产品交换是一切社会制度的基础;在每个历史地出现的社会中,产品分配以及和它相伴随的社会之划分为阶级或等级,是由生产什么、怎样生产以及怎样交换产品来决定的。”③

但是,如像我们在研究生产过程的时候所已经反复讲过的一样,在过去半个世纪中流行于经济学界的“自然经济观”却认为,交换只有商品交换,在商品消亡之后,就没有交换,更没有作为“从总体看的交换”的流通了。

最近有位苏联经济学家阿·克留切夫在一个商业学院出版的,一份不大受人注意的学报上发表的论文中说(他这种论点在“自然经济观”占统治的著名刊物上是不容易发表的):“在我们的经济著作中,有一个根深蒂固的意见,这就是流通只能被设想为商品流通,除了商品流通以外,不可能有任何别的流通。按照这种意见,结果就成为:流通只有当它是商品流通的时候才构成社会生产的特殊阶段”。④

这种“自然经济观”的思想在我国经济学界也是存在的。国外经济学界的思潮对于我国经济学界的思想是不会不发生影响的。这从以下事实中可以看出来:

---

① 《马克思恩格斯选集》第2卷,第101页。

② 《马克思恩格斯全集》第13卷,第89页。

③ 《马克思恩格斯选集》第3卷,第307页。

④ 《学术著作集》第18辑,列宁格勒,恩格斯苏维埃商业学院1961年版。

第一，在国内，也如国外一样，社会主义政治经济学主要是谈生产过程中的问题；关于流通过程中的问题，只谈生活消费品的商业，即不同所有制（国家、集体和个人消费者）之间的交换，而不谈全民所有制内部的流通，不谈生产资料的流通；即使偶然在学校中，在报刊文章中，提到了生产资料的供应工作，也是作为计划工作或生产管理工作中的一个具体的行政组织问题提出来的，而不是作为一个独立于直接生产过程而又与生产不可分离、与生产互相制约的、社会再生产中一个独立经济过程提问题的。而不同所有制之间的商品交换，对于共产主义社会初级阶段的社会主义经济，不论它是如何重要，它总只是过去（私有制和商品经济的过去）的遗迹，而不是全民所有制生产关系派生出来的东西。因而，如果只在生活消费品商业问题的圈子里谈问题，那么不用说，流通和商品交换一样，只是共产主义初级阶段的现象，从社会主义经济最本质的生产关系来说，从全民所有制来说，是没有“流通”这个范畴和概念的。

第二，近几年来，主张编写社会主义政治经济学要从客观经济过程的分析入手的，大有人在。然而，在具体编写过程中，从何谓流通过程，到有没有所谓流通过程，都成了问题。这证明过去我们是看漏了流通过程；直到近几年来，我们才把全民所有制经济有无流通过程的问题提出来。但是如果全民所有制经济没有流通过程，没有交换，特别是没有产品交换作媒介，那么社会生产本身也成了孤立的互不联系的经济活动，这就难怪迄今为止，社会主义政治经济学著作几乎千篇一律地成为政策汇编，或规律定义的汇编了。

第三，在我国大专院校中，也如像苏联一样，只有研究生活消费品贸易的院或系，而没有研究生产资料流通的院系。关于生产资料的流通问题被称作“物资供应”，作为计划系的一个专业出现的。而且不论是生活消费品商业也好，或是“物资供应”也好，都只是作为“部门经济学”，而不是作为政治经济学来研究的；都只是从直接交换过程中的问题来加以研究，而不是作为一个独立于生产而又与生产不能分离的，独立的经济过程来看待的，即只是在马克思《资本论》第一卷第一篇第二章的范围内加以研究，而不是在整个《资本论》第二卷的范围内加以研究。不是从社会再生产过程中生产资料资金和生活消费品资金的不断补偿的角度来研究的。

在中国，似乎还没有发现过直接宣扬“自然经济观”或“无流通论”的文章或专著。然而这并不足以证明这种论点在经济学界没有影响，而是相反，似乎这种观点处于不言而喻的独占地位，因而连社会主义社会有无流通的问题也没有被提出来过。

因此，我们在具体研究社会主义流通之前，先一般地谈一谈从社会主义全民所有制经济内部生产关系的角度来看问题，有没有“流通”，什么是流通，即是先不考虑“流通”的具体的社会形态，而谈谈“流通一般”，是有必要的。马克思说：“生产一般是一个抽象，但是只要它真正把共同点提出来，定下来，免得我们重复，它就是一个合理的抽象。”①从这个意思说，我们在研究具体的社会主义公有制形态的流通之前，提出“流通一般”的问题也是合理的，必要的。

二、产生“自然经济观”和“无流通论”的客观基础

否定社会主义流通过程的思想不能说成仅仅是主观认识上的

① 《马克思恩格斯选集》第2卷，第88页。

产物，也不能说成仅仅是受了外国经济思潮的影响。社会主义政治经济学中“自然经济观”的产生至少有两个客观原因：

第一，私有制的消灭，以及由此而引起的盲目自发的市场商品交换的消失，使人产生一种错觉，认为至少从全民所有制内部生产关系来说，马克思在《资本论》第一卷第四篇第十二章指出的社会分工和工厂内部技术分工的差别已经泯灭，整个社会（至少是全民所有制经济本身）已经变成为一个统一的工厂，社会分工已经与工厂内部的技术分工等同化。因此，作为社会分工的各个单位之间的联系纽带或起媒介作用的流通也不存在了。

马克思在《资本论》第一卷第四篇第十二章，指出了社会分工和手工业工场内部分工的六点差别：（1）社会分工的各个成员的产品是作为商品存在的，而手工工场内部分工的每个成员并不生产商品，成为商品的只是他们的共同的产品；（2）社会分工以分工各部门的产品的买卖为媒介，而手工工场内部各个工人之间的联系是通过不同的劳动力出卖给同一个工场主来实现的；（3）手工工场的分工以生产资料集中于一个资本家为前提，而社会分工则以生产资料分散于许多互相独立的商品生产者手中为前提；（4）在手工工场内部，严格规定的比例和关系的铁则把全体工人分配于不同的职能之间，反之，在社会分工的各个部门之间，商品生产者以及他们的生产资料的分配，是让偶然性和任意性作决定的；（5）手工工场内部分工所采取的规模定额是先验地和有计划地起作用的，而在社会内部分工中，这种规模定额只是后发地起着作用，作为一种内在的，盲目的自然的必要性，控制着商品生产者的无秩序的任意行为，而且只以市场价格的气候变幻的形态出现；（6）手工工场的分工以资本家对工人们的无条件的权威为前提，工人只是组成了属于资本家所有的、一个完整机体中的诸部件，而社会分工则是使独立的生产者互相对峙，除了竞争以外，除了以他们的相互利害斗争的结果出现的强制力以外，不承认任何其他种权威。因此马克思指出，同一个资产阶级的思想意识，一方面把手工工场的分工，把工作者终生固定从事某一操作，而且把各个工人屈属于资本的权力，称颂为提高劳动生产力的劳动组织。这同一个资产阶级的思想意识又在另一方面，以同样的狂热痛骂一切自觉的社会监督，以及对社会生产过程的控制，把这说成是对于财产的神圣权利，对于自由和对于资本家个人自我决定的“天才”的侵犯。马克思说，这是很突出的，工厂制的最狂热的辩护者在反对社会劳动的统一组织的时候，竟找不出别的更有力的理由，而只能说这样的统一组织是把社会变成一个工厂了。①

然而，这种见解是对马克思的莫大误解。私有制变为全民所有制，并不能完全消灭社会分工和工厂内部技术分工的差异，商品交换关系的衰亡也不能消灭产品交换，不能消灭作为独立的经济过程的流通。即使从全民所有制经济内部的生产关系的角度来看问题，即使到了共产主义高级阶段，也会存在着不同于工厂内部技术分工的社会分工。

在这里，即在全民所有制内部或共产主义高级阶段，工厂内部的技术分工和社会分工不同之处也仍然不像亚当·斯密所认为的那样，仅仅在于技术分工发生于同一地点，观察者可以一目了然，而社会分工分布在全社会，观察者就很容易把它看漏掉。二者的差别在于：技术分工发生在一个独立核算单位的内部，是直接作为

---

① 参阅《马克思恩格斯全集》第23卷，第373—398页。

各种不同的活劳动的交换而出现的，而社会分工发生在社会上各个独立核算单位之间，是通过产品的交换来实现的。

直接的活劳动的交换，它的范围不可能很广，经济效果的计算主要通过定额来表达。因而不可能作较广泛的经济比较。在全民所有制经济内部，以及在未来的共产主义社会，生产愈发达，社会分工愈细，各个独立核算企业之间的协作愈密切。这样的分工只有通过产品交换来进行协作，也只有这样，才能做好经济核算，才能充分提高社会劳动生产力。

第二，由于上面所说的，社会分工和技术分工在某些重大方面的接近，更由于在社会主义经济建设的实践中，生产资料生产的增长（尽管这个增长速度是相当快的），总是落后于社会主义建设的计划需要之后，因此社会生产的不同部类之间，不同部门之间，和千千万万个企业之间的产品交换（物资技术装备的供应），不得不采取"分配"或调拨的形式。因而，给人们造成了一种假象，似乎从社会主义全民所有制经济的生产关系来说，社会生产将只包括生产、分配、消费三个要素，而流通则因为不需要而消失了，或者为"分配"所代替了。其实，现在社会主义国家比较普遍采用的这种物资技术装备的供应形式，完全不是政治经济学上所说的"分配"，而是"配给"，这是在物资缺乏、供不应求的情况下采取的一种不得已的措施，而决不是社会分工基础上产生的产品交换或产品流通的正常形式。

因此，我们为了研究流通过程，为了说明流通过程是客观的存在，有必要先辨别"分配"和"交换"这两个政治经济学上完全不同的范畴。

讲到分配，首先是指产品的分配。如果撇开了产品中抵偿物质消耗的那一部分不谈，那么分配就是指社会产品中净产品的分配，即是满足生产者及其家属生活所必需的产品和剩余产品的分配，即是“v”和“m”的分配。

马克思指出：“不同分配方式的同一性就归结到一点：如果我们把它们的区别性和特殊形式抽掉，只注意它们的同区别性相对立的一致性，它们就是同一的。”①“但是，在分配是产品的分配之前，它是(1)生产工具的分配，(2)社会成员在各类生产之间的分配(个人从属于一定的生产关系)——这是上述同一关系的进一步规定。这种分配包含在生产过程本身中并且决定生产的结构，产品的分配显然只是这种分配的结果。如果在考察生产时把包含在其中的这种分配撇开，生产显然是一个空洞的抽象；反过来说，有了这种本来构成生产的一个要素的分配，产品的分配自然也就确定了。”②

交换是把已经生产出来的产品在已经分配定的价值量范围以内，转交给消费者，实现消费。马克思说：“……在消费中产品才成为现实的产品，例如，一件衣服由于穿的行为才现实地成为衣服；一间房屋无人居住，事实上就不成其为现实的房屋；因此，产品不同于单纯的自然对象，它在消费中才证实自己是产品，才成为产品。消费是在把产品消灭的时候才使产品最后完成，因为产品之所以是产品，不是它作为物化了的活动，而只是作为活动着的主体的对象。”③正是从这个意义上说，交换是“生产以及由生产决定的分配一方和消费一方之间的媒介要素”。④

① 《马克思恩格斯选集》第25卷，第993页。
② 《马克思恩格斯选集》第2卷，第99页。
③ 同上书，第94页。
④ 同上书，第101页。

既然交换实现了或最后完成了生产和分配,而流通是从总体看的交换;那么我们可否说,生产和分配是通过了流通过程才得到最后完成。

从上面对于“分配”和“交换”这两个范畴的分析中,我们可以看出,物资供应决不是属于分配范围以内的事,而是交换本身。因为,在正常的情况下,这里并没有发生必要产品和剩余产品的分配问题,也没有发生剩余产品(劳动者除了为自己和家属的生活消费所必要的部分以外,为社会生产的产品)的再分配问题。这里供应的物资是为了满足两种用途:一种是不仅早已分配了的,而且是已经在生产过程中消费掉的生产资料(固定资产和原材料)的按期的补偿;一种是按照国家扩大生产的投资计划已经分配(实际是再分配)定的资金数额,给予必要的建筑材料和技术装备。这正是建立在社会分工基础上的,社会生产的第Ⅰ、第Ⅱ部类之间,各部门之间和各企业之间的交换问题。

当然,在不正常的情况之下,即是在物资供应不能满足生产和建设的计划需要,发生生产资料供不应求的情况下,在生产过程中已经消耗掉的生产资料得不到及时补偿,已经批准了的建设计划,不能按期取到所需要的物资,这就等于抽回了原有的生产基金或是改变了原来已经分配定了的新投资计划,也就是说,发生了原有的,或已分配定的生产基金的再分配问题。然而,这显然是在物资供应和建设计划相脱节时的非正常情况,而不是物资供应应有的职能。

因此,物资供应,虽然在日常生活中,有时也说成是物资技术装备的分配,实际上物资供应工作应该根据社会主义流通过程的客观规律来办事,而不应该当作政治经济学上的分配来办事。

三、要透彻了解社会主义全民所有制内部流通过程，必须具有产品二重性和劳动二重性的思想

马克思说过："交换过程使商品从把它们当作非使用价值的人手里转到把它们当作使用价值的人手里，就这一点说，这个过程是一种社会的物质变换。一种有用劳动方式的产品代替另一种有用劳动方式的产品。"[①]从社会主义全民所有制内部生产关系的角度来看，甚至可以从未来的共产主义高级阶段来看，产品不再是商品了，或者说，商品货币关系消亡了，但是马克思上面这段话只要把"商品"二字改为"产品"，那么整个意思仍旧完全是适用的。

例如，现在的或未来共产主义社会的一个钢铁企业（或整个钢铁部门），在连续不断的生产和流通过程中，总是一方面以自己的产品（钢铁和钢材）提供给需要这些产品的所有其他企业（或部门），因为它自己的产品对它自己是没有使用价值的（我们把它附设的修理厂和金属加工工厂也消费掉一小部分自己生产的钢铁和钢材，舍弃不谈）；但是另一方面它又必须通过流通过程，从别的独立核算企业（或生产部门）不断取得各种不同的产品以补偿消耗掉的设备、原材料，等等，同时，它的职工又必需从农业部门和轻工业部门不断取得生活消费品。这就是永远要有的延续不断的产品交换"过程"，或如马克思所说的"社会的物质代谢"，是以"一种有用劳动的产品，代替另一种有用劳动的产品"。

没有这种不同劳动产品的交换作为联系，社会生产的两大部

① 《马克思恩格斯全集》第23卷，第122页。

类,各个部门以及千千万万个企业的存在是不可能的;但是由于相互间进行交换的千千万万个企业都是独立核算的企业,所以它们的产品交换〔除了上缴给国家(或社会)的那一部分和国家又以投资形式拨给企业的以外〕,必须是等价的交换。价值量相等的、不同的使用价值相互交换的原则在这里仍然是必需遵守的客观规律,所不同的是在商品资本主义社会里,这一切都通过市场竞争,盲目自发地进行的,在这里是自觉地有计划地进行的。离开了这样的交换,就不可能有流通过程,就不可能有社会再生产。这也就是我们在关于生产过程各讲中,一再要强调产品二重性和劳动二重性的缘故。

前引阿·克留切夫的论文,是本人所知道的、把交换作为经济过程来讨论的第一篇文章。作者在这篇论文中对流通过程的内容作了许多精辟的论述。但是由于作者不敢彻底否定社会主义政治经济学中的“自然经济观”,不承认产品二重性和劳动二重性的存在,所以使他的论点在许多场合下陷于自相矛盾之中。例如,他一方面承认,商品交换的消失并不导致交换一般的消失,交换和流通将如生产一样始终存在着;但是他又说:“随着商品生产形式的消失,将失去使相交换的产品彼此相等的必要性,从而也将失去商品交换的必要性。”试问不必彼此相等的交换,即不要求等价交换,即每次交换进的东西在价值量上可以多于或少于交换出去的产品,那么这样的产品交换,岂不就是把每次交换变成了企业资金的再分配,岂不正是作者所反对的,把物资供应看作分配了么?而且这样的交换,如何能促进企业的经济核算呢?看来作者认为未来共产主义社会的企业是用不着进行经济核算的,因而也将不成其为独立核算的企业了。因为作者说:“在完全的共产主义制度下,生产企业分离为个别经济单位的现象，看来将得到克服。但是不言而喻，在共产主义制度下，也将有某种基层的生产单位，它对整个社会来说表现为个别经济单位。”不分离为个别经济单位了，但是仍然将要有某种基层的生产单位，而后者对整个社会来说，又仍将是表现为个别的经济单位。那么到底还有没有个别经济单位呢？某种基层的生产单位又同个别的经济单位有什么不同呢？是不是表现在不要进行经济核算呢？但不进行经济核算的生产单位，只登记不同的具体使用价值的产品的调进调出，不还原为统一的抽象劳动进行比较，又如何能够促进劳动生产率的提高？在这里作者给我们留下了一连串的糊涂观念。

四、社会主义政治经济学要研究交换过程本身的具体问题

马克思以《资本论》整整的第二卷研究了资本主义的流通过程，而且《资本论》第三卷实际上仍旧是在“生产过程和流通过程的统一中”来研究资本主义生产的。然而，不论在《资本论》第二卷或是第三卷中，马克思都是把流通作为一个过程，或者如像马克思自己所说的一样，是从社会物质代谢的全过程来研究流通问题的。至于交换本身，或者如像马克思所说的“流通过程的两个阶段”。[①] 马克思是在《资本论》第一卷研究直接生产过程的时候，即研究商品货币这些范畴的时候加以研究的。马克思在《资本论》第一卷第一章研究了商品之后，接着在第二章就研究了交换过程。这一章

① 《马克思恩格斯全集》第24卷，第389页。

只有12页，可以说是《资本论》中篇幅最短的章节之一。而且就是在这一章中，也只是对商品交换中最本质的关系加以研究。马克思从未对资本主义商品交换过程中的具体问题，如流通的组织形式、流通渠道等等问题加以详细研究。这原因是很明白的。马克思的任务在于揭示隐藏在那个自发性的市场流通关系背后的本质，而不是要去研究如何组织这个流通。而且资本主义之所以为资本主义，正在于一切属于流通范围内的事，都是那么"自然而然地"，即"自发地"进行的，一切无从加以组织，加以计划。至于资本主义商业企业组织本身的研究，则是资本家业务范围以内的事，不是马克思《资本论》的任务了。

然而，社会主义政治经济学的任务，不能仅仅限于揭示流通过程的一般规律，而且要对流通过程的组织形式、流通渠道等等具体问题加以详细具体研究。这里，除了作为资产阶级生产方式掘墓人的无产阶级在研究资本主义政治经济学的时候，和作为新社会建设者、作为新的经济制度组织者的执政阶级，在研究社会主义政治经济学的时候，任务理应不同以外；还有一个较重要的原因，那就是资本主义经济的流通过程和社会主义计划经济的流通过程，除了前者反映剥削关系，后者没有剥削关系以外，还有一个很大的本质上的差别，即在于资本主义的流通过程是自发性的、盲目自流的下意识行为，而社会主义计划经济的流通过程则是自觉地组织起来的有意识行为。如果对于自发的流通过程，我们的科学研究任务就在于揭示这一过程的客观规律，那么对于一个自觉地、有意识有计划地组织起来的过程，科学研究的任务就应该除了揭示这种计划管理组织所根据的客观规律以外，更在于如何适应这种客观规律，建立最完善的组织形式或管理体制。

似乎有一个相当普遍的见解，就是以为建立社会主义计划经济管理体制的问题是直接生产过程中的问题。现在看来，这个看法未必对。这不是直接生产过程中的问题，而是流通过程中的问题。

说是流通过程中的问题，当然也可以说是再生产过程中的问题，因为如同马克思所说的那样，流通是再生产的媒介，而且把生产过程当作一个总体，当作再生产过程来看的时候，它是生产过程和流通过程的统一。然而在这统一体中，建立计划经济的关键主要在流通过程。

因为直接生产过程中的革命，在实行国有化、消灭阶级剥削的过程中，基本上已经完成了。所有制的革命是建立计划经济的前提，没有这个革命，计划经济当然就无从谈起。现在直接生产过程中的问题，实际上是两个革命的补课。一是补社会主义革命的课。因为在所有制方面完成了社会主义革命之后，在消灭了剥削之后，我们新建立起来的社会主义企业管理制度不可能一下就很完善。这原因又可以分为两个方面，一是缺乏经验，二是还存在旧的意识形态的残余，总之是上层建筑方面的革命还没有来得及跟上所有制的变革。但是，不管思想意识方面的阶级斗争还要持续多长的时间，这总只是补课而已。另一种补课是补工业革命的课，也可以说是补资产阶级革命的课。由于旧中国是一个落后的国度，旧中国原有的许多大企业是归外国人管理的。我们对管理现代化大企业的经验原来就很缺乏。也正是在这个意义上，列宁在十月革命后曾经教导俄国的工人阶级说："资本主义在这方面的最新发明——泰罗制——也同资本主义其他一切进步的东西一样，有两个方面，一方面是资产阶级剥削的最巧妙的残酷手段，另一方面是一系列的最丰富的科学成就。即按科学来分析人在劳动中的机械动作，省去多余的笨拙的动作，制定最精确的工作方法，实行最完善的计算和监督制等等。”①

但是流通过程中的问题，却远不仅仅是一个补课问题。当然所有制方面的革命，在流通过程中也如在直接生产过程中一样，是已经完成了的。然而如同上面所已经说过的一样，所有制革命只是建立社会主义计划经济管理体制的前提而不是计划管理本身。而且以直接生产过程本身来说，资本主义企业内部的技术分工原来就是建立在有意识的有计划的管理制度基础上的。我们说要以计划经济的管理制度来代替盲目自发的无政府状态的市场竞争，不是指企业内部的直接生产过程，而是指全社会而言，是指马克思所说千千万万个企业相互间物质代谢过程，即是指流通过程。从这个意义上来说，计划经济的管理体制还只能说是在建立中。而社会主义政治经济学由于半个世纪以来受了“自然经济论”的影响，过去只把这社会物质代谢过程看作是调拨分配工作，而不把它看作是流通过程，因而对于社会主义流通过程的客观规律，固然研究得很少，对计划流通的管理体制或组织形式，研究得更少。

因此，在我们的讲课中，对于流通过程的研究，只能是粗线条的，甚至还说不上研究，而只是先把问题提出来（希望能够提得大致方向不错）。因此，我们的流通过程打算只分五讲来研究。除了第一讲流通概论以外，第二讲研究固定资金的周转和管理，第三讲研究流动资金的周转和管理。以上这三讲，是研究社会主义流通过程的一般规律的。此外，第四讲研究国营企业相互间生产资料的供销工作（全民所有制内部的产品交换问题）；第五讲研究社会

① 《列宁选集》第3卷，第511页。

主义商业工作(社会主义社会不同所有制之间的商品交换问题)。在后面这两讲中,希望就社会主义流通的具体组织形式、流通渠道等问题,进行一些研究。全民所有制内部的产品交换或国营企业相互间生产资料的供销是社会主义流通中的领导形式,它代表着未来共产主义社会的流通组织的缩影。不同所有制之间的商品交换,或社会主义的商业是社会主义现阶段的流通过程的过渡形式。然而不论社会主义社会的商品流通量有多大,它总是在全民所有制生产关系领导之下的,如果不先了解全民所有制内部的流通关系,就无从了解国营商业对合作社商业和集市贸易的领导关系。

五、流通问题上的两种错误倾向

把商品货币关系引进全民所有制内部关系中来,这是一种错误的倾向,即是以市场竞争规律,以交换价值规律来解释和指导社会主义计划经济。但是,还必须同时反对"自然经济论"。事实上,二者是双生子。"自然经济论"的奠基人是布哈林等人。而且现在把商品货币关系引到全民所有制内部关系中来的人,往往同时认为未来的共产主义社会仍然是自然经济,是没有流通过程的。

1963 年 4 月 12 日

我与经济学界一些人的争论

(1972年3月10日)

编者说明:这篇文章,是孙冶方同志坐冤狱时于1972年二三月间写的,相当系统地陈述了自己的经济学观点。

我希望能够得到已经公开发表的毛泽东同志的全部著作(包括诗词在内)、《马克思恩格斯全集》、《列宁全集》、斯大林的《苏联社会主义经济问题》和其他已译出的著作。如不能一下都给我,则希望在最近先发给以下几部书:

1. 毛泽东:《论农业合作化问题》、《中国农村的社会主义高潮》上、中、下三册;

2. 马克思、恩格斯:《共产党宣言》、《马克思恩格斯通信选集》;

3. 马克思:《资本论》、《政治经济学批判》、《政治经济学手稿》;

4. 恩格斯:《家庭、私有制和国家的起源》;

5. 斯大林:《苏联社会主义经济问题》。

经过最近一次审讯,我了解到你们对于我屡次请求多发些马、恩、列、斯、毛的著作有疑虑——担心我要利用马、恩、列、斯、毛的著作来为自己的错误辩解甚至翻案。这种担心是不必要的。马、恩、列、斯、毛的著作是不能为任何反马克思主义、反革命的目的利用的。中国革命和世界革命历史的无数事例证明,那些想歪曲马、恩、列、斯、毛的著作,来为自己的反革命目的服务的人,最终只是搬起石头打自己的脚。至于翻案之说更拉扯不上。在审讯初期,我对于经济研究所接待××××××、×××这批人的经过情形是的确记不清了。然而我知道经济研究所每次接待外宾都有详细的文字记载和档案可查,而且经办的人都在。但是对于我在这次接待中所犯错误,现在竟会上了"里通外国"和"特务"这条纲,非但当时我没有想到(当时就不认为是错的),就是现在我也没有想通。

现在我的最大奢望就是想在死以前(这也没有几年了,我已经64岁了)多读些马、恩、列、斯、毛的书。活一天,总要学习一天,改造一天思想。领导上或许认为我这个顽固头脑的改造是没有指望的了,但是我对自己还没有绝望。我还想在死以前对自己的经济学思想做一次清理。除此以外,我还有一个意图,甚至可以说是一个野心,过去我是没有向你们说的。因为连请求多发给些马、恩、列、斯、毛的书读还不能得到批准,别的就更不用说了。等判决以后再提出吧。但是现在看来,判决是遥遥无期的了。我应该现在就把这个意图向你们报告,我的这个意图或野心就是想经过对马、恩、列、斯、毛的著作的一番系统深入的学习,在死以前,在监牢里写出一部既是我的自我批判,又是对假马克思主义政治骗子的揭发和批判的政治经济学稿,希望能够得到经济学界对我的进一步的帮助,即对我的进一步的批判。

我在1956年写的一篇文章①中提出,在社会主义社会,价值规

① 指《把计划和统计放在价值规律的基础上》一文,载《经济研究》1956年第6期。已辑入孙冶方:《社会主义经济的若干理论问题》,人民出版社1979年版。——编者注

律也在起着作用。但这是和资本主义商品经济的价值规律有完全不同本质的价值规律。我这个标新立异的两种价值规律的说法，会引起争论和批判是意料中的，而且这也是我写这篇文章的目的。但是一直到1963年前后，这种争论和批判没有超越学术讨论的范围。1958年年底毛泽东同志在郑州会议上提出了要尊重价值规律和工农业产品等价交换的问题。接着又在中央文件的批语中提出价值规律是一个伟大的学校。只有利用它，才有可能教会我们几千万干部和几万万人民，才有可能建设社会主义和共产主义。否则一切都不可能。我反复学习了毛泽东同志的这些意见，觉得我关于价值问题的提法在总的方向上（社会主义建设也要尊重价值规律），还是符合毛泽东同志的上述意见的。可是当我正在这样自我安慰的时候，对我的批判却一步一步升级了。

大概在1959年或1960年，毛泽东同志对工农业产品等价交换问题提得更尖锐了。他批评了商业部压价收购农副产品的政策。在此以前，我们在经济研究所讨论价值规律问题时是很学院式的，就是不与价格问题挂钩。因为当时中宣部有人对此曾有严厉交代：价格问题是政策问题，不是什么理论问题，而党的政策是学习和执行的问题，是不能讨论的。因为他这交代是在经济研究所的党的领导小组会上作为中宣部的正式命令提出的，所以我虽然很不同意，然而还是执行了。但是在毛泽东同志批评了商业部之后，大约在1960年或1961年，那时已成立了全国物价委员会，经济研究所一些研究物价问题的同志也参加了物价委员会的工作，一位代表国务院财贸办公室来对我们实行挂钩领导的同志要我约几个对物价问题有研究的人座谈一下等价交换问题（工农业产品等价交换问题）。我倒很高兴，我想他大概是学习了毛泽东同志的上述意见以后改变了自己的看法，来听取经济学研究工作者的意见的（我知道他是一向很讨厌我关于价值规律和等价交换等意见的）。可是这位同志在座谈会上先是否定当时存在工农业产品的差价。他说，经过解放以后物价调整，这种差价缩小或不存在了。可是接着他又说实行工农业产品等价交换就要减少财政收入，就是不要积累，你们这些靠财政拨款开支的文教机关和所有行政机关的人都要饿饭。因为参加座谈会的人比较多，而毛泽东同志有关等价交换的意见并未公开发表，我不能引证这些意见来驳他。因此，我问他对毛泽东同志的有关意见如何体会。他说，毛泽东同志说的等价交换是指等价格交换，我们商业部门就是按照这个原则做的。他又说马克思说的等价交换也是指的等价格交换，因为在资本主义社会里商品的价值是多少根本无法知道，商品是按价格互相交换的。

这不仅是诡辩，而且完全违背了政治经济学关于等价交换的起码常识，也是对毛泽东同志提出社会主义社会要实行等价交换的严重歪曲。因为如果等价交换是指等价格交换，那么不论价格如何涨落，如何背离价值，都是等价交换，因而再提等价交换就等于是无的放矢或无病呻吟了。例如：甲乙二产品，价值各为一角，那么一个甲产品换一个乙产品固然是等价交换，明天把甲产品价格升为二角，乙产品价格不动，变成一个甲产品换两个乙产品，还是等价交换。马克思把资本主义社会按价格进行的商品交换称作等价交换，那是因为资本主义社会实行自由竞争，价格不断涨落，今天价格高于价值，明天就会跌到低于价值，两相抵消的结果，还是等价交换的价值规律起着调节社会生产的作用。因此，列宁说，价值规律在资本主义社会是通过不实现来实现的。

难道这位同志不懂得这点起码的经济学常识吗？不是的。他是为了替主观主义的价格政策辩护，他这样做，实际上是违抗毛泽东同志关于等价交换的意见，是歪曲马克思的价值学说，并把社会主义计划经济的价值规律偷换为资本主义自由竞争即市场自发势力的价值规律。

不久前《人民日报》有篇文章说，假马克思主义政治骗子最初是否认社会主义社会的价值规律，后来则为资本主义自发势力大开方便之门（原话记不得，大意如此）。这个意见非常对。否认计划经济下的价值规律的人，在不以人们意志为转移的客观规律面前碰了钉子之后，必然会转而向盲目的资本主义商品价值规律屈服。因为他们只认得后一个价值规律。

到1964年，曾经举行了一系列会议专门批判我的经济学思想。会上，财贸办公室的那位同志又宣扬了他的攻击等价交换的假理由，如说实行等价交换要影响财政收入，出现赤字预算，引起物价和生活费用轮番上涨，等等。他还歪曲说，毛泽东同志提出等价交换和价值规律是在三年经济困难背景下针对下面刮的“共产风”而说的，后来他也没有再提了；价值规律是伟大的学校一语也是针对社员群众和基层干部而说的，不是对高级干部而说的。这简直是狂妄透顶：他把毛泽东同志提得那么高的一条经济规律说成是一时权宜之计，而居然宣称像他这样的人是不必学习毛泽东同志的有关意见的。至于他说“毛主席后来也没有再提等价交换了”这句话背后是大有文章的。关于这点，我留在下面说。

1965年，派驻经济研究所的四清工作队领导小组在哲学社会科学部一二千人的大会上做了关于经济研究所四清工作总结报告，其中也有一段攻击等价交换的话：“大家都知道价值规律只有通过价格对价值的背离才起作用，而孙冶方却提倡什么价格与价值相符合的价值规律。这是天下最荒唐透顶的奇谈怪论。”（文字可能有出入，意思保证不错。可以查对记录。）这种观点同上述那个人主张等价（格）交换，而反对等价（值）交换的荒唐的观点同出一辙。

全国解放不久，毛泽东同志对改革企业管理制度就提出了意见。到第一个五年计划时期又提出了社会主义工业建设的一整套两条腿走路的方针，而且特别强调了中央和地方这两条腿的问题，主张发挥两个积极性，特别是发挥企业的工人、技术人员和干部的积极性。这个中央和地方两条腿走路的问题也就是一般称作财经管理体制的问题，其中包括计划管理体制、财政管理体制、工业管理体制、物资管理体制，等等。当时，我还在国家统计局工作，一年总有好几次听到上级领导人传达毛泽东同志关于这个体制问题的指示，所以给我的印象比较深刻，使我认识到了这个问题的重要性。我体会到这是社会主义社会生产关系的一个重要方面。所以从那时起，我就对这个问题作了一些调查研究。可是到了经济研究所以后，却发现很多研究人员甚至不知道什么叫体制问题。到后来我才知道，原来有人把诸如体制问题，企业管理问题，直接生产过程中的生产关系，例如班组之间和工序之间的分工协作问题（即马克思在有关协作和工场手工业那一章以很大篇幅去进行研究的问题），等等，都称作“生产力组织学”。他们认为这些问题不是生产关系问题，从而不是政治经济学的研究对象。他们认为热衷于研究这一类问题是从业务部门带来的“业务挂帅”倾向和“生产力论”倾向。我不同意他们这种意见。因此，我到经济研究所不久，就为制订研究规划问题，好几次同他们争得面红耳赤。

我在这里着重说一下体制问题的内容。先说问题的矛盾表现在哪里。

从中央一级的角度来看体制问题,矛盾突出地表现在每年两个会议上的“争”——全国计划会议上的争投资和全国物资分配会议的争物资。由于这两个“争”,国家计委的年度计划方案,迟迟不能提出,于是理应前一年年终开的全国计划会议,会期越拖越迟,到当年下半年才召开,而且开过之后,许多部门和单位的计划仍不能定案。年度计划到年终才下达,成马后炮。由于地方各级、各企业都要争物资,于是全国物资会议规模越开越大(万人以上),被称作骡马大会,时间越开越长。

从企业的角度来看体制问题,矛盾表现为两点:一是由于计划下达迟,使计划由促生产的动力,变成扯生产的后腿;二是由于体制不合理,把群众的积极性限制得死死的,造成人力物力的大浪费,阻碍了技术进步和生产力的发展。为要说明后一点必须介绍一下第一个五年计划时期从苏联原封不动地搬来的一套固定资产管理制度,因为它是代表那条少慢差费路线的整个财经体制(包括计划、财政、企业、物资等管理体制)的最集中的表现。这套固定资产管理制度的要点可简单归纳如下:

1. 固定资产无偿使用制——企业利润上缴任务根据生产指标确定,与固定资产的实物量或资金量不发生联系。增加非定额流动资金还要负担银行利息,而增加固定资产是连利息也不要负担的。这是鼓励争投资的。

2. 固定资产折旧率非常低(只算实物的有形磨损,不计算由于技术进步而引起的经济价值的下降)。因此计入产品成本中的折旧费微乎其微,而多要到设备,备而不用,对企业来说就是自己有,自己方便，这就造成设备的浪费，利用率低。

3.固定资产折旧作为财政收入上缴财政部门。企业设备和建筑物的更新，作为新的投资，由企业向财政部门申请，并作为新的基建项目处理。即按惯例，对老企业的设备更新的投资总是抓得很紧，不容易批准。

以上三条是明显的矛盾，一方面鼓励争投资，鼓励设备和资金的浪费，另一方面对花钱少收效快的设备更新，亦即技术革新、技术革命的费用，却是卡得死死的。然而这个管理制度中最不合理、最落后的是下面第四条。

4.财政部门按规定比例从折旧基金中拨给企业一定款项作为固定资产的日常维修和大修理费用；但附有严格规定，大修理不准增值变形（即不准技术革命和技术革新），如要增值变形，就要由企业作为新的基建投资，向上级打报告，请求审批，而这是很难批准的。因此，本应成为技术革命和技术革新的最好机会的大修理，就成了“古董复制”。

压制广大群众的技术革命和技术革新的积极性，也就是压制了生产力发展最活跃的革命因素，把技术，从而把生产力冻结在建厂初期的水平上——这就是从苏联搬来的这套固定资产管理体制最落后的本质。

这套体制虽在1958年及以后几年中，曾经经过一些修补，但基本上没有动，因此，当这套落后的固定资产管理制度仍然束缚着企业工人群众、技术人员、干部的手脚的时候，固定资产管理制度问题——这个从表面上看来似乎完全是一个事务性、技术性的问题，实际是整个不合理的财经管理体制的集中表现，是少慢差费路线的物质化身。所以，中央和省市地方领导人以至企业的干部和群众对改革财经管理体制的意见，逐渐地都集中到固定资产折旧费问题上来了。大家的意见可以归纳为三种：(1)折旧费上缴财政部，维持原制度，另外做一些不伤害这套原制度基本精神的修补工作；(2)留在省市地方统一分配；(3)留在企业。我赞成第三种意见，认为第二种意见最不好；因为这既不能发挥企业群众的技术革命技术改造的积极性，也不如中央统一分配能照顾全局。

大概在1960年下半年或1961年上半年，李富春副总理在上海市计委提出的，主张折旧费由省市统一分配的一份报告上批示，让我和别的几个研究政治经济学的人，对折旧费处理问题提出一个意见，我就把我上面的意见告诉了他，并说我正在就这问题做调查研究，以后我再向他提出较详细的报告。

1961年八九月间，我在北戴河列席全国计划会议，在洗海水澡时遇见李先念副总理，他问我：折旧费能不能算财政收入。我说，折旧是固定资产价值转移到产品中的部分，是老本，不能算财政收入。他说，那么你为什么不写文章。我说这个问题能在刊物上公开讨论吗？他说，有什么不可以呀！我说，那么我写了文章请你看看。这一年，我在全国计划会议和全国工业会议的小组会上都陈述了我对这一问题的看法。我提出这个“折旧是老本，把折旧当财政收入上缴是吃老本”的论点（并从这论点出发进一步论证了“吃老本”会损害老企业、老工业基地的生产力的理由），动摇了旧的固定资产管理制度的理论基础。因此，引起了这个制度的维护者的憎恨。但是由于种种原因，我答应两位副总理的详细报告或文章却很久没有写出来。

稍迟些时候，薄一波副总理也曾捎口信给我，要我快些把自己对固定资产管理制度的详细意见写出来。我始终不知道两位李副总理对我的论点的看法如何，但是至少可以断定，他们认为这个问题是应该研究讨论的。

1961 年年底或 1962 年年初，中宣部一位同志发起恢复北京党员经济学家的双周座谈会。在筹备会上讨论座谈题目时，我就提出“社会主义再生产问题”这个题目。那位同志不赞成，但由于会议主持人赞成我的意见，所以这个题目还是通过了。我在发言中，说明了讨论“社会主义再生产问题”的意义，特别是生产资料的不断补偿，尤其是设备更新对社会主义再生产的重大意义，以及当前在这问题上存在的不同看法（高等院校来的一些经济学家不接触这些问题）。这个题目在双周座谈会讨论很久。有时我和他们（特别是那位财贸办公室来的同志）争得很激烈。这就逼着我写出了《固定资产管理制度和社会主义再生产问题》这份内部研究报告并向两位李副总理交了卷。

我在这个内部研究报告中根据毛泽东同志发挥两个积极性和大权独揽小权分散的指示，提出了以下几点改革意见：

1. 固定资产折旧基金全部下放给企业，从而设备和建筑物的更新任务也交给企业；上级业务部门从技术政策方面，上级财务部门从财政制度方面进行监督检查。只有在某种特殊情况下（如由于资源枯竭）需要紧缩生产时才按预定计划抽调老本。

2. 取消固定资产无偿占用制，企业利润上缴任务按占用资金量来规定，多占用资金应多上缴利润。利润是企业为社会生产的产品（即马克思所说的 m 部分），全部上缴。① 产品定价必须符合

① 这个观点，孙冶方同志 1978 年 8 月 18 日写的《要理直气壮地抓社会主义利润》（载《经济研究》1978 年第 9 期）一文，作了一定的修改，认为否定企业利润留成是错误的，是不利于促进生产的。——编者注

社会平均必要劳动量（价值量），从而各种产品的利润率基本上一致，就不会有利大利小之别，从而铲除了追逐利润的物质基础。企业只有厉行增产节约才能为社会、为国家多生产利润。

3. 国家计划的编制按两种不同程序进行：老企业的计划采取自下而上的程序编制。由企业根据国家指定的协作关系（即原有的供、产、销三方的合同）由供产销三方自己平衡，在原有协作关系范围内平衡不了时，才由上级计划部门和物资部门或商业部门协助解决。这样，每年的全国物资分配会议就不会变成骡马大会了。

新建企业的计划和老企业的新投资部分的计划由国家计委和省市计委（对地方企业）采取自上而下的程序编制。这就可以改变上下交困的局面。

4. 企业必须遵守以下纪律（大权）：（1）按国家规定的生产方向生产（即不准自作主张地改行）；（2）不准改变国家规定的协作关系；（3）产品购销按国家规定的价格（实行等价〔值〕交换）。

我这《内部报告》大概是在1963年八九月份写成的。大概在这年下半年或年底，中央发出了一个关于工业发展（草案）文件。这个文件也主张把折旧基金留给企业。不久，我在计委党组听到，在中央一次讨论工业问题的会议上，毛泽东同志曾说，这个文件是个好文件。

然而就在这时候，原来讨论再生产问题的双周座谈会，改为对我的批判会，我的《固定资产管理制度和社会主义再生产问题（内部研究报告）》是主要批判对象，被安上了“修正主义的企业自治论”这顶帽子。

还有更巧合的事。这是在四清工作队已经进驻经济研究所以后。这时，我已经被取消了阅读中央文件的资格。我也主动向计委党组作了报告,说我不再去参加党组会议,党组文件也不要再给我发了。有一天,我接到人民银行总行一个电话,打电话的人说,总行的同志觉得我过去在《内部研究报告》中对改革固定资产管理制度提的那些意见还是对的,他的意思似乎想再要几份供他们总行讨论用。因为据他在电话中说:毛泽东同志已经把那个工业问题的文件批下来了。我告诉他,我现在正在受审查和批判,说我对固定资产管理制度所提意见是"修正主义的企业自治论",发剩的《内部研究报告》已被封存起来了。电话就这样中断了,可是它很使我纳闷。

以后,在一次四清工作队领导小组几位同志同我谈话时,我婉转地提醒他们,我关于固定资产管理制度改革的几条意见还是同中央文件的精神基本上符合的!他们立即转口说:"我们不和你纠缠这些'学术问题'!"

1958年北京经济学界为纪念毛泽东同志《关于正确处理人民内部矛盾的问题》发表一周年,举行了一次经济学讨论会。我在会上作了发言,内容是企图以毛泽东同志在《矛盾论》和《关于正确处理人民内部矛盾的问题》等著作中所教导我们的辩证法,来说明毛泽东同志关于社会主义建设中一整套两条腿走路的方针和他关于人的因素和物的因素的关系中要强调人的因素的思想。我说,在经济建设中我们有困难,这就是我们的国家还很穷,工业底子薄,资金和设备少,因而从物的因素来看,我们不如资本主义国家,这是我们的弱点,这和摆在我们面前的建设任务是有矛盾的。然而我们有解放了的、当家做主的,从而有高度革命觉悟的6亿5000万人民。因此,从人的因素来说,我们比资本主义国家有很大的优越性。因此,我们在经济建设中要发挥我们的优越性——人的因素,克服我们在物的因素方面的弱点。如果我们不依靠人的因素,发挥群众的积极性,而想光凭技术设备,即物的因素来搞建设,那就是乞丐和海龙王比宝,一定要比输。如果发挥人民的积极性,依靠人的因素来和资本主义国家比赛,那么我们就处于优势地位,一定能够比过它们。接着我说,毛泽东同志的中央与地方并举,大、中、小并举和土洋并举这一整套两条腿走路的方针都是为了发挥我们在人的因素方面的优势,克服我们在物的因素方面的弱点。接着我就对三个并举逐条作了分析和说明。最后,我归结到这样一点,研究社会主义政治经济学必须研究人和物这两个因素的辩证统一的关系,并用以阐述毛泽东同志的三个并举的方针。

为了宣传毛泽东同志关于人和物两个因素的关系和三个并举的思想,我曾企图以这次发言记录稿为基础,整理成一篇文章在刊物发表。为了征求批评意见,我把这个发言稿打印分送给一些经济学家和哲学家,也送给了中宣部的同志,请他们把意见批注在打印稿上退给我。别人都提了意见退给我了,中宣部的同志没有退,于是我去登门求教。一位同志很客气地、笑嘻嘻地对我说:马克思说政治经济学是研究人与人的关系的,你怎么说要研究人与物的关系呢!

虽然我认为毛泽东同志关于人和物两个因素的提法和马克思关于政治经济学研究对象的定义是不矛盾的,但是也觉得他提出的这个问题倒是应该在文章中加以阐明的,以免误会。当时我认为他提醒了我一个应该在这篇文章中加以阐明的重要问题,纠正了我的一个疏忽,应该感谢他。但因为这是一个新问题,要考虑一下,于是就把修改发言稿的事搁下来了。

一年半以后,即1959年下半年,我学习了毛泽东同志对苏联那本政治经济学教科书的一些批注。毛泽东同志在谈到政治经济学研究对象时说,政治经济学是研究生产关系的,但必须密切联系着上层建筑和生产力来研究。毛泽东同志这个意见使我对中宣部那位同志所提出的问题豁然开朗,得到了解答:政治经济学要联系着生产力来研究生产关系,那就是说,不能离开了物来研究,但必须把重点放在研究生产关系上,即放在研究人的因素上,而不是放在研究物的因素上。因此,毛泽东同志关于人的因素和物的因素的关系中要重视人的因素这一提法,非但不与马克思关于政治经济学研究对象的定义相矛盾,而且对这定义作了非常重要的补充。我根据以上认识,于 1959 年 9 月 18 日将文章作了一些删节和修改,准备交刊物发表。

但是由于我的拖沓作风,这篇发言记录还是没有发表出来。又过了很长一段时间,大约在 1964 年,《新建设》编辑部来约我写稿。于是我就把这篇保存了好几年的记录稿的经过情形告诉他们。我说,我自己觉得,把这个发言记录修改稿发表,对宣传毛泽东同志关于人和物两个因素的关系和三个并举的教导还是有用处的。至于研究人和物两个因素的关系与马克思关于政治经济学研究对象的定义如何统一的问题,我根据毛泽东同志关于这问题的最新看法的精神,写一段按语加以说明就是了,免得文章全部重写。我说,你们如果同意这样处理,我就把按语写好后连同记录稿送给你们审查。审查后如果认为这稿子可以用,就请排出清样退给我,我将在清样上修改记录稿。编辑部同意了我的建议,而且很快把排出的清样送给了我。但是当我还没有动手改的时候,前述那位同志找上门来了。一见面他就声色俱厉地责问我:同你说过,你那个政治经济学要研究人的因素和物的因素的关系的说法,是反马克思主义的，可是你还要坚持发表那个发言稿，而且还加上那么个按语，这不是有意违抗领导吗！

1960年一次反官僚主义运动中就把我的发言稿作为批判的重点内容，除了说我反对马克思关于政治经济学的研究对象的定义外，还说我宣扬“生产力论”，把生产力塞进政治经济学研究对象里来了。1964—1965年四清运动中把这个发言稿也捎带批了一下。

我在这里要顺便做一点自我批判：我在上述记录稿前面写的按语是不对的，至少是不全面的。物的因素的问题不仅是生产力的问题，而且更是生产关系的问题。大家知道，在资本主义社会，每个商品以至于全部社会产品的价值构成是由：c（生产资料的转移价值或不变资本），v（工资，即可变资本，即工人消费的生活资料）和m（剩余价值）三部分组成的。在社会主义社会，每个产品以至全部社会产品的价值仍然是这三部分组成的，不过c和v不再是剥削工人的资本，m也不再是被资本家剥削去的剩余价值，而是工人为社会生产的产品。在社会主义社会，c和v的比例关系，仍然是反映着资金的有机构成的关系。如果把c里面包括的原料部分除去不算，那么二者的比例关系也就是毛泽东同志所说的“洋”和“土”的问题，有机构成高，即c的比重高那就是“洋”，反之则“土”；而包括原料在内的c和v的比例关系也就是生产资料的生产部门和生活资料的生产部门的比例关系，而c和v+m的比例关系则又是过去的劳动成果（物化劳动）和活劳动的比例关系——凡此种种，也正是列宁在批判布哈林时所说，即使到了共产主义社会也还是要由政治经济学这门科学来研究生产关系。因此，我在按语中把c仅仅说成是生产力的因素是不对的。然而指出我的这点错误非但救不了批判我的那位同志，反而更进一步证明他要以马克思关于政治经济学研究对象的定义来反对毛泽东同志关于人的因素和物的因素的提法是何等荒唐。这只是暴露了他企图离开物质财富的生产过程,离开实践来空谈政治经济学的形而上学唯心论,而这种形而上学唯心论给中国的社会主义政治经济学是带来不小的祸害的。

要在社会主义政治经济学阵地上迈步前进,几乎需要在每一个重要的理论问题上,同各色各样的右的和形“左”实右的反马克思主义思想搏斗。我只举出上面几个例子,那不仅因为这几个问题是社会主义政治经济学,也就是社会主义建设中几个重大的理论问题,而且因为从这几个事例中可以看出我和经济学界某些人存在着多么大的分歧。

下面我还要举出几个例子说明,我们还得加把劲,把假马克思主义骗子压在社会主义政治经济学阵地上的一些包袱,做进一步的扫除工作。

不久前,大概在去年年底或今年年初,我在《人民日报》上读到一篇关于城乡商品交流问题的,或者是关于城乡人民生活改善问题的,也可能是其他什么问题的(真糟！完全记不起来了！)综合报道,其中有几句话给我留下了较深刻的印象。原话我也记不清了,大意是说,工农业产品差价,经过解放后几次调整已经缩小不少,以后还要逐步做到完全实现等价交换。作者意思似乎是说,完全实现等价交换还只能慢慢来。

我从这个报道得出两点结论:第一是工农业产品等价交换仍然是党的努力目标,而不像财贸办公室的那位同志所说那样,毛泽东同志已经不提了。第二,由那些反对工农产品等价交换的权威和专家所编造散布的,关于等价交换要影响财政收入,出现赤字预算,引起生活费和物价轮番上涨等耸人听闻的理由所造成的影响真不小。因此,认为实现等价交换只能慢慢来。但是毛泽东同志在1958年郑州会议上提出价值规律和等价交换这个问题以来已经14年了。再慢慢来,要等到何年何月呢?

如果认为实现14年前毛泽东同志提出的等价交换仍是我们努力的目标,那么我们必须以"只争朝夕"的精神去争取早日实现,而且实现毛泽东同志这一号召的客观条件,是早已存在着的。

以减少财政收入作为代价来实现工农业产品等价交换是绝对要不得的。因为减少财政收入就是减少积累,就是放慢社会主义建设的步子,而我们要实现工农业产品等价交换的目的却是为了发展生产、加快社会主义建设的步子。因此,以减少财政收入的办法来实现工农业产品等价交换,不仅今天不允许,就是慢慢来,再过14年,也不允许这样做的。我们必须在实现工农业产品等价交换的时候,不减少财政收入,而且在经过若干年之后,还能增加财政收入。

实现工农业产品等价交换,不是要免除或减少农民和集体所有制经济对国家的社会主义建设作出贡献的问题,即不是免除或减少他们的负担(征购任务)的问题,而是如何让他们作出贡献的问题,是负担(或征购)的方法问题,是全部用直接税的形式即公粮、公棉等农业税的方式,还是主要用间接税的形式,即用上述某些权威和专家最欢喜、最心爱的所谓价格杠杆,即不等价交换的方法。一种意见是说,马克思主义者一向认为间接税是落后的负担方式(为什么是落后的,下面再谈),直接税是进步的负担形式;因此,在社会主义国家更应该采用直接税形式,即公粮、公棉等农业税形式。一种意见是说,还是用不等价交换既有把握,又很方便。因此,实行等价交换,就要影响财政收入,就要生活费和物价轮番上涨等。

下面我们用具体的数目字来证明,如果用公粮、公棉等农业税的方式来代替不等价交换这种不合理的负担形式,那么我们即使立即实行工农业产品等价交换,也决不会减少财政收入,而且可以做到每一分钱都平衡,决不会出现财政赤字以及生活费和物价轮番上涨:

假定国家每年需要从集体所有制经济取得1000亿斤商品粮(据我记忆,10年前还用不到这么多),实际价值是每斤1.5角,共150亿元。又假定其中100亿斤是公粮,实际价值15亿元;另外900亿斤是按每斤1角的统购价格收购的,这就是说,国家对这900亿斤粮食只付了它的实际价值135亿元的2/3,即90亿元。国家少付45亿元。按实际价值计算,45亿元折合粮食300亿斤。因此,农民或集体所有制经济对国家的农业税不是100亿斤粮食,而是400亿斤粮食,价值60亿元。

如果我们要在实行等价交换的同时,把通过价格杠杆即不等价交换的办法,即间接的办法来取得财政收入改为农业税的办法,那么就发生了如下变化。

在国家需要的1000亿斤商品粮中,公粮部分从100亿斤增加到400亿斤,征购部分由900亿斤减少到600亿斤;但是由于征购价格由每斤1角增加到1.5角,所以600亿斤粮食价款需要90亿元。集体所有制贡献给国家的粮食仍然是1000亿斤,一斤也没有减少;国家仍然只付出90亿元,一文也没有多开支。

为了不使国家收购价格上涨以后影响城市居民生活,可用两种办法处理：一种办法是零售价格不动，形成价格倒挂形势，即国家用1.5角一斤的价格收购粮食，仍按原价1角出售，国家损失50亿元。但是因为增加了300亿斤公粮的收入，合人民币45亿元，另外原来的100亿斤公粮，过去在财政部账上作价10亿元，现在作价15亿元，多5亿元。45亿加5亿共50亿元，正好同国家零售粮食贴补掉的50亿元平衡了。另一种办法是粮食零售价格也由1角增加到1.5角，但同时把这50亿元按职工及其家属的口粮比例，加到工资里去。这样，财政仍是平衡的，人民的生活并不受到影响。

其他农副产品，如棉花、油料、丝、麻、茶，等等，凡是收购价格低于价值的，都可以照此办法得到平衡，即凡是使用农产品作原料的工业部门因收购价格提高而减少的利润，从财政部门增收的农业税收入中完全得到补偿，使得工业品的价格和人民生活费用都不受影响。

于是就发生了一个问题：既然在实行等价交换之后，集体所有制向国家提供的农副产品总数和国家付给集体所有制经济的价款总额，二者都没有变化，那么何必多此一举，实行这个等价交换，搞这么多麻烦呢？

据我看，那些权威和专家们所以能够拒不实行等价交换的方针，是因为他们对等价交换在革命和建设中的意义认识不足。据我个人经验，我同这些权威和专家的争论，最后也总是归结到这一点上。因此，这里需要把实行工农业产品等价交换的意义说一说。

我们之所以必须以“只争朝夕”的精神争取早日实现毛泽东同志的这个工农业产品等价交换的方针，主要由于下面三个理由：

第一，因为工农业产品的不等价交换和由此造成的各种农副产品相互之间的比价高低不平（即有利、无利或利大、利小的差别),不利于农副业生产(特别是统购物资,如粮、棉、油料,等等)的按比例和迅速的发展。

第二,违反了党的稳定负担、增产不增税的政策。

几天以前(1972 年 2 月 24 日),《人民日报》第一版登载了一篇题为《农村集体存款和社员储蓄显著增加》的综合报道,报道说,由于"对社队实行稳定负担,增产不增税的政策",农业副业生产都发展了,集体和个人的收入多了,因此,集体存款和社员储蓄也显著增加了。这篇报道的作者所以这样说,是因为他只看到公粮部分,即直接税部分的负担,而没有看到用所谓"价格杠杆"从集体所有制经济取得的那部分财政收入,而后者的数额远远超过公粮部分,而且是很不稳定的一种负担。毛泽东同志早在 15 年前就指出,只看到这一部分直接税负担就会大大缩小农民对国家财政收入的贡献。关于这点我们下面再谈。在这里需要指出的是集体所有制经济向国家提供的全部财政收入中的这个主要部分是一种很不稳定的负担。如果我们仍以上面引的一角五分钱一斤的粮食实际价值和一角钱一斤的征购价格的差额为例:那么就是说,生产队多生产并向国家多交售一斤粮食,就要多负担五分钱的税。所以,如果我们承认党的"稳定负担,增产不增税的政策"是正确的,那就应该承认所谓"价格杠杆"这种间接税是不合理的。如果把这种间接税改为直接税即农业税,那么,集体所有制经济的生产会有更大的增长,集体和个人的收入会更多,从而他们的存款和储蓄也将更多。

我和权威、专家们每次争论到这里的时候,他们就说,资本主义自发势力的嚣张是由于阶级敌人的煽动和一部分群众的觉悟不高的缘故,因此解决的办法是发动阶级斗争以压倒敌人,加强社会主义教育以提高群众觉悟。把资本主义自发势力的嚣张归咎于农副产品的价格是对党的价格政策的攻击，是为阶级敌人打掩护。用提高农副产品价格来刺激社员的生产积极性，是修正主义的"物质刺激论"，不能赞同！

我们且不说，这些政治帽子归根到底都是指向毛泽东同志提出的"工农业产品等价交换"这一方针的。我们先同意他们说的：为了反对资本主义自发势力，必须加强对这种势力的阶级斗争；必须加强对群众的社会主义教育。但是，我们同时提出三个问题向这些权威和专家请教：

第一，我们在加强对自发势力的阶级斗争的同时，实行了毛泽东同志的工农业产品等价交换，堵塞了资本主义自发势力钻的空子，即工农业产品之间和各种农副产品相互间的差价（即各种比价的差额），岂不是可以使我们的斗争的效力更大些吗？

第二，在对群众进行社会主义教育的同时，如果贯彻执行了等价交换的方针，使得任何一种农副产品的生产，对国家、集体、个人都一样有利，即不再有有利无利或利大利小的差别，使经济措施和社会主义教育方针一致起来。这样不是可以使社会主义教育收效更好些吗？

第三，我们为什么一定要坚持这种不等价交换的价格政策，让国家最需要的粮、棉、油的价格定得低于其他农副产品呢，这岂不是抑制了粮、棉、油的生产发展吗？

话讲到这里的时候，他们或者是继续给你戴政治帽子，或者就对你说，这是因为财政有困难呀！实行等价交换要造成财政赤字……等等。于是所有的话又要从头说起了。

现在我们就来看看那位财贸办公室的同志把毛泽东同志提出价值规律和等价交换说成是"针对下面的'共产风'的"一时权宜

之计,“后来就没有再提了”,以及像他这样的高级干部是不必进毛泽东同志所说的价值规律这个伟大的学校的,等等狂妄言论背后所隐藏的一些活动。

我在对我的批判会上听到这些狂妄言论的时候,只觉得刺耳,很奇怪,不理解:他怎么竟会说出这样的话!只是隔了很久以后,我把他这些话同我听说的另外两件事联系起来,才恍然大悟,明白了这些话的全部意思。

我听说的第一件事:大概在毛泽东同志批评商业部以后,有关部门领导人就召集财贸部门的高级干部和理论权威、专家们研究如何贯彻执行毛泽东同志关于价值规律和工农业产品等价交换的指示。大家就讲了许多上面我已经几次说过的理由,以证明不能实行等价交换。后来,他们就整理出了一份材料,说明完全实行等价交换,财政上就要多拿出多少钱,商业部门的存货要脱销,生活费用和物价要上涨多少,等等。有关部门领导人经过几次讨论后觉得确实有困难,也想不出别的办法,就把这些情况和材料转报了毛泽东同志。毛泽东同志只说了“知道了”三个字。

当初,我还听说过他们算的这笔账的几个主要数字。现在不记得了。我认为这些数字也有浮夸。但这不是主要的。主要的是如我上面所说,问题不应这样提法。不是要赤字预算还是要等价交换的问题,而是要所谓价格杠杆即间接税制度还是要直接税制度即农业税的问题。实行工农业产品等价交换不仅不允许出现赤字预算,而且也不允许财政收入的任何减少。这些专家和权威是不是不知他们这样提问题的方法是不对的?至少我上面说的这位财贸办公室的同志是知道的,因为我是几次同他争论过的。可是他们不愿意放弃他们的老师傅传给他们的这根所谓价格杠杆,所以他们不愿意正确地提问题，并且以此来蒙骗领导，以抵制工农业产品等价交换方针的实行。

他们的老师傅是谁，我们下面再谈。

我听说的第二件事：时间大概在毛泽东同志说了“知道了”三字之后，在财贸办公室那位同志要我约几位研究物价问题的人在经济研究所开“工农业产品等价交换问题座谈会”之前。这位同志向我们研究所的人打听：孙冶方是不是还坚持他的等价交换和价值规律。我们研究所的人说，还是在宣传这个观点。据说，这位同志喊了声“哟！上面都不提了，可是他的嘴还没有堵住！”因此，当初对我来说是极大误会：他要我约几位研究人员谈谈“工农业产品等价交换问题”，我当作他已放弃了他那根价格杠杆，是来听取研究工作者的意见的，哪知他是来堵我的嘴的。这就怪不得我们在座谈会上一谈就“崩”了。我是在座谈会开过以后好久才明白他要我召开座谈会的真正意图的。

如果把以上两件事同他在批判会上的狂妄言论联系起来看，就会明白，为什么他竟说毛泽东同志关于价值规律和等价交换的有关指示只有下面的基层干部需要学习（而且也只是在刮“共产风”的时候才有这种需要），至于像他这样的高干是不需要学的。因为毛泽东同志看了他们的材料就不再提等价交换和价值规律了。

那么谁是他们这些理论权威和专家们的老师傅呢？在业务上直接传授他们这个衣钵的是第一个五年计划时期在中国工作过的那些苏联财贸专家。我曾认识其中的一二人，并且曾经同他们辩论过这个问题。在理论上，他们的老师傅是苏联的经济学院士斯特鲁米林。他就是那句流传很广的有名的格言——“没有价格对价值的背离，就没有价格政策”的发明人。1959 年我在莫斯科会见过他，是他主动叫人来约我去的。他对许多经济学问题的论点是很糊涂的。最使我反感的是他的上述格言，他在20年代也曾反对过会计核算，因为据说，现在全世界通行的簿记原理是梵蒂冈的一个主教发明的。

但是这套价格杠杆论的捍卫者是兹维列夫。他是斯大林时代的财政部长。赫鲁晓夫时代的财政部长仍然是他。这个人是很能搞钱的。然而也是毛泽东同志所批评的单纯财政观点的典型人物。他搞钱的办法就是依靠不等价交换。第二次世界大战以后，苏联国内的物价混乱已极。这一方面是战争环境造成的，但斯特鲁米林的“没有价格对价值的背离，就没有价格政策”的理论和兹维列夫的不等价交换的财政工作实践所起的恶劣影响是另一个重要原因。所以，在40年代后期，斯大林就开始注意政治经济学理论问题的研究，并提出了价值规律和工农业产品等价交换等问题。据说，斯大林开始着重提的是工业品和农产品的比价问题，是两个所有制之间的全面交换问题。后来，兹维列夫就向他陈述了全面实行工农业产品等价交换的实际困难。因此，后来斯大林的《苏联社会主义经济问题》举例时，说的不是工业品和农业品的比价的例子，而是粮、棉比价的问题。这是斯大林对兹维列夫，也是对当时的实际困难的让步。

当时，苏联财经工作者和理论工作者，在内部讨论时也提出了间接税和直接税的问题。但是在那时的苏联（更不用说是赫鲁晓夫时代的苏联了），要完全抛弃不等价交换，改间接税为直接税是有困难的。困难不在财政上，而在政治上，在于苏联多少年来就忽视农村中的思想教育，改革税制所遇到的阻力可能是很大的。

但是，在我们中国，情况不同。因此，有条件把间接税制改为直接税制，从而完全实现工农业产品等价交换的方针。

在1970年第二期《红旗》（即登有对我的批判文章的那一期），登有东台县贫下中农的几篇小评论。其中有一篇是说一位贫下中农（好像是一位老大娘）在向收购站交售农副产品时，收购站多给了他（她？）一角几分钱。第二天，她跑了十多里路又把这一角几分钱送回了收购站。她说："宁向土地争产量，不向国家争价格！"多么豪迈的气魄！这句话，不仅表达了中国广大农民的社会主义觉悟，而且简直可以说是一种共产主义风格（这里说的情节可能有出入，可能是我把另一篇的情节夹缠在一起了，但这两句话只有土地的"土"字可能是"大"字之误。过去，我每个月默想到等价交换这一节政治经济学问题时总爱翻这几篇小评论。这也就是一个多月前监狱领导把两本《红旗》〔还有一期是登有九大文献的〕没收去后，我心痛得半夜没有睡着觉的原因之一）。

中国有了这样的农民，还不以"只争朝夕"的精神去实现14年前毛泽东同志就提出了的"工农业产品等价交换"，还是认为只能慢慢来，只能逐步实现（即永不实现），我看未免太稳了些。

在过去，一方面是从国营企业到集体所有制经济，到处泛滥着"有利就干，无利不干；大利大干，小利小干"；可是另方面，却忌讳到连"利润"这两个字都不用，而以"赢利"，甚至以"积累"、"成本节约"等不同意义的概念来代替。于是如我在《社会主义计划经济管理体制中的利润指标》那个内部研究报告的附录材料中所说的一样，连国家计委召开的全国财务成本计划会议上都不敢制定"平均成本的定额"，因为这个定额的倒数就是一个"平均利润定额"。而在企业里，就有一位财务科长同我说（而且是很严肃地说的），上缴利润任务是一个硬任务,然而完成这个任务是只能做,不能说的!

宋朝的大词人秦观在嘲笑晋朝一个口不言钱而称阿堵物的假"清高"时①,说这是一种矫情,而"矫情者必大奸宄"。假马克思主义政治骗子就是一伙大奸宄(见秦观著《财策论》)。

这些年,就我个人来说,是身败名裂了。然而我却以万分喜悦的心情看到我所大力提倡过的两件事,竟然得到部分的实现。一件是我前面已经说过的企业固定资产更新任务和折旧费已部分下放企业。一件就是报刊上不再忌讳"利润"二字,而是把它当作社会主义经济建设中一个重要问题来研究、来批判,同时利润指标也经常作为衡量企业成绩的标志之一在文章和报道中出现。这些文章和报道一致指出,我们必须注意加强经济核算,厉行节约,完成并超额完成上缴利润任务。我认为这些意思都非常对,非常好。但从"立"的角度看,我觉得还有两点美中不足的地方,现在大胆提出,以供批判。

从文章来说(在我能够读到的《人民日报》和《红旗》杂志来说),我觉得1970年春天《人民日报》中《亿万人民都来做批判家》批判我的"修正主义"经济思想的一期专辑中发表的洪建功的短文是比较全面和深刻的。作者除指出了必须加强经济核算,完成和超额完成利润上缴任务这一点以外,还指出,我们不能笼统地反对一切利润,而要把为资本家生产的利润和为社会主义国家生产的利润分别开来(大意如此,话如何说的已经记不清)。可是话说到这里就刹住了。

---

① 晋朝王衍,他的老婆郭氏极其贪财,王衍为了表示"清高",就采取了口不言钱的做法。有一天,郭氏开玩笑,用钱把王衍的床围了起来。王衍醒来下不了床,但又不愿亲自动手搬钱,也不说钱,而只是呼唤奴婢说:"举却阿堵物。"(见《晋书·王衍传》)

对我（我想对别的读者也是如此）来说，最想知道的是文章作者没有说下去的问题。从“文化大革命”一开始，我就在想我在利润问题上的错误有那几点，我曾设想过有三点。第一点是：或许社会主义经济学中的确根本不允许有“利润”这个范畴概念。对这一点我在从前也是怀疑的，自从报刊文章否定这一点以后，我已肯定这种观点是大奸宄的矫揉造作。第二点错误可能是，我强调政治挂帅不够，对思想教育工作提得不高。第三点就是我还没有把社会主义利润和资本主义利润的界线划清。我记得我在那份关于利润指标的内部研究报告中给这两种不同的利润划过好几道界线，第一道是为谁生产的利润：为资本家，为既得利益集团用留成和分红的名义来侵占，抑是为上缴给社会主义国家。第二道是如何实现利润：是自由竞争和投机取巧还是反对自由竞争和投机取巧，以厉行增产节约来创造利润。此外，我还为建立社会主义利润指标提出了一个不可缺少的前提：即价格必须与价值符合，不论在两种所有制之间，或是在全民所有制内部完全实现等价交换。上述短文作者只提了第一道界线：为谁生产利润。照这么说法，这第三点错误，我也没有了。我还不敢这么自信。

简言之，我觉得在利润问题上，现在的文章和报道，对社会主义利润的质的规定性所作的分析，还不够深入（在这方面的批判也不具体）。这是第一点美中不足的地方。

第二点美中不足的地方是很多关于完成利润指标的报道没有说明年度之间或企业单位之间的可比性程度。由于现在各类企业，甚至同一类企业的不同花色品种的产品的价格高低不平，有有利、无利和利大、利小之别，即使对同一企业的不同年度，如果产品品种不同，那么利润指标的高低，不一定能反映生产经营情况的好坏。

我在一个棉纺厂做调查时就碰到过这样的情况：前几年这个厂生产的是十九、二十支纱的内销的大路货纱布；在我去调查的前一年就改为生产一百几十支纱的出口货高档布。前一种产品利大，所以前几年利润上缴任务超额完成；从上年开始，上缴利润任务指标已经降低，可是还很难完成，虽然职工的思想政治水平和生产积极性是更高了。原因就是商业部门在定价时根据出口货不在国内市场销售，而是给外贸部去换外汇的，外贸部出口这种布是亏本的，因此价格定得高无非是纺织部赚了外贸部的钱，即自己赚自己的钱，毫无意思。所以价格定得很低。因此，这同一个厂前后两个时期完成利润上缴任务的指标是完全不可比的。

我这段话的意思是：报道利润指标对促进企业工人、干部和技术人员对经济核算的注意有好处，但在没有按照等价交换原则定价，即价格背离价值的情况下，报道一定要注意可比性。

大概在1957年，即15年前，我国正在总结第一个五年计划的成绩和经验教训，着手编制第二个五年计划草案的时候，毛泽东同志看了国家计委或财政部门送审的一份材料，上面说，我们国家财政收入只有近10％左右是来自农业部门的，其余90%是来自工商交通业的。毛泽东同志说，我不相信5亿多农民对社会主义建设的贡献还不到1亿城市居民的1/10。你们再去算算这笔账，到底是怎么一回事。李富春副总理在计委传达了毛泽东同志这一指示后，就要计委和统计局，共同组织几个人重算这笔账。我被指定参加了这一工作。

我们首先了解到，所说财政收入中从农业来的只有10％左右，只是指农业税部分，而没有把通过所谓“价格杠杆”从农业中取得的财政收入计算在内，后一部分是被转移到工商交通业的利润中去了。那么把这两部分合起来在整个财政收入中应占多少呢？我们根据以下几种因素做了估算：

第一个因素是农业和工商交通业双方面实际参加劳动的人数。在这里还应该指出一点，即1亿多城市居民的职工人数中有很大一部人（估计在1/3左右）或者是在行政机关、文教、医疗卫生和科研部门工作的，或者是在服务行业中工作的，这两部分人都不生产物质财富。因此，来自工商交通业的财政收入，仅仅是1亿多城市人口中的职工人数的2/3左右的劳动力创造的。

第二个因素是农业劳动和工业劳动的复杂程度不同。按马克思的劳动价值学说，复杂程度高的劳动比之简单劳动能创造更多的价值。

第三个因素是工商交通业中的现代化设备所起的作用。

第四个因素是国内外和解放前后工农业产品比价的动态指数，严格说，这不是因素，而是作为研究用的参考材料。

根据这样的估算，在整个财政预算中从农业来的收入所占比重远远超过10%。我现在记不清楚，大概是百分之三四十，来自工交企业的占百分之六七十。

在这里还必须指出，如果不计算工商交通业中现代化设备，即固定资产在创造价值中所起的作用，那么来自工商交通业的财政收入决不可能有财政收入的百分之六七十这么多；就是说，如果只估计劳动的复杂程度的差异，那么1亿多人口中的职工人数的2/3的劳动力所创造的收入，决不可能比5亿多人口的全部劳动力所创造的收入高出1倍左右（百分之六七十和百分之三四十），然而，这些现代化设备即工交企业的固定资产本身，又是用工人和农民共同的积累造成的呀！

从常识讲，在计算工农业向国家预算提供财政收入时，是不能不考虑工交企业的现代化设备，即固定资产所起的作用的。然而，这又牵涉到另一个争论问题，即社会主义政治经济学应该不应该承认生产价格这个范畴，不承认价值规律的人是更不会承认生产价格的。但如不承认固定资产在创造财政收入中的作用，那么就得承认来自农业的财政收入应该还不止百分之三四十，而是例如在50%以上。因为这个争论问题和我们在这里讨论的问题关系不大，所以不再扯得太远了。

为什么我在这里又记起了15年前毛泽东同志关于农业财政收入中所占比重问题的指示呢？因为大概是在去年下半年，在《人民日报》发表的关于农业中经济核算的重要性或是别的什么问题的一篇综合报道中，曾经特别强调指出：不要忘记从农业来的收入要占国家财政收入的近10%左右（又只是大意，不是原话；但作者的语气是很明白的，即为了强调这个来自农业的财政收入的重要性）。然而如上所说，如果真的只有10%左右，那么还不是那么重要的。更重要的是在于来自农业的财政收入远远高出10%这个比重。

我在这里丝毫没有责怪这篇报道的作者的意思。因为不可能要求任何作者在写这样内容的综合报道时，也像国家计委在15年前根据毛泽东同志指示所做的那样，也要组成一个专门的算账小组来核实这个10%的数字。我在这里是想指出不等价交换所造成的弊端之深和广。因为财政收入中来自农业和来自工交企业的比重直接反映着农、轻、重的关系，反映着马克思的再生产学说告诉我们的那个最重要的比例关系，即Ⅰ（v＋m）和Ⅱc的关系（即生活资料和生产资料的关系），也就是列宁所说的到了共产主义时代也还要研究的问题。可是"价格杠杆"或不等价交换却搅乱了所有的比例关系,而比例关系是反映着社会生产关系的量和质的。

1964 年,在一次批判我的座谈会上,我在发言中强调了必须尊重再生产的客观规律。财贸办公室的那位同志问:你说再生产的客观规律是什么?我知道他想抓我什么,我也脱口而出:就经济规律来说,那么千规律万规律,价值规律是第一条。于是他高兴了,认为抓到我的辫子了。于是说:你完全错了,再生产中的比例关系恰好不是价值规律决定的,而是使用价值规律决定的!他所说由使用价值规律决定,是指以下事实:炼多少钢、发多少电要用多少煤,铺一公里铁路要多少钢轨,等等;总之是指诸如焦比、煤耗、材料定额等比例关系。大家懂得这叫技术定额,是反映各生产部门之间的工艺技术关系,而不是指生产关系,是技术科学而不是政治经济学,后者所要研究的是在这样的定额基础上,为了达到各生产部门的生产指标(实物量)需要投入多少活劳动和物化劳动。马克思的劳动价值学说并不排除使用价值,相反,他的学说是建立在商品二重性和劳动二重性基础上的,照恩格斯的说法,价值是生产费用对效用的关系(恩格斯在《反杜林论》中还肯定了他早年的这一英明定义,说这句话只在马克思写了《资本论》之后才得到科学的论证①,然而苏联《马克思恩格斯全集》出版委员会却说这是恩格斯早年的错误论断),但是,马克思的价值论却不是讲使用价值关系即工艺技术联系的,而是讲价值规律,即劳动关系,即生产关系的。所以这位权威又是搬起石头打了自己的脚:他们从反对毛泽东同志的人和物的关系开始,说研究物的因素是"生产力论",以生产力

① 参阅《马克思恩格斯选集》第 3 卷,第 348—349 页注。

代替了生产关系的研究，结果却因为反对价值规律，提倡使用价值规律，竟然宣扬以研究工艺技术联系来代替对生产关系的研究。

总之，不破使用价值论，不丢掉那个不等价交换，就立不起社会主义政治经济学的再生产论，就搞不好社会主义再生产的综合平衡。

列宁说过（记不得原话，只是大意），任何一条好的政策，如果要破坏它的声誉，最厉害的办法莫过于把这条政策执行过头。他在另一处又说，任何真理如果强调过头，跨过了一定的界线，就会走到反面，走向谬误。假马克思主义政治骗子就是采取了这种最厉害，也可以说最恶毒的办法。我们说要发挥两个积极性，中央和地方并举，他们就来一个撒手不管；我们说要大、中、小并举，他们就来一个越小越好；我们说要土、洋并举，他们就来一个越土越好。他们的最后目的是为了回到他们的条条专政和大、洋、全那条老路上去。

那么怎样才算恰如其分呢？这是不能用“二一添作五”、“三一三十一”或各取50%的办法解决的。这种办法是折中主义的办法。这里应该按照具体情况作具体分析，提出不同办法。

对中央和地方并举，上级和企业的关系，我过去已经说过，应该以简单再生产（原有投资规模）和扩大再生产（新建项目和增加投资的扩建项目）作为划分企业职权和上级领导职责的界线；以生产资料（主要是原材料）的供应和产品销售，即供产销协作的范围来确定中央和地方的分工，供产销协作关系主要在地方范围的，是地方企业，超过地方范围的就是中央管的企业。

那么大、中、小并举和土、洋并举如何能够做到恰如其分呢？

那就是小而土的企业允许降低劳动生产率，即每一个劳动力在同一单位时间内所生产的产品量允许减少（这是不可避免的）；但是每一元资金所产生的为社会生产的产品量和价值量（即 m）不能减少，就是说不能降低投资效果。如何能在劳动生产率降低的条件下，不降低投资效果呢？那就是在降低资金构成之后，同一数量的资金可以装备更多的劳动力来为社会生产产品了。

这可以用数学公式来证明，但我不能再多写了，不能举例了。但我认为提倡小土群的时候，必须记住这条界线。否则，如果随着劳动生产率的降低，投资效果也降低了，那就是说，国家的收入也降低了，积累率也低了。而我们提倡大、中、小并举和土、洋并举的目的，却正是因为我们缺少资金积累，是为了节约资金（物化劳动），而投资效果的降低，却是资金的浪费而不是节约。

因此，要论证大、中、小和土、洋这两个两条腿走路的方针，划清真理和谬误的界线，又必须违反某些人的意志，从人和物两个因素的关系，即从资金有机构成，也就是从劳动力和劳动工具的矛盾统一的关系来说明。这矛盾就是：劳动者所使用的工具越多、越好，那么劳动生产率就越高，但是同一数量的资金所能装备的劳动人数就越少。因此，在缺资金而劳动资源富裕的情况下，就应节约资金，而多使用劳动力，用活劳动的量来弥补降低劳动生产率的质。

根据以上这个道理，我觉得在提倡大、中、小并举和土、洋并举两个方针的同时，必须注意以下的技术政策。这就是对于增产的技术措施和节约的技术措施，对节约活劳动的技术措施和节约物化劳动的技术措施，必须分别看待，根据不同的具体情况分别处理。在每一行业的少数甚至极个别的大、洋企业即骨干企业中，为了赶超世界先进水平，凡是最新的科学技术革命的成果，不论是属于增加产量的措施,还是节约的措施,是节约物化劳动的措施,还是节约活劳动的措施,只要是我们能够办得到的,都应该去办,为今后全面赶超世界先进水平,创造出一个样板。因为从长远来看,节约和增产,节约物化劳动和节约活劳动是不可分的;节约就能增产(以节约下来的人力物力办新的企业或扩建老的企业),节约物化劳动就是为了节约活劳动。但在一般企业中,在我们今天缺资金,即缺物化劳动的条件下,应该把增产措施和节约物化劳动的措施放在优先地位。

举例说,放在我们面前有两种技术措施,所需投资都是1万元,一种是增产的或节约物化劳动的,一种是节约活劳动的,可是我们手中只有1万元资金,二者不能兼得,我们采取哪一种呢?毫无问题应该采取前一种。

对于马克思主义的按劳分配原则的贯彻执行,也是有斗争的。在这个问题上,我不同意用所谓“贡献”来偷换马克思主义政治经济学中作为按劳分配原则基础的劳动的质和量,即复杂劳动和简单劳动的差别。用“贡献”来说明按劳分配,就是等于用效用来说明商品价值一样,是使用价值观点而不是劳动费用观点,是消费(使用)观点,而不是生产观点,是违反马克思主义的观点。

如果以贡献论,那么农业劳动的贡献是最大的,它是人民衣食之本,没有它,人就要饿死、冻死,从而农业劳动的报酬不仅应该在工业劳动之上,而且应该在脑力劳动之上。然而,大家知道,在许多国家,农业劳动者的报酬,都低于工业劳动者。

如果要说贡献,那么那些为新社会的诞生而献出了自己生命的烈士们,那些领导人民取得革命胜利并创建了新社会制度的领袖们,那些真正在科学上(不论是自然科学或人文科学)提出了划时代的创造性学说的人们,还有那些代表着一个时代的精神的文学艺术家们,难道他们的贡献可以用物质报酬来衡量吗?如果这样来衡量他们的贡献,那真是侮辱了他们!庸俗经济学者以不同商品的不同使用价值来衡量商品的价值,他们的目的是要抹杀价值的实质——劳动。有的经济学者用"贡献"来衡量劳动,并作为计算劳动报酬的标准,为的是想把他们那些博士论文之类的东西吹得神乎其神,以便把工资差距拉得越来越大。然而,如果把劳动报酬的差距归结为劳动的质和量的不同,归结为复杂劳动和简单劳动的差距,那么很明显的,随着教育的普及和公费的高等教育的普及,这种差距在社会主义社会里只能是随着时间推移逐渐缩短,而不是扩大。①

但是社会主义政治经济学也必须反对绝对平均主义,反对借口按劳分配还是资产阶级法权而把这个社会主义的分配原则贬低为资本主义分配原则,从而给按劳分配原则抹黑。资本主义的分配原则,不是按劳分配而是按资分配,所以在资本主义社会把送子女去上学是看作投资(下本钱)的。

毛泽东同志在劳动报酬问题上还给大家出过一个题目。大概也是在50年代末或60年代初,他要大家研究一下,为了提高人民生活,是用降低物价的办法好,还是用增加工资的办法好。我不知道有没有人向毛泽东同志缴了这份卷。我在这里不谈了。但社会

① 我在这里还漏说了有的经济学者用以歪曲按劳分配这个马克思主义原则的另一种谬论是"觉悟论",意思是说,社会主义社会实行按劳分配原则,而不实行按需分配原则,不是因为生产力发展水平不够高,生活资料还不充分富裕,而是因为群众的觉悟水平还不够高,如果实行了按需分配,他们就会懒得劳动了,或不好好地劳动了。这种理论的谬误是显而易见的,不值得一驳的。

主义政治经济学是必须谈这一个问题,这里有不少问题值得研究。

从“立”的角度看,社会主义政治经济学需要解答的问题同样是太多了,任务是艰巨的。上面所举的几个例子只是受到某些人歪曲了的一些重大问题。可是现在连政治经济学上一些最普通的概念,已经成了日常谈话中经常听得到的、似乎只要有些普通文化程度就能懂得的名词,都被歪曲得面目全非,以致一些大人物也为此出了洋相。

60年代初,党中央发现许多煤矿为了追求一时的产量增长,采取了只顾采煤而不顾掘进的错误做法,其他行业的企业也普遍因为热衷于新建和扩建而忽视了设备的维修更新,破坏了生产力,使简单再生产也不能维持。因此,中央提出了“先简单再生产,后扩大再生产”的口号。我不能确切知道这个口号是谁提出的,但这个口号是对的。毛泽东同志在《实践论》中曾经引用列宁的一句话来教导我们,“物质的抽象,自然规律的抽象,价值的抽象以及其他等等,一句话,一切科学的(正确的、郑重的、非瞎说的)抽象,都更深刻、更正确、更完全地反映着自然”。① 怎么能够把马克思的再生产学说中占据非常重要意义的简单再生产和扩大再生产这两个概念,说成是在实际生活中分不清或不好分的呢?从使用价值,即从实物量的角度看,是分不清的。例如,从产量看一个汽车厂设计能力是年产1万辆,我们能够因为它由于采取某种措施而在明年生产了10 001辆就说成是扩大再生产而给它规定另一套管理制度吗?显然是不能的。又如从设备看,一个5万锭子的纱厂,能够因为搞技术革新而多装上了一排或一个锭子,或一个机械制造厂因

① 转引自《毛泽东选集》1—4卷合订本,第263页。

为技术革新而在机床上多装了一套或几套刀具，从而使机床能够一机多用，于是就说这是扩大再生产吗？又如从劳动人数看，我们能把一个原来是1000人规模的工厂，因为今天多招收了一个工人就算作扩大再生产吗？显然是不能的。

然而如果从价值量来看，如果一个企业除了固定资产折旧基金以外，要求国家再拨给它投资，或者它擅自把应该上缴的利润用于发展生产，那么这当然是扩大再生产，而不是简单再生产，必须另有一套管理制度，否则就是破坏财政纪律。而马克思所说的扩大再生产就是指的后一种，而不是指的前一种。因为他明明说：只有资本家不把剩余价值（m）全部消费掉，而把它作为投资，才算是扩大再生产。这在社会主义社会就是把上缴国家的利润（职工为社会生产的那部分产品量）作为投资来扩建或新建工厂的时候，才算扩大再生产。前一种所谓“扩大再生产”实际上不叫扩大再生产而叫劳动生产率的增长。苏联经济学者把这叫做内涵的扩大再生产，而把新投资建设的生产叫做外延的扩大再生产，这除了把扩大再生产和劳动生产率增长这两个完全不同的范畴或概念混淆不清以外，没有任何好处。

生产资料和消费资料也是在报刊上常见的名词。马克思把所有生产生产资料的生产部门统称为第Ⅰ部类，把所有生产消费资料的生产部门统称为第Ⅱ部类，然后把分析和研究这两大部类的相互关系作为他的再生产理论的主要内容。

然而什么叫生产资料，什么叫消费资料，却不是没有争议的。例如，原料是生产资料，这没有问题。那么，小麦是面粉厂的生产资料，甘蔗和糖萝卜是糖厂的生产资料，而面粉、砂糖又是面包房、饼干厂和糖果厂的生产资料。照此类推，除了农业以外，其余的生产部门，包括上述面粉厂、糖厂、饼干厂、糖果厂等都是属于第Ⅰ部类，都是生产生产资料的企业了。但是，从整个国民经济的角度来看，对每一个厂来说是生产资料（原料）的东西就不一定能算作生产资料。原料能否算作生产资料要看它是生产什么的原料：生产劳动工具用的原料，例如钢铁或其他金属材料，就是生产资料；生产消费资料用的原料就是消费资料。

又如，我们通常把生产生产资料的企业，如冶金、燃料、机器制造业等称作重工业，因为这些企业设备笨重、规模大、投资多。另一方面，我们把制造军用飞机、坦克、大炮等的军火工厂也叫做重工业，这种称呼也是有根据的，因为这些军火工厂同制造民用飞机、拖拉机、汽车和其他机器制造业的工厂相比较，不仅工艺技术的性质基本相同，而且以规模而论也是有过之而无不及的。但是这些军工企业能算作第Ⅰ部类的企业即生产生产资料的企业吗？显然是不能的。因为这些重武器一旦使用起来，非但不能成为生产力，而且是用来消灭敌人的有生力量和物质生产设备的，是毁灭敌人的生产力的。因此，这些军工企业不能算作第Ⅰ部类。这些企业应算作第Ⅱ部类。不错，这些企业的产品和生产人民日常生活消费品的企业的产品不同，但是它们和某些社会公共消费品，例如和防御鼠疫、霍乱、伤寒、血吸虫病的防疫针、杀菌药等一样是社会公共消费品。社会主义国家的武器是预防帝国主义瘟疫和消灭帝国主义侵略细菌的防疫针和消毒药物。因此，社会主义政治经济学应该把第Ⅱ部类（即消费品生产部类）再分为甲、乙（或A、B）两小类，甲小类是生产人民生活消费品的，乙小类是生产社会公共消费品的，后者除了上述军工产品和公共卫生防疫用品外，还有科学、文化、教育机关所用的设备、仪器、建筑物和一切机关办公楼等在内。马克思所说Ⅰ(v+m)和Ⅱc的关系,仅仅是指第Ⅱ部类的甲小类。整个第Ⅱ部类乙小类的c和v是从Ⅰm和Ⅱm中取得平衡的。马克思不把第Ⅱ部类再分为甲、乙两小类,因为他把这些资产阶级社会的“公共”消费都当作资产阶级的消费,在m中开支的。可是社会主义政治经济学对国民经济综合平衡却不能抽象掉这一重要内容。

国内外经济学者常用工业在工农业总产值中所占比重的大小来显示国民经济工业化的程度。这个指标有一个好处,那就是可以突出地显示工业发展速度的迅速。然而这个指标是不真实的,因为它夸大了工业在国民经济中的实际比重,而同时就缩小了农业在国民经济中的实际比重。因为这个指标把工业的产值重复了很多遍,而且是工业越发展,分工越细,则重复的次数越多。而农业产值一般是不重复的(只有畜产品产值重复了饲料一部分产值)。例如棉花产值在农业总产值中只算一次,因此产一斤就是一斤的产值。可是这斤棉花在纱的产值中算一次,布的产值中算一次,制成衣服后又算一次。在农业中只算一斤产值的棉花在工业中算了三斤(如果在印染业中再算一次就是四斤)。工业产品自身的重复也不少。例如铁的产值可以在高炉产值中算一次,到炼钢厂算一次,到轧钢厂又算一次,在钢铁联合企业内部已算了三遍,到机器制造业又算一遍。如果一部机器是由几个工厂的零部件组装成的,那么在机器制造业就会再算上两遍或几遍。要真实反映工农业在国民经济中的比重,应该用净产值,即在国民收入中工业、农业所占的比重。

我这一段话扯远了些,但目的是想说明,社会主义政治经济学阵地上的各色各样的包袱太多了,任务是艰巨的。

但是对我来说，最艰巨的任务还是自我批判部分。我对自己的经济学思想错误的认识过程可以分为三个阶段。“文化大革命”前是一个阶段。那时我的思想的确很顽固。说我根本不听人家的批评意见，这是不对的。我对所有的批评意见听得（或读得）很认真。但是认真听（或读）的结果，我的心倒反而落实了，使我更顽固地坚持自己的意见，认为错了的是他们而不是我。

“文化大革命”开始了。1966 年 5 月（？日）《红旗》社论点了我的名，给了我当头棒喝。于是我才知道，批判我的不仅仅是几位权威和专家。那时，我的思想紧张而又混乱，但是觉得事情也好办。那就是老老实实地把过去人家对我的批判（至少是基本的要点）接受下来，照着做检讨，以后再慢慢地想通它就是了。

但是后来我想，那岂不是以一种错误来代替另一种错误吗？这条路走不得！我苦闷了，彷徨了。于是我开始用功学习，重新读毛泽东同志的著作，然后又读马、恩全集，我进监牢以后最初七个月，既没有书读，也看不到报刊。然而从这时候起，我是真正开动了“机器”。我从进监牢的第二天一早，就开始反省我的经济学思想。以后给了我报刊，给了我毛泽东选集，最近又给了我五本马克思、恩格斯、列宁的著作。在这时期，是我生平最用功的时期。我带着清理我的经济学思想这个任务来学习，来读书看报，这使我获得了一些进步。

在“文化大革命”和这以前，对我的批判主要归纳为以下四个问题：（1）价值规律和等价交换的问题（包括价格和价格政策）；（2）利润指标问题；（3）企业管理制度问题；（4）政治经济学的叙述方法或编写体系问题（包括上面已经讲过的人和物的关系的提法）。这四个问题中的第三个问题，即企业管理体制的问题，我从来没有作检查。因为如我在前面说过的那样,我在自己的《固定资产管理制度和社会主义再生产问题》中所建议的把固定资产折旧基金留在企业,设备和建筑物的大修理和更新任务也下放给企业,至少在基本精神上是符合中央有关文件的提法的。

在批判我的第四个问题中关于人和物这两个因素的关系方面,我对物的因素的解说,包含有错误。我在上面已经说过,物的因素不仅是生产力问题,而更重要的是生产关系问题。至于我主张的社会主义政治经济学教科书的叙述法或编写体系问题,我留在后面讲。

我在"文化大革命"初期写的一份报告稿上说过:我关于利润指标的意见以至于我的全部政治经济学思想,都是从我的价值论中派生出来的。1970 年 2 月号《红旗》的批判文章也认为我的一切错误的根源是在于我的价值论。因此,使我更坚信,如果我要做自我批判,改正我的错误,那么我必须先揭发我自己的价值论的错误。我也极希望大家在这方面给我批判,给我帮助。但是《红旗》的文章讲到这里也刹住了,没有进一步指出我的价值论的错误到底在哪里,只是笼统地说我过分强调了价值规律。我不大赞赏"过分强调"这种不着边际的提法。何谓过分?又何谓恰如其分?过去,许多经济学家总喜欢说一种模棱两可的话,例如对于价值规律是不能不尊重又不能太尊重,等等。我在 1959 年写的一篇文章中曾对这种说法提过意见,认为如果承认价值规律是不以人们意志为转移的客观规律,那么凡是这个客观规律起作用的地方,你就得完全承认它,即尊重它;只有承认它,尊重它之后,才能在它面前取得自由。反之,在与价值规律无关的地方,在不是它起作用的地方,那就根本不应该扯到价值规律上去,因而就不是过分强调或太尊重的问题。我认为如果要说强调,那么谁也没有毛泽东同志那么强调、提得那么高。他说价值规律是几亿农民和几千万干部都要进的"伟大的学校"嘛!

那么我在价值规律问题上的错误在哪里呢?

对这个问题我曾经试图作过几种不同的解答。在"文化大革命"初期,我在很短一个时期,曾经有过一个念头:莫非真像财贸办公室那位同志所说的,毛泽东同志提出价值规律和等价交换这个问题来,只是针对下面刮"共产风"的。因此,过了这个时期就不应该再提这句话了。我反复阅读了毛泽东同志的有关论著,觉得这个说法是很有问题的。因此,我很快就把这个念头打消了。近两年报刊又不断提出价值规律、等价交换和利润指标,使我更快地放弃这个念头。于是我又想,我的价值论的错误大概在于我的两个价值规律这种标新立异的意见。这就是说,在客观实际中,只有一个价值规律,那就是在资本主义商品经济社会中经常起作用的那个价值规律,它在社会主义社会中只是暂时起点作用,以后就要完全消亡的。可是我呢,说成是有两个价值规律,除了那个作为盲目自发势力,在资本主义社会中起着生产调节者作用的那个资本主义商品经济的价值规律而外,还存在一个通过社会必要劳动量的计算而由社会自觉掌握的,不是异化的自发势力,而是为我的,计划经济的价值规律,它将在共产主义社会里仍起作用。

然而如果我是这样来认识自己在价值规律问题上所犯错误,那么我得同时承认我过去是曲解了毛泽东同志(还有斯大林)提得那么高的价值规律在社会主义社会中的作用,这就是说,毛泽东同志(还有斯大林)所说的价值规律也就是那个资本主义商品经济的价值规律,而不是什么别的价值规律。我能做这样的结论吗？我不敢！

于是我又想，或许是存在有两个不同的价值规律，一个是资本主义商品经济的，异化的自发势力的价值规律，一个是社会主义计划经济的、为我的、自觉的价值规律；但是我对后一个价值规律的解说，对于这个价值规律的应用范围，提得太宽了。斯大林和毛泽东同志都只是从全民所有制经济和集体所有制经济的商品交换的角度，从不要在这交换中发生无偿占有这一点来提价值规律的，而我呢，又从部门间和两大部类之间的比例关系，从节约活劳动和物化劳动的角度来提这问题，于是我又把价值规律永恒化了。

但是我又想，毛泽东同志不是在15年前就注意到，由于价格背离价值的关系，歪曲了工业和农业的比例关系；但这种比例关系就是在集体所有制全部上升为全民所有制之后，也应该正确地反映出来，而不应该歪曲的呀！例如，在将来共产主义社会中，把一个或几个占有整个国民经济的百分之三四十的比重的经济部门，说成是只占10%还不到，这终究是不对的呀。还有，如果在未来社会中，把劳动花费多的产品说成是劳动花费少的产品，而把少的说成是多的，这同样是不利于节约劳动的呀！而马克思说，节约劳动，并把节约下来的劳动在各个部门之间进行分配是未来社会中“程度很高的规律”。[①] 恩格斯也说，将来社会编制计划时要注意产品的效用和劳动花费的关系。列宁又说，即使到了共产主义社会，政治经济学也还要研究Ⅰ(v+m)和Ⅱc的关系，还有积累和消费的关系。

---

① 参见孙冶方：《论价值》，《社会主义经济的若干理论问题》，人民出版社1979年版，第126页。——编者注

因此，我对这样的检讨又迟疑了。我又想正面做些“立”的工作，把我的《社会主义经济论》稿写出来。我在半年之内主要读书学习，或写些提纲，半年之后动手写，明年上半年缴卷1/3，再一年之后全部缴稿（约35万—50万字）。我今年已经64岁，以我的害了20多年慢性肝炎的体质而论，我如果能够再活6年到70岁死，那是了不起的长寿了。我希望争取在两三年之内写出这部稿子，以便在以后的两三年之内还能听到别人的批判意见，并且奢望在死以前能够多少再弄通一些社会主义政治经济学理论问题。我还想为社会主义革命和社会主义建设做些有益的事情。

大概是1970年度的某一期《红旗》登有一篇批判文化工作危险论的文章，说到有些人因为看到有人做文化工作，当所长，弄得身败名裂，所以就散布文化工作危险论，可是当年做所长，想成名成家又是如何如何（大意如此）。我不知道除我之外，还有哪个当所长搞得身败名裂的。但我要在这里声明一下。当初党调我做经济研究所代所长时，我是曾经向党提出意见：最好不要调动我的工作。我说，很多做统计工作的人不安心搞统计工作，可是我倒觉得既然这项工作已经摸上了手，就很想摸出点名堂来。当时我对分工管的综合平衡、劳动工资、农业统计这三项统计工作，样样都爱上了。尤其是农业统计，当时因为粮食产量年年摸不准，条条块块矛盾很大，各方责难很多，我曾下决心要把农业统计数字搞真实。当调动工作命令下来以后，我还走小道向老上级、当时主管农业口的谭震林同志写了万余言的条陈，说明我对改进农业统计的一些意见，并请他替我向中央提一个意见，不要调动我的工作了。

我到经济研究所后，还向一位领导同志说过，叫我这个既不会做组织工作,又不会做人的思想工作的人当行政负责人,实在是用非所长。如果光叫我做一个研究人员,说不定我对党对革命能多做一些有益的工作。但是,我自从进经济研究所以后,主观上还是勤勤恳恳想把这工作做好的,而且我还是爱上了经济学研究工作的。我现在身子离开了经济学研究岗位,但我的心并没有离开它。我还想在可能范围内尽自己一点心,做些有益于人民的事,以免白吃人民的粮,白白耗费宝贵的光阴。我并不感觉研究工作危险,并不怕"祸从口出",或"言多必失",而仍信笔写来,大概已经唠叨了三四万字了,而且还请求再写三五十万字。

你们或许说,我是想再放毒。对此,我申辩是多余的。本月份《红旗》不是有篇文章的题目叫《要重视反面教员》吗?如果我又放毒,那不就是送上门的反面教员吗?

我虽常说自己在价值论方面提了些标新立异的意见,但我决不想说我提出了什么新东西。不,我所说的,特别是我所坚持的,都是马、恩、列、斯、毛所说过的。不过,很多中外经济学家或者是根本不重视马、恩、列、斯有关的重要言论,或者把它看作甚至是一时失言,或早期的不成熟的、非马克思主义的观点,如对恩格斯早年写的,在《德法年鉴》发表的那篇经济学著作那样。虽则马克思是非常赞赏这篇著作,而且恩格斯在他逝世前一年第三版《反杜林论》中还继续声明,他的这条有关价值问题的见解只是在马克思的《资本论》出版以后才得到科学的论证的。可见恩格斯是非常珍视他自己在早年这篇文章中的论点的。我说很多中外经济学家都这么看法,其实这种看法的真正来源是一个:这就是苏联《马克思恩格斯全集》出版委员会关于恩格斯《德法年鉴》发表的这篇文章的一个注释。我的还有某些见解是接受自苏联经济学家索波里的。

这是我在自己一篇文章中特别声明过的。因为这是一个学术研究工作者的起码的道德。马克思、恩格斯著作中凡引自别人的观点，哪怕是引自资产阶级庸俗经济学者的一个论点，他们都要声明出处。他们一再反对杜林、拉萨尔一类剽窃者（但杜林却反过来说马克思的旁征博引是“中国式的博学”。但愿这种学风将成为中国式的）。你们曾说我捡了苏联经济学家的破烂，这是非常确实的。索波里是在《真理报》上被点名批判的。他在中国做学术报告时曾大为赞扬过毛泽东同志的大、中、小并举和土、洋并举，批评苏联的“大型狂”，即我们称为“大、洋、全”的东西。他回国后在他们中央统计局也宣传我们这套做法。但我并不同意索波里的所有观点，即以价值论来说，我的思想比他的系统化多了。

在我所看到的中外经济学著作中，我关于固定资产管理体制的见解倒可以说是新的东西。然而这不是我的什么创见或发明。我的那些观点是来源于实践，特别是企业干部、群众的建议和要求。我不过是根据马克思关于资本有机构成和再生产的学说，从政治经济学角度把企业干部、群众的建议和要求系统化、条理化了而已。

但是我的经济学思想，不论从其中的错误的成分，即从“毒”方面来看也好，或是从其中的某些有用的成分来看也好，有一点我自己还是多少可以引为自慰的，那就是逻辑上的一贯性和系统性。我的思想的顽固性和改造的困难也在于此。但如果击破了我的要害——价值论，那么整个体系就摧枯拉朽。我认为我所主张的社会主义经济学叙述方法或编写体系还未必是错误的，至少不完全是不可取的，可供今后编写社会主义政治经济学的人参考。这就是我还想在这最后一段所说的主题，不过上面一段话未免又扯得远了些。

我所采用的这种叙述法和编写体系也是学习了马克思主义的有关原理,想作为一种试验而坚持下来的。但是,在试验中曾与有的同志作过斗争。在经济研究所四清以前,我们编写小组的同事们基本上是一致赞成这种叙述方法和编写体系的。四清后,原来编写小组的同事有的可能因为受别人的武断宣传而动摇。现在大概因为这种叙述法与我的名字联系在一起,而不会被人考虑的了。为了驳斥别人的武断宣传,不要因为我这个人而废弃一个好的叙述方法和编写体系(大家知道,这是马克思写《资本论》的叙述方法和编写体系,不过坚持把这方法用于编写社会主义政治经济学则是由我发起的),我不得不从头说起。

我在1959年秋写的《论价值》一文中提出了社会主义政治经济学也应该像《资本论》一样,按照直接生产过程、流通过程、再生产过程和社会总生产过程这样的程序写。在那篇文章中我是不是提出了要从产品、商品分析起,我现在已经记不得了。至于当时我是由于什么启发会想到采用这种叙述法和编写体系,也记不起来了。1959年年底和1960年年初,我学习了别人记录的毛泽东同志对苏联科学院经济研究所编写的政治经济学教科书的批语。毛泽东同志在批语中指出这本教科书的叙述法和体系是不高明的。他说,一定会出现别的叙述法和体系。就在这时,他看到了苏联高级党校政治经济学教研室主任科兹洛夫对社会主义政治经济学编写体系提出的建议。科兹洛夫主张应该顺着生产过程、流通过程、再生产过程和总过程这样的顺序写。毛泽东同志说,不是吗,现在科兹洛夫提出了一种新的体系了。毛泽东同志的原话,我现在记不确切,但是明显的是,这种新的尝试是可以的,它总比原来的那种体系好。1960年，我路过莫斯科，就专程去访问了科兹洛夫，知道他的叙述方法仍然是布哈林所说的政策汇编式的，只不过是把那些定义、原则、政策按上述过程的程序编排而已。我认为这是换汤不换药的办法。因此，在我回国后的第二年春天，经济研究所编写小组在《〈社会主义经济论〉初稿的讨论意见和二稿的初步设想》中提出了一个较彻底的，从产品、商品说起的提纲。

有些权威和专家对“过程法”和“产品、商品法”是反对的，但是对前者的反对意见比较温和。这是因为他们知道，毛泽东同志也曾认为科兹洛夫提出这个“过程法”作为尝试，总比原来那本书的体系好。我在全国主要省、市经济学教科书编写小组代表会议上介绍经济研究所编写《社会主义经济论》的体系时，有人就急忙起来反对，他们的倾向性是明显的：他们只允许在布哈林主张过的“政策汇编”式的框框内讨论。

××部一位联系“学部”工作的同志，听说我们在起草《〈社会主义经济论〉初稿的讨论意见和二稿的初步设想》时坚持用“产品、商品法”，就带着我们学部一位上司赶来说服我们。他们反对“产品、商品法”的理由是：马克思研究资本主义商品经济的生产关系从产品、商品说起，那是因为商品经济是拜物主义经济，人与人的生产关系变成了物与物的关系，前者为后者所掩盖，所以不揭开物与物的拜物主义关系就不能说明生产关系。社会主义的生产关系由我们自己自觉地安排，我们可以直接来认识这种人与人的关系；如果我们写社会主义政治经济学也从产品、商品的关系写起，那么，反而把原来“一目了然”的东西（请注意这个“一目了然”！）搞糊涂了，反而是遮掩了社会主义社会的生产关系，特别是遮掩了阶级斗争。当时，我们和他争辩了，但结果谁也没有说服谁。进了监狱之后，我想起了那时的这场争论，又同他们对毛泽东同志关于人和物两个因素的关系的提法的反对联系起来，一想之后，才体会到他们反对社会主义政治经济学顺着生产、流通、再生产和全社会的总生产过程这样的程序并从产品、商品说起，不仅与他们脱离了客观存在的经济过程来研究生产关系这种形而上学主观主义的方法论有关，而且是与他们反对毛泽东同志关于人和物两个因素的论点有联系的。

马克思在《资本论》中分析了商品的本质之后指出，人们不可能从商品的本质中找出一个物质元子。我可能不确切地转述了马克思的这句话。他的意思是说，商品之所以成为商品，不是由于它的物质元素发生了变化，即不是由于它的使用价值的原因而是由于生产关系的变化。一张羊皮从原始公社社员自给自足的产品，经过奴隶制社会、农奴制社会这样几千年的漫长岁月，发展成为资本主义社会的商品，从物质元素角度看，什么变化也看不出的，至少是与它的变为商品无关的。商品的发展史只是私有制和资本主义商品经济的发展史。而随着社会主义革命的胜利和各种形式的私有制的消灭，这个资本主义商品也随之消失了。与此同时，出现了全民所有制和集体所有制这两种社会主义公有制，出现了在全民所有制内部进行的产品交换和各种不同的公有制之间的商品交换。这个产品既不是原始公社或后来的小生产者家庭内部自给自足自然经济的产品，也不是奴隶主庄园或农奴主庄园里为剥削者主人的享受而生产的产品。全民所有制内部交换的产品是一切以前社会中的自然经济中的产品的否定的否定，而不是它们的复活。同样，在不同的社会主义公有制之间进行交换的商品或公营商店卖给居民的商品也不再是资本主义商品的延续，而是一个簇新的商品。社会主义集体所有制上升为全民所有制之后,生产资料的交换将全部变成产品交换。但是公营商店卖给居民的生活消费资料一直要到实行按需分配之后,才会从商品变成产品,而那时,它已经由社会主义的产品进化为共产主义的产品了。所以,马克思在《资本论》中研究分析的那个资本主义商品的死亡和新的社会主义的产品和商品的产生,以及社会主义商品的全部进化为社会主义产品和社会主义产品的进化为共产主义产品这一漫长过程,将是各种私有制的死亡和社会主义公有制产生和发展的过程,是社会主义公有制由低级到高级以至进入共产主义社会的漫长过程。

马克思的《资本论》分析了资本主义自由竞争时代的商品,列宁的《帝国主义是资本主义的最高阶段》分析了这个自由竞争时代的商品又如何转化成了财政资本垄断时代的商品。社会主义政治经济学是《资本论》和《帝国主义是资本主义的最高阶段》的续编。因此,不论从历史过程的角度来说,或是从逻辑过程的角度来说,社会主义政治经济学从资本主义商品的灭亡和社会主义产品、商品的产生及其发展以至上升为共产主义产品这一历史过程叙述起,然后,又分析这个产品在社会主义社会内部如何进行生产、交换和再生产的,这样一种叙述方法,虽然不能说是唯一的最好的叙述方法,然而也应该说是非常恰当的一种叙述方法。斯大林的《苏联社会主义经济问题》已经给我们开创了一个很好的先例。他在那里不仅分析了社会主义商品和资本主义商品的差别,而且分析了社会主义产品交换和社会主义商品交换的差别。

社会主义社会的一切阶级斗争归根到底归结为:是坚持社会主义公有制还是复辟资本主义,是使社会主义公有制凝固化,还是随着生产力的发展而不断发展和壮大,逐渐提高,一直到进入共产主义的公有制；换句话说（以政治经济学的另一种语言来说）归结为：是社会主义的产品交换和商品交换，还是资本主义“自由”市场的商品交换，是让社会主义的产品和商品的双轨制永恒化，还是应该让它逐步进入共产主义产品的一元化大道。

认为社会主义社会的生产关系是人们自觉地安排的，因此我们可以直接地来观察这种生产关系，而不必借助于（不必通过）对物的关系的分析，这种观点是错误的。我们可以用感官来感觉到的生产关系有哪些呢？那就是直接生产过程中的劳动分工和协作的关系，如工序之间，班组之间，每个班组内各个成员之间，等等的关系。然而即使是这种关系，如果离开了劳动对象、劳动工具，离开了具体的生产过程，即离开了物，还是不能完全说得清楚的。但是我们终究还可以用眼睛看得到。至于车间之间的关系，光靠感官就难于掌握了。可是分配关系，如果离开了马克思的产品价值构成和资金有机构成的学说就完全无法理解了。还有企业与企业间的关系呢！各部门间的关系，两大部类间的关系呢！马克思说过，只有在个体小生产者的局部范围之内，每个小生产者可以用他的感官来觉察到这种生产关系。一到社会化资本主义企业时代，如果离开了簿记即账本，你就无法感受到每个企业内部以及它和国内外无数企业的千丝万缕的经济交往。而簿记账上记录的正是这些物（产品）的实物量或价值量，而尤以后者为重要。有的同志认为社会主义政治经济学可以离开物，即离开产品和商品来研究社会主义社会的生产关系，这正是马克思所说，是局限于家庭自然经济的小天地中的小生产者所看到的生产关系。我在前面讲到我国工农业比重时已经看到，他们还没有完全离开物，只是把物（工农业产品）的比价，用他们的杠杆稍稍拨弄一下，就把工业和农业之间比重关系，亦即生产关系的一个重要方面，完全搅混了。他们说社会主义社会中的生产关系，离开了物的关系即可以看个“一目了然”；可惜的是他们对自己说的话是什么意思都不大“一目了然”。

他们这种观点是从哪里来的？来自布哈林那里。布哈林认为在共产主义社会里，人们的生产关系像在原始公社部落那里那样，清澈见底，“一目了然”，所以那时就不再要用政治经济学这样一门专门科学来研究生产关系了。那时从政治经济学这门科学中保留下来的就只有政策汇编或生产力配置这类的东西了。列宁说：不对！例如到那时Ⅰ(v+m)和Ⅱc的比例关系，积累和消费的比例关系，等等，还是要研究的。

他们对商品拜物主义的认识也是片面的。商品拜物主义不是，或主要不是一个认识问题，而是指人们自己的相互关系，即生产关系以及他们自己所生产的物质财富，成了一种异化的，即独立于人们，而且反过来统治着人们的一种自发势力。先进阶级运用了马克思主义这个武器可以认识资本主义社会的生产关系实质，就是说，在认识上可以解决商品拜物主义这个谜，但是不推翻资本主义制度，不废除资本主义私有制，那么商品作为一种自发势力对社会的统治(包括对这先进阶级的统治在内)仍将存在着。

《(社会主义经济论)初稿的讨论意见和二稿的初步设想》中提出的那个社会主义政治经济学编写提纲，基本上反映了我的想法。但我现在设想的稿子已经有了很大的改变。这不仅因为自从1961年以来，11年间我的看法已经有了很大改变和发展，而且因为那个意见和设想是集体作品，多少有些折衷主义的东西在里面。

我现在设想的这部《社会主义经济论》共21章，其中有6章是比较专业性的问题（如商业和银行等），当初我只组织有关专业的同事去探索，我自己尚未进行任何研究。1964 年被撤职后就再无可能去研究了。因此，这 6 章我这一辈子是无法写的了。但社会主义政治经济学中主要的问题，我在 1964 年以前是亲自做了些调查研究的，1964 年以后仍环绕着这些问题读了些书，搜集过一些现成的资料。这些问题就是我从进监牢以后的第二天起，顺着上面所说的“过程法”的程序，一个一个问题地思索过，每月一遍。第一个月时我只想出七八章的七八十个小节，后来发展到 15 章 180 多个小节。到上月为止，我已把这些章节至少默念了三四十遍，最主要的章节已默念过 47 遍，所以动笔以后，写起来是比较快的。每小节以 2000 字左右到 3000 字计，约 36 万字到 50 万字。如果党中央能批准我把这稿在监牢里写出来，那么，估计二年至多二年半的时间内，我可以交卷。

如果不能批准我写出这部稿子，那么仍然请求你们给我以上所开列的马、恩、列、斯、毛的书读。我想多多地读些书，多学习，再想通一些社会主义政治经济学的问题。

1972 年 3 月 10 日

《社会主义经济论》提纲
（狱中腹稿的追忆稿）

（1975 年至 1976 年）

编者说明：这个提纲是孙冶方同志在“文化大革命”坐冤狱期间（从 1968 年 3 月到 1975 年 4 月）打了 85 遍腹稿（每月背诵一遍），并在出狱后于 1975—1976 年间追忆记录下来的。冶方同志 1979 年 9 月动手术后，对提纲曾作了一点文字修改并向我们口授了一些修改意见。冶方同志要我们说明：这个提纲是很不成熟的，有几章只有章名，还来不及研究包括哪些具体内容；同时由于他身体不好，记忆力衰退，致使有的追忆稿残缺不全。

第一章 导言

（一）政治经济学是研究生产关系的，但要密切联系着上层建筑和生产力来研究（毛泽东同志对苏联科学院经济研究所编写的那本教科书的批语就是如此说的）。恩格斯关于《政治经济学批判》一书书评中就指出：马克思第一个明确指出政治经济学研究的不是物，而是人和人之间的关系。归根到底是阶级和阶级之间的关系。毛泽东同志又告诉我们，研究任何事物必须联系着这一事物周围的其他事物来研究，孤立地研究是形而上学的方法。这是马克思主义者所一致公认的。但在理论上、原则上承认的东西，在实践中未必就如此做。

例如，经济管理体制是中央、地方和企业在再生产过程中的相互关系，是生产关系问题，是政治经济学的研究对象，但某些经济学家认为这是生产力组织学问题，或者是国家法制问题，总之，把这个问题逐出了政治经济学。但是另一方面，把社会主义政治经济学写得几乎像一本政治工作纲要，只有一些政治原则，而没有从生产关系的角度来论证这些原则。

至于联系着生产力来研究生产关系，问题就更多了。因为大家怕犯斯大林所批评的"生产力论"的错误。不少人便远离财经工作业务，远离生产力来研究生产关系。可是，另一方面往往又是这些经济学家（如下面第三章将说明的那样），由于他们否认价值范畴，就把部门之间的联系解释成仅仅是一种技术定额的问题——使用价值的关系。

因此，在导言中，首先要说说什么是生产关系，什么是生产力，为什么要研究生产关系,政治经济学和财经部门业务工作的关系,等等。

(二)什么是"生产关系",或何谓"生产关系"。

(三)生产关系的组成部分从驳鲁滨逊寓言说起。

马克思说:"人是最名副其实的社会动物,不仅是一种合群的动物,而且是只有在社会中才能独立的动物。"①

恩格斯说:"我们的猿类祖先是一种社会化的动物,人,一切动物中最社会化的动物……"②

生产关系的定义。

斯大林的定义:"政治经济学的对象是人们的生产关系,即经济关系。这里包括:(一)生产资料的所有制形式;(二)由此产生的各种不同社会集团在生产中的地位以及他们的相互关系,或如马克思所说的,'互相交换其活动';(三)完全以它们为转移的产品分配形式。这一切共同构成政治经济学的对象。"③

恩格斯的定义:"政治经济学,从最广的意义上说,是研究人类社会中支配物质生活资料的生产和交换的规律的科学。生产和交换是两种不同的职能。没有交换,生产也能进行;没有生产,交换——正因为它一开始就是产品的交换——便不能发生。这两种社会职能的每一种都处于多半是特殊的外界作用的影响之下,所以都有多半是它自己的特殊的规律。但是另一方面,这两种职能在每一瞬间都互相制约,并且互相影响,以致它们可以叫做经济曲线的横坐标和纵坐标。"④

① 《马克思恩格斯选集》第2卷,第87页。

② 《马克思恩格斯选集》第3卷,第510页。

③ 《苏联社会主义经济问题》,1961年版,第58页。

④ 《马克思恩格斯选集》第3卷,第186页。

（四）斯大林的定义同恩格斯的定义比较，有两点不同。

第一点不同是：斯大林的定义没有讲交换。从再生产观点来说，交换和分配是再生产的不可缺少的组成部分，故统称生产关系。恩格斯说："政治经济学作为一门研究人类各种社会进行生产和交换并相应地进行产品分配的条件和形式的科学。"①

第二点不同是：斯大林突出了所有制，在生产、交换、分配以外研究所有制。

恩格斯的定义中为何没有所有制。

马克思说："在这些关系之外，资产阶级所有制不过是形而上学的或法学的幻想。……蒲鲁东先生把所有制规定为独立的关系，就不只是犯了方法上的错误。"②

举例：印度的土地公社所有制情况。

（五）什么是"生产力"（何谓"生产力"）。

（1）生产水平（与生产效率同一含义，在德文原文以及其他西方文字中用单数）；

（2）生产力（指生产力诸因素，在德文原文以及其他西方文字中用复数）。

（六）两因素（劳动力、劳动工具）及三因素（劳动力、劳动工具、劳动对象）之争论。

（七）把人的因素和物的因素的关系列为政治经济学研究对象的提法是马克思主义毛泽东思想的提法。

有人反对人的因素和物的因素的提法，把这提法说成是反马克思主义的，并把坚持此提法说成是有意违抗领导。

马克思的提法：

---

① 《马克思恩格斯选集》第3卷，第189页。

② 《马克思恩格斯选集》第4卷，第324—325页。

（1）“既然生产的物的因素和人的因素是由商品构成的，资本家就得通过 $G—W<\begin{matrix}A\\Pm\end{matrix}$，通过货币资本到生产资本的转化，来完成这两个因素的结合。”①

（2）“不论生产的社会形式如何，劳动者和生产资料始终是生产的因素。但是，二者在彼此分离的情况下只在可能性上是生产的因素。凡要进行生产，就必须使它们结合起来。实行这种结合的特殊方式和方法，使社会结构区分为各个不同的经济时期。在当前考察的场合，自由工人和他的生产资料的分离，是既定的出发点，并且我们已经看到，二者在资本家手中是怎样和在什么条件下结合起来的——就是作为他的资本的生产的存在方式结合起来的。因此，形成商品的人的要素和物的要素这样结合起来一同进入的现实过程，即生产过程，本身就成为资本的一种职能，成为资本主义的生产过程。”②

人的因素和物的因素的几种说明：

（A）生产关系和生产力；

（B）活劳动和过去劳动；

（C）v 和 c。

科学分工变成生产力，生产关系和上层建筑的不断改进也变成生产力，但它们终究是不同的范畴。

（八）政治经济学为什么研究生产关系？……是为了研究生产关系与生产力的矛盾，使生产关系适合生产力。借口马克思对政治经济学的定义而离开生产力来研究生产关系是曲解马克思。

存在不存在生产力经济学？

① 《马克思恩格斯全集》第 24 卷，第 37 页。

② 同上书，第 44 页。

“学点政治经济学”——政治经济学的重要性。恩格斯说：无产阶级政党的“全部理论内容是从研究政治经济学产生的”。①

（九）政治经济学和实际工作，政治经济学和部门经济学。脱离实际的两种形式：

（1）不深入基层作调查研究；

（2）以为光在基层蹲点就能理解全局性的东西。毛泽东同志说：“学习战争全局的指导规律，是要用心去想一想才行的。”②

（十）政治经济学是一门历史科学。

恩格斯说：“人们在生产和交换时所处的条件，各个国家各不相同，而在每一个国家里，各个世代又各不相同。因此，政治经济学不可能对一切国家和一切历史时代都是一样的。”③

狭义政治经济学和广义政治经济学。每一个社会经济形态有自己的政治经济学。社会主义政治经济学。

（十一）社会主义社会和资本主义社会不同，无产阶级先夺取政权，然后才逐步改变生产关系。无产阶级专政问题。

（十二）改变生产关系（社会主义改造）的具体方式方法，因各个国家进行无产阶级革命所处的社会历史条件的不同而不同。主要是决定于革命前的社会经济形态、革命的性质和对象、同盟军等条件。苏联十月革命经验。中国革命经验。

中国的社会主义改造：

（1）原属帝国主义殖民主义者（分法西斯国家和同盟国）的企业的改造；

（2）官僚资本的企业的改造；

---

① 《马克思恩格斯选集》第2卷，第116页。

② 《毛泽东选集》1—4卷合订本，第161页。

③ 《马克思恩格斯选集》第3卷，第186页。

(3)民族资本的企业的改造;

(4)农业的改造(民主改革——土改——只作为社会主义改造的前提);

(5)手工业的社会主义改造;

(6)小商小贩的社会主义改造。——对小商贩的阶级成分的分析并指出这种人的两面性:劳动者和非劳动者。非生产性劳动者的一面,不是从物质生产过程中,而是从流通过程中获得收入;有业务经验,也有投机倒把的经验。商业人员思想改造的艰巨性。

(十三)国民经济社会主义改造问题只是社会主义生产关系产生的前提,还不是社会主义生产关系本身。这问题的研究很重要,尤其对社会主义革命还未取得胜利的国度。但这问题与其说是政治经济学的研究对象,毋宁说是政治学问题(革命的战略策略问题、革命对象、主力军、同盟军的问题),是历史科学的问题。对社会主义生产关系来说,是既存的事实,是一个已知数(уже данная ветлична);从理论上说:与其说是社会主义政治经济学的研究对象,毋宁说是资本主义政治经济学的研究对象。归根到底,《资本论》的任务就在于论证私有制,尤其是资本主义私有制没落和共产主义公有制兴起的必然性,剩下来的问题是革命的战略策略问题。

社会主义政治经济学以社会主义生产关系本身为其研究对象。

(十四)社会主义政治经济学所研究的主要矛盾是什么。毛泽东同志说:"科学研究的区分,就是根据科学对象所具有的特殊的矛盾性。因此,对于某一现象的领域所特有的某一种矛盾的研究,就构成某一门科学的对象。"①据此社会主义政治经济学所要研究

① 《毛泽东选集》1—4卷合订本,第284页。

的主要矛盾是什么？有人认为是生产力和生产关系、经济基础和上层建筑的矛盾。有人认为是阶级斗争。

这两种说法都有它的道理，也不矛盾。但都不全面。要注意，社会主义政治经济学是通过对经济的研究来阐明生产力和生产关系、上层建筑和经济基础这个基本矛盾的。同样，社会主义政治经济学是通过对生产关系的分析，通过分析经济来阐明阶级斗争的。如果离开了对经济、对生产关系的分析来谈论生产力和生产关系、上层建筑和经济基础的这个基本矛盾，那就变成了一本唯物史观概论；而且将是一本很不好的唯物史观概论。如果离开了对经济、对生产关系的分析来泛论阶级斗争，那就变成一本普通的政治课本，而且是一本很不好的政治课本。因此，社会主义政治经济学必须通过对生产关系的分析，通过经济分析来阐明生产力和生产关系、上层建筑和经济基础的基本矛盾，来阐明社会主义社会的阶级斗争。而所谓经济分析归根到底无非是研究如何以最小的劳动耗费得到最大的效果——使用价值。

（十五）政治和经济的关系。

认为"最小最大"违背政治与经济相比不能不占首位的原理，说什么靠算经济账算不过美国人，他们是用电子计算机算的，等等，这都是没有根据的。

要达到"最小最大"有两条路，二者均必须，二者互不排斥：一、通过采用先进科学技术，通过技术革新和技术革命；二、通过调动劳动者的积极性和创造性。通过这两条途径达到"最小最大"，并不违背政治与经济相比不能不占首位的原理。

毛泽东同志说："中国一切政党的政策及其实践在中国人民中所表现的作用的好坏、大小，归根到底，看它对于中国人民的生产力的发展是否有帮助及其帮助之大小,看它是束缚生产力的,还是解放生产力的。"①

列宁说:"政治是经济的集中表现。"

离开政治谈经济是不对的,但离开经济来空谈政治也是不对的。

为政治而政治是资产阶级的政客学。

所谓"经济政治学"帽子。"经济政治学"比"政治的政治学"稍胜一筹。

恩格斯说:"因此,在现代历史中至少已经证明:任何政治斗争都是阶级斗争,而任何争取解放的阶级斗争,尽管它必然地具有政治的形式(因为任何阶级斗争都是政治斗争),归根到底都是围绕着经济解放进行的。……国家、政治制度是从属的东西,而市民社会,经济关系的领域是决定性的因素。从传统的观点看来(这种观点也是黑格尔所尊崇的),国家是决定性的因素,市民社会是被国家决定的因素。"②

恩格斯在卡尔·马克思墓前演说:"人们首先必须吃、喝、住、穿,然后才能从事政治、科学、艺术、宗教等等;所以,直接的物质的生活资料的生产,因而一个民族或一个时代的一定的经济发展阶段,便构成为基础,人们的国家制度、法的观点、艺术以至宗教观念,就是从这个基础上发展起来的,因而,也必须由这个基础来解释。"③

(十六)政治经济学和哲学。

哲学的重要性。恩格斯说:"如果不是先有德国哲学,特别是黑格尔哲学,那么德国科学社会主义,即过去从来没有过的惟一的

① 《毛泽东选集》1—4卷合订本,第980页。

② 《马克思恩格斯选集》第4卷,第247页。

③ 《马克思恩格斯选集》第3卷,第574页。

科学社会主义,就决不可能创立。"①

政治经济学和哲学。恩格斯说:"一切社会变迁和政治变革的终极原因,不应当在人们的头脑中,在人们对永恒的真理和正义的日益增进的认识中去寻找,而应当在生产方式和交换方式的变更中去寻找;不应当在有关的时代的哲学中去寻找,而应当在有关的时代的经济学中去寻找。"②

(十七)所谓"抠字眼"。社会主义政治经济学"量"、"质"和"质量";"赢利"和"积累";"基本建设"和"扩大再生产";"资金"和"基金"。

不从本质上分清不同范畴、概念的界线,而去巧立名目,或如马克思所说"借更改名称以改变事物,乃是人类天赋的诡辩法!当直接利益十分冲动时,就寻找一个缝隙以便在传统的范围以内打破传统!"③这就是否定意义上的"抠字眼"。但如为了正确反映思想(或正确阐明概念范畴)而推敲用字,是应该的,尤其是科研工作的本分。这就是肯定意义上的"抠字眼"。

第一篇　生产过程篇

第二章　产品和商品

(一)社会主义政治经济学可否像马克思写《资本论》那样,从

① 《马克思恩格斯选集》第2卷,第300页。
② 《马克思恩格斯选集》第3卷,第307页。
③ 《马克思恩格斯选集》第4卷,第51—52页。

产品和商品讲起?

反对者的意见认为这是“生搬硬套”,认为资本主义社会是拜物主义社会。人与人的关系变成了物与物的关系,因此要通过对产品、商品的分析来研究人与人的生产关系。社会主义社会的生产关系是人们自觉地安排的,因此,不必拐弯抹角地通过对产品、商品的分析来研究生产关系。认为从产品、商品谈起会掩没阶级斗争。

先谈马克思是如何以及为何从产品、商品开始分析资本主义生产方式。

从商品、产品谈起,是从具体入手,还是从抽象(概念、范畴)入手?

(二)马克思《资本论》如何从产品、商品开始分析资本主义经济。

列宁说:“马克思在《资本论》中首先分析资产阶级社会(商品社会)里最简单、最普通、最基本、最常见、最平凡、碰到过亿万次的关系——商品交换。这一分析从这个最简单的现象中(从资产阶级社会的这个‘细胞’中)揭示出现代社会的一切矛盾(或一切矛盾的胚芽)。往后的叙述向我们表明这些矛盾和这个社会的发展,在这个社会的各个部分总和中的、从这个社会的开始到终结的发展(既是生长又是运动)。”①

叙述如何从商品二重性(以及劳动二重性)—货币—特殊商品劳动力的出现,剩余价值剥削—流通—剩余价值分配—进一步分析了资本主义经济的全部矛盾。

① 《列宁选集》第2卷,第712—713页。

（这一节着重阐明政治经济学诸范畴的逻辑联系。）

（三）商品矛盾的历史发展。

这一节着重从历史过程角度阐明政治经济学中诸范畴的联系。

逻辑过程和历史过程的统一。

价值形态的发展反映了社会历史的发展：

简单价值形态；

扩大价值形态；

一般价值形态；

货币价值形态。

因此，一个有趣的问题：商品在社会主义改造完成，私有制变成公有制后，是不是消失了，变成"产品了"？

（四）是产品还是商品，不能从作为一个使用价值的产品或商品本身看出来，而只能从产品或商品的交换关系中看出来。商品交换的基本特点：（1）私有制，因此交换中必然有所有权的转移；（2）无计划性。因为是受市场自发势力的规律所支配的。

驳有交换即有商品的论点。

共产主义社会不存在商品生产和商品交换。

从社会主义社会的几种交换关系中来辨别产品和商品。

马克思说："商品只有在它们是同一个社会单位的，即人类劳动的体现时，才具有价值，所以它们的价值是带有纯粹的社会的性质的；只要我们记住了这些，那么我们自然就会明白，价值也只有在一个商品同另一个商品的社会关系中才能表现出来。"①

（五）国营企业和国营企业间的交换关系是产品交换。因为既无所有权的转移，而且这种交换是按国家统一计划（包括地方国营

① 这是孙冶方同志从1952年俄文版转译的。参阅《马克思恩格斯全集》第23卷，第61页。——编者注

企业之间的交换)进行的。但这个产品不是原始氏族公社的产品,也不是个体生产者自产自用的产品。后者是自然经济的产品。国营企业间交换的产品是社会化大生产的产品,是对原始公社产品否定的否定。

(六)国营企业和集体所有制企业之间的交换。在正常情况下,这种交换也是在国家统一计划下进行的。这里交换双方都不是私有主,而是不同的公有制企业,交换中有所有权的转移。如果发生不等价交换就会出现无偿占有,或无偿剥夺(在国营企业之间如发生不等价交换,主要只影响核算和比例的问题,详见下章)。因此这种交换是商品交换,但这是一种新型的商品。

(七)集体所有制企业相互之间的交换。这种交换是商品交换,然而也是新型的商品。理由基本与上述同。

以上六七两种商品交换将随着集体所有制上升为全民所有制而消失。

(八)国营企业与职工或一般居民之间的交换,即国营商店的消费品商业。交换中有所有权的转移,然而基本上也是在国家统一领导下有计划地进行的。因此,具有商品交换的性质,然而是新型的商品,而不是资本主义式的商品。

这种形式的商品交换将一直延续到按劳分配全部为按需分配所代替而消失。

关于这一商品交换,有一个理论上的问题需解决,即:既是交换,则是相互的,国营商店以消费品卖给职工,职工是把自己的劳动提供给国家。如一方是商品,则另一方必然也是商品。如此说来,在社会主义社会,职工的劳动力也是商品了。

这种推论是错误的,详见我在1959年上海经济理论讨论会上的发言。

(九)集市贸易。有所有权转移。总的来说,也是在国家统一计划和监督下进行的,然而这种计划是间接的计划。这种计划性很差。集市贸易不是自由市场,应开放但必须管理。

(十)小结(上)。

(1)商品并不因为社会主义改造的成功,社会主义公有制生产关系的存在而立即消失。在社会主义社会既存在"产品",又存在商品。但社会主义社会的商品既不是资本主义商品,社会主义社会的产品也不是原始公社或(自给自足的)农民个体经济自产自销的产品。社会主义经济不是自然经济,而是历史上存在过的所有社会形态中最社会化的经济(是交换经济?)。

(2)社会主义商品不同于资本主义商品的特点:(A)除极小部分在集市上出售的自留地家庭副业产品外,均是公有制产品;(B)受计划领导,即使集市贸易也不是在自发势力控制下的。但这种控制主要靠经济控制,如果失去经济实力,光靠行政力量和思想教育是很少效力的。而且这种控制一旦被削弱时,有可能变成投机倒把的资本主义商品。

(3)社会主义产品不同于原始公社或个体经济的产品,不是闭关自守自给自足的产品,而是最社会化的产品。(是交换经济的产品?)

(4)社会主义社会的商品将长期存在:不同公有制经济相互间交换的商品将随集体所有制经济上升为全民所有制经济而消失,在集市贸易销售的自留地及家庭副业的产品也将随国营经济的繁荣、人民生活水平的提高日益减少其重要性,以至完全消失。只有消费品(零售商业)的商品形态的外壳将随着按劳分配过渡到按需

“分发”，才能消失。这后一种商品形态寿命最长，与社会主义社会共存亡。

（5）因此，社会主义产品、商品代替资本主义商品以及社会主义商品为社会主义产品所代替是社会主义与资本主义斗争以及社会主义本身不断提高以至逐渐发展为共产主义社会的过程，是革命，是充满着阶级斗争的漫长过程。

（十一）小结（下）。

由此回到本章初提出的问题：社会主义政治经济学能不能从产品和商品叙述起？答：非但没有掩饰阶级斗争，而且正是从阶级斗争最深刻的经济根源分析起。社会主义革命以及社会主义发展为共产主义，归根到底是为把资本主义商品转变为社会主义社会化大生产的产品、商品，以及将社会主义产品、商品提高为共产主义产品的长过程！

把商品拜物教仅看作主观认识是错误的。

通过产品、商品，通过经济过程来分析生产关系是客观法；所谓直接分析人们主动安排的生产关系是主观法。

看以下论点放在何处？

商品不能完全否定。例如，农业商品粮之增加是大家承认的大好事。

第三章　价值和价值规律

（一）社会主义社会和共产主义社会有没有价值这个范畴。价值规律是一切经济规律中最基本的规律。

为什么产品和商品能反映社会主义革命和建设的长过程。从作为使用价值的产品和商品是看不出来的。引马克思《资本论》有关话。由此必然产生的问题是社会主义社会的产品和商品的二重性问题，即有无价值和价值规律的问题。

问题的重要性：不论苏联社会主义建设史或中国社会主义建设史，每深入到社会主义经济的基本理论分析时，价值规律问题总是最后的争论焦点。

存在着两个极端：

一是有人总是从资本主义价值规律角度来强调它；

二是有人从自然经济角度来否认它。

必须阐明"有计划按比例"是价值规律所派生的，是"最小最大"法则的要求。

（二）马克思关于价值规律的学说：

（1）商品的二重性和劳动的二重性；

（2）社会平均必要劳动量决定商品价值；

（3）价值或价值规律的作用：

注意要从因果关系来叙述价值的产生，而不能用目的论的方法来叙述。从私有财产的产生来说明价值的起源，也不是为了起以下三种作用而主观发明了价值。价值是不以人们意志而存在的，而不是为了解决某一社会问题而发明出来的。

价值或价值规律的三种作用：

（A）由私有制和生产社会化的矛盾产生了商品的二重性，同时后者又解决了这个矛盾：私人的生产品和为别人的生产；为价值而生产，为别人而生产使用价值。（如何叙述，还要考虑。）

（B）调节生产。通过价格偏离价值调节生产，使资金从一个部门转移到另一个部门。（自发势力充分发挥了它的力量。）

（C）推进了社会生产力的发展。资本主义的历史作用。不是资本家（资本的人格化）有意识完成的。

（4）把价值规律的作用说成只是（B）一条，把价值规律说成只是资本主义自发势力的规律是错误的。

（三）根据马克思所分析的以上内容，在社会主义社会有没有价值范畴和价值规律了呢？

如只局限于以上（B）项内容，那就必然会说社会主义没有价值范畴和价值规律了。

但斯大林说，在社会主义仍然有价值规律（在某一意义上）。转述斯大林《苏联社会主义经济问题》有关章节。

因此，从斯大林的论述中看来，价值范畴和价值规律在社会主义社会之所以存在是由于在这里仍然有不同所有制，仍然有商品存在，从而是旧经济制度的遗迹。

因此，进一步的问题，从全民所有制内部相互关系来看，存在不存在价值范畴和价值规律？

从斯大林《苏联社会主义经济问题》一书看，可以得出结论，在全民所有制内部，价值关系是不存在的。进一步说，在共产主义社会，价值规律不再存在。

（四）在共产主义社会还有没有"价值"。

从斯大林的价值定义中发生一个问题：在集体所有制上升为全民所有制以后，甚至实行了"按需分配"之后还有没有"价值"呢？对于社会主义政治经济学的理论探讨，我认为这个问题更重要。

批判者认为：不从当前社会主义经济出发而从共产主义社会出发，这是典型的脱离实际。

对这个问题的回答:

(1)因为从防止不同所有制之间的无偿占有来谈"价值规律"之必要,则说明"价值规律"是暂时的,随社会主义经济的发展,"价值规律"会日趋消亡,而且由不等价交换产生的无偿占有不可以用别的途径来补偿。因此这个"价值规律"的作用和意义是递减性的。但如共产主义社会还存在"价值规律"则意义便大不同了。

(2)(A)马克思关于抽象法的教导,必须把事物放在纯粹条件下观察才能认清它的本质,"分析经济形式,既不能用显微镜,也不能用化学试剂。二者都必须用抽象力来代替"。①

(B)马克思说:"在一切社会形式中都有一种一定的生产决定其他一切生产的地位和影响,因而它的关系也决定其他一切关系的地位和影响。这是一种普照的光,它掩盖了一切其他色彩,改变着它们的特点。这是一种特殊的以太,它决定着它里面显露出来的一切存在的比重。"②

在社会主义社会中,全民所有制就是这种普照的阳光和以太。而在观察纯粹状态中的全民所有制时,就必须设想:

(A)集体所有制已完全上升为全民所有制;

(B)按劳分配已为"按需分配"所代替,从而已无商品。

(五)"自然经济论"者认为在共产主义社会,不再有"价值"和"价值规律",即是说从全民所有制生产关系内部来说,不再存在价值和"价值规律"。

他们的理由:

---

① 《马克思恩格斯全集》第23卷,第8页。

② 《马克思恩格斯全集》第46卷上册,第44页。

(1)马克思、恩格斯说过,到共产主义社会,不再表现为价值。"耗费在产品生产上的劳动,在这里也不表现为这些产品的价值"①,"直接的社会生产以及直接的分配排除一切商品交换,因而也排除产品向商品的转化(至少在公社内部)和随之而来的产品向价值的转化"。②

(2)资本主义是为价值而生产;社会主义是为使用价值而生产;或:为价值而生产是资本主义,为使用价值而生产是社会主义。

(3)价值规律不再起作用。

对理由(1),过去我曾有文章解答过,马克思恩格斯凡是讲到"表现为"或"不表现为"价值的时候,"价值"二字实际上是指"交换价值"。但人们说,或批判家说:我的解答是从"概念"到"概念"。因此,这个问题放在最后说。我们先从(2)、(3)回答起。

(六)如何理解资本主义是为"价值"生产,社会主义是为使用价值而生产,或"价值"和"使用价值"是产品、商品不可分割的两面。

为追求价值生产,不是不要使用价值,而是为了取得价值的最一般的形态——货币——以换取任何一种使用价值。

引马克思关于使用价值是价值的物质承担者的原话。

另一方面,社会主义是为使用价值生产;但不支出费用,不付劳动代价就不能取得任何有使用价值的劳动产品。要取得更多的使用价值就必须讲究节约费用,节约劳动,力求以最小费用取得最大最多的使用价值。

使用价值是目的,价值是手段、方法。毛泽东同志说:"我们不但要提出任务,而且要解决完成任务的方法问题。我们的任务是

① 《马克思恩格斯选集》第3卷,第10页。

② 同上书,第374—348页。

过河，但是没有桥或没有船就不能过。不解决桥或船的问题，过河就是一句空话。不解决方法问题，任务也只是瞎说一顿。”①只提出产品产量以至具体到品种规格越订越细，细到无微不至，但不讲价值就是瞎说一顿。我就是在这个意义上提出了要牵牛鼻子不要抬牛腿的问题。这就是解决“骡马大会”问题的关键所在。

“自然经济论”者说，节约劳动的规律不是价值规律。如他所说的劳动是指社会平均必要劳动，则仅是名词之争，我可以完全让步，叫什么不是重要的。但可惜，“自然经济论”者心目中所说的劳动是指具体劳动，节约具体劳动不是真正的节约劳动。

（七）没有价值观念、没有抽象劳动观念就不能真正节约劳动。

节约劳动包括活劳动和物化劳动两方面。现代农、工企业的产品又都是许多种，甚至几十种或上百种活的具体劳动（不同工种）的成果，所用原材料、机器设备、建筑材料来自国内外成百成千个企业的无数具体劳动的产品。这些不同的活劳动、不同的物化劳动是不可比的。节约了物化劳动就可能要多花活劳动。节约了这种原材料可能会增加另一种原材料。例如，土设备比洋设备便宜，质地差的原材料也比质地好的原材料便宜，但劳动生产率低，生产每个产品所花活劳动就多。最后，不论活劳动的节约或物化劳动的节约都是和劳动成果相比而谈的。否则，偷工减料都可以算作节约劳动，甚至干脆停工不生产也算节约劳动了。因此，劳动费用和劳动效果要能互相比较，活劳动和物化劳动，这种活劳动和那种活劳动，这种物化劳动和那种物化劳动要能互相比较就必须还原为抽象劳动，通过价值才能比较和计算。

① 《毛泽东选集》1—4 卷合订本，第 125 页。

（八）价值反映社会生产关系，使用价值只反映技术定额。

马克思告诉我们：不论是个别商品抑社会总产品都是由 c、v、m 三个部分组成。我们试以这三个组成部分的相互关系来说明本节标题所提出的问题。

c 与 v
- 从价值角度观察，指资金的有机构成。
- 从使用价值角度观察，指生产资料消耗和活劳动消耗的技术构成。

v 与 m
- 从价值角度观察，指必要产品价值和剩余产品价值关系。
- 从使用价值角度观察，指各种各样的消费资料，还有用来扩大再生产的各种物质资料。

（c + v）与 m
- 从价值角度观察，指成本和利润的关系。
- 从使用价值角度观察，指用来补偿已经消耗的物质财富和剩余产品的关系。

（九）价值规律在社会主义社会以至共产主义社会之下，仍继续起作用；不同的在于起作用的方式。

（十）如何理解马恩关于"……不再表现为价值"等话。

马克思、恩格斯所说劳动不再表现为价值，是指价值"形态"，指"交换价值"。

有人说：孙冶方的价值（指"形态"）好像是×××的服装：早上穿了人民装上办公室是国家干部；晚上穿了西装去政协礼堂，就是民主人士。

分清"价值"和"交换价值"这两个不同的概念是一件非常重要的事情。马克思说："以货币形式为其完成形态的价值形式，是极无内容和极其简单的。然而，两千多年来人类智慧在这方面进行探讨的努力，并未得到什么结果……在浅薄的人看来，分析这种形式好像是斤斤于一些琐事。这的确是琐事，但这是显微镜下的解剖所要做的那种琐事。”①

（十一）抽象劳动。

“自然经济论”者不承认社会主义社会有价值，也就不承认有抽象劳动。抽象和具体是矛盾的不可分的两面；无抽象也就无所谓具体。

“自然经济论”者曰，抽象劳动在社会主义社会只是一个生理学上的概念。这是典型的个体生产者的自然经济观。马克思批评斯密时说，只有美国高度发达的交易所经济中才能看出劳动的抽象性。抽象性指可比性。这话在社会主义计划经济中更适用：在国家计划的综合平衡表上，各行各业千万种活劳动和物化劳动的差别性都消失了（或在一定条件下，在可转移性或在可交流性中，这些差异都消失了……）。

不承认抽象劳动也就是不承认劳动的可比性。（或互相替代？）

对于抽象劳动之否定有关的，是对共性和人性一般的否定。关于共性和个性的问题，引马克思《导言》《生产一般和分配一般》一段。人性和阶级性问题上的形“左”实右思想，对人性一般的否定，引起了十年兽性大发作。

（十二）级差地租或级差收益问题。

增产不增收，这是第二种级差地租起作用，农产品价格不合理的结果。

（十三）小结。

（1）既有商品价值，也有产品价值。理由（或原因）是，全民所有制经济（或共产主义）不是自然经济而是交换经济。

---

① 《马克思恩格斯全集》第23卷，第7—8页。

(2)概括叙述社会主义社会的价值规律作用。

(3)社会主义社会产品、商品的价值不同于资本主义社会商品价值。

(4)因此必须正确计算产品的社会平均必要劳动量。

第四章　价格和价格政策

(一)前言。

前章有意识地不谈价格,因为不解答价值和价值规律的理论问题,就无从谈价格;但只谈价值理论而不谈价格,实际等于空谈。我们常说的按价值规律办事,归根到底讲的是定价原则:按价值定价,还是偏离价值定价。因为价值必须通过价格才能表现出来。

价值规律在资本主义社会和社会主义社会的不同作用。前者为了说明价格摆动的平均线,所以,《资本论》中没有关于价格的专门章节;后者为了解决定价原则,所以,社会主义政治经济学必须设价格的专门章节。

社会主义政治经济学中价值问题的争论,牵连到一切经济问题中最敏感的问题即价格政策,价格政策将影响工农关系,公私关系,影响国家财政收入,影响人民生活。

(二)为什么社会主义社会还有关于价格问题的争论?

否定价值的"自然经济论"者宣称在全民所有制和共产主义社会,劳动的社会性能够直接表现出来,而不再表现为价值。那么怎么还会有不同于价值的价格问题呢?

在社会主义社会，价格将是挂牌价值的别名，产品、商品价值是时刻在变动中，挂牌价值将经过一定时期后才变动。

奇怪的是，否定价值范畴的经济学家却是“价格不背离价值便无价格政策”的理论的拥护者。他们把所谓“直接表现”推到共产主义时代（理论上是高调），而认为目前则存在资本主义的残余痕迹——商品价值（现实是低调）。

（三）为什么在斯大林和毛泽东同志先后提倡价值规律和等价交换的原则之后，某些经济学者仍然否认价值，并认为等价交换不可能。或再论价值规律起作用的两种不同方式。

（1）他们或者公开否定实现等价交换的可能性，认为没有价格背离价值，就没有价格政策；没有财政收入。实行等价交换，就是否认价格政策。

（2）或者认为等价交换就是按等价格交换。

（3）所以经济研究所“四清”工作总结报告中甚至说，孙冶方“主张价格不背离价值的价值规律是荒天下之大唐”。

以上这些说法，证明“自然经济论”者心目中的价值规律，只是那种价格环绕价值摆动的资本主义商品价值规律。

（四）何谓比价。

金本位时无比价问题，废除金本位后才有比价问题。不合理的比价是资本主义社会的遗迹；比价不合理带来的恶果是对不计算社会平均必要劳动量的惩罚。

价格偏离价值后，增高部分从何而来，缺损部分往何而去。

价格偏离价值的结果混乱了部门比例关系，无法正确比较各部门的劳动成果。

(五)所谓"价格政策"举例:

(1)生产资料的价格应低于消费资料;

(2)支农产品价格应低于非支农产品;

(3)外销物资价格应低于内销价格;

(4)大众用品、医疗卫生用品、教育用品等一般消费品价格,特别应低于高级消费品。

提出上述价格政策的理由都不能成立。

(六)关键在于工农产品比价问题。

以上工业产品相互比价问题好解决,因这主要是全民所有制内部的问题,是同属国家的"两个口袋"之间的问题;关键在于工农产品比价问题,这是两种所有制之间的问题,涉及无偿占有问题。必须详论之。

(七)工农产品差价是历史遗留问题,解放后曾不断调整过,但仍有差价。有些人长期否认存在工农产品"剪刀差"问题,甚至曾经说,提工农产品"剪刀差"是孙冶方对党的政策的污蔑。

(八)存在不存在工农产品差价是很容易解决的问题,但由于一些人把这个问题划为"禁区",因而阻挠人们去研究和讨论。

客观事实证明:

重副轻农。搞拉脚。乡村人口向城市"倒流"。弃农经"商";"弃农做工"。

毛泽东同志说:"农民——这是中国工人的前身。将来还要有几千万农民进入城市,进入工厂。如果中国需要建设强大的民族工业,建设很多的近代的大城市,就要有一个变农村人口为城市人口的长过程。"①

① 《毛泽东选集》1—4 卷合订本,第 978 页。

（九）工农产品差价的害处。

（八九两节似可合并。）

（十）批判者的反驳（1）。

这不是工农产品的差价的问题，而是思想教育问题，是进行阶级斗争就可以解决的问题。

（十一）批判者的反驳（2）。

他们责问：农民应该不应该对国家、对社会主义建设有所贡献。

这是转移论题。不是要不要农民对国家有所贡献，而是如何要农民贡献的问题。是用直接税（农业税）形式，还是用所谓“价格杠杆”即间接税的问题。马克思主义一向反对间接税而赞成直接税。间接税的害处：

（A）抽税对象没有针对性；

（B）通过农产品压价征税，则交售越多负税也越多。既不公平也影响生产积极性；

（C）通过工业品提价征税，则消费越多负担也越大。烟酒专卖含有限售之意。

（十二）把价格杠杆改为直接税可以完全不影响财政收入，也不增加农民的负担。

例如，假定原来某一生产单位，每年向国家缴公粮（农业税）100 万斤；征购任务 900 万斤，两者合计 1000 万斤。为计算方便起见，又假定粮食实际价值每斤 2 角，征购价格定为 1 角，900 万斤共付征购款 90 万元，低于价值 90 万元，等于国家通过价格杠杆（即用间接税方式）再向生产单位征收 450 万斤公粮。换言之，生产单位实际上对国家的贡献（或农民的实际负担）是 550 万斤粮食，价值（按社会平均必要劳动计算的实际价值）110 万元。现在假定国家规定的粮食征购价格和生产粮食所花费的社会平均必要劳动相符,即每斤价格由 1 角提高到 2 角。但是在提高粮食价格的同时,提高公粮(直接税)的征收任务,即从 100 万斤增加到 550 万斤,减少征购任务,即从 900 万斤减为 450 万斤。

经过这样的改革之后,从经济运动的实际来说,没有任何变动:国家从这一生产单位所取得的商品粮仍是 1000 万斤,国家支付给这个生产单位的钱也仍然是 90 万元。但是在这 1000 万斤商品粮中,公粮部分从 100 万斤增加到 550 万斤了;征购部分从 900 万斤减少到 450 万斤了。这 90 万元粮食征购款中,以前是 900 万斤粮食的价格,现在只是 450 万斤粮食的价格。变化了的只是这 1000万斤中划分为公粮和征购粮的比例以及 90 万元征购款所代表的粮食数目。一句话,变化了的只是计账方法。这不也是“脱裤子放屁”——多此一举,甚至是自找麻烦,毫无意义吗?

不,此举意义甚大:

(1)促进了农民的生产积极性:农民的税收负担固定了。在公粮任务不变的条件下,生产队增产的每一斤粮食,其价值全部都归生产队所得,而以前则是每增产一斤粮食,多负担一毛钱的税收。

(2)农产品按价值定价之后,工农产品差价,农副产品差价不再存在。不再存在有利无利和利大利小的问题,种植计划容易落实。

(十三)农产品提价是不是必然要提高职工生活费、降低生活水平。

不!可以有几种办法:

(1)销售价格不动——购销价格倒挂;

(2)按比例提高工资。

(十四)“一目了然的事”变得很不了然。

工农产品差价的存在,混乱了国民经济的比例关系。……农业提供的财政收入，在账面上只有10%左右，歪曲了农民的劳动贡献。根据测算，按国际市场差价算，农民对国家的贡献，最低要占国家财政收入的30%—40%，把负担的方法（直接税、间接税）曲解成了农民要不要负担的问题——可见自称社会主义生产关系一目了然，实则很不了然。

（十五）价格与价值相符的价格政策是最正确的政策。

第五章 货币、劳动券

（一）马克思货币学说概说。

（二）“人民币”是不是货币。货币不是为了解决物物交换困难而由某一位圣贤发明出来的一种技术手段，而是商品价值的最发达的形态，是生产社会化和私人占有这一矛盾发展的结果。货币是私有制生产关系的反映，从生产关系来说，社会主义公有制是同私有制截然不同的东西。因此“人民币”不是货币而是劳动券。

（三）“稳定物价”和人民币作为劳动时间的尺度。

（四）“人民币”作为流通手段。

（五）“人民币”作为支付手段。（?）

（六）“人民币”作为贮藏手段。

（七）“人民币”的黄金储备问题。作为“劳动券”，即不作为价值表现形态，没有黄金储备之必要，但作为“货币”的残余，在国际贸易中必须有黄金储备。

（附注：这一章第一节及其余各节中有关马克思货币学说概述，必须重温《资本论》及《剩余价值学说史》有关部分。）

第六章　劳动和劳动调配

(一)社会主义社会大旗上的第一句口号是"各尽所能"。这与共产主义社会大旗上的第一句口号是相同的。但"各尽所能"这个口号在社会主义社会和共产主义社会中,具体的涵义是不同的。在社会主义社会,这意味着:

(1)对每一公民而言,有劳动的权利,然而这还不是生活的必需,而只是指一方面是对社会的义务,另方面又是谋生的手段(从就业意义而言);

(2)对被推翻的剥削者而言,有劳动义务,不准不劳而获;

(3)社会必须有计划地合理地调配自己的劳动力。要歌颂劳动是生活必需! 各尽所能在共产主义时代的含义。

人是最宝贵的生产力。一切财富均由人创造。社会主义制度优越性就在于能充分发挥劳动力(人的因素)这一最宝贵的生产力。

在本节要再提及人的因素和物的因素的问题。

社会劳动分工问题。随着社会主义经济的发展,社会分工也要发展,但是把人束缚在某种固定职业岗位上的现象将逐渐消失。同时,从事物质生产的人员在社会劳动者中的比重将降低;非物质生产人员的比重将提高。

(二)中国从解放每个城市的第一天起,就迅速地安插了所有的失业工人。这是连共产党的政敌也是佩服的。

例:解放初京津沪等大城市失业人数及解放初安排就业的经过。

反面教材,"文化大革命"后却出现了大批待业人员。

(三)安排就业(劳动工作)的一个更艰巨的经常性的任务——安排每年到达劳动年龄的青年就业。

解放初期人口自然增长率为2.2%—2.5%，到50年代末60年代初已届劳动年龄者，每年有6亿×2.2%=1320万人，需要安排工作。等于一个捷克斯洛伐克的人口，或50年代英、法等国的工人总数。捷克总人口1955年1315.7万人，英国职工人数1951年1980.1万人。

在计划生育有了成绩，人口自然增长率逐年降低之后，以至停止增长之后，这个安排就业的任务是会逐年减轻以至消失的。

（四）马克思说："一切节约归根到底都是时间的节约。……社会必须合理地分配自己的时间，才能实现符合社会全部需要的生产。"①在工业化时代这首先就是提高农业劳动生产率，变农村人口为城市人口。这是直到共产主义社会永远存在的任务。

毛泽东同志在《论联合政府》中说"农民——这是中国工人的前身。将来还要有几千万农民进入城市，进入工厂。如果中国需要建设强大的民族工业，建设很多的近代的大城市，就要有一个变农村人口为城市人口的长过程。"②

引世界几个重要国度中一个农业劳动者养活的人数，比如美国。

大概在1959年、1960年之前，大批农民涌进城市，城市人口增长过快，这是造成三年大困难的主观原因之一。自1961年之后，城市进行紧缩，开始了一个变城市人口为农村人口的相反过程。经过调整之后，工业又向前迈进了，速度也不慢，但自1961年（?）以来，变城市人口为农村人口的倒流过程仍未停止。这说明城市还不能给予适龄劳动者以职业，而需要农村来给予这部分人解决职业问题。但是从长远来说，不改变这个变城市人口为农村人口

① 《马克思恩格斯全集》第46卷上册，第120页。

② 《毛泽东选集》1—4卷合订本，第978页。

的倒流过程为"变农村人口为城市人口的长过程",中国社会主义建设的一个基本问题,是仍然没有解决的。这里有不少问题需要解决,如如何贯彻大中小并举、土洋并举,等等。

(五)为要完成以上任务,关键在于如何以更高速度发展工业。

为说明这个问题,先说为什么在提倡上山下乡的岁月中,农业不仅吸收了农村本身的增长人口,而且还吸收了城市中的增长人口。

即不是变农村人口为城市人口的过程,而是变城市人口为农村人口的过程了。或为什么在城市不能充分吸收本身自然增值的劳动力的时候,乡村为何反能吸收上山下乡的"知青"。

原因一:农业不仅可向广度发展,而且也可向深度发展——"精耕细作"("集约性农业")。

原因二:农业有机构成低。每一个劳力的资金装备(c)在工农业中高低悬殊。

下乡锻炼和去农村插队要分开。"上山下乡",实际上变成了安排城市多余劳动力的手段。失信于民,向农民嘴里挖饭吃。

(六)何谓"资金"。

如果就"抠字眼"而言——"资金"比"资本"更"资本主义"化。

资金的两种分类法:

(1)c 和 v 之分。

(2)流动和固定之分。(固定资金的重要性,见第八章)

以每一产品中所含的 c 而论,c 中的流动部分比重大,但从每一企业的总投资而论,或从装备每一劳动力所需资金而论,固定部分比重大。

(七)什么是"固定资金"。

"固定资金"即机器、房屋建筑等,即劳动工具(房屋附属于工具)。建筑物主要是为设备(工具)而存在,甚至成为设备的附属物(现代电厂的资料)。其特点是它的价值是逐步转移入产品的。

劳动工具(固定资金)和劳动力安排的矛盾关系:——工具越现代化,劳动生产率越高,但占有资金越多,即活劳动和物化劳动(积累的劳动,死劳动,过去的劳动)的比例中后者越多,在一定的财力情况下社会所能安排的就业人数就越少。

有关劳动工具的说明见《资本论》第一卷第三篇第五章。①

因此,既要顾及现代化(现代设备),顾及劳动生产率,又要顾及安排更多的人就业。或在逐步提高劳动生产率的条件下,如何尽量多安排就业。(此段意思亦可放在下一节讲)

这节要翻阅马克思有关资本有机构成学说和有关"固定资金"、"流动资金"的解释以及在这个问题上对资产阶级经济学者的批评,并作概括介绍。

(八)生产工具和劳动力安排的矛盾在中国以及在一般发展中国家的具体表现及其解决办法。

为了赶超世界先进水平,新建企业必须尽可能拥有最现代化的技术设备,就是说资金有机构成必然高,从而每一个劳动力所需资金装配必多,在有限的资金情况下,能安排的劳动力或就业总人数必少。

因此,毛泽东同志的一整套两条腿走路的方针——中央与地方并举,大、中、小并举和土洋并举——是正确的,既符合中国实际情况,又符合马克思主义政治经济学原理。

这一节还要再提人的因素和物的因素的关系问题。三个并举

---

① 参阅《马克思恩格斯全集》第23卷,第203—204页。

都是发扬我之特长——人的因素的优势。

（九）列宁说：任何真理只要稍稍过了头，便会变成谬论。[1] 破坏一个好的政策莫过于执行过头。土洋结合变成越土越好。大中小结合变成越小越好。中央与地方结合，变成了地方主义自发势力大泛滥。

反对过头不是折衷主义，而是按客观规律办事。

界线：有机构成降低必然使劳动生产率降低，在一定限度内这是可以的，甚至让$\frac{m}{v}$上的比例略低也是可以的。但$\frac{m}{c+v}$不能降低。因采取土洋结合（以及大中小结合）是由于缺乏资金；但$\frac{m}{c+v}$减少便意味着资金积累降低。

用公式及理论证明：$\frac{\text{产品}}{\text{劳力人数}}$及$\frac{m}{v}$降低情况下，$\frac{m}{c+v}$增加之可能性。用“人海”战术来补偿。

（十）由此得出的技术政策：应使增加产量的技术革新比之节约活劳动的技术革新处于优先地位。在资金有限，上述两种技术革新不可兼得的情况下，应先采用前一种技术革新。一个企业，一个部门以至整个国民经济都是这样。

在资金（物化劳动）充裕，活劳动缺乏，节约起来的劳力可立即投入其他企业，不存在就业问题的条件下，上述两种技术革新均是提高劳动生产率，具有同等意义，甚至节约活劳动的技术革新应优先采用。反之，则为了安置节约起来的劳动力，还要新的投资，否则节约起来的劳力就要被闲置起来了。

（十一）节制生育和计划生育。——概括地批判马尔萨斯主义人口论。批马尔萨斯主义人口论不能否定节制生育和计划生

① 参阅《列宁全集》第31卷，第85页。

育，理由之一是：新一代劳动力的资金装备量必须较上一代更多。不仅从使用价值说抑从价值说，都需要有更多的劳动工具装备。

（十二）劳动日的长短。恩格斯说："只有通过大工业所达到的生产力的大大提高，才有可能把劳动无例外地分配于一切社会成员，从而把每个人的劳动时间大大缩短，使一切人都有足够的自由时间来参加社会的理论和实际的公共事务。"①在那个时候，劳动日缩短，科学、文学、艺术的研究和社会公职（包括政府领导工作）将成为每一公民从事物质生产任务完成之后的活动，及社会服务工作。

（参阅《反杜林论》第二篇第四章，《马克思恩格斯选集》第3卷第221页关于脑力劳动和体力劳动的对立的起源所说的一段话。）

（十三）劳动力分配的组织工作。

提高劳动生产率和劳动分配的组织工作，是每一企业以及部门不可分割的工作任务，但是，社会还必须有专业的劳动分配组织（它在社会主义社会同时也是工资管理机构）。它是否作为计划机关的一个部门存在，抑独立的部门存在可研究。

在社会主义社会初期，劳动分配工作的中心（或困难）工作是安排就业；到后期，中心工作或困难将可能是节约劳动力（寻找劳动力来源）。在城乡和工农差别消灭之后，困难的工作将不是动员"上山下乡"，而是动员进工矿。直接与阳光和新鲜空气接触的劳动，直接在大自然中的劳动，这总是人们所乐于接受的。

---

① 《马克思恩格斯选集》第3卷，第221页。

第七章　劳动报酬

(一)社会主义社会大旗上的第二句口号是“按劳分配”或“按劳付酬”或“各取所值”。这和共产主义社会第二句口号“按需分配”或“各取所需”不同。“分配”译文与马克思原话不甚符合。在共产主义社会既充分满足需要,那已非原来意义的“分配”。“各取”一词已将主语谓语倒置,亦非原意。

对照德原文及英俄等译文。

分配的重要性,分配变质会使整个生产关系变质。从所有制本身是看不出什么名堂的。

为什么社会主义社会和共产主义社会在这第二句口号上有此差异,主要的甚至可以说唯一的原因,是生产力发展不足或社会产品尚未极大丰富。

认为是由于人民觉悟程度不高决定按劳分配,那是精神贵族们的观点。

设想生产已充分发展以致可充分满足需要还有可能觉悟不高吗?即使有这种情况何不先予后教。

工资政策的问题。

(1)工资水平低。

(2)平均主义,比如:吃“大锅饭”,不同地区的工资类别已不反映实际情况。

(3)工种差别可否以补贴形式解决为好。

(二)“按劳分配”或“按劳给酬”是资产阶级法权。但这是没有资产阶级的资产阶级法权,是社会主义分配方式,而不是资产阶级分配方式。把“按劳分配”说成是资本主义社会分配方式是不对的；但不承认资产阶级法权的残余存在也是不对的。

（三）“按劳分配”的理论根据是马克思关于简单劳动和复杂劳动的学说。

但如何度量劳动复杂程度，不能用尺量用秤称。只能制定科学的定额和通过民主评定。客观标准是差距不能大于旧社会。差距只能逐步（随着生产力的发展）缩小，不能扩大。

（四）调整工资。生产长一寸，福利长一分，或长二分、三分；但无论如何必须低于劳动生产率的增长。剩余下的产品，或为社会生产的产品，用于（1）扩大再生产，即真正的积累；（2）用于日益扩大的广义的服务行业，主要是科、文、教、卫。

（五）工资形式（1）——计时工资。

（六）工资形式（2）——计件工资和定额管理。

（七）奖金和各种补贴——是工资的第三种形式，是v。

（八）按功分配和共产主义思想教育。

第八章　企业和企业管理

（一）前言。

企业管理是不是政治经济学的研究对象。“自然经济论”者认为这不是政治经济学的研究对象。他们认为，政治经济学研究企业管理是不务正业，理由：企业管理对象有二：

（1）对人的管理；

（2）对物的管理。

对人的管理是思想教育问题，而这不是政治经济学的研究对象;对物的管理是工程技术经济的问题,也不是政治经济学的研究对象。(要研究一下资产阶级经济学者中研究企管的人,如乌尔等对此问题如何看法。)

有人认为,企业管理问题是法学问题,法学应该研究这个问题,但它首先是政治经济学研究的问题。从经济关系上加以研究清楚,才能通过法的形式肯定下来。李富春同志要求政治经济学研究企业管理。

“自然经济论”者的观点,与把一切对人的管理看作“管、卡、压”而加以排斥的无政府主义者有思想上的一致性。

“自然经济论”者的错误:对人的管理不仅只是思想政治教育工作问题而且有体制问题,即人与人在生产过程中的关系问题(例:中央与省市地方当局,企业领导与科室人员、车间领导,干部与群众,车间与车间,上一工序与下一工序)。我们对这个问题的研究,不在太具体化(“部门经济学”化),而在太不深入了。

此外,即以对物的管理而论,也不仅是一个工程技术经济学问题,而且是过去的物化的劳动和活劳动的关系问题,仍然是人与人的关系问题。

为什么《资本论》中没有企业管理这一章?

(二)企业管理的基本原则:民主集中制,“群言堂”,群众当家做主。一言以蔽之,发扬群众积极性,实行劳动创造财富的原则。本书只详谈政治工作教科书以外的管理问题。

(三)什么是企业?企业与事业单位的分别何在?

企业是对盈亏完全负责的独立经济核算单位。

(四)独立经济核算的目的是什么?

是节约?又对又不对。事业单位和家庭都要讲节约,但企业讲节约是“最小最大”。节约抽象劳动。

（五）固定“资金”核算。再提固定资金的重要性。从数量说，从性质说——技术和劳动生产率的物质基础。

要说明固定资金核算，先从第一个五年计划时期的固定资金管理制度的几个特点说起。这些特点总起来说，是从爱惜成了“溺爱”。

（六）旧固定资金管理制度特点之一是无偿使用（基本上）。只算折旧费，而且折旧期限长〔见（九）节〕。

（七）旧固定资金管理制度特点之二是：固定资金管理分彻底更新——重建或基建（后者常与扩大再生产混淆。详见再生产章）和大中小修理。对重建，企业无权过问。大修理必须按原样复制，必须遵守“不增值、不变形、不移地”的原则。

（八）旧固定资金管理制度特点之三：机修队伍庞大。所谓“白手起家”和自己装备，实际上是动用 m（动用 m 与下节所说“吃老本”同时存在）。

（九）旧固定资金管理制度特点之四：折旧不算精神磨损，折旧期限长，折旧费低，折旧基金上缴财政收入形成吃老本（双重意义的吃老本——折旧基金上缴和折旧期长）。

（十）“固定资金管理”小结——固定“资金”管理的正确办法，必须反其道而行之。

“固定资金”管理中的错误，是“自然经济论”者否认“价值规律”的必然产物；是只见使用价值，不见价值的必然结论；是不承认经济效果的必然结果。

（十一）流动资金的管理。用资金利润率的原则来管理流动资金。

（十二）简单再生产和扩大再生产的“杠杠”。企业管理中的重要一条是 m 中的绝大部分必须上缴（与“工资”章有关奖金一节相呼应）。

(十三)本章小结。(?)

国家管好企业必须有一个符合客观经济规律的管理体制和科学的组织形式。发挥干部、群众、技术人员积极性,不断改进技术,求得以最小费用取得最大效果,正因为如列宁所说政治是经济的集中表现,所以它必须最集中地反映经济利益,而不是相反。毛泽东同志在《论联合政府》中也有类似的论述。

第九章　生产价格问题

(一)如果"价值规律"在斯大林以前还曾有人承认在社会主义社会仍起作用,则"生产价格"在社会主义社会是否起作用的问题,在斯大林以前似从未听说有人承认过,在斯大林去世以后也只是极少人提出过。但是一切符合客观真理、客观规律的思想不论受到多大压制,它迟早是要出现的。

(二)概述马克思关于资本主义生产价格的理论——这是资本主义自发势力的产物,自由竞争的产物。

(三)"生产价格"在中国第一次提出不是在理论界,而是在实际工作中,是在讨论重工业产品价格要不要降低的争论中,是在资金利润率抑是成本利润率的争论中,因为按成本利润率计算,重工业产品利大价高,要降价;而按资金利润率计算,利润和价格都不高,没有必要降价。

(四)"生产价格"在中国的第二次提出,是在国际论坛已出现关于这一问题的争论之后,在讨论投资效果的计算方法时提出的。有人主张用投资回收期作为评价投资效果的综合指标,而投资回收期就是资金利润率的倒数，这实际上就是承认了“生产价格”。

（五）反对社会主义社会有“生产价格”的理由（1）——马克思主义政治经济学认为财富是由劳动创造的，不是由“资金”（生产资料）创造的。我的答复是：生产资料，特别“固定资金”可以提高劳动的生产效率，使劳动多生产财富。

（六）反对社会主义社会有“生产价格”的理由（2）——各部门投资多少由社会对各种产品需求决定，而各种产品的使用价值是不可比较的，因此，它们的投资效果，它们的劳动生产率也是不可比较的。我的答复是：使用价值本身不可比较，但增长速度可比较。

（七）反对社会主义社会有“生产价格”的理由（3）——生产价格是资本主义、修正主义思想。我的答复是：生产价格是社会主义社会化大生产的必然产物。

（八）本章小结。再次正面阐述社会主义社会中为什么会存在“生产价格”。

第二篇　流通过程篇

第十章　流通概论

（一）前言。

为什么不先谈全社会的总生产过程，而先研究流通过程。流通过程的重要性。恩格斯《反杜林论》关于流通重要性的论述。

社会主义政治经济学中关于有无流通过程问题的争论。

（二）资本主义流通的概述，何谓流通。物物交换为何不叫流通。封建文人和小农小生产者是高利贷商业资本的受害者，因而最讨厌流通。

(三)社会主义社会可否没有流通。设想没有流通的局面。

(四)社会主义流通会不会必然导致资本主义。

(五)结论:社会主义社会必然存在流通过程。

(六)关于对"流通决定论"的批判,或流通和生产的关系(与第一节如何配合,要注意)。流通对生产的促进作用和组织作用。

(七)银行在流通中的作用,或银行为什么放在流通过程中研究。

(八)研究流通如何着手或流通按甲、乙部类来分类,抑按所有制来分类。

第十一章　企业资金的循环和周转(可否分开写,待研究)

概述马克思关于资金循环和周转的学说。

等量资金(体现为一定物化劳动和活劳动)的周转速度不同,其经济效果也不同,加速资金周转与减少生产过程中的劳动消耗,这是同等意义的问题。

流通费用及其补偿。

流通资金的垫支量。

社会主义社会中的实现问题。

第十二章　全民所有制企业相互间的交换

这种交换的实质和特点。

生产资料产品流通的特点和物资供应体制。

合理组织物资流通的途径。

等价补偿。

第十三章　全民所有制和集体所有制之间的交换，集体所有制各单位相互间的交换

这种交换的实质和特点。

农村经济的发展，工农产品的等价交换。

不同所有者之间的利益关系，等价交换原则。

第十四章　全民所有制对居民的交换（国营零售商业）

这种交换的实质和特点。

商业在社会再生产中的地位。

供求关系。

商业利润和工商关系问题。

还有各种具体的商业购销形式。

第十五章　集市贸易

集市贸易存在的必然性和它的经济内容。

随着社会主义经济发展,它的前景。

科学的集市管理。

第十六章 银行

银行在社会主义计划经济中的作用。

银行作为簿记中心,对社会经济活动起监督作用;银行作为金融中心,集中和运用货币资金,鼓励和限制各项事业的发展。

银行还是对外经济的外汇结算中心。

第三篇 全社会的总生产过程篇

第十七章 全社会的总生产过程和综合平衡或社会再生产和综合平衡

(一)前言。

各种产品之间在一定的有效的需求水平下,总有一定的比例,在资本主义社会如此,在社会主义社会也如此。区别不在要不要这种比例,而在如何达到这种比例。前者通过竞争,按自发势力的经济规律行事。社会主义社会通过统计和计划来自觉地安排这种比例。本章任务在于探求实现这一比例的客观规律。

在这一章开头还应说一说这一篇与前两篇,特别是与第一篇的差别。

（二）先讲几个名词或概念（上）——生产和再生产。

（三）先讲几个名词或概念（下）——简单再生产和扩大再生产。

（四）马克思资本主义再生产规律概述。

社会主义社会是否还要遵守Ⅰ（v+m）=Ⅱc这一规律？答复是肯定的。变化只在m不归资本家所有（但曾有定息赎买）。庞大国家机构和文教卫生机构的维持及全部非生产人员的生活费仍需在m中支出。说明马克思把资本主义社会一切上层建筑开支（包括其中固定资金在内）均归入资本家对m的消费之内。对这个问题在社会主义社会需要专论。

平衡和不平衡的关系，如何理解平衡是相对的，不平衡是绝对的。——这一思想放在下面（五）节谈，抑放在（六）节谈，抑以下某一节谈？

（五）假定如某些人所说甲乙部类之间可按计划自由调拨，不必遵守Ⅰ（v+m）=Ⅱc的规律，将发生何种现象。

（六）社会主义社会的社会公共消费的平衡规律，包括职工生活从Ⅱm开支。“固定资产”（包括国防建筑、武器等等在内）从Ⅰm开支。

《资本论》中ⅡB是资产阶级的奢侈品；在社会主义社会将无高级消费品与一般（大众）消费品之间的绝对界线。一般消费者将能逐步享受高级消费品。

《社会主义经济论》中的ⅡB指社会公共消费品。

（七）在必须严格遵守Ⅰ（v+m）=Ⅱc（及有关社会公共消费平衡的补充在内）的条件下，计划经济的“自由王国”的表现何在（或主观能动性表现何在）：

（1）m的增产。

(2)积累和消费的分配。

(3)大中小,土洋,中央地方三个并举的具体化。前二者表现为c和v的调剂。

(八)上面说的甲乙部类之按比例规律既然如此重要,但在实际计划编制工作中不统计和编制甲乙部类比例,而只统计和编制部门之间的比例关系,原因:(1)甲、乙部类的比例〔Ⅰ(v+m)=Ⅱ〕计算有困难——但这非主要原因;(2)国家必须知道每一大类甚至每一种重要产品每年以至每日每周的计划完成情况,而知道各种重要产品和部门的比例,就可以推算出两大部类的比例。

Ⅰ(v+m)=Ⅱc要求不变;而部门间的比例则经常在变。

(九)部门间比例经常变的原因很多:有社会的原因,有技术的和自然界的原因;有主观的原因,也有客观的原因。

计划的任务在于及时保持平衡,由不平衡达到平衡。

(十)棋盘平衡表是统计和计划部门比例关系的好方法。

棋盘平衡表解决的是生产资料的平衡问题。消费品平衡在此表只有一行,由商业部门负责。ⅡB社会公共消费品中的一部分由军事部门负责。

(十一)关于简单再生产和扩大再生产的问题。

(1)长期根本方针和过渡办法:

(A)为什么要划分简单再生产和扩大再生产,或划分简单再生产和扩大再生产对计划、对经营管理的意义。总的来说是为了解决经济上的民主集中制问题。

(甲)取第一个五年计划的秩序和集中领导,而去其过多过死和对各级及广大群众积极性的束缚。

(乙)取第二个五年计划的积极性,而去其乱,去其盲目自发性。

（丙）使经济工作，使农工商事业能讲实效，讲经济效果。

（丁）减少扯皮，把精力用到工作上去。

（戊）解决对固定资产的欠账问题。（第二个五年计划的问题一在乱；二在把干劲用之于无效劳动了。）

（己）避免人为切断生产过程的连续性。

（B）简单再生产和扩大再生产按实物量划分，抑按资金量划分的问题；即按使用价值划分抑按价值量划分的问题，——这是马克思在《资本论》中没有提出的问题。

（C）利润指标。

（2）基本是两点为主：（A）明确责任制，把简单再生产范围以内的事交给企业去办，调动企业和劳动者的积极性；（B）减少扯皮。

第十八章　地区平衡

（一）汉语中"平衡"一词的两种含义：

（1）是指财政收支、商品的供应和需求、货物进出口、投入（投资）和产出（产量）是否相抵消，有盈余抑有亏损之意，这就是簿记中的贷借对照表、资产负债表和国家计划工作的国民经济平衡表等等所表述的那个含义上的平衡或不平衡，也就是指收支、进出、资产和负债是否相抵消或相抵之后是盈是亏的意思。欧洲语言用法为 balance，balance 表。

（2）是指发展的水平和速度问题。

在研究甲乙部类之间和部门之间的平衡的时候，主要是指前一意义，虽然在那里也涉及发展水平和发展速度问题，因二者不可分。

但在地区平衡这一章中:主要是指发展的水平和速度;虽然有时也谈到前一意义的平衡,如在研究地区之间的物资调拨等时。

(二)地区间的发展水平和速度,自古以来总是不平衡的,如上古之逐水草而居、后世之水陆交通要冲和内地;近世之沿海与内地,等等。

地区平衡。地区平衡有两类问题:一是某些落后地区的提高劳动生产率,也就是如何提高内地的农业、手工业的劳动生产率以及发展近代工业的问题。因此,以上所说发展经济的一般法则也适用于这一类地区的经济平衡。另一类问题是未开发地区的开发问题。

先谈前一类的地区平衡问题。

(三)这一类地区(内地)发展平衡中的特殊问题,适用政治经济学中一般法则,但另有一些特殊问题要解决:

(1)发展什么工业?——按本地资源情况和国家需要解决之。

(2)由哪一级办,多大规模。

(3)老工业区和农业区的关系。

(4)地方积极性和上级的领导。

(四)未垦区的开垦问题或边疆的开发问题。

(五)何谓完整的国民经济体系。

(六)归根结底要尊重价值规律,用最小的劳动消耗去取得最大的经济效果。

第十九章　国民收入的生产和分配

(一)何谓国民收入。资产阶级经济学者和马克思主义经济学者的不同计算方法。

（二）物质生产部门和非物质生产部门的划分。国民收入是物质生产部门生产的，上层建筑领域和服务行业不生产国民收入。

（三）国民收入（用不变价格计算）是使用价值概念，而不是价值概念。货币只是计算的工具。

（四）国民收入的初次分配——c、v、m。积累和消费的关系。积累率的确定。

（五）m的再分配。

（六）v（包括m中用于公务人员开支的，社员分配收入等，即相当于v部分）的再分配。

服务行业是自负盈亏的单位，它的发展应只受v的再分配的限制，限制城市发展不应约束服务行业。

（七）财政机关是掌管国民收入分配和再分配的机关。把财政机关仅看作税收机关，认为没有了不同所有制就不会再存在财政部门的说法是错误的。

（八）到共产主义社会实行"按需分配"时，就不再有现在意义的分配，即消费品的"分配"，而只有消费品的"分发"。这时财政机关将消失。那时只剩下生产资料的分配，那将是计划部门和物资部门的工作，而不是现今意义的财政工作。

第二十章　对外贸易

（一）社会主义国家为什么要搞对外贸易，是不是工业不发达时的暂时措施；赶上或超过世界先进水平，完全工业化后是否可以不搞对外贸易(特别是中国这样一个大国)。

为什么对外贸易不放在流通篇讲。

(二)社会主义国家同资本主义国家的对外贸易。

(三)社会主义国家相互间的对外贸易。

(四)外贸的货币和商品价格问题。〔此节是否放在(二)(三)节讲。〕

(五)全世界实现共产主义后,外贸将成为世界共产主义社会的各地区之间的产品交换或劳动交换问题。

第二十一章　财政、物资、信贷、外汇和它们之间的综合平衡

第四篇　消费篇

第二十二章　消费——个人消费、集体消费和社会公共消费

引列宁《伟大的创举》一文中关于家务劳动使妇女愚钝卑贱的一段。①

在资本主义条件下,消费只是劳动力再生产的条件之一,所以《资本论》中不设专门的章节。在社会主义条件下,消费具有了生产目的的独立意义,所以要以专篇加以论述。

① 《列宁选集》第4卷,第18页。

以家庭为单位的个人消费和以住宅区公寓大楼为单位的集体消费。

第二十三章　经济管理体制改革

国民经济管理体制改革的核心是正确处理国家集中领导和企业独立经营的关系。

第二十四章　结束语

（一）列宁说："劳动生产率，归根到底是保证新社会制度胜利的最重要最主要的东西。"①

（二）毛泽东同志说："中国一切政党的政策及其实践在中国人民中所表现的作用的好坏、大小，归根到底，看它对于中国人民的生产力的发展是否有帮助及其帮助之大小，看它是束缚生产力的，还是解放生产力的。"②

"解放中国人民的生产力，使之获得充分发展的可能性，有待于新民主主义的政治条件在全中国境内的实现。"③

（三）以上二条归根到底说的是生产力发展水平问题。但只要速度快，水平就能赶上并超过发达国家。因此，速度是决定一切

① 《列宁选集》第4卷，第16页。
② 《毛泽东选集》1—4卷合订本，第980页。
③ 同上书，第982页。

的。但速度快只能靠提高劳动生产率提高经济效果来实现,而不能靠压低人民消费水平来实现。

(四)任务是艰巨的,必须全力以赴。

(五)批判。

(1)这是不要“世界共产主义革命”的说法。

社会主义革命取得胜利的国度如何支援世界革命。

(A)经验介绍;

(B)物质的支援;

(C)榜样性的,或样板性或示范性的。

更重要是后者,如果我们以极大牺牲换得的革命胜利,在解放生产力这一点上只比过去半殖民地、半封建略好,只比资本主义国家略好,则人们会说,社会主义制度是好,但就是代价太大了,不能吸引人。

(2)这是唯生产力论。

(此节在导言中说过,在这里是否重复,或仅作为承上启下的一段:用调整改革上层建筑及生产关系来促进生产力就不是唯生产力论。以社会主义政治经济学而论,则必须做到下面四条。)

(六)概括复述直接生产过程中,根据生产力发展的要求,调整生产关系的要点。

(七)概括复述流通过程和社会总生产过程中根据生产力发展的要求,调整生产关系的要点。

(八)马克思说:“时间的节约,以及劳动时间在不同的生产部门之间有计划的分配,在共同生产的基础上仍然是首要的经济规律。这甚至在更加高得多的程度上成为规律。”①

① 《马克思恩格斯全集》第46卷上册,第120页。

（九）坚持马克思主义政治经济学也是从上层建筑、意识形态方面来促进生产力发展的不可分割的一个部分。

第二十五章　附录——社会主义政治经济学的历史

社会主义政治经济学的几个理论问题

——1978年7月在北京大学经济系的学术报告

我今天来到北大经济系感到十分高兴，就几个问题和大家谈谈，交换意见，这真是班门弄斧。

我准备扼要地谈以下九个问题：

一、政治经济学的重要性。

二、什么是生产关系？

三、什么是生产力？

四、关于科学是生产力的问题。

五、应该按照怎样的体系研究社会主义政治经济学。

六、要理直气壮地抓社会主义企业的利润。

七、商品、货币、按劳分配是不是产生新生资产阶级的原因？

八、政治和经济的关系。

九、“四人帮”既是资本主义的复辟派，又是封建法西斯行帮。

我同意大胆地放，现在有些人还心有余悸，怕挨批。过去报纸上对我进行了三次批判，我还是坚持我的意见。有的人说我顽固，有的人同我划清界线。我过去有说得不恰当、不完全的地方，有机会想说得全面一些。过去“四人帮”对我栽赃陷害。现在我可以放心地坚持下去了。这里要谈的问题有许多是我20年以前提出的。现在还可以展开辩论、批判。我不认为自己讲得都对。可是现在有的人是只欢迎批评，不欢迎批判，一说批判就不得了，其实批判和批评是一回事,俄文中是一个词。所以我欢迎批判。批判对的我欢迎,批判不对的应该允许我回嘴。进行学术争鸣、展开讨论是有好处的。下面回到正题。

一、政治经济学的重要性

自然科学有基础理论,这就是数、理、化。兰州大学有一位教师提出社会科学也有基础理论,这就是政治经济学。我同意这种意见。

马克思主义有三个组成部分,哲学,正如毛泽东同志所说,它是关于自然知识和社会知识的概括和总结。科学社会主义是结论。政治经济学是社会科学的基础。因为政治经济学是研究社会发展规律的。恩格斯曾经指出:无产阶级政党的“全部理论内容是从研究政治经济学产生的……”①恩格斯在《反杜林论》第三编第二章“理论”中,对这些问题作了很深入的分析。还要指出,研究政治经济学要懂点自然科学;反过来说,研究自然科学,也要懂点政治经济学。有的自然科学家有发明,但不考虑经济效果,所以有的用不上。学政治经济学的也要懂得起码的数、理、化。有的学校把经济系的数学课取消了。于光远同志说,现在西方经济学有些论文我们有的人看不懂。对于资产阶级数理经济学派,我们批他们是对的,因为他们想要用数学方法解决资本主义无法解决的矛盾。列昂节夫原来是俄国人,跑到德国去了,现在美国,搞数理经济学。

① 《马克思恩格斯选集》第2卷,第116页。

过去我常引别人的话说,政治经济学是党纲的理论基础。[1] 我们制度政策、路线的理论依据就是政治经济学。因为在革命中,首先要分清谁是朋友、谁是敌人的问题。还有,革命的领导权问题。1921 年,我国的无产阶级只有百把万人,解放初是千把万人。但她是领导我国革命取得胜利的领导阶级。农民数量那么多,为什么不是领导阶级呢,这是由经济地位决定的。分析这些问题离开政治经济学是不行的。

二、什么是生产关系

这有两个定义。即恩格斯的定义和斯大林的定义。

恩格斯指出:“政治经济学,从最广的意义上说,是研究人类社会中支配物质生活资料的生产和交换的规律的科学。”恩格斯还指出:“政治经济学作为一门研究人类各种社会进行生产和交换并相应地进行产品分配的条件和形式的科学,——这样广义的政治经济学尚有待于创造。”[2]很明显,恩格斯讲的生产关系包括生产、交换、分配三个方面。但这也是马克思同意的定义。

斯大林的定义是:“政治经济学的对象是人们的生产关系,即经济关系。这里包括:(一)生产资料的所有制形式;(二)由此产

① 1959 年冬天,刘少奇同志带领一些同志在南方谈政治经济学(社会主义部分)发表了许多精辟的意见,回京后又在 12 月 14 日找了一些搞经济理论工作的同志到他家,谈对政治经济学(社会主义部分)研究的意见,这句话就是刘少奇同志在这次谈话中说的。——编者注

② 《马克思恩格斯选集》第 3 卷,第 186、189 页。

生的各种不同社会集团在生产中的地位以及他们的相互关系，或如马克思所说的‘互相交换其活动’；（三）完全以它们为转移的产品分配形式。这一切共同构成政治经济学的对象。”①可以看出：斯大林的定义中没有交换，而多了一个所有制。斯大林说他把交换放进去了，我认为没有放进去。斯大林为什么不讲交换呢？他辩解说，因为人们一般指的交换只是商品交换。恩格斯曾经批判了杜林否认流通的观点。恩格斯说：“杜林先生把生产和流通这两个虽然互相制约但是本质上不同的过程混为一谈，并且泰然自若地断言，排除这种混乱只能‘产生混乱’，他这样做只不过是证明，他不知道或不懂得正是流通在最近50年来所经历的巨大发展；他书中以下的内容也证实了这一点。还不止于此。他既然把生产和交换干脆笼统地称为生产，他也就把分配放在生产旁边，作为同第一个过程毫不相干的、完全处于局外的第二个过程。”②

不重视交换，否认流通，带来的后果是很不好的。从50年代起，我们搞了“骡马大会”（也就是物资分配会），这使得采购员满天飞。苏联也有这个问题，是骡马大会和满天飞相结合，50年代我去莫斯科，看到计委门口排着很长的队在争物资，当时是由中校军官来维持秩序的。

国营经济和集体经济之间的交换，是个工农关系问题。不实行等价交换，不建立符合客观经济规律的流通体制，就会出很多问题。

所有制，财产，英文是两个字，意思不同。俄文是一个字，德文

① 《苏联社会主义经济问题》，1961年版，第58页。

② 《马克思恩格斯选集》第3卷，第193页。

是一个字，但有两个意思。其实，财产关系，所有制关系只不过是生产关系的法律用语。马克思在一封信中指出："最后，所有制形成蒲鲁东先生的体系中的最后一个范畴。在现实世界中，情形恰恰相反：分工和蒲鲁东先生的所有其他范畴是总合起来构成现在称之为所有制的社会关系；在这些关系之外，资产阶级所有制不过是形而上学的或法学的幻想。"马克思接着指出："蒲鲁东先生把所有制规定为独立的关系，就不只是犯了方法上的错误：他清楚地表明自己没有理解把资产阶级生产所具有的各种形式结合起来的联系，他不懂得一定时代中生产所具有的各种形式的历史的和暂时的性质。"①马克思还在《哲学的贫困》中指出："在每个历史时代中所有权以各种不同的方式、在完全不同的社会关系下面发展着。因此，给资产阶级的所有权下定义不外是把资产阶级生产的全部社会关系描述一番。"②根据以上的分析，我不同意在生产关系之外研究所有制问题。因为这不仅是个方法问题。

那么，恩格斯是否轻视所有制问题呢？完全不是。相反地，是非常重视所有制的。《共产党宣言》中指出："从这个意义上说，共产党人可以用一句话把自己的理论概括起来：消灭私有制。"③《资本论》第一卷中，也讲到所有制的问题。马克思、恩格斯认为所有制问题是关键问题。

什么是奴隶社会？什么是封建社会？首先是政治经济学问题。马克思在《资本论》中曾讲到亚细亚，特别是印度的公社所有制形式，在那里，土地是村社公有的。恩格斯曾讥讽英国的某些法学家要在

---

① 《马克思恩格斯选集》第4卷，第324、325页。

② 《马克思恩格斯选集》第1卷，第144页。

③ 同上书，第265页。

那里找到“谁是土地所有者”，但是没有找到，因为那里没有土地私有者。所以，不在于有没有土地私有权问题，而在于有没有剥削关系。历史学家往往对古董研究得很仔细，但在理论上则欠缺。比如：郭沫若同志从《春秋》中发现“初税亩”三个字，就断定这是由公田制向私田制发生了转变，从而作为奴隶社会和封建社会划分的标志。但政治经济学理论说明，土地所有制本身是不能作为这种划分的标志的。南斯拉夫农业中单干的多，但是生产发展却比较快。

在生产关系的两个定义中，我同意恩格斯的定义。当然，斯大林在《苏联社会主义经济问题》一书中提出要重视客观经济规律，特别要重视价值规律，起的作用还是很大的。

三、什么是生产力

在这个问题上，斯大林和马克思、恩格斯也有不同的地方。马克思在《资本论》第一卷第五章第一节中指出：“劳动过程的简单要素是：有目的的活动或劳动本身，劳动对象和劳动资料。”[①]马克思讲的是生产力三要素。王学文同志是坚持生产力三要素的。

斯大林在《论辩证唯物主义和历史唯物主义》中指出：“用来生产物质资料的生产工具，以及有一定的生产经验和劳动技能来使用生产工具、实现物质资料生产的人，——所有这些因素共同构成社会的生产力。”[②]在这里，斯大林讲的是生产力两个要素。苏联钢

① 《马克思恩格斯全集》第23卷，第202页。

② 《斯大林选集》下卷，第442页。

的生产虽然超过了美国，但工程塑料的生产却很落后，1 吨合成材料等于 6 吨钢材。美国以平均年产 1200 万吨合成材料计算，可代替钢材 7000 万吨使用量，再加上钢产量，美国可达 2 亿吨，而按同样方法计算，苏联却只有 1.7 亿吨，所以，美国还是超过了苏联的生产能力。劳动手段的革命很重要。但是，劳动对象的革命也很重要。我们要宣传生产力三要素论，这不仅是政治经济学的理论问题，也是国民经济建设中的重要实际问题，甚至可以说，是有关人类经济发展前途的大问题。

所以，生产力三要素论、二要素论不只是一个概念之争的问题。生产力三要素中，不仅生产工具要革命，原材料也要革命。

四、关于科学是生产力的问题

陈景润讲过这样的话：掌握基本概念是学好数学的捷径。学政治经济学也是这样。马克思讲的是生产力三要素，那么，科学是不是生产力的第四个要素呢？马克思是十分重视科学的。在《资本论》中，马克思讲过：蒸汽、水不花资本家一个钱，而资本家大得其利。科学同自然力一样，被资产阶级利用。资本家像吞并别人的劳动一样吞并别人的科学研究成果。我们社会主义国家搞科学花了许多钱，而有时却让资产阶级得利。科学是可以变为生产力的，但不是生产力的第四个要素。科学首先是通过技术人员、劳动者在利用设备的过程中提高生产力；通过工具的改良提高生产力；通过提高原材料的质量提高生产力。所以，科学表现为生产力，是通过人、机器、原材料来提高生产力的。

五、应该按照怎样的体系研究社会主义政治经济学

马克思的研究方法是从具体到抽象。表达方法是从抽象到具体。《资本论》开头讲商品不是具体的商品，是抽象的东西。社会主义政治经济学研究的是社会主义生产关系，是人与人在社会主义生产过程、流通过程中的关系。50年代末期，我想写一本社会主义政治经济学的著作，这个著作是按经济发展的客观过程写的：生产过程—流通过程—全社会总的生产过程（包括分配、再分配）。这种写法当时虽有争论，但争论不大。但是还没有写出，就挨批判了。我还是顽固地坚持这个观点。反对我的观点的同志说资本主义是商品拜物教的社会，人与人的关系变成了物与物的关系，所以，可以从商品开始写起。但是，社会主义生产是直接由我们自觉安排的，人与人的关系可以直接认识到，因此不能像我说的那样写法。其实，在我们社会主义国家，一机部的机器同农民的农产品交换，是工农之间的交换关系。相互之间不仅是实物替换，同时还有一个价值补偿问题。因此，我们要研究人和物的关系。恩格斯指出："经济学所研究的不是物，而是人和人之间的关系，归根到底是阶级和阶级之间的关系；可是这些关系总是同物结合着，并且作为物出现。"[①]我不同意那种认为研究社会主义经济从产品分析开始，就不容易说明社会主义生产关系的观点。布哈林曾经讲过：社会主义社会没有政治经济学了。列宁讲：不对，到了共产主义，生产还有两个部类的问题，还有积累与消费的关系问题。离开"物"讲

① 《马克思恩格斯选集》第2卷，第123页。

生产关系是讲不清楚的。资本主义社会是商品关系,社会主义和共产主义社会是有计划的产品交换关系。当然,原始社会的产品也叫产品,共产主义社会的产品是比原始社会更高级的产品。斯大林主要讲产品与商品的差别。我同意斯大林关于国营企业之间交换的产品不是商品的观点。有人认为研究社会主义经济从产品开始是把关于资本主义经济的研究方法生搬硬套。对苏联的政治经济学教科书,毛泽东同志讲:没有内在联系,没有真正分析客观生产过程。

研究的顺序应当是:商品(价值、使用价值)—产品。并且要把社会主义生产关系抽象化(纯化)。我认为,研究社会主义经济要从纯粹的社会主义全民所有制生产关系开始。这是最本质的关系。研究全民所有制内部的交换,再研究全民同集体的交换以及国营商业、合作社同个人之间的交换。先研究生产中的关系,再研究流通中的关系,再研究生产和交换的总过程。

我们还是要搬马克思的研究方法。马克思是:产品—商品,把商品作为研究资本主义生产关系的出发点。我是商品—产品,把产品作为研究社会主义生产关系的出发点。产品有二重性:使用价值和价值。生产产品的劳动也有二重性:具体劳动和抽象劳动。我们要把千差万别的具体劳动加以比较,这就需要以社会平均必要劳动为尺度,因此,到共产主义社会还存在价值规律。但这个价值规律不是在市场中自发起作用的那个价值规律。恩格斯在《反杜林论》中讲,未来的产品不表现为价值。这是指"交换价值",不是该商品通过别的商品表现为价值,而是直接表现。在共产主义阶段,产品价值的实体还是存在的,但这是通过统计可以捉摸出来的,而不再通过自由市场实现。产品交换还得讲等价。将来节约劳动时间的价值规律还有，共产主义社会计算得就更精确了。未来计算价值实体的社会必要劳动就更重要了。只有按照这样的思路编写出政治经济学社会主义部分，才不是政策汇编了。商品有价值，产品有没有价值？社会平均必要劳动还要不要？这些都是很重要的问题。

我提出过，政治经济学要研究人与物的关系。后来挨批判了。《资本论》第二卷中，很多地方讲生产中人与物的关系。在资本主义社会中，劳动力成为商品，出卖给资本家，才能同生产资料结合。那么，人的因素、物的因素如何结合呢？这得很好地研究。那时有的人说我的研究方法是反马克思主义的，并且还说我有意顽抗。人究竟如何同过去创造的产品相结合，得很好地研究。南斯拉夫农业中单干的占85%，这问题应研究一下。过去把人们之间的生产关系看窄了，证明了离开物的关系研究人的关系是说不清楚的。

六、要理直气壮地抓社会主义企业的利润

江青1975年在“农业学大寨”会议上说：孙冶方比利别尔曼还利别尔曼，比利润挂帅还利润挂帅。有的人对利润和积累都分不清。其实降低成本和增加利润这是同义语，成本低了利润就多。什么是利润？W＝(c＋v)＋m，m作为商品或产品(W)价值中超过成本(c＋v)的余额就表现为利润。斯大林说在社会主义社会，“必要劳动”和“剩余劳动”这些范畴都不能用了。只能用“为自己的劳动”、“为社会的劳动”。许多人怕提利润。我们为什么要搞共产主

义？是为了使人民的生活过得更好，有更多的时间从事学习。所以，劳动时间要慢慢地缩短。这些只有通过发展生产、增加利润、增加积累才能达到。李富春同志曾给过我有关文章看，我并不同意利别尔曼的所有观点。但不能因为批判他，我们连利润也不要了。我们的利润连一个铜板都不能少。毛泽东同志在郑州会议上批判了不要商品生产、否认价值规律的观点。这种观点曾使我们的生产在几年中受到很大损失。这个问题，毛泽东同志在七千人大会上又讲过一次。但“文化大革命”中间又批判利润，把利润批臭了。企业增加了利润，财务科长就像做了亏心的事，要不就只能做不能说。这样财政部门如何收得上利润！这个问题应从理论上说清楚。社会主义利润同资本主义利润相比，有三点不同：第一，阶级本质不同。资本主义利润是资本家对工人的剥削；社会主义利润是工人为社会生产的产品，是工人对国家、对社会所作的贡献。第二，生产的目的不同。资本主义社会是为了利润本身，不是为了使用价值，不是为了满足人民的需要；社会主义增加生产、增加利润，目的是满足人民的需要，是使用价值。这就要讲究经济核算。成本降低了，利润增加，这是好事。第三，取得利润的方法不同。资本主义是通过投机倒把、无政府状况取得的；我们是通过有计划发展生产取得的。只要价格符合价值（生产价格），而且遵守计划和合同，那么，企业对国家提供的利润越多就越好。我为什么不赞成利别尔曼的观点呢？因为苏联的价格不合理。企业投资由国家定。所以，利润的多少不能代表企业的主观努力程度。要按资金利润率向国家上缴利润。斯大林在写《苏联社会主义经济问题》以前，价格规律问题是个禁区，被认为是资本主义的经济规律。以后人们又这样看利润。我认为，订价格时，要按资金利润率算，把客观因素去掉，使利润的多少能反映主观努力程度。1963 年 9 月,我给中央写了个报告,提出要提高利润指标在计划经济管理体制中的地位。陈伯达因此说我鼓吹利润挂帅,从 1964 年起就批我,到现在十多年了。这个问题还没有搞清楚,我希望对这个问题真正开展百家争鸣。

在 1963 年那个"报告"中,我主张利润一个不留,全部上缴,这是错误的。但如果企业中工人的奖金占利润的 10%—20%,则太多了,我到现在还不赞成。

七、商品、货币、按劳分配是不是产生新生资产阶级的原因?

不是。上海永安公司有一个塔是传家宝,但被陈阿大拿走了。陈阿大的工资只有 46 元!这些新剥削分子的产生已远远超出了经济原因,而是用窃取的权力侵吞国家资财。在社会主义制度下,商品、货币从形式上说同旧社会差不多,如货币可以用来买东西。不仅形式上差不多,而且有些作用也差不多。但是本质不同,因为它反映的生产关系不同。所以不会产生新资产阶级。但货币会给贪污盗窃行为以很大的方便。

八、政治和经济的关系

政治要为生产、为业务服务。什么地方出了问题,政治工作马上要做到那里去。什么地方有困难,政治要先行。但政治工作不是空的。政治工作是擦屁股工作。我的文章提出政治为生产服务,有人就问是不是挂帅的要为生产服务?其实,这个问题,毛泽东同志在《论联合政府》中早就说过了:“中国一切政党的政策及其实践在中国人民中所表现的作用的好坏、大小,归根到底,看它对于中国人民的生产力的发展是否有帮助及其帮助之大小,看它是束缚生产力的,还是解放生产力的。”①

要从长期的、全局的观点看发展经济的意义。列宁讲过,政治是经济的集中表现。我理解政治不能为政治服务。为政治而政治是有的。如“四人帮”的篡权政治,过去叫政客政治。元帅就是应当为士兵服务。为政治而政治是政客学。对这问题我是大胆地放,也请同志们大胆地批。

社会主义基本矛盾是生产力和生产关系的矛盾、经济基础和上层建筑的矛盾。它们之间是既相适应又相矛盾,适应是基本的,但不能不看到还有矛盾的一面,不能睡大觉。

九、“四人帮”既是资本主义的复辟派,又是封建法西斯行帮

“四人帮”横行时期,浙江的温州、福建的晋江等地方,出现了许多资本主义的东西。“四人帮”是青红帮一类的。不仅如此,“四人帮”横行时期,有的地方还倒退到封建主义。毛泽东同志讲过,中国如果发生复辟,就会复辟到半殖民地、半封建社会。这个预见看来是讲对了。

① 《毛泽东选集》1—4 卷合订本,第980 页。

“五四”时期，提出“德先生”、“赛先生”的问题（即科学和民主），北大是走在前边的。但是经过这么多年，这两个问题看来得补课。民主革命在我们这一代有些还没有完成。毛泽东同志在七千人大会强调了发扬民主的问题。我们国家进行了社会主义革命，但要看到我们缺少资本主义生产的基础，也缺少民主的传统和锻炼。小资产阶级意识多，是各种机会主义产生的原因，也是林彪、“四人帮”钻空子的一个原因。“四人帮”横行时，资产阶级的意识、小资产阶级的意识、封建阶级的意识混合在一起毒害我们。

所以，在社会主义革命中，我们还要把民主革命中的德、赛二先生请出来。

“四人帮”说学习《资本论》是马尾巴的功能，这是胡说八道。我上面讲的，如有不对的地方，请同志们批判。谢谢大家。

《社会主义经济论》导言(大纲)

(1983年2月5日)

本导言主要讨论政治经济学的对象、方法和社会主义生产关系产生的特点等问题。这些都不属于对社会主义经济过程本身的分析研究。

政治经济学是社会科学中争论最多的一门学科。原因是:它不仅直接涉及不同社会集团的物质利益,而且由于实践经验不足,认识不够。因此,这门学科更需要贯彻执行“百家争鸣”的方针。

一、政治经济学的研究对象

政治经济学的研究对象是人们在生产过程中的相互关系,即生产关系。研究生产关系必须密切联系生产力和上层建筑,这是大家公认的。但是实际上有不同的理解,并且存在着这样一些错误倾向:

有的经济学家认为,经济管理体制仅仅是国家法制问题,或者是生产力组织学的研究对象,把它排除在政治经济学的大门之外。而有些社会主义政治经济学著作又被写成几乎像政治工作纲要。这两种似乎相反的做法有时甚至出自同一个经济学家。

有的经济学家远离生产力来研究生产关系，可是又否认价值范畴，把国民经济各部门之间的联系仅仅看作使用价值的关系，即技术定额的关系，把政治经济学变成了地地道道的“生产力学”。

二、什么是生产关系

许多资产阶级经济学者都从孤立的个人出发来研究经济现象。如同马克思所说的那样，连斯密和李嘉图也免不了玩弄“鲁滨逊故事”。①

马克思和恩格斯批判了这种思想，强调指出人是最名副其实的社会动物，是一切动物中最社会化的动物。②

在经济学界，从孤立的个人出发，从个人的主观愿望出发来考察社会主义经济现象的“鲁滨逊故事”，并不罕见。例如，有人以封建士大夫的清高思想，来设想社会主义的经济生活，反对任何交换，讳言商品，讳言价值和价值规律，幻想倒退到陶渊明式的桃花源生活中去。这是一种对文明的反动。同时，又有人把资产阶级社会中彼此孤立、相互竞争的商品生产者理想化。

人们并不是各自孤立地进行生产，而是结合在一定的关系中进行生产的（商品交换仅仅是这种结合的一种形式）。人们在生产中所结成的这种关系就是生产关系。马克思的《〈政治经济学批

① 参阅《马克思恩格斯选集》第2卷，第86页。
② 参阅《马克思恩格斯选集》第3卷，第510页。

判〉序言》对生产关系的作用作了经典性的阐述。后来,恩格斯在《反杜林论》中对生产关系包括哪些内容又作了全面的表述。

三、生产关系包括哪些组成部分

恩格斯在《反杜林论》中指出:政治经济学是“一门研究人类各种社会进行生产和交换并相应地进行产品分配的条件和形式的科学”。① 这就是说,政治经济学所研究的生产关系应该包括生产、交换和分配三个方面。由于交换和分配都是社会再生产过程中的环节,所以,交换和分配过程中人与人之间的关系又与直接生产过程中人与人之间的关系并立,统称为生产关系。

斯大林在《苏联社会主义经济问题》一书中对生产关系提出了另外一个定义:“政治经济学的对象是人们的生产关系,即经济关系。这里包括:(一)生产资料的所有制形式;(二)由此产生的各种不同社会集团在生产中的地位以及他们的相互关系,或如马克思所说的,‘互相交换其活动’;(三)完全以它们为转移的产品分配形式。这一切共同构成政治经济学的对象。”②

这两个定义有两个不同点:第一,恩格斯的定义中没有“所有制形式”;第二,斯大林否认独立于直接生产过程之外的交换,即流通。我们先从两个定义中的第二个不同点谈起。

① 《马克思恩格斯选集》第3卷,第189页。

② 《苏联社会主义经济问题》,1961年版,第58页。

马克思和恩格斯都很重视交换和交换的总和——流通。他们在《共产党宣言》中，甚至把交换方式同生产方式相并列，作为决定每一个时代的社会结构的重要因素。

杜林也否认独立于生产过程之外的交换过程。恩格斯在《反杜林论》中批判杜林的时候说："生产和交换是两种不同的职能。"又说："这两种社会职能的每一种都处于多半是特殊的外界作用的影响之下，所以都有多半是它自己的特殊的规律。"①

恩格斯认为杜林之所以否认独立于生产过程之外的交换过程或流通过程，"……只不过是证明，他不知道或不懂得正是流通在最近50年来所经历的巨大发展"。②

如果说，恩格斯写《反杜林论》以前的50年流通中所经历的变化是巨大的，那么在社会主义社会建立了全民所有制经济和集体所有制经济以后，流通过程所经历的变化就更大了。

社会主义经济是社会化程度更高的经济，它要求有更发达、更大规模、更灵活的流通。但是在社会主义"无流通论"的影响下，调拨或配给制代替了流通，造成了产供销脱节，"货不对路"，使社会再生产不能顺畅进行。这种情况与斯大林定义中否定流通的思想影响，不能说没有关系。

刘少奇是很重视流通问题的研究的。他在总结三年经济困难时期的瞎指挥和"共产风"的教训时，曾经指出，流通是最敏感的环节，经济生活中一切问题都会在流通过程中反映出来。因此，他曾

---

① 《马克思恩格斯选集》第3卷，第186页。

② 同上书，第193页。

指示原中国科学院经济研究所不仅要同国家计委挂钩，而且要同国务院财贸办公室挂钩。

四、恩格斯关于生产关系的定义为何没有“所有制形式”这一条

马克思指出，财产关系（或译作所有制关系，即所有制形式）只是生产关系的法律用语，它的内容是由生产关系决定的。

恩格斯的上述定义已经包含了所有制这个法律用语中所包含的全部经济内容。正是在这个意义上，马克思说：“给资产阶级的所有权下定义不外是把资产阶级生产的全部社会关系描述一番。”①斯大林把所有制形式独立出来同生产和分配关系并列，这就意味着脱离生产关系去研究所有制问题。这样做，“不过是形而上学的或法学的幻想”。②

这种幻想在现实生活中已经有所表现。

第一个例子：

郭沫若在论证中国古代史分期的标志时就认为，如果从生产关系角度出发着眼，奴隶社会和封建社会是容易混淆的；如果从所有制角度着眼，问题便容易弄清楚。他从《春秋》中发现了“初税亩”三个字，就认为这是井田制即公田制转向私田制的证据，是中国转向封建社会的证明。

斯拉夫公社、印度公社、俄国的村社等历史事实告诉我们，在

① 《马克思恩格斯选集》第1卷，第144页。
② 《马克思恩格斯选集》第4卷，第324页。

土地公有制下,既可以是奴隶制社会,也可以是封建制社会。可见离开生产关系去谈所有制是不能说明问题的。

第二个例子:

古今中外,有各种各样的"社会主义",如何判别真假?孤立地从所有制形式上看是分别不清的,因为都实行公有制;但从生产关系的总和看就可以区别得一清二楚。离开生产关系,也不能对假社会主义作出正确说明,而只会陷入形而上学的或法学的幻想。

前些年,被"四人帮"严密控制的一些地区、部门和单位,从形式上看,"公有制"未变,可是只要从生产、交换和分配过程中人们的相互关系剖析,就可以看出它们的假社会主义真封建主义的本质,这种"公有制"实际上是挂着社会主义招牌的封建所有制。

多年来,斯大林的这种传统观点几乎统治着整个经济学界,并对实践造成了危害。例如在我国农业等的社会主义改造中,三步并做一步走,以及后来的"穷过渡",造成生产力的巨大破坏。为了压制不同意见,又引起阶级斗争的扩大化。这种认为公有制规模越大——不管生产力水平和实际生产关系如何——社会主义就越完善,只要不断在所有制的法律规定上不断升级,就可以飞速奔向共产主义"天堂"的观点,是一种形而上学或法学的幻想。

总之,斯大林的定义不是从恩格斯的定义前进一步,而是后退了两步。

五、斯大林定义的社会背景

斯大林的生产关系定义,排除了交换,排除了独立的流通过程。这是把社会主义看作自给自足经济的“自然经济观”的表现。

斯大林的这种观点不仅有其思想渊源,也有其深刻的社会根源。

交换和它的总和——流通同社会主义不相容的观点,曾经长时期在社会主义政治经济学中占统治地位。波格丹诺夫20年代的著作《经济学大纲》宣称,社会主义的基础,“不是交换,而是自给自足的经济”。[①] 列宁不断同这种观点作斗争,但它仍然不断改头换面地出现。斯大林没有能够完全摆脱它的影响,最突出的表现就是他的生产关系定义对流通的否定和把所有制(如马克思所说这只是生产关系的法律用语)当作生产关系的基础。苏联实践中生产资料的实物配给制,正是在斯大林否定交换的思想指导下搞出来的。

这种思想上的自然经济观和实践中的实物配给制是有它的深远的社会历史背景的。第一,十月革命前俄国是一个资本主义商品经济不发达,小农的宗法制经济占相当优势的国家。小农经济是半自给性的或自给自足的自然经济。这种自然经济的隔离状态,使小农,特别是在商品交换中大批破产的农民,对流通产生恐惧的心理,幻想过一种没有交换的田园诗式的生活。第二,十月革命后,由于战争的破坏,苏联出现了经济实物化过程;1918年下半年起,为了保证抵抗外国干涉战争的需要和以消费品供应后方工人,苏联开始实行“战时共产主义政策”,这一政策进一步加速了经济关系的实物化,并使人们产生了一种通过平均财富、禁止交换的措施实现社会主义的幻想。后来,虽然采取新经济政策,纠正了这一经济工作中某些实物化的倾向,但社会主义“无流通论”观点时隐时现。

① 蒲格达诺夫(波格丹诺夫):《经济学大纲》(施存统译),新青年社1927年版,第562页。

我国原是一个半封建半殖民地国家，商品经济很不发达，自给自足的自然经济占绝对优势，正是“无流通论”的肥沃土壤，在长期的革命战争中，根据地的革命队伍实行“供给制”；建国30年来，实行实物配给制，更使“无流通论”易于流行，以至于让斯大林的这种自然经济观在理论上几乎占据着统治地位。在中国，还存在几千年的士大夫的清高思想，重农轻商——过去，把商人列入四民之末。在社会主义时代，又把社会主义的商品货币关系与资本主义的商品货币关系划等号。这是自然经济观在中国的第三个社会历史背景。

六、什么是生产力

政治经济学的研究对象是生产关系，但是要联系着生产力来研究，因此，生产力应该放在政治经济学的研究范围之内。

在马克思主义经典著作中，生产力这一概念，包括两种含义，一是指生产水平、效率；二是指生产力诸因素。二者是不可分的。

在“文化大革命”以前，关于生产力定义问题，在经济学界曾经发生三场争论。后面的三节将对此略加评述，以表明本书对政治经济学研究生产力问题的看法。

七、关于生产力定义问题争论之一
——生产力二因素和三因素的争论

马克思说：“劳动过程的简单要素是：有目的的活动或劳动本

身,劳动对象和劳动资料。”[1]在作者看来,劳动过程无非就是生产力的运行过程。马克思是主张生产力三因素的。但是,在建国初期的一场争论中,三因素论的观点却被诬为“反马克思主义”。其原因是斯大林讲过:“用来生产物质资料的生产工具,以及有一定的生产经验和劳动技能来使用生产工具、实现物质资料生产的人,——所有这些因素共同构成社会的生产力。”[2]后来,他又在《苏联社会主义经济问题》中进一步解释了为什么把原材料排除在外而主张生产力二因素的观点。

其实,生产力二因素论的观点是错误的。首先,生产工具确实十分重要,但是,没有原材料,生产工具也是制造不出来的。正如马克思所说,史前时期是“按照制造工具和武器的材料,划分为石器时代、青铜时代和铁器时代的”。[3] 在这里,划分历史时期的,与其说是工具的不同,还不如说是制造工具的原材料的不同。其次,劳动生产率是离不开自然条件的,富有的劳动对象往往构成生产力发展的自然基础。如我们说中国地大物博,帝国主义国家掠夺殖民地的自然资源来发展自己的生产力,都是指劳动对象。第三,根据资本主义生产发展史,采用不同的原材料往往会出现不同的生产效率。如由于美国南北战争,使英国失去了优质美棉,不得不采用劣质的印度和埃及的棉花,结果大大影响了纺织业。第四,当前工业革命的重要内容之一是劳动对象的革命,如合成材料的出现,直接影响生产力的发展,说明原材料问题十分重要。二

① 《马克思恩格斯全集》第23卷,第202页。
② 《斯大林选集》下卷,第442页。
③ 《马克思恩格斯全集》第23卷,第204页注。

因素的观点阻碍了人们去研究原材料对生产发展的影响。

最近有同志说，生产有三个要素，而生产力只有二要素，这如同战斗是人、武器，加上敌人三个要素组成，而战斗力仅仅是人和武器两个要素组成，不能把战斗对象——敌人——算作自己的战斗力因素。这个理由不能成立。因为：

第一，生产和战斗，从而生产力和战斗力是性质根本不同的两种事物，二者不可类比。战斗的目的是要消灭敌人，消灭战斗对象；生产的目的不是要消灭劳动对象，而是要把劳动对象加工成另一个产品。

第二，即以战斗力而论，没有实践经验的部队，即没有同战斗对象较量过的部队，战斗力也一定不如同样素质但有实践经验的部队。在这意义上说，战斗对象也是形成战斗力的一个因素。

八、关于生产力定义问题争论之二
——生产力中人的因素和物的因素划分

1958年，本书作者曾经提出经济学要研究经济建设中人的因素和物的因素的关系问题。[①] 有的经济学家批判说，政治经济学的研究对象是人与人的关系，把人与物的关系说成是政治经济学的研究对象是反马克思主义的。其实，从发挥人在生产过程中的能动作用的观点出发，把生产力的三个因素分为人的因素和物的因素两大类，这正是马克思的提法。马克思说：这两类因素“结合的

① 见拙著《社会主义经济的若干理论问题》，人民出版社1979年版，第42页。

特殊方式和方法,使社会结构区分为各个不同的经济时期”。①

人类社会发展的历史证明,生产力中人和物结合的不同方式和方法,形成了不同的社会结构。社会主义社会应该自觉地不断改进、调整人和物的结合方式,以促进生产力的发展。

不错,政治经济学是研究人与人的关系的,但不要忘记,这里所说的人与人的关系,是指物质财富生产过程中的相互关系即经济关系。“这些关系总是同物结合着,并且作为物出现”。② 因此,政治经济学不能离开物,包括人们之间的物质利益,来空谈人与人的关系。

当然,这里所说的“物”,不是自然物,而是劳动生产物;“人”,不是自然人,而是社会的人。这里所说的人和物的关系,实际上是指活劳动和物化劳动的关系问题,是 v + m 和 c 的关系问题。

九、关于生产力定义问题争论之三
——生产力有没有内部矛盾

60 年代,平心正确地提出政治经济学也要研究生产力,生产力的发展并不完全依赖于生产关系的反作用,它也有自己的运动规律,而这个规律是由生产力内部矛盾决定的。他坚持生产力三因素观点,坚持人的因素和物的因素相结合的观点。但因为这些观点触犯了那股把“生产关系绝对化,生产力简单化”的“左”倾错误思潮,因此,被诬为“生产力论”。

① 《马克思恩格斯全集》第 24 卷,第 44 页。
② 《马克思恩格斯选集》第 2 卷,第 123 页。

生产力内部确实存在着矛盾，生产力中人的因素和物的因素就是一对矛盾；但要揭示这个矛盾的运动规律，不能离开一定的生产关系。生产力总是在一定的生产关系下存在和发展的，只有在生产力和生产关系的矛盾运动中才能正确揭示生产力发展的动力。讲生产力"自行增殖"不妥，离开生产关系来谈论"生产力组织学"也是不妥的。

十、科学是生产力，然而不是生产力中的独立因素

生产发展史表明：生产力是随着科学技术的发展而不断发展的。马克思说，"生产力中也包括科学"①，"大工业把巨大的自然力和自然科学并入生产过程，必然大大提高劳动生产率"②。因此，科学是生产力。

科学作为生产力，表现在它能引起生产力三个要素的重大变化。首先，从劳动者来说，劳动力是人生产某种使用价值时运用的体力和智力的总和。体力有限，但智力却能在对文化知识、生产技能、科学技术的学习和生产经验的积累中不断增强起来，从而能更有效地改造自然。其次，从生产工具来说，任何一种新的工具的出现，都是科学技术发展的产物。正如马克思所说：铁路、火车头、电报等"是物化的知识力量"。③ 由于机器使用而带来的社会劳动生产力，"包括科学的力量"。④ 第三，从原材料来说，新原材料、能源

① 《马克思恩格斯全集》第46卷下册，第211页。

② 《马克思恩格斯全集》第23卷，第424页。

③ 《马克思恩格斯全集》第46卷下册，第219页。

④ 同上，第229页。

的发现,也离不开科学技术。如当代新型合成材料的出现而引起的劳动对象的革命,就是高分子化学发展的结果。此外,科学技术的发展,会引起管理水平的提高、工艺的改善,使人和物的因素更有效地结合起来。

尽管如此,科学却不能构成生产力中的独立要素。因为科学技术只有通过劳动者技能的提高、生产工具的改善、原材料范围的扩大和品质的改进,以及上述生产力三个因素的有效结合,才能转化为社会生产力。离开生产力三要素,它只是"知识的形态"上的生产力,即潜在的生产力。

"四人帮"否认科学是生产力,胡说承认科学是生产力就会贬低人的因素的作用。其实,这正是前面所说的那种"生产关系绝对化,生产力简单化"的"左"倾观点的恶性膨胀。

十一、社会主义政治经济学研究生产关系是为了什么

社会主义政治经济学研究生产关系是为了寻找社会主义生产关系运动的规律,以推动生产力的迅速发展。

马克思说:"社会关系和生产力密切相联。随着新生产力的获得,人们改变自己的生产方式,随着生产方式即保证自己生活的方式的改变,人们也就会改变自己的一切社会关系。"①政治经济学研究生产关系,就是为着弄清楚一定的生产关系是在什么样的生产力发展水平下产生并为生产力的进一步发展开辟了广阔场所;弄清楚一定的生产力发展又怎样超过了已经形成的生产关系,从而

① 《马克思恩格斯选集》第1卷,第108页。

找出变革生产关系的途径。

社会生产关系的变革不能诉之于“道德”观念。

社会主义生产关系是在无产阶级夺取政权后逐步建立起来的，它有一个从不完善到完善的发展过程。毛泽东说：“社会主义生产关系已经建立起来，它是和生产力的发展相适应的；但是，它又还很不完善，这些不完善的方面和生产力的发展又是相矛盾的。”①社会主义政治经济学要弄清楚社会主义的生产关系中哪些部分还不适应生产力的发展，需要自觉调整；哪些部分适应生产力的发展，需要进一步巩固。

研究资本主义政治经济学的目的是证明资本主义的必然灭亡，从而为了号召无产阶级起来革命，推翻资本主义生产关系（或社会）；研究社会主义政治经济学是为了建设，为了发展生产（即生产力）。

研究社会主义生产关系如果忘记了研究的目的是推动生产力的发展，这就是忘记了根本。在“左”倾思想的干扰下，所谓社会主义政治经济学总是把生产关系仅仅归结为占有关系，最多再加上被歪曲过的按劳分配。由于它的研究离开了生产力，结果堕落为“长官意志”的注释学。

十二、政治经济学的重要性

政治经济学在马克思主义三个组成部分中占着特殊的重要地位。

列宁说，政治经济学是马克思主义的主要内容，“是马克思理

① 《毛泽东选集》第5卷，第374页。

论最深刻、最全面、最详细的证明和运用”。[1]

恩格斯说,无产阶级政党的“全部理论内容是从研究政治经济学产生的”;[2]“一切社会变迁和政治变革的终极原因”,“不应当在有关的时代的哲学中去寻找,而应当在有关的时代的经济学中去寻找”[3]。

马克思认为,向公众提供他的《资本论》,“以便把党提到尽可能高的水平”;[4]同时,他还把《资本论》第一卷的出版看作是“向资产者(包括土地所有者在内)脑袋发射的最厉害的炮弹”。[5]

正是根据以上理由,刘少奇在60年代初指出:政治经济学是党纲的理论基础。

政治经济学也是各门社会科学的基础理论。如同数理化是自然科学的基础理论一样,政治经济学就是社会科学的基础理论。[6]

政治经济学的重要性最终是由这门学科所研究的对象即生产关系在一切社会关系中所占的地位决定的。在社会生活中,生产关系是“决定其余一切关系的基本的原始的关系”。[7] 因此,研究生

---

① 《列宁选集》第2卷,第588页。

② 《马克思恩格斯选集》第2卷,第116页。

③ 《马克思恩格斯选集》第3卷,第307页。

④ 《马克思恩格斯〈资本论〉书信集》,第234页。

⑤ 同上书,第209页。

⑥ 这个说法是西北大学一位教授1977年冬在兰州召开的西北地区经济学研究规划座谈会上提出的。在那次会上我引以上恩格斯的话来说明政治经济学的重要性,于是这位教授就提出了政治经济学是一切社会科学的基础理论的说法。我当时赞同了这个说法。但是后来有同志读了这次座谈会的记录后给我来信提出了不同意见,认为根据恩格斯的原话,一切社会科学的基础是哲学而不是政治经济学,认为我们是断章取义地摘录了恩格斯的话。关于这个问题我们将在下面第十五节(《政治经济学和哲学》)中详细讲。

⑦ 《列宁选集》第1卷,第6页。

产关系运动规律的政治经济学同研究其他社会关系运动规律的各种社会科学相比,就不能不具有基础性。

马克思花了近40年写《资本论》,恩格斯在马克思逝世后放弃了自己原来的写作计划,而替马克思整理出版了《资本论》,也说明政治经济学的重要性。

为了实现四个现代化,我们要重视对政治经济学的学习和研究,要读《资本论》。虽然《资本论》主要是研究资本主义社会的生产关系的,但是马克思通过分析指出了在这个社会的废墟上将出现的新社会的轮廓,这是一;第二,《资本论》给我们提供了解剖现代的社会化大生产的一个基本模式。社会主义生产方式比资本主义生产方式规模更大、更社会化,它和资本主义生产方式相比,除了不同的阶级特性以外,在社会化大生产这一点上是有共性的;但是同封建社会的庄园经济和小农经济却很少有共性。

在小生产汪洋大海包围中存在和发展的中国共产党,本来就存在着对马列主义重视不够的狭隘经验主义倾向;反王明教条主义虽有其积极意义,但又助长了不重视理论特别是经济理论的倾向。这种不良倾向被林彪、"四人帮"推到了极端。林彪胡说"《资本论》只能解决资本主义社会的基本规律问题",并以走"捷径"为借口反对读《资本论》;"四人帮"爪牙把给大学经济系学生开设《资本论》课程斥作"讲授'马尾巴的功能"'而横加取消。某些人竟然认为,"经济工作无非就是打打算盘、算算账而已,何必还要办经济院校呢?!"

我们必须纠正不重视马列主义理论特别是经济理论的倾向,要宣传政治经济学的重要性。

十三、社会主义生产方式产生的特点

社会主义生产方式的产生,和资本主义生产方式及以往一切生产方式的产生不同,是先有政治制度的变革,然后才有生产关系的变革。资本主义经济的最简单的细胞——商品,在原始公社解体时期就已经产生;资本对雇佣劳动的关系,在封建社会后期已经有相当的发展。而社会主义经济却不可能在资本主义社会中存在。社会主义公有制与资本主义私有制本质不同,它不能在私有制社会中产生,只能在无产阶级夺取政权以后才能产生。列宁指出:社会主义革命和资产阶级革命的区别在于,在资产阶级革命时,现成的资本主义的生产关系形式已经具备了,这种革命只有一个任务,就是"扫除、摈弃并破坏旧社会的一切桎梏"。社会主义革命则不同,它要在资本主义社会化大生产的物质基础上创造新的生产关系;在落后国家,甚至还要创造作为社会主义的物质基础。因此,"由于历史进程的曲折而不得不开始社会主义革命的那个国家愈落后,它由旧的资本主义关系过渡到社会主义关系就愈困难"。①

"对于无产阶级革命,夺取政权却只是革命的开始,并且政权是用作改造旧经济和组织新经济的杠杆。"②但是,国民经济的社会主义改造,只是社会主义生产关系产生的前提,而不是这种生产关系本身的运动。所以,它与其说是社会主义政治经济学的研究对象,毋宁说是资本主义政治经济学的研究对象。对于资本主义制

① 《列宁选集》第3卷,第454页。
② 《斯大林选集》上卷,第403页。

度必然为社会主义制度所取代的客观规律性，马克思已经在《资本论》中作过透彻的分析。我们现在需要加以补充的，只是由于帝国主义阶段无产阶级革命首先在资本主义只有中等发展程度，乃至初等发展程度的国家取得胜利带来的若干新的特点。除此而外，就是属于政治学（阶级关系和阶级斗争、革命政党的战略战术等）和历史学（国民经济史）的问题了。因此，关于社会主义改造问题，我们只在《导言》中作一总的交代，在正文中不再加以分析研究了。

各国社会主义改造的具体方式，因革命前的历史条件，主要是社会经济形态和生产力发展水平以及因此而引起的革命的战略战术的不同而有所不同。例如，十月革命时，苏维埃俄国对地主、资本家的财产，不论它是属于本国资本家的，还是属于外国资本家的，一律采取没收的政策。但是在中国民主革命胜利之后，除了对于地主富农①的土地采取没收或征收的政策以外，对于帝国主义资本，对于本国的官僚垄断资本和民族资本的改造，采取了分别对待的政策：

（1）对于日、德、意三国资本，作为反法西斯战争中的敌国财产，在抗日战争期间和抗日战争胜利后就在老解放区采取了没收的政策。

---

① 在中国民主革命阶段中，对于富农的土地采取没收的政策，在原则上是对的。因为中国的富农对农民的剥削是带有封建性的。它和资本主义国家的农业资本家是属于两个类型的剥削者。（这问题作者在抗日战争前发表的《财政资本统治下的殖民地半殖民地的生产关系》一文已有详细论证）但是把剥削的雇佣劳动占总劳动的25%及其以上即算作富农，是值得研究的。因为如果25%的收入是剥削他人的劳动，那么75 %还是靠自己的劳动。就是说，他基本上还是劳动者而不是剥削者。更何况，在农业生产中还有一个季节性（农忙）的问题。因此，根据这个标准划的富农恐怕是扩大了中国的富农阶级。

（2）对于美国资本，由于当时美国政府站在国民党一边参与了中国内战，人民政府在解放战争期间和解放战争胜利时也采取了接管没收的政策。

（3）对于英、法、比、荷、丹麦等第二次世界大战中的同盟国的资本，在解放战争胜利后，由人民政府用征用办法，收归国营。

（4）对于国民党买办官僚资本（包括国民党政府在抗战胜利后接管的日、德、意三国的资本和汉奸的财产），在解放战争期间和解放战争胜利后，也一律由人民政府接管。

以上四种资本都是在民主革命阶段由人民民主政府没收接管的。但是由于这个人民民主政府是由工人阶级（通过共产党）领导的人民民主专政，它为解放战争在全国胜利之后，由民主革命阶段转入社会主义革命阶段作好了准备；所以，这些资本在被人民政府接管的当时就带有社会主义改造的性质了。

（5）民族资本的改造——民族资产阶级是无产阶级在反帝反封建反官僚买办资产阶级革命中的同盟军，在解放战争取得胜利后一个时期内人民政府允许民族资本经营的企业继续存在，并且鼓励它们发展生产，仅仅通过加工定货和银行贷款等手段加以限制。直到革命进一步深入，由民主革命阶段转入社会主义革命的时候，才通过公私合营等办法，对民族资本企业进行社会主义改造。这个政策总的来说，是符合党在新民主主义时期的政治纲领的。但是如果在具体政策上再放宽一些，保持公私合营形式的时间再推迟一些（例如推迟到第二个五年计划末期），对于调动私营工商业者的积极性、发展生产是不是会更有利一些，现在看来，作为历史经验教训，还是可以研究的。

(6)农业改造,即农民个体经济的合作化。小农个体经济必须走合作化的道路是不成问题的。但是如同前面已经说过的那样,步子太快了一些,违背了毛泽东自己说的通过典型示范和自愿的原则。如果经过三年恢复和三个五年计划即18年的时间来基本完成农业合作化的任务,对于农业生产的恢复和发展肯定要有利一些。

(7)手工业的改造。

(8)小商小贩的改造。

个体小手工业和小商小贩的合作化也是必经之路,但是如同我国农业合作化那样,步子也快了一些,发生了对发展生产和满足城乡人民的需求不利的后果。

十四、关于贯穿全书的红线问题——政治经济学与政治学

60年代初《社会主义经济论》编写小组的同志们在起草《〈社会主义经济论〉初稿的讨论意见和二稿的初步设想》的时候,曾经讨论过这样一个问题:《社会主义经济论》以至一切社会主义政治经济学著作应该贯彻始终的中心思想或"红线"是什么?如果说,"科学研究的区分,就是根据科学对象所具有的特殊的矛盾性"①,那么《社会主义经济论》或一切社会主义政治经济学的特殊矛盾是什么?有的同志认为这条红线应该是社会主义社会的基本矛盾,即社会主义社会上层建筑和经济基础、生产关系和生产力的矛盾。

① 《毛泽东选集》1—4卷合订本,第284页。

有的同志认为这条红线应该是阶级斗争。

编者认为,这两种意见都不全面,都没有说透问题的本质。

社会主义政治经济学必须探讨社会主义社会生产关系和生产力的矛盾以及上层建筑和经济基础的矛盾,并试图解决这些矛盾。这是不成问题的。因为诚如本文第十一节中说过的那样,这正是社会主义政治经济学研究生产关系的目的。在论述存在阶级斗争的社会阶段的经济学问题时,也离不开阶级斗争的思想。这也是不成问题的。但是社会主义政治经济学在探讨这些问题的时候,如何有别于专论阶级斗争的政治课本和专门论述历史唯物论的哲学课本呢?答复是很明白的:社会主义政治经济学必须从经济的角度来论证社会基本矛盾和阶级斗争。什么是经济角度呢?归根到底,就是要讲究以最小的费用取得最大的效果。批判者认为政治经济学讲"最小—最大"就是政治不挂帅的表现,是否定阶级斗争的证据。这是对政治的莫大曲解。列宁说,"政治是经济的集中表现"①。这意思无非是说,政治要从长远的和全局的角度来反映经济利益,是更能反映经济利益的;而不是抛开了经济来谈政治。

恩格斯在批评那种不适当地强调政治、离开了经济来谈政治的主观主义唯心论哲学观点的时候,曾经说过:"任何政治斗争都是阶级斗争,而任何争取解放的阶级斗争,尽管它必然地具有政治的形式(因为任何阶级斗争都是政治斗争),归根到底都是围绕着经济解放进行的。……国家,政治制度是从属的东西,而市民社会,经济关系的领域是决定性的因素。从传统的观点看来(这种观点也是黑格尔所尊

① 《列宁选集》第4卷,第441页。

崇的），国家是决定性的因素，市民社会是被国家决定的因素。”①

正是毛泽东本人在《论联合政府》中说过：“中国一切政党的政策及其实践在中国人民中所表现的作用的好坏、大小，归根到底，看它对于中国人民的生产力的发展是否有帮助及其帮助之大小，看它是束缚生产力的，还是解放生产力的。”②林彪、“四人帮”一伙横行的十年内乱时期，空谈政治不讲经济，给中国国民经济带来巨大的损害。从这一点说，他们是地地道道的托洛茨基主义者。实践已经证明，这样的政治挂帅已经彻底破产了，因为他们的政治或政策不仅是束缚生产力而已，而且是直接破坏生产力的。

什么叫解放生产力呢？那就是要讲经济效果，就是要以最小的费用取得最大的效果。人们可以从两个方面来达到这个目的：一是通过技术革新和技术发明的途径；另一个就是通过自觉地合理地安排社会主义的生产关系以及建立与这种生产关系相适应的上层建筑来达到这个目的。（不用说这样的生产关系和上层建筑也能为技术革新和技术发明创造条件。）社会主义政治经济学的任务就是要探索社会主义生产关系的客观规律，来实现这个“最小—最大”。

因为我在讲政治经济学的时候强调了经济核算、经济效果问题，强调政治经济学要讲“最小—最大”，有一位批判者曾经说，我的政治经济学不是政治经济学，而是经济政治学，意思是说，我的政治经济学不是政治挂帅而是经济挂帅。我倒很乐意接受这顶帽子。因为经济政治学，即经济政策学，虽然不是严格意义上的政治经济学（即人们有时称之为理论经济学的），而是政治经济学的具体运用，多少近

① 《马克思恩格斯选集》第4卷，第247页。

② 《毛泽东选集》1—4卷合订本，第980页。

于部门经济学(或具体经济学)的范围,然而这总是一门极有用的学问。我们怕的就是为政治而讲政治的政治政治学。对于这种为政治而政治的政治政治学,有一个现成的名称,那就是政客学。

十五、政治经济学与哲学

前面在"政治经济学的重要性"一节中引证了恩格斯关于无产阶级政党的全部理论内容来自政治经济学这句话,作出了"政治经济学是社会科学的基础理论"这个论断。但是有的同志认为,根据恩格斯的原话,应该得出不同的结论:社会科学的基础理论是哲学而不是政治经济学,认为我是断章取义地摘取了恩格斯的话,是曲解恩格斯。因此,我把恩格斯的原话比较完整地引证如下:

"……德国无产阶级的政党出现了。它的全部理论内容是从研究政治经济学产生的,它一出现,科学的、独立的、德国的经济学也就产生了。这种德国的经济学本质上是建立在唯物主义历史观的基础上的……"

是的,既然唯物主义历史观(即哲学)是政治经济学的基础,那么一切社会科学的基础的基础应该是哲学而不是政治经济学了。而且我们还可以补充说,恩格斯曾经说过,如果没有德国的哲学,特别是黑格尔哲学,就不可能创立马克思的科学社会主义。[①] 但是,恩格斯这些颂扬哲学的话,如何同一个恩格斯所说,无产阶级政党的全部理论内容来自政治经济学,以及社会变革的终极原因

① 参阅《马克思恩格斯选集》第2卷,第300页。

不应当在有关时代的哲学中去寻找,而应当在有关时代的经济学①中去寻找等说法相一致呢?

我认为这两种说法完全协调,并不矛盾。因为当恩格斯说,政治经济学建立在唯物主义历史观基础上的时候,指的是马克思主义政治经济学的宇宙观,是这个政治经济学的哲学思想。但是当恩格斯说党的全部理论内容来自政治经济学以及社会变革的终极原因不应当到哲学中去寻找,而应当到经济学中去寻找的时候,他指的是:政治经济学(广义的)是研究各种社会经济形态发展的基本规律的。正是政治经济学而不是哲学或别的学科,通过对历史上各种社会经济形态的客观发展规律的分析研究,论证了人类社会的发展必然是从原始共产主义部落社会开始,经过奴隶社会、封建社会、资本主义社会,走向社会主义社会和共产主义社会。正因为如此,所以,过去人们也把广义政治经济学称作社会经济形态发展史。

正是政治经济学而不是哲学或别的学科,通过对各阶级在社会上的不同的经济地位(生产关系)的分析,科学地论证了资本主义的掘墓人和社会主义社会的建设者是同农民结成牢固联盟的工人阶级而不是别的阶级,因此领导这个伟大的社会变革的政党是无产阶级的政党而不是别的政党。这也就是恩格斯所说党的全部理论来源来自政治经济学的理由。

---

① 附带说明,有同志提出,恩格斯这句话的译文不正确。这里"经济学"一词应译作"经济"。这个意见有一定理由,因为德文中"OKONOMIE"一词既可以译作"经济",也可以译作"经济学",从上下文来看,两种译法都有理由。但是,即使恩格斯的原意是"经济"而不是"经济学",那么,经济本身作为客观的自在之物,是不会说话的,只有通过人对这一客观自在之物的认识过程才能告诉我们,它是什么。既然是通过了主观认识过程得来的关于"经济"这一客观事物的知识,那也就是"学"了,因此译作"经济学"也无不可。

不论你研究的是哪一门社会科学,如果你不学一点政治经济学,对社会发展的基本规律毫无知识,那么你对于自己研究的那门学科也是研究不好的。

把政治经济学放在历史唯物主义哲学基础上,同研究社会发展基本规律的政治经济学作为一切社会科学的基础理论并不矛盾。人们都承认数、理、化是一切自然科学的基础理论;但是任何一门自然科学,包括数、理、化在内,都要把马克思主义的辩证唯物主义作为自己的宇宙观,作为自己的哲学基础,这是不相矛盾的。

要懂得经济必须学点哲学。列宁深刻地指出,"不钻研和不理解黑格尔的全部逻辑学,就不能完全理解马克思的《资本论》"。[①]《资本论》问世100多年来,社会经济发生了巨大变化,要发展马克思主义政治经济学,概括出新的科学结论,同样需要唯物辩证法的指导。只有马克思主义哲学才能给我们提供正确的世界观和方法论,使我们对经济关系有正确的认识手段。

但是同样,如果只研究哲学,不研究政治经济学,如果对社会主义经济过程不作具体的分析研究,不按照客观经济规律办事,而是妄图凭几条哲学格言治天下,解决国民经济中的一切问题,那是必然会碰钉子,损害社会主义建设事业的。我们在建国以来30年间,吃空谈哲学格言的苦头还不够吗!

我们还不要忘记,毛泽东说过,世界上的知识只有两大类:自然科学和社会科学,哲学不过是这两门知识的概括和总结。[②] 从这个意义上说,自然科学和社会科学又成了哲学的基础了。

---

① 《列宁全集》第38卷,第191页。

② 参阅《毛泽东选集》1—4卷合订本,第773—774页。

最后，还必须指出，科学是没有高低之分的。我们说政治经济学是一切社会科学的基础理论，并不表示政治经济学就比别的学科高出一头，而只是说它是研究其他学科的必修课，或基础知识而已。哲学则是在一切自然科学和社会科学的基础上做出的概括和总结，它对一切科学都起着方法论和宇宙观的指导作用。

我们再重复说一句，各门科学只有研究对象的不同，分工的不同，没有高低之分。

十六、政治经济学和历史学

"政治经济学本质上是一门历史的科学。"①那么政治经济学同历史学又有什么区别呢？区别是这样的：政治经济学研究的只是一切社会发展的一般的或基本的规律；而历史学则是根据这些基本规律来研究某一民族（通史）、某一朝代（断代史）、某一行业（专业史）、某一学科（如经济思想史，自然科学史）等的具体历史。

正因为政治经济学是研究社会形态发展的一般规律的，历史学家研究具体的历史必须依据这些规律；所以，我们仅仅从这意义上说，政治经济学是包括历史学在内的一切社会科学的理论基础。但是，政治经济学是从哪里得出社会形态发展的一般规律的呢？如果政治经济学不研究具体的历史过程，能够找到社会发展的基本规律吗？当然不能。在这意义上说，研究具体历史过程的历史学又是政治经济学的基础了。

马克思研究了以英国为代表的资本主义社会的经济过程、资

① 《马克思恩格斯选集》第3卷，第186页。

本主义社会的发生历史以及全部资产阶级政治经济学思想史,才写出了资本主义政治经济学的经典著作《资本论》。他又和恩格斯在一起,研究了人类的史前社会,古代希腊、罗马的奴隶社会和欧洲及东方的封建社会,为广义政治经济学奠定了基础。科学社会主义的奠基人对历史科学有广博而深邃的研究。没有这种研究作为基础,不可能产生马克思主义的政治经济学,也不可能产生马克思主义的哲学。而马克思、恩格斯对历史的研究,又是以马克思主义的辩证唯物论和历史唯物论的哲学思想为指导的,或者也可以说是建立在这种哲学思想的基础上的。

十七、政治经济学和部门经济学

除了政治经济学以外,经济科学中还有工业经济学、农业经济学、贸易经济学、财政学等许多部门经济学,门类繁多。学科不断分化,这是科学进步的一种表现。我们在这方面还有不少空白学科,必须大力填补。

曾经有一种意见认为,政治经济学是对经济现象性质的分析,它的对象是生产关系;而部门经济学是具体分析和研究经济过程中的数量问题,它的对象是生产力。前者是科研部门的任务;后者是业务部门的任务。这种看法值得商榷。我认为,政治经济学是密切联系生产力研究生产关系的一般发展规律,而部门经济学是研究某一经济领域生产关系发展的特殊规律,或者是经济领域同其他领域之间的边缘科学(如技术经济学)。

政治经济学是部门经济学的理论基础,研究部门经济学必须以政治经济学为理论基础。政治经济学应吸取和概括部门经济学的成果。正像哲学研究要同具体科学的研究相结合一样，政治经济学的研究要同部门经济学的研究相结合，才能深入。

十八、政治经济学和自然科学

任何生产关系总是建立在一定的生产力的基础上的。现代生产广泛运用科学技术的最新成就。质的分析离不开量的分析，而量的分析在经济问题研究中显得特别重要。因此，研究政治经济学必须具备现代科学技术知识，特别是数学知识，才能深入分析经济过程，具体揭示生产关系与生产力相互关系的丰富内容。

懂得数学，不仅是了解现代生产所必需，而且是经济科学本身的现代化、精密化所必需的。和资本主义政治经济学不同，研究社会主义政治经济学，不只要了解社会经济形态发展的一般规律，而且要探索社会主义经济中的许多具体的宏观问题和微观问题。而要解决社会主义大生产中这些极其错综纷繁的具体经济问题，不借助于高等数学是根本办不到的。比如说，某种产品或某几种产品的价格变动，对这些产品以及其他产品的生产、销售和财务状况会产生哪些连锁反应；又比如，增加某种产品的生产，对原材料供应、市场销售、劳动力需求等又会产生哪些连锁反应。对此，都应当有精密的计算。这些，不应用现代数学方法，是难以解决的。可是我国老一代的经济科学研究工作者多数缺乏高等数学的素养，对于现代科学技术所知也不多。因此，必须对新一代经济理论工作者加强这方面的训练。老一代的经济理论工作者，包括我自己，也应当根据不同情况补课。

另一方面,从事技术工作的也必须懂得一些经济学,这样才能在考虑各种措施、技术方案时具有经济眼光,不至于只从技术的新旧上着眼,而不考虑如何取得最大的经济效果。

十九、政治经济学的方法

《社会主义经济论》所遵循的方法就是《资本论》的方法,也就是辩证唯物论和历史唯物论。这是原则,是作者的愿望。至于在实际上运用这个方法是否运用得好,那就要请读者批判了。

同样,笔者也遵循马克思的教导,使《社会主义经济论》的叙述方法同研究方法有所区别。马克思《资本论》第一卷第二版跋告诉我们:

"当然,在形式上,叙述方法必须与研究方法不同。研究必须充分地占有材料,分析它的各种发展形式,探寻这些形式的内在联系。只有这项工作完成以后,现实的运动才能适当地叙述出来。这点一旦做到,材料的生命一旦观念地反映出来,呈现在我们面前的就好像是一个先验的结构了。"①

对于马克思上面这段话,在原则上大家是没有争论的。但是在具体运用于编写社会主义政治经济学的时候,不同意见就出现了。因为我们的研究对象,首先是摆在我们面前的,具体的,包括有全民所有制、集体所有制、个体所有制三种经济成分的中国社会

① 《马克思恩格斯全集》第23卷,第23—24页。

主义社会。不用说，我们在研究过程中，还要参考其他社会主义国家的材料，特别是列宁创建的世界上第一个社会主义国家苏联半个多世纪以来的演变经过。所以这是一个够复杂的研究对象。

我们在对这个对象进行考察研究的时候，当然不能把社会主义经济的这三种经济成分割裂开来，孤立地考察、研究其中的一种。我们要在这三种经济的相互关系中来考察和研究这个具体、复杂的综合体。不仅如此，我们还要在这个综合体同全世界其他国家的经济交往中，在它的历史发展中（即社会主义改造以前以至解放以前的历史发展中）来进行研究。如果我们在考察研究的时候不这样做，那就是脱离了实际。

但是在叙述我们研究结果的时候，我们就必须采取另一种方法，采取马克思所提倡的抽象法。我们不能从具体的总体入手，而必须从这个总体的最本质的细胞形态入手，而把其他非本质的东西暂时放在一旁。因为，“具体之所以具体，因为它是许多规定的综合，因而是多样性的统一。因此它在思维中表现为综合的过程，表现为结果，而不是表现为起点，虽然它是现实中的起点，因而也是直观和表象的起点。”①

例如，像我们上面所说的那样，社会主义社会是全民、集体、个体三种所有制的综合体，但是，我们的分析不是先从这三种所有制的相互关联的这个总体入手，而是先从全民所有制分析起；而且在开始分析的时候，不仅把全民所有制经济同其他两种所有制经济的相互关系舍象掉了，而且把社会主义时期按劳分配的关系也舍象掉了。于是批判者就说了：不从现实的社会主义社会的三种所

① 《马克思恩格斯选集》第2卷，第103页。

有制出发,而是从未来的共产主义社会的单一的全民所有制出发——这种研究方法是典型的脱离实际的研究方法。

不错,没有不同的所有制(单一的全民所有制),没有按劳分配的限制,那就不是现实存在的社会主义社会,而是未来的共产主义社会了。但是谁也不能否认,全民所有制经济是社会主义社会的领导成分。而单一的全民所有制经济也是我们所追求的理想社会。按劳分配不过是我们到达理想的共产主义社会途中的过渡阶段,虽然这是必不可少的一个过渡阶段。既然如此,我们在考察、研究这个具体的、存在有多种所有制的社会主义社会的时候,先把这个既是当前的领导成分,又是我们理想的社会经济形态——全民所有制生产关系分析清楚;然后,我们再进一步来分析这个被我们原先放在纯粹形态中进行分析的全民所有制生产关系,在处于多种所有制的相互关系中,在社会主义按劳分配阶段中,它又呈现出一些什么样的变化。

我们所担心的倒不是在分析中把这个全民所有制的生产关系太抽象化了,而是担心抽象得不够,就是说,没有把它原有的最本质的东西分析出来,从而也就不能把它同其他所有制的相互关系以及按劳分配制度给它的限制观察清楚。

在政治经济学的方法论问题上,除了上面讨论的抽象法问题以外,还有一个叙述的次序问题。在50年代末,我们开始编写《社会主义经济论》的时候,大多数同志主张社会主义政治经济学仍然应该按照客观经济过程来编写,即先分析直接生产过程,然后分析流通过程,最后分析社会生产总过程。我们把这种方法称作"过程法",也就是马克思《资本论》的编写次序。但是在当时有人认为,沿用《资本论》的叙述方法就是把社会主义经济混同于资本主义经济。于是有同志提出按部门来编写社会主义政治经济学，即按农业、轻工业、重工业、商业等次序来编写。最早参与《社会主义经济论》的编写工作的同志认为，如果按照部门来编写，势必前后重复。因为尽管由于部门不同，生产、交换和分配的产品使用价值也不同；但是从生产关系的角度来看，在本质上，问题是相同的。因此我们始终坚持仍然按照直接生产过程、流通过程、全社会的总生产过程这样三大篇来表达我们对社会主义经济的研究结果。

现在，社会主义政治经济学要按客观经济过程来分篇编写的意见，似乎已经比较普遍地被接受了。但是，打开每一篇的内容来看，往往仍然是从规律到规律，从政策到政策，从原则到原则。不过这些规律、原则和政策是按照直接生产过程、交换过程、全社会的总生产过程这样三大篇分别排列而已。正如恩格斯所说的那样，“原则不是研究的出发点，而是它的最终结果”。[①] 规律和政策也是如此。因此，我们仍然遵循马克思的教导，从经济形态的细胞——产品和商品分析起。马克思在《资本论》第一卷初版序言中说：“分析经济形式，既不能用显微镜，也不能用化学试剂。二者都必须用抽象力来代替。而对资产阶级社会说来，劳动产品的商品形式，或者商品的价值形式，就是经济的细胞形式。在浅薄的人看来，分析这种形式好像是斤斤于一些琐事。这的确是琐事，但这是显微镜下的解剖所要做的那种琐事。”[②]

于是批判者说了：马克思上面这段话明明是说的资产阶级社会的经济的细胞形态，你把产品和商品也当作社会主义社会的经

① 《马克思恩格斯选集》第3卷，第74页。
② 《马克思恩格斯全集》第23卷，第8页。

济的细胞形态,那岂不是混淆了两种不同的社会经济形态了吗!

关于这个问题,我们留在下面第一章来详细说明。

二十、关于抠概念

自从40年代的反教条主义整风运动以来,“抠概念”、“从概念到概念”被当作教条主义的代名词而加以贬斥和讨伐。但是概念不清,能搞好学问吗?没有“从概念到概念”,哪能有逻辑推理?我们不能笼而统之地反对“抠概念”,反对“从概念到概念”。问题的关键在于我们所用的概念是不是科学地准确地反映了客观事物的本质。首先要搞清楚,我们所使用的概念是唯心主义的、以主观想象为基础的概念,还是唯物主义的、正确反映客观存在的概念。为了搞清这个问题,还得认真地抠一下概念。政治经济学这样一门科学,也像哲学一样,抠概念特别重要。因为如果说哲学是研究自然界和人类社会一切事物的最一般的,同时也是最本质的学科,那么政治经济学是研究人类经济活动的最一般最本质的学科。正因为这样,所以政治经济学也叫理论经济学或抽象经济学,以别于研究具体经济问题的部门经济学或具体经济学。

长期的反对“抠概念”,贬斥“从概念到概念”,发展到“文化大革命”时期,就造成了极端的概念混乱和黑白颠倒,把理论上许多最起码的常识问题也搞混乱了。自从揪出“四人帮”以后,被他们颠倒了的某些是非观点重新颠倒过来了(例如,对张春桥的《破除资产阶级的法权思想》的批判,对康生批判“唯生产力论”的批判,等等)。但是还有许多经济学概念至今仍然混淆不清,其中不少是

“文化大革命”之前就已经混淆不清的。

例如,因为讳言利润而把利润或收入一律当作积累;把老本(折旧)当作收入;把配给制当作计划分配,甚至当作按需分配;把社会主义的商品、货币、利润混同于资本主义的商品、货币、利润;把基本建设混同于扩大再生产(由于这种混淆,老厂房屋、设备的更新受到了严格限制);把盲目建设和盲目生产称做重复建设和重复生产,好像每一种产品全国只能建设一个厂,只允许一个厂独家经营,产品只能生产一次。至于如何区分社会主义社会的价值、价格、生产价格等概念范畴和资本主义社会中的同名称概念范畴,更是我们要在正文中详细研究探讨的,不在这里多说了。

我还想在《导言》中补充说一下的是,由于长期反对“抠概念”、“从概念到概念”,不仅在政治经济学、哲学和其他社会科学中存在概念混淆的情况,在我们日常语言中也存在许多概念不清、用词不当的情况。本来,任何一个民族的语言都是人民大众所创造、经过专家提炼而逐步完善的。人民大众在日常交往中,不断创造出不少新的用语或概念,其中也有一些是不值得提倡的糟粕,必须经过人民大众特别是文学家和语言学家的不断加工,排除糟粕,把其中的精华吸收到本民族的语言中去。解放后我们的语言学家和文学家在这方面做过不少工作。在“文化大革命”以前,《中国语文》杂志有专栏评论报刊上用词不当、语法不通的词句。文学评论家在这方面也做了不少工作。例如诗人张光年1961年在《关于戏剧语言的杂感》一文中就说过,“把生僻的方言、俚语不加挑选地写到剧本里是不足为法的;为了猎奇把类似‘搞对象’,‘耍态度’这些劳动人民的语言糟粕拿到舞台上去推广是应当避免的”。[1]

但是语言学家和文学家的这些可贵的工作,在“文化大革命”中却遭到了林彪、陈伯达、张春桥等人的全面否定。林彪胡说什么“文法呀,措词呀”,“我没有那个精力去推敲”。[2] 陈伯达叫嚣“中国人怎么还学中国语言”。而他自己却结结巴巴地说不了普通话,讲话要让别人“翻译”(笔者的普通话也说不好,文章也不精练,不生动活泼,但是笔者是很赞成学点语言学,学点文法和修辞的)。张春桥则说:“讲究语法的文章,语法上是通了,但文章没人要看了。语法学家是从来写不出好文章的。”[3]好像他的文章很通,很受读者欢迎似的。在这批蒙昧主义者的毒害下,在“文化大革命”期间毕业的中小学生,文章不通,用词不当,概念混乱成了普遍现象。因此,我们社会科学各学科的理论工作者不仅应当抠一下社会科学的概念,而且应该关心一下语言的规范化。

最近商务印书馆总编辑陈原在一次报告中提出了“排除语言污染,净化祖国语言”的号召。[4] 这个号召非常及时。

其实,现在我们的语言和文章不仅如张光年所说的那样,不加选择地吸收了一些劳动人民的语言糟粕,而且我们的文人、学者自己也制造了不少混乱不清的概念、名词,污染人民大众的语言。

例如,质和量,本来是哲学上的两个不同的范畴、概念。量变引起了质变,而质变又促成了量变。这就是哲学上所说的质和量

---

① 《张光年文艺论文集》。

② 《语法·修辞·逻辑》第二分册《修辞》(试用本),上海人民出版社 1975 年版,第 9 页。

③ 《语文学习丛刊》1978 年第 1 期,第 88 页。

④ 《光明日报》1980 年 12 月 30 日第 2 版。

的相互转化。可见质和量是两码事。据我记忆所及,20年代初,翻译家们因为质和量这两个单音节词读不响亮,于是改成了“质量”和“数量”这两个双音节词。“数量”这个词,意义很明确;但是“质量”这个词,问题就多了。

首先,“质和量”既然是两个不同的范畴、概念,现在合成了一个词,那么到底指的是“质”还是“量”,或者是指“质”和“量”的互变呢?1979年我们国家为了改进产品的质,搞了一个“质量月”运动。事有凑巧,日本在这时候为了改善产品的质,也搞了一个“品质月”活动。因此,当我们的一个访日经济考察团同日本企业家交换“质量月”和“品质月”的经验的时候,日方就指出了“质量月”这个词的不恰当处。中国人的中国文要由外国人来指正,这也就是否定“抠概念”(或“抠字眼”)得到的报应。

其次,在自然科学中,“质量”这个词是别有一个专门内容的,翻开任何一本辞书,在“质量”这个词条下会告诉我们:这是指量度物体惯性大小的物理量,它的值需要用一个相应复杂的公式来表达。

但是,现在“质量”这个词已经被工农大众广泛使用,甚至在集市上,也可以经常听到买卖双方在指摘或夸耀某件商品的“质量”如何如何。在过去,工农大众是不这么说的。他们是说某件商品的质地或品质如何、如何。“品质”和“质地”比“质量”精确多了。从这个事例看来,是翻译家、著作家的语言糟粕污染了人民大众的语言。

文人、学者们的概念不清、用字不当影响了人民大众语言的纯洁性的另一个例子,就是“爱人”这个词。据我的记忆所及,“爱人”一词最初出现,是在“五四”以后的进步知识分子中,特别是青年中间。但是最初仅仅是指还在谈恋爱过程中的男女双方,即所谓“情侣”,即现在所说的男朋友和女朋友。可是不久,“爱人”这个词便用来代替“丈夫”和“妻子”这两个词了。于是由原来一个阳性名词和一个阴性名词变成为一个中性名词,“夫妻吵架”可以说成是“两个爱人吵架”了。然而,我们不是用“最可爱的人”来称呼抗美援朝和对越自卫反击战中的解放军战士的吗!怎么把他们同“丈夫”和“妻子”混在一个概念中去了呢!

日常语言中概念混淆的另一个例子是把“自豪”说成是“骄傲”。“骄傲”是一个贬义词,“自豪”才是褒义词。毛泽东说过,中国共产党历史上几次骄傲招致了几次失败。现在看来,“文化大革命”是其中最惨重的一次(但愿也是最后的一次)。但是解放以来,却常听到诸如“党和国家的骄傲”、“民族的骄傲”或“某某人的骄傲”这样的颂词。始作俑者好像又是我们的翻译家,最初出现在外事场合外宾的祝词中。他们常以“你们党和国家可以引以自豪”这类话来赞扬我们的成就。翻译家常把“自豪”翻译成“骄傲”。后来我们自己也这样说了。记得50年代曾经有一位精通汉语的外宾就对我说过:你们毛主席不是要大家戒骄戒躁吗?你们怎么又骄傲起来了呢?可是近年来报刊文章甚至正式文件中以骄傲代替自豪的话越来越多了,甚至名家文章也这样写了。幸好这种说法还只限于文字上,口语中还不多见,所以工农大众还没有学会以骄傲为自豪。

我们在上面说过,语言是亿万人民大众创造的。根据“约定俗成”这个原则,一个词既然被群众接受了,我们就得承认它,把新的含义加进去。但是语言学家、文学家以及一切著作家,对群众中已经流行的、属于糟粕一类的、含义不清甚至概念混淆的“词”,还应该有一个提倡和不提倡的分别。希望我们一切著作家，特别是文学家（因为他们的影响最大）尽量避免这些概念不清的字眼。为此，更希望我们的语文杂志恢复“文章病院”一类的专栏，给这些成问题的词和句治治病（当然我们不是为了去挖苦讥讽中小学生、青年们的文章，这是为鲁迅先生所反对过的。我们也不应该提倡这样做），让我们的民族语言不仅更丰富多彩，而且更规范化。

笔者用了这么多的笔墨来讲“抠概念”的问题，除了想在学术界提倡一下“抠概念”的风气，对长期以来对“抠概念”、“从概念到概念”的批判表示一些看法以外，在这里还想表示一点希望，那就是：为了我们政治经济学这门学科的前进，更为了我们这些参加这部稿子编写工作的全体同志的进步，我们热烈希望得到读者的批判意见。但是由于笔者对许多常用的政治经济学概念的解说，跟许多经济学者的解说不尽相同，所以希望读者以我们所用的概念的含义来评价我们的全书。至于我们所给予这些概念的含义是否精确，是否站得住脚，那当然是可以批判的。

作者附记：本文是未定稿。还有几节一时来不及写进去。现应《中国社会科学》编辑部之约，先发表出来，期望听到各方面的反映和意见。

吴敬琏、张卓元、林青松、冒天启、林泉水、霍俊超同志，参加了部分文稿的起草工作，特此致谢。

1983 年 2 月 5 日于北京医院

（原载《中国社会科学》1983 年第 3 期）

孙冶方先生学术年表*

1908 年

10 月 24 日出生。原名薛萼果,字勉之。江苏省无锡县玉祁镇人。

1921 年

秋,进入无锡县立第一高小做寄宿生。

1923 年

年初,加入中国共产主义青年团。

1924 年

年初,转为中国共产党党员。

同年至 1925 年秋,担任中共无锡党支部书记。

1925 年

9 月,由中共中央派往苏联学习理论。

11 月,到达莫斯科,进入中山大学学习,曾用名芬克。

1927 年

夏,毕业于中山大学,被派往东方大学中国学生军事训练班,担任俄文翻译。

11 月,东方大学中国学生并入中国共产主义劳动者大学,孙冶方担任政治经济学翻译并攻读马克思主义政治经济学。

---

* 本年表由晓欣撰写。

1930 年

9 月,接到回国通知,于中秋节回到上海。

1931 年

参加陈翰笙组织的中央研究院社会科学研究所宝山县土地租佃关系调查组。

1932 年

通过在沪西纱厂工人中的调查,写出《上海纺织厂中的包身制工人》,指出"包身制"是一种强迫劳动,是中世纪奴隶劳动的变相,以笔名孙宝山发表于《华年》杂志。

"一·二八"事变以后,经陈翰笙介绍,在中央研究院社会科学研究所经济组做临时工。

1933 年

9、10 月间,参加陈翰笙的广东农村调查,至 1934 年 5、6 月结束。

1934 年

6 月,经香港到达日本。

在日本期间,协助李侠公替商务印书馆翻译苏联经济学者卢森贝《政治经济学思想史》。

1935 年

7 月,在《中国农村》第 1 卷第 10 期发表《农村经济学的对象》,认为农村经济学是有历史性的一门科学;同期发表《论农村调查中农户分类方法》,认为富农、中农、贫农之间的质的差异是客观存在着的事实。

9 月,由日本回到上海,在中国农村经济研究会工作,协助薛暮桥编辑《中国农村》月刊。同月,在《中国农村》第 1 卷第 12 期发表《财政资本的统治与前资本主义的生产关系》,批判托派理论;同期发表《一封讨论生产力和生产关系的来信》，认为政治经济学的研究对象是社会生产关系而不是物质生产或生产力本身。

1936 年

1 月，在《中国农村》第 2 卷第 1 期发表了《私有？村有？国有?》，批判阎锡山的土地村公有政策。

3 月，在《中国农村》第 2 卷第 3 期发表《从“物产证券”谈到一般的货币理论》，批判物产证券理论。

4 月，在《中国农村》第 2 卷第 4 期发表《两个世界中的乌克兰农村》，对比分析了十月革命后东部乌克兰和西部乌克兰的社会经济状况及其发展趋势。

5 月，在《中国农村》第 2 卷第 5 期发表《为什么要批评乡村改良主义》。

7 月，在《中国农村》第 2 卷第 7 期发表《民族问题和农民问题》，认为民族问题和农民问题是要连在一起解决的。

9 月，在《中国农村》第 2 卷第 9 期发表《乡村运动大联合的基本认识》。

11 月，在《中国农村》第 2 卷第 11 期发表《“资本主义万岁”和“打倒资本主义”——关于中国社会经济结构的性质和当前的任务》，分析了中国社会经济结构的性质，认为当前最迫切的任务是反帝反封建。

1937 年

年初，由中共江苏省委恢复了党的组织关系。

3 月，在《中国农村》第 3 卷第 3 期发表《乡村工作人员应走的道路》。同月在《自修大学》第 1 卷第 1 辑第 4 号发表《关于国民经济建设和国家资本主义》，认为在帝国主义未被推翻、民族解放尚未成功的条件下,实施巨大的国民经济建设是不可能的。

4 月,在《中国农村》第 3 卷第 4 期发表《财政资本的统治——帝国主义》,详细分析了帝国主义的五大经济特征。

7 月,在《中国农村》第 3 卷第 7 期发表《如何“维护民族工业”》,认为中国民族工业所以不发达,帝国主义的经济侵略是重要原因。

9 月 9 日,与洪克平结婚。同月,在《中国农村》第 4 卷(战时特刊第 1 号)发表《最后胜利的把握在那里?》,认为决定战争胜负的因素有两个,物的因素和人的因素。

10 月,在《东方杂志》第 34 卷第 18—19 号(合订本)发表《抗战和农村》,认为农业是我国国民经济中最主要的部门。同月,在《中国农村》第 4 卷(战时特刊第 2 号)发表《“非常时期乡村工作大纲”的修正》,认为脱离了农民生活现状而从事空洞的抗日号召的做法是错误的。

1938 年

11 月起,到 1939 年 2 月,以孙一洲为笔名在《译报周刊》陆续发表一系列时事评论,号召继续巩固抗日民族统一战线,坚持抗战到底,争取民族解放的胜利。

1939 年

被上海党组织指定负责延安新华社电讯的编辑工作。

1941 年

7 月,任中共华中局党校教育科长兼马列主义课教员。

1942 年

任华中局党校校委会委员兼任教育科长。

1949 年

任华东工业部副部长。

1950 年

兼任上海财经学院院长。

1952 年

3 月 24 日，译完《战后五年计划期间苏联经济中的技术进步》，连载于《生产与技术》第 3—6 期。

1956 年

7、8 月间，率国家统计局代表团到苏联中央统计局考察，回国后完成《介绍苏联国民经济平衡统计工作》，发表于《统计工作》1957 年第 20 期。

11 月，写出《把计划和统计放在价值规律的基础上》，批判认为价值规律是商品经济的范畴、是与社会主义的计划经济互相排斥的传统观点。同月，写成《从"总产值"谈起》，提出了改进计划统计方法的基本原则。

1957 年

2 月，参加全国农家收支调查会议，并作《关于农家收支调查中的几个问题》的讲话，发表于《统计工作》1957 年第 6 期。

4 月 12 日，写出《关于生产资料和消费资料的划分问题》。

1958 年

2 月 8 日，与苏联塔斯社记者费里莫洛夫谈人口问题，认为提倡节育是正视现实的看法，与马尔萨斯的节制生育论是完全两回事。

1959 年

4 月 16 日，写出《要用历史观点来认识社会主义社会的商品生产》，认为在社会主义社会的两种所有制之间或人民公社相互间所交换的商品不是"相互独立经营的私人劳动的产品"，同市场自发势力无关，发表于《经济研究》1959 年第 5 期。

8月2日，写出《论价值》一文，提出广义价值规律和狭义价值规律的概念，认为价值和交换价值概念不同，发表于《经济研究》1959年第9期。

1960年

10月，组织中国科学院经济研究所科研人员，集中在中央党校编写《社会主义经济论》。

1961年

3—5月，组织《社会主义经济论》中心编写小组成员在香山饭店开会，审阅并讨论已写出的《社会主义经济论》初稿。会议结束后，主持写出了《〈社会主义经济论〉初稿的讨论意见和二稿初步设想》。

6月2日，写出《关于全民所有制经济内部的财经体制问题》的研究报告。21日写出《关于等价交换原则和价格政策》，认为等价交换原则不仅适用于集体所有制内部，而且也必须适用于全民所有制经济和集体所有制经济之间的交换。

9月5日，访问上海经济研究所，并委托上海经济研究所于10月10日召开上海经济学者座谈会，征求对《〈社会主义经济论〉初稿的讨论意见和二稿初步设想》的意见。

1962年

1—6月(以及1963年上半年)，在中国人民大学经济学系讲授《社会主义经济论》，记录稿约15万字，后整理为《社会主义经济论稿》。

6月2日，写成《关于经济研究所方针任务等问题的报告》。

12月24日，在经济研究所领导小组会上，根据列宁《论统一经济计划》一文，对不研究具体资料、好发空论的研究方法和不愿做资料工作的学风进行了批评。

1963 年

4 月，在中国人民大学经济系讲授《社会主义经济论》中的“流通概论”，批判社会主义政治经济学界流行半个世纪的自然经济观的“无流通论”。

5 月，以方青为笔名，在《经济研究》发表《关于经济研究工作如何为农业服务的问题》。

9 月 3 日，写出《固定资产管理制度和社会主义再生产问题》内部研究报告，认为企业管理制度上的最大缺点就是国家对于新的投资控制过松。18 日，写出《社会主义计划经济管理体制中的利润指标》内部研究报告，批判把利润完全作为资本主义经济范畴的观点和认为强调利润指标就有修正主义倾向的观点。

1964 年

10 月，孙冶方被撤销一切职务并受到批斗。

12 月至 1965 年 3 月，写出了《要全面体会毛主席关于价值规律的论述》，后摘要发表于《经济研究》1978 年第 11 期。

1968 年

4 月 5 日，被关进秦城监狱。在监狱中，继续潜心研究马克思主义经济学。

1972 年

2、3 月间，孙冶方写出 3 万多字的《我与经济学界一些人的争论》，系统阐述了他的社会主义经济理论。

1975 年

4 月 10 日，被无罪释放。在狱中，他打了 85 遍《社会主义经济论》提纲(3 万多字)腹稿。出狱后，开始进行重新写作《社会主义经济论》的工作。

1977 年

3 月 27 日，写出《关于“资产阶级法权”——一个被“四人帮”搞混乱了的政治经济概念》。

4、5 月间，先后在上海、南京、杭州等地调查。

6 月 2 日，返回北京，担任中国社会科学院顾问。

1978 年

3 月 24 日，就经济学与技术革命的关系和发展、边缘科学等问题给钱学森同志写了一封信，后发表于《经济学动态》1984 年第 7 期。

8 月 18 日，写出《要理直气壮地抓社会主义利润》，发表于《经济研究》1978 年第 9 期。

10 月 28 日，写出《千规律、万规律，价值规律第一条》，发表于《光明日报》“经济学”专栏第 63 期，再次强调了价值和价值规律在社会主义经济建设中的作用。

1979 年

4 月 11 日，在《文汇报》发表《关于固定资产管理体制改革的一点看法》，认为企业名为独立经济核算，实际上只是在一定程度上核算流动资金占用，不核算固定资金。

6 月，写出《从必须改革“复制古董、冻结技术进步”的设备管理制度谈起》，发表于《红旗》1979 年第 6 期，再次批评当时的固定资产（主要是技术设备）管理制度。

7 月，写出《论作为政治经济学对象的生产关系》，发表于《经济研究》1979 年第 8 期，作为《社会主义经济论》第一章导言中的两节（初稿）。

9 月，作了关于《社会主义经济论》导言中需要增补的部分或材料、拟写的题目以及要讲的问题补记等备忘录。同月，写出《经济学界对马寅初同志的一场错误围攻及其教训》,发表于《经济研究》1979年第10期,认为社会主义制度下节制生育同马尔萨斯主义有根本的区别,同时,认为批判马尔萨斯主义也不能否定计划生育,控制人口增长,指出节制生育在我国有重大意义。

10月,中国社会科学院经济研究所组织7名研究人员,协助孙冶方写书,抢救《社会主义经济论》,孙冶方在病床上口述,由助手们记录和录音。至1980年夏,起草了《社会主义经济论》大纲20余章,约15万字(其中导言(大纲)发表于《中国社会科学》1983年第3期)。

1980年

1月21日,与助手们谈《社会主义经济论》的导言及全书提纲的写作问题。同月,在《经济研究》第1期发表了《什么是生产力以及关于生产力定义问题的几个争论》(《社会主义经济论》导言中的四节初稿),回顾和评述了我国经济学界对生产力定义问题的争论,阐明了对生产力定义的一些看法。

2月8日下午,谈《社会主义经济论》第2章"产品和商品"的提纲。12日下午,谈第3章"价值和价值规律"的提纲。21日下午,谈第4章"价格和价格政策"的提纲。25日下午,谈第5章"货币和劳动券"的提纲。

3月1日下午,谈第6章"劳动和劳动分配"的提纲。3日下午,谈"劳动报酬"的提纲。6日下午,谈"企业和企业管理"的提纲。27日,谈"流通篇"提纲。同月,写出《重视理论 提倡民主 尊重科学——回忆少奇同志的几次讲话》,发表于《经济研究》1980年第4期。

5月21日,与助手们讨论"流通篇"中"资金循环"的提纲。

6 月 7 日，口述《经济学家谈四个现代化》。

7 月 1 日—8 月 11 日，修改完《社会主义经济论》导言大纲。

7 月，根据 4 月 26 日在无锡价值规律讨论会上所作的报告改写出《价值规律的内因论和外因论——兼论政治经济学的方法》，发表于《中国社会科学》1980 年第 4 期。

8 月 26 日上午，与助手们谈“国民收入的分配和再分配”及“外贸”的内容要点。同月，写出《关于改革我国经济管理体制的几点意见》，认为经济民主化须由政治民主化来保证，发表于《经济研究》1980 年丛刊《关于我国经济管理体制改革的探讨》。

9 月 4 日，修改“货币和劳动券”提纲稿。

10 月 1 日，改写“价格和价格政策”第 1 章第 5 节。

11 月，写出“流通概论”一章，发表于《财贸经济》1981 年第 1 期。

1981 年

1 月 8 日，在国民经济综合平衡理论问题讨论会上作题为《谈谈搞好综合平衡的几个前提条件》的发言，发表于《经济研究》1981 年第 2 期。

3 月 12 日，为全国经济效果理论讨论会讲话录音，并整理成书面发言《讲经济就是要以最小的耗费取得最大的效果》，发表于《经济研究》1981 年丛刊《国民经济的调整和经济体制的改革》。

9 月 3 日，出席全国经济团体联合会首届年会，以《也谈理论联系实际和百家争鸣问题》为题发表了讲话，后载于《财贸经济丛刊》1981 年第 6 期，认为要推进经济科学的发展，还是要提倡读马列主义的经典著作。4 日，写出《调整、改革与速度》，认为经济发展的快慢是表现在速度高低上，高速度与浮夸风、瞎指挥并无必然联系,发表于1981年9月14日《世界经济导报》。

12月14日,修改完《为什么调整?调整中应该注意的一个重要问题——兼论按资金量区分简单再生产和扩大再生产问题》,发表于《经济研究》1982年第2期。

1982年

1月,写出《要加强哲学社会科学理论学习——重读刘少奇〈答宋亮同志〉》,发表于1982年1月19日《人民日报》。

5月25日,写了给中国商业经济学会成立大会的贺信,后以《我们的经济计划要符合社会需要》为名发表于《财贸经济》1982年第8期。

8月15日,写出《效益与速度的统一:有计划地抓好企业技术改造》一文,认为抓好现有企业的技术改造,能够出高效益,能够出高速度,这二者是完全统一的。同月,写成《对〈论作为政治经济学对象的生产关系〉一文的批判者的答复》,批判了为斯大林的无流通论辩护的观点,发表于《经济研究》1982年第10期。

11月初,以口述方式完成了《20年翻两番不仅有政治保证而且有技术经济保证——兼论"基数大,速度低"不是规律》,认为无论发展农业还是工业,都是既要靠政策,又要靠科学技术,发表于1982年11月19日《人民日报》。

1983年

年初,病危中嘱咐助手继续整理和写作未完成的《社会主义经济论》,并为《社会主义经济论》的导言(大纲)写了附记。

2月22日,在北京逝世。